장애란 무엇인가? 장애학 입문

Introducing Disability Studies

박승희, 우충완, 박지연, 김원영 옮김 　|　 Ronald J. Berger 지음

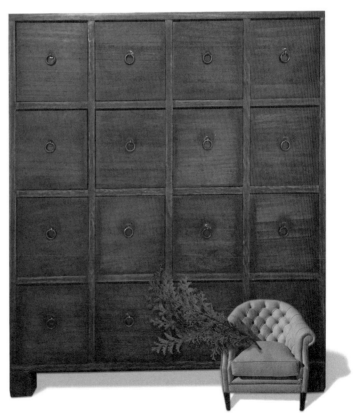

학지사

Introducing Disability Studies

RONALD J. BERGER

Translated by

Seung Hee Park, Ph.D.
Chung Wan Woo, Ph.D.
Ji Yeon Park, Ph.D.
Won Young Kim, J.D.

Hakjisa

이 번역서를
우리나라에서
"장애란 무엇인가?"를
질문하는 모든 분께
바칩니다.

역자 서문

*탈리타 쿰! 장애야, 일어나라!

박승희 (이화여자대학교 특수교육과 교수)

장애학(disability studies)이란 장애인을 쳐다보는 사람의 뒤에서 그 쳐다보는 사람을 바라보는 한 방법이라는 것, 장애학에 대한 감(感)을 이보다 더 잘 설명할 수 있을까?

이 번역서는 장애학 입문서다. '장애란 무엇인가?'에 대해 질문하고 답을 찾으려고 다방면으로 애쓴 결과다. 지하철에서 구걸하는 장애인이나 휠체어를 타는 대법관이나 교회나 성당에서 소리 지르는 장애아동을 보거나, 시각장애인 아나운서의 뉴스를 시청하거나 수화를 사용하는 헤어디자이너를 만나거나 사지마비 장애인이 입으로 그림을 그리는 것을 보면서 사람들의 머릿속에는 '장애'에 대해 어떠한 생각들이 오고가는지 궁금하다.

2015년 가을, 나는 많은 사람들이 이 책을 읽고 장애에 대해 관심이 생기고 새로운 것을 알아 가며 이제까지의 장애에 대한 생각을 변화시켜 나가기를 기대하며 탈고를 준비 중에 있었다. 그러던 중 다음의 두 가지 사건을 직면하면서 큰 절망을 느꼈고, 그 절망은 역설적으로 '이 책의 이유'를 더욱 확고하게 해 주었다. 이 두 가지 사건은 이 책이 왜, 이 시점에 우리나라에서 출판되어야만 하는가에 대한 답을 주었다.

서울에서 한 20년 전에 있었을 법한 첫 번째 사건은 서울의 한 중학교에 학생 수 감소로 남는 건물이 있어서 그것을 활용해 발달장애 고등학생과 성인을 위한 직업서비스를 제공할 계획을 가지고 준비하는 중에 일어났다. 이 계획은 주민의 심한 반대에 부딪히게 되었고 주민 데모와 현수막들이 현재에도 난무하고 있다. "○○중학교 내 발달장애인 직업센터 결사반대!!" "시교육청은 장애인직업센터 설립을 즉각 중단하라!!" "주거밀집 지역에 장애인직업센터, 웬 말이냐?" 이 현수막들을 보면서 나는 분개에 기초한 힘이 솟구쳤다. 정말, 도대체 '장애'가 무엇이길래…… 사람들은 '장애인'을 무엇으로 생각하길래 이러한 반응을 보이는가? 과연 사람들은 UN이 추정하는 전 세계 인구의 15%나 되는 이 많은 장애인(약 10억 명)에게 이리 무례해도 되는 것인가? 이들이 장애인직업센터를 이토록 거부하는 이유는, 그 속마음은 정말 무엇인가?

두 번째 사건은 장애인 음악지원단체에서 하는 가을음악회 프로그램 순서지와의 직면이다. 아주 근사한 프로그램 순서지에는 작곡가 이름, 곡명, 바이올린 혹은 피아노 같은 악기 이름 그리고 연주자 이름이 나와 있었는데, 그 이름 바로 옆 괄호 안에는 이름과 같은 크기의 글씨로 이름 석 자보다 두 배 이상 길게 "지적장애 3급", "자폐성장애 2급" 등 여러 장애명과 등급이 줄줄이 표기되어 있었다. 이 순서지의 이름들 중에는 물론 비장애인 연주자의 경우 이름 석 자만 나와 있었다. 나는 '아니 왜? 여기에 이것들이 왜 필요한데……?' 하면서 또 한 번 절망을 하였고, 이번엔 이 순서지를 보내 준 분에게 직접 연락을 하여 L. V. Beethoven의 피아노 소나타를 연주하는 연주자 이름 다음에 장애유형과 등급을 '정확히' 기록한 것이 왜 문제가 될 수 있는지 그 이유를 말씀드렸다.

　이 순서지에 연주자 이름보다 긴 장애유형과 장애등급을 쓴 분의 의도는 무엇이었을까? 무의식적일 수 있다. "이 연주자가 지적장애 3급이에요. 대단하지 않나요?" 마치 이런 설명이라도 하듯. 그런데 역설적으로 이 연주자들은 장애가 있든 없든 베테랑 연주자들이고, 실제로 연주회를 위해 각자에게 적합한 곡을 선정하고 이미 준비되어 연주에 아무런 문제가 없는 '연주자'일 뿐이었다. 장애인 연주자로서 '깍두기' 취급을 받을 필요가 전혀 없는 분들이다. 이 순서지는 어떤 의도로 이렇게 만들어진 것일까? 장애인 연주자들을 과잉보호하는 것일까? 혹은 이 지원단체가 '장애인' 연주자들을 지원한다는 것을 확실히 알리고 싶었나? 장애유형과 등급을 밝혀 드리는 것을 혹 이 장애인 연주자들의 자랑스러운 정체성의 일부로 생각하였나? 이런 순서지를 보면서 음악회에서 음악을 듣는 사람들에게 장애인 연주자에 대한 이미지는 어떻게 각인될 것인가?

　서울 한 지역 주민들의 동네 중학교 내에 장애인직업센터 결사반대 사건과 연주회 프로그램 순서지에 연주자 이름보다 긴 장애유형과 등급이 확실히 명기된 것은 현재 우리 사회의 장애 인식의 수준과 양상을 잘 나타내 주는 상징적 사건이다. 청각장애인 발레리나를 환호하는 것이나 시각장애인 피아니스트의 쇼팽 피아노곡을 듣고 감탄하는 쉽고 달콤한 사건들이 빈번해지는 변화와 평행해서 장애인들이 살아 내야 할 이 세상 사람들의 장애에 대한 생각은 좀처럼 변하지 않고, 정말로 어렵고 힘든 일들은 그대로 산재해 있다. 그럼에도 불구하고 이런 씁쓸한 사건들은 동시에 절망이나 분개가 가지는 '힘'을 분출하며, '탈리타 쿰! 장애야, 일어나라!'를 외치게 한다. 이러한 사건들로 인해 독자들이 이 책을 빨리 만나면 좋겠다는 열망은 더욱 짙어졌다.

　장애학은 장애를 사회적, 문화적 및 정치적 현상으로 이해하는 간학문적 분야로서 인문학적 기초에서 장애를 이해하고자 한다. 장애학은 부분적으로는 전통적으로 장애에 대해 접근해 오던 분야들에서 간과하거나 왜곡한 부분을 다루고자 하는 반응에서 시작되었다. 현재 우리나라에서는 장애라는 주제가 주로 특수교육, 사회복지, 의학 등 중재자 모델들(interventionist models)의 틀에서만 이해되는 경향이 있어 왔다. 이제 이 번역서 출판으로 장애의 이해를 개인 수준에 과도한 초점이 맞추어진 단계에서부터 일 진보하여 사회적 차원에서 '맥락을 변화시키는 것'으로 이동하는 데 주요한 안내를 하게 되기를 기대한다.

또한 장애학은 1970년대 미국과 영국 등지에서 시작된 장애권리운동의 영향으로 이루어진 간학문적, 실천주의적 학문이다. 장애학의 입지와 범위는 예술, 영화, 문학, 역사, 법, 철학, 사회학, 여성학, 특수교육, 인류학, 사회복지 등 다양한 분야를 아우른다. 장애학은 이러한 학문적 특성 때문에 미국, 영국 등을 중심으로 그 독자성과 가치를 높게 인정받고 있다. 장애학을 보다 간단히 설명하자면 '여성학'의 장애버전이라고도 할 수 있다. 즉, 장애학은 여성학과 같이 사회적 억압에 대한 저항과 그것을 구체화할 수 있는 소통과 협력에 초점을 맞춘다. 그러나 장애라는 현상이 갖는 초극적이고 포괄적인 성격─인종, 성별, 계층, 나이, 성적 지향 등을 모두 포함─덕택에 장애학의 학문적 의의와 정당성은 매력적이다.

21세기 글로벌 시대에 '장애' 관련 쟁점은 '환경' 문제만큼이나 국내외를 넘어 세계 시민에게 공통적 이해 대상이 이미 되어 있다. 그럼에도 불구하고 현재 우리나라의 다양한 학문 분야의 학자들이나 학생들 그리고 일반 대중에게 장애의 이해는 아직 '동정'과 '자선' 혹은 '피하고 싶은 대상'의 수준에 머무는 것이 대부분이며, 장애를 사회적, 정치적 및 문화적 현상으로서 연구하도록 고안된 인문학에 기초한 간학문적 주제로는 보지 않는다. 이제 본 번역서의 출판으로 장애학의 기본 전제를 널리 보급하는 기회를 제공하고자 한다. 우리나라 국민 구성원도 최근 다양화가 가속화되고 있는 시점에서 이 책은 장애인을 포함한 '다양한 소수자 집단'에 대한 이해를 증진시키고 다양한 구성원들이 사회의 완전한 동등한 구성원으로서 통합된 사회를 이루어 가는 데, 인식론적 기초(epistemological foundation)를 세우는 데 기여하게 될 것이다.

　따라서 이 번역서는 대학교 학부 및 대학원의 장애학 혹은 장애 관련 과목들의 교재로 사용될 수 있고, 장애 관련 다양한 분야의 전문가와 준전문가 그리고 장애인 본인과 그 가족 및 일반 대중에게 장애 이해를 위한 '또 하나의 다른 시각'을 제공해 줄 수 있는 책이다. 그리고 특별히 장애인을 포함한 사회적 소수자들을 자주 대하는 성직자, 의사, 간호사, 교사, 사회복지사, 치료사, 시민활동가, 장애인 옹호자들 그리고 장애 관련 쟁점을 전달하는 방송과 미디어 관련자와 예술가들의 장애와 장애인에 대한 다차원적 이해를 돕는다. 또한 장애인이 경험하는 고정관념, 편견과 차별을 어떻게 이해하고 경감시켜 나갈 수 있는가에 대한 답을 찾아갈 수 있게 하는 기초를 제공한다. 이 책은 장애는 왜 개인적 차원에서만 이해될 것이 아니라 '사회적 차원'에서 이해가 필요한지를 설득력 있게 말한다.

　저자, Ronald J. Berger는 미국 위스콘신 대학교 사회학과 교수로서 법, 역사, 영화, 문학, 가족, 스포츠 등 다양한 주제와 함께 장애를 분석함으로써, 독자의 장애에 대한 비평적이고 종합적인 이해를 돕고 있다. 이 책에는 장애학의 의의와 주요 쟁점들이 일목요연하게 정리되어 있을 뿐만 아니라 인문학적, 사회과학적 관점이 균형 있게 반영되어 있다. 이 책은 독자들에게 사회적 소통, 협력과 통합에 대한 방향을 제시한다. 장애와 관련한 미국의 시행착오와 교훈을 심도 있게 다루고 있기 때문에 평등사회, 통합사회, 다문화사회로 나아가는 우리 사회에 기본적인 이론과 지식을 제공할 수 있다. 예를 들면, 장애라는 정체성의 포괄적이고 초극적인 특성은 소수자와 소수자, 소수자와 다수자를 연결시키는 연대감과 상호협력 조성에 기여할 수 있다. 이 책의 내용을 각 장별로 간략히 소개하면 다음과 같다.

첫째, 이 책의 1~2장에서는 장애와 장애학의 정의, 의의, 범위, 주요 쟁점과 추세 등이 상세하게 정리되어 있다. 더욱이 2장은 장애학에서 사용되는 이론들을 이해하기 쉽게 설명하고 있다. 의료적 모델, 사회적 모델, 정치경제학, 여성학, 사회학 이론, 퀴어 이론 등 접근하기 어려울 수도 있는 이론들이 명료하게 요약되어 있다. 3장은 역사와 법에서 장애를 어떻게 다루었나를 간략히 설명한다.

둘째, 이 책은 장애학이 추구하는 포괄성과 통합성을 잘 보여 주고 있다. 4~5장에서는 장애인뿐만 아니라 장애인 가족의 특성과 요구가 생애주기별 관점에서 심도 있게 접근되고 있다.

셋째, 이 책은 장애인 본인의 관점을 중요하게 다루고 있다. 6장에서는 장애인 본인의 입장에서 장애라는 경험을 말함으로써, 대상과 객체가 아닌, 주체적 의미에서의 장애와 장애인을 강조하고 있다.

넷째, 이 책은 장애학적 관점을 사용하여 논란이 되고 있는 쟁점들을 분석하고 있다. 7장에서는 문학과 영화에 표현되는 장애를 비판적으로 다루며, 8장은 의사조력자살, 유전자 선별, 테크놀로지 등 논란이 되는 쟁점들을 비평하고 있다.

끝으로, 본 번역서, 『장애란 무엇인가? : 장애학 입문』 출판은 장애학 '개론서'를 국내에서 권위 있고 정확하게 번역 소개하는 흔하지 않은 기회라고 생각된다. 이 책의 역자 4명은 미국 장애학 1세대 교수들에게 직접 수학한 전공자들과 장애의 사회학적 이해를 중시하는 교수와 시각장애나 지체장애를 가진 장애 전문가로 구성되었다. 각자 전문성 기준으로 할당된 번역뿐만 아니라 번역원고 전체를 4명이 교정 및 퇴고하는 과정을 거쳤다. 이 책은 장애 관련 학문의 전공자뿐 아니라 일반 대중에게 '장애란 무엇인가?'에 대해 관심을 가지게 하고 성찰하도록 비교적 쉽게 안내한다. 또한 장애는 더 이상 한 특정 개인의 불행이 아니라 고령화 시대의 대다수 국민이 경험할 수 있는 '보편적 현상'의 하나로 이해시키는 데 기여할 수 있다.

나아가, 이 번역서는 사회적으로 저가치화 될 수 있는 다양한 집단과 개인에 대한 민감성과 수용도를 증진시키고 옹호적 태도와 행동을 성장시켜 나가는 데 이론적 토대를 제공한다. 21세기 글로벌 시대에 세계 시민으로 살아가는 데 장애에 대한 균형 잡힌 이해를 넘어 주변 장애인과 개인적인 친근감과 인간적 연대를 증진시키는 것은 궁극적으로는 인간공동체와 자기 자신에 대한 이해의 지평과 깊이를 심화하는 과정이 될 것이다. 이 책은 그 의미 있는 여정에 불을 밝히는 하나의 등대가 될 수 있다.

---

* 탈리타 쿰!: Talita cumi, "소녀야, 일어나라"라는 뜻(『신약성서』「마르꼬」(마가) 5:21-43 참조).

역서 일러두기 및 감사의 글

1. 이 번역서에 나오는 사람들의 이름은 '국립국어원'의 2015년 외래어 표기법과 맞춤법 기준에 의거하여 원서 영어 이름을 한글로 번역한 것이다. 예외로 영어 이름 중 이미 국내에서 통용되는 한글 이름이 있는 경우는 그것을 따랐다(예: 주디 휴먼). 이름 이외 영어 고유명사들(예: 지명 등)의 한글 번역도 국립국어원의 기준과 맞춤법을 따랐다.

2. 이 번역서는 원서의 전체 분량을 빠짐없이 완역한 것이고, 원서 본문의 '진하게', '[ ]', '따옴표' 및 참고문헌 인용의 표기 방식은 모두 번역서에서도 '그대로' 나타내었다. 원서의 '이탤릭체' 부분은 번역서에서 나눔고딕으로 표기하되 다음 3.에 명시된 부호를 사용한 경우는 제외하였다.

3. 이 번역서에는 고유명사들이 다양하게 나오는데 그 부분을 좀 더 명확히 하기 위해 각각의 '표기 부호'를 사용하였다. 영화, TV 프로그램 제목은 < > 부호를, 법, 논문, 보고서 제목은 「 」 부호를, 잡지, 단행본의 제목은 『 』 부호를 사용하여 표기하였다.

4. 다양한 외국 영화제목 중 한국에서 이미 '한글 영화제목'을 가지고 있는 것은 그 한글 제목으로 번역하였다.

5. 번역은 직역 중심으로 진행되었고, 장별로 내용에 따라 윤문은 '최소한'으로 이루어졌다.

6. 장애를 지칭하던 부정적 함축성을 가진 특정 용어들(예: 절름발이, 핸디캡)은 그런 용어들의 문제를 언급해야만 하는 문장들에서 나오므로 그 언급 의도가 전달되도록 불가피하게 그대로 번역하였다.

7. '각주'는 원서에서 제공한 것을 번역한 것이고, '역자주'는 원서에는 없는 것을 역자가 추가 제공한 것이다.

8. 번역서 맨 뒤의 '찾아보기'는 원서의 찾아보기와는 달리 번역서 본문에서 추출하여 새로 만든 것이다.

덧붙여, 이 번역서의 고상한 책 표지를 디자인해 주신 서양화가 '최원정' 선생님께 깊은 감사를 드린다. 최 작가님은 이 번역서의 초고를 읽고 겉표지를 형상화해 주셨는데 그 창의성과 통찰력에 고개가 숙여진다. 책 표지만 보아도 이 책을 한번쯤 열어 보지 않을 수 없게 학문적 호기심을 자극하고, "장애란 무엇인가?"란 질문은 결코 간단치 않은 품위 있고 매력 있는 주제임을 잘 알려 주셨다. 끝으로, 이 번역서가 세상에 나올 수 있도록 여러모로 배려를 아끼지 않으신 학지사 김진환 사장님과 까다로운 편집과 지난하며 길고 정교한 교정 과정을 잘 담당해 주신 편집부, 특별히 허소라, 이상경 선생님께 큰 감사를 드린다.

저자 서문

장애학은 사회과학, 인문학, 의학, 재활 및 교육 전문 분야의 일정 부분을 포괄하면서 성장하고 있는 활발한 간학문적 교육 및 학문 분야다. 그런데 놀랍게도 현재 대학교 과목에서 사용할 수 있는 개론 교재는 부족하며, 명백하게 사회학적 관점에서 씌인 자료는 실제로 부재하다. 이 책은 한 사회학자가 생각하기에 하나의 사회적 현상으로서 장애에 대해 알아야 할 가장 중요한 것들의 포괄적인 종합을 미국에 초점을 두고 나타낸다. 나의 목적은 학부 및 대학원 학생들에게 자서전적, 전기적 및 문화기술적(ethnographic) 자원으로부터 추출된 장애인의 삶에서 나온 설명으로 이 분야에 대해 접근 가능한 개관을 제공하는 것이다. 또한 이 분야에 대한 고유한 증류물로서, 장애학 주제에 대해 명확한 사회학적 접근의 진보를 위한 전문적인 기여를 하는 것이 나의 목적이다.

장애학에 관여하게 된 우리들의 대부분은 본인이 장애를 가졌거나 혹은 가족 구성원 혹은 가까운 친구가 장애를 가진 경우가 논의의 여지는 있지만 사실이고, 나 또한 그러하다. 이러한 사실은 이 주제에 대한 관여를 열정과 정서, 다른 의견들 그리고 논쟁이 되는 관점이 충만한 개인적인 일로 만들 수 있다. 이런 것이 명백히 나타나는 한 영역이 "people with disabilities" 혹은 "disabled people"(장애인)에 대해 말하는 가장 적합한 방법에 대한 논쟁이다(역자주: 이 두 가지 표현에 정확히 상응하는 한글 용어는 없으며, 한글로는 이 두 가지 표현의 다른 함축성을 인지하면서 둘 다 '장애인'으로 번역됨). 이것은 1장에서 다루어지는 주제인데, 여기서 주목할 가치가 있는 것이다.

　"people with disabilities"를 선호하는 사람들은 그러한 "사람 먼저"(people first) 언어가 누군가로 하여금 장애보다는 사람을 강조하도록 한다고 믿는다. 대부분의 경우, 미국에서는 이런 접근이 신빙성을 얻게 되었다고 말하는 것이 맞을 것이다. 동시에 영국에서는 특별히 장애를 하나의 긍정적 정체성으로, 부끄러워할 것이 아닌 것으로, 특정 정치적 조직의 공통적 대의명분을 판별하는 것을 강조하기 위해 "disabled people"이란 용어를 사용하는 것 또한 평범한 것이다. 이 책에서, 나는 맥락이 모든 것이라는 것을 이해하면서, 이 책의 맥락 안에서는 둘 중 어떤 것을 더 선호하지는 않기로 했으며, 이념적 선호를 주장하는 것이 필수적이지는 않은 듯 싶었다. 무엇보다, 이러한 문제들이 논쟁 중에 있기 때문이며, 나는 장애에 대해 생각하는 그리고 장애 쟁점들을 옹호하는 진실적 혹은 비진실적 방법들에 대해 또 다른 "정치적으로 올바른"(politically correct) 감시 혹은 감시 체계를 전파하는 것을 피하기를 희망한다. 이 노력에서 내가 성공하였는지 여부는 독자들의 판단에 맡긴다. 그러나 우리가 동의하지 않음에도 불구하고 우리가 이 분투에 함께 있다는 사실을 시작부터 적어도 명기하도록 하자.

* * *

　나는 원고를 써 가는 과정에서, Lynne Rienner 출판사의 사회학 편집자인, Andrew Berzanskis의 능숙한 안내와 제안에 대해 그리고 이 프로젝트의 지원에 대해 Andrew와 Lynne Rienner 둘 모두에게; 무명의 검토자들의 건설적인 비평과 제안에 대해; 그리고 원고가 출판이 될 때까지 섬세한 작업을 해 주신 Lynne Rienner 출판사의 Lesli Brooks Athanasoulis, Sonia Smith와 그 외 스텝들에게 나의 감사를 표하고 싶다. 또한 나의 아내 Ruthy에게, 원고의 교정에 대한 그녀의 도움에, 그녀의 끊이지 않은 사랑, 우정 그리고 지원에 대해 감사하다. 그중에서도 무엇보다, 나는 이 책을 나의 딸, 용기와 결단력에 한계가 없는 Sarah에게 바친다.

차 례

역자 서문 7

역서 일러두기 및 감사의 글 15

저자 서문 17

1 사회 안에 장애 25

장애에 대해 말한다 33

장애를 정의한다는 것과 장애학의 주제 35

장애권리운동 49

요 약 59

2 장애를 설명한다는 것 61

의료적 모델을 넘어 64

장애 문화와 정체성 71

장애의 정치경제학 77

페미니즘과 퀴어 이론의 통찰력 81

장애와 상징적 상호작용 90

요 약 98

3 역사와 법 101

문명 이전, 고대, 중세 사회 103

위태로운 진보 109

재활과 개혁 120

프랭클린 델러노 루스벨트의 공헌 124

「미국장애인법」의 정치학 131

「미국장애인법」의 법률적 여파 135

요약 141

4 가족과 아동기 143

자녀의 장애와 처음으로 대면하는 부모 149

규준을 향한 갈망 159

아동의 관점 165

가족 삶에 미치는 영향 174

특수교육의 딜레마 182

요약 190

5 청소년기와 성인기 193

청소년기의 시련과 고난 195

성인기로의 전환 212

직업의 세계 218

성적 및 정서적 친밀감 223

건강관리와 활동 보조 230

요약 239

6 장애라는 신체적 경험 241

보거나 듣지 않고 세계를 지각하기 244

수화의 현상학 256

운동기능에 손상을 가진 채 물리적 환경을 헤쳐 가기 259

척수손상에서의 회복 264

장애인 스포츠와 스포츠 정신 275

요약 291

7 문학과 영화에 표현되는 장애 293

『그림형제 동화』의 교훈 296

고전문학의 장애인물 299

공포 영화 장르의 등장 306

전후 회복 영화 310

장애 영화 제작의 불안정한 진보 314

장애와 유머 322

요약 333

8 장애에 대한 미래 전망 335

컴퓨터 테크놀로지의 역설 337

유전자 선별의 문제 343

의사조력자살의 문제 347

장애학에서 의료적 모델의 재고찰과 입지 354

장애와 인권 361

요약 364

참고문헌 367

찾아보기 411

추가 탐구 목록

Box 1.1 장애의 수를 센다는 것 45

Box 1.2 주디 휴먼: 장애권리운동가 52

Box 1.3 자폐증과 신경학적 다양성 운동 57

Box 2.1 자폐증과 인터넷 73

Box 2.2 해방적 연구 88

Box 3.1 헬렌 켈러와 앤 설리번 115

Box 3.2 시설수용화를 넘어서: 탈시설수용화의 대두 128

Box 4.1 다운증후군 150

Box 4.2 자폐증의 출현율은 증가하고 있는가? 162

Box 4.3 학습장애 166

Box 5.1 장애인에 대한 증오 범죄 201

Box 5.2 아프리카계 미국인과 폭행에 의한 척수손상 205

Box 5.3 장애와 청소년 교정 체계 210

Box 5.4 지체장애를 가진 어머니들 226

Box 5.5 장애와 알츠하이머의 회색 지대 235

Box 6.1 템플 그랜딘 245

Box 6.2 존 내시 254

Box 6.3 외상성 뇌손상을 입고 살아가기 266

Box 6.4 스포츠용 휠체어 279

Box 6.5   미국의 휠체어 농구 284

Box 7.1   콰시모도 이야기 301

Box 7.2   <아바타> 324

Box 7.3   장애인 코미디언 332

Box 8.1   보편적 설계와 건축 교육 342

Box 8.2   제리 루이스 대 장애권리운동 348

Box 8.3   현대 미국의 전쟁 상이군인들의 곤경 356

Box 8.4   휠체어를 못 굴리게 될 수도 359

1
사회 안에 장애

.

장애에 대해 말한다
장애를 정의한다는 것과 장애학의 주제
장애권리운동
요 약

1
사회 안에 장애

장애란 사회적 수수께끼의 하나다. 오랜 역사를 통해서 사람들은 장애인을 쳐다보고는 불편해서 머리를 돌려 버려야만 하는 것처럼 느껴 왔다. 프랭크린 델러노 루스벨트(Franklin Delano Rooselvelt)는 많은 사람들이 미국 역사에서 가장 훌륭한 대통령들 중의 한 명으로 여겼으나, 그가 너무 약해서 자유 세계를 이끌어 갈 수 없다고 대중이 생각하지 않도록 소아마비로 인한 마비와 휠체어 사용을 숨겨야만 하였다(Fleischer and Zames 2001; Holland 2006). 히브리어 성경은 "너희는 귀먹은 이에게 악담해서는 안 되며 눈먼 이 앞에 장애물을 놓아서는 안 되며"(레위기 19: 14) 또한 "만일 너희가 주 너희 하느님 말씀을 듣지 않고 내가 오늘 너희에게 명령하는 그분의 모든 계명과 규정을 명심하여 실천하지 않으면…… 주님께서는 또 정신병과 실명증과 착란증으로 너희를 치실 것이다."(신명기 28: 15-28)라고 가르친다(Braddock and Parish 2001: 14에서 인용).

프릭쇼(freak show, 역자주: 19세기 중엽부터 20세기 중엽까지 미국에서 인기를 끌었던 장애인, 유색인, 거인 및 난쟁이, 수염 기른 여성, 샴

쌍둥이 등 기형적인 인간들이 등장하여 관객들에게 이색적인 볼거리와 선정적인 즐거움을 제공한 공연쇼) 단체는 19세기에 그의 전성기에 이르렀는데, 미국에서는 1940년대까지 지속하였고, 장애인을 대중의 구경거리로 크게 다루었다. 신체장애나 몸의 기형을 가진 사람, 뿐만 아니라 백인이 아닌 부족의 "식인자"나 "야만인"이 대중의 재미와 오락을 위해 칼을 삼키는 사람, 뱀 마술사, 수염을 기른 여자, 온몸에 문신을 한 사람으로 나타내 보여졌다(Bogdan 1988; 3장 참조).

　　장애에 대한 의료적 접근의 출범은 장애학에서는 "의료적 모델"로 부르는 것으로(2장 참조), 이러한 일들의 변화를 도왔다. 장애를 가진 사람은 이제는 의학적 진단과 처치의 대상으로 가치가 있는 사람으로 생각되며 더욱 호의적으로 간주된다(Williams 2001). 그러나 호의는 불쌍함을 키웠고, 불쌍해진 사람은 여전히 완전한 인간보다는 부족한 존재로 낙인이 찍힌다. 근이영양증 협회(Muscular Dystrophy Association)의 매년 기금 마련 텔레비전 장시간 방송은 제리 루이스(Jerry Lewis)에 의해 50여 년간 진행되었다. 그것은 "포스터에 나오는 불쌍한 아동"을 특징으로 꾸며지는데 그것은 예방적 치료를 위한 기금 모금을 돕는 것이지만 이미 장애가 된 사람들의 삶을 개선하는 데에는 아무것도 하지 않는다(Haller 2010; Shapiro 1993).[1] 어떤 사람들은 왜 누군가는 그런 상태로 심지어 살기를 원하는지에 대해 의구심을 가질 수 있다. 사실, 클린트 이스트우드(Clint Eastwood)의 2004년 아카데미상 수상, <밀리언 달러 베이비>(Million Dollar Baby)의 줄거리는 사지마비에 대해 가장 인간적인 반응이 안락사일 수 있음을 시사하는 데까지 멀리 갔다(Davis 2005;

---

1) 근이영양증(muscular dystrophy)은 근골격계를 약화시키고 운동을 방해하는 유전적 근육장애의 하나다. 이 질병은 진행성이며, 시간이 갈수록 악화된다. 루이스(Lewis)와 텔레톤(telethon) 쟁점의 더 상세한 논의는 Box 8.2를 참조하시오.

Haller 2010).

<밀리언 달러 베이비>에서 힐러리 스왱크(Hilary Swank)가 연기한 매기 피츠제럴드(Maggie Fitzgerald)는, 클린트 이스트우드가 연기한 프랭키 던(Frankie Dunn)이 자신을 전문적인 권투선수로 훈련시킬 것을 원하는 혈기왕성한 젊은 여성이다. 프랭키는 그렇게 하기로 마지못해 동의하였고, 매기가 링에서 사실상 패배시킬 수 없는 정도가 되었을 때, 그는 매기의 멘토와 친구가 되었다. 매기가 권투 사고로 목이 부서져서(부도덕한 상대 경쟁자의 결과) 심하게 장애인이 되었을 때, 그녀는 사지마비로 살기를 원하지 않았고 프랭키에게 병원에서 회복 중인 동안에 아드레날린의 치명적 양을 주기를 요청하였다.

장애학자들과 활동가들은 영화의 많은 관람자들과 비평가들이 마치 그녀의 삶이 더 이상 의미를 가지지 않는 것처럼[2] 장애인 주인공이 죽는 결정에 대해 공감하는 듯한 것에 대해 크게 실망하였다. 매기는 그녀의 새로운 조건에 적응하고 이 세상에서 사는 것에 대한 선택을 고려하기 위한 상담 혹은 물리치료를 받을 기회조차 가지지 않았다. 일리노이 주 시카고와 캘리포니아 주 버클리에서 항의 조짐들－"장애는 사형 선고가 아니다." 그리고 "아직 죽지 않았다."－이 나타났다(Davis 2005; Haller 2010).

진보적인 작가들인 모린 도우드(Maureen Dowd)와 프랭크 리치(Frank Rich)와 같은 비장애인 영화 컬럼니스트들은 항의자들의 반응에 대해서도 동등하게 크게 실망하였다. 그 반응들은: 도대체 뭐가 문제냐? 이것은 어쨌든 한 예술가의 한 상황에 대한 관점이 아니겠는가? 영화제작자로서 이스트우드는 그가 원하는 어떤 영화를 만들 권리가 있

---

2) 우리는 8장에서 의사조력자살(physician-assisted suicide)의 문제를 논의할 것이다.

는 게 아니겠는가? 그런데 사람들은 이 영화에 대한 부정적 반응이 미국에서 장애인들에게 시민권리를 부여한 1990년에 통과된 **「미국장애인법」**(Americans with Disabilities Act, ADA)에 대한 이스트우드의 반대에 의해 상승이 되었는지 여부에 대해 궁금해했다. 이스트우드는 2000년에 「미국장애인법」의 수정 방안을 고려하는 미국 하원의 헌법분과위원회 앞에 나타나서, 이스트우드의 캘리포니아 카멜에 있는 미션 리치 인 리조트(Mission Reach Inn Resort)가 장애인 고객에게 접근 가능하지 않아서 「미국장애인법」을 지키지 않은 이유로 한 장애인 고객이 제기한 소송 맥락에서 그의 증언이 받아들여졌다(Cleigh 2005; Davis 2005; Switzer 2003).[3]

여러 다른 사람들 가운데, 레너드 데이비스(Lennard Davis 2005)는 그 영화에 대한 장애인의 반대는, 이스트우드의 반-미국장애인법(anti-ADA) 정치학 혹은 <밀리언 달러 베이비>의 시나리오 자체에 대한 것만이 아니고, 오히려 장애인의 경험을 타당하지 않은 것으로 보는 사회의 전체적 시각과 문화적 장치라는 것을 사람들이 이해하기를 원한다는 것이다. 데이비스에 의하면, 쟁점은 단순히

> 이스트우드가 그의 마음을 말하는 것이 아니다. 그는 장애 주변의 쟁점들과 정치학에 대해 대단히 무지한 한 나라의 마음을 말한다. …… 장애인의 억압 역사는 대부분 사람들에게 알려져 있지 않으며, 그래서 그들은 장애를 개인적 비극, 영화화되는 가치가 있는 것으로

---

3) 이스트우드의 리조트는 호텔 화장실을 여전히 휠체어 사용자들이 접근하지 못하게 남겨 둔 채로, 6.5백만 달러 보수공사를 막 마무리하였다. 제안된 수정조항은 소송의 피고가 90일 이내에 시정 조치할 것을 요구했고, 이스트우드는 소송에서 졌고, 원고의 변호사 비용을 지불하고, 휠체어가 접근 가능한 리조트로 만들 것을 요구받았다.

보는데, 정치적 억압 그리고 그 억압과 싸울 투쟁으로서 보지는 않는다. …… 우리가 한 다리 혹은 두 다리를 잃은 개인에 대해 울거나 혹은 장애를 가진 한 개인의 승리에 대해 기쁨으로 우는 영화를 만드는 것이, 한 사회로서 우리가 장애인에 대해 비전을 가지고 그들에 대해 생각하고 다루는 전체 방법을 바꾸는 것보다는 훨씬 더 쉽다(p. 2).

그리고 이것이 왜 **장애학**(disability studies)을 사회과학, 인문학 그리고 의학, 재활 및 교육 전문 분야로부터의 기여를 포함하는 간학문적 탐구 분야라고 부르는 이유이며, 이것이 장애학이 인류의 이해에 결정적인지를 말한다.[4] 그것은 장애인이 그들을 쳐다보는 사람들을 뒤에서 쳐다보는 한 방법이며(Fries 1977), 사회의 응시를 그 사회에 되돌리고 비장애인들이 알아차리지 못하는 듯한 것을 지적하는 한 방법이다. 왜냐하면 데이비스가 관찰하듯이, 그들은 "정상이라는 존재의 신기루 속에서 살아가는 것으로 그들 자신을" 보기 때문이다(2005: 3). 장애학의 진보에 기여로서 이 책은 장애를 한 사회적 현상으로 나타내 보이는 목적을 가지고, 사회학적 민감성으로 고취된 문헌의 한 증류물을 제시하며, 우리 모두 "인간 존재가 정말 얼마나 상호 연결되어 있는지와 어떠한 삶은 가치가 없다고 추정하는 것이 얼마나 우리를 약화시키는지"를 알도록 돕는다(Cleigh 2005: 1).

장애가 전지구적 쟁점의 하나라고 이해하면서도 이 책은 미국에 초점을 맞춘다. 1장은 장애가 어떻게 말하여지는지, 정의되는지 그리고 사

---

4) 샤론 스나이더(Sharon Snyder 2006)는 미국에서 장애학의 기원을 사회학자 어빙 졸라(Irving Zola)와 만성질병 및 장애 연구학회(Society for the Study of Chronic Illness and Disability), 나중에 1980년대 초 장애학회(Society for Disability Studies)의 출범과 연관시킨다(Zola 1982 참조).

회학적으로 이해되는지에 대한 고려를 가지고 우리의 탐구가 시작된다. 그리고 1장은 장애권리운동을 소개하는데, 그 운동은 특정 학문적 노력으로서 장애학의 존재 자체와 학문적 진의에 책임이 있는 것이다. 2장은 이 분야에 대한 이론적 접근들의 다양성의 윤곽을 그려 내는데, 의학적 모델의 비판으로 시작해서, 장애학의 개념적 핵심을 구성하는 사회적 모델을 포함하는 대안적 관점들을 다룬다. 또한 이 장은 장애 문화와 정체성 문제, 장애의 정치경제학, 페미니즘과 퀴어 이론의 기여, 장애와 상징적 상호작용을 알아본다. 다음, 3장은 역사적 배경을 문자 이전 시대부터, 고대, 중세 사회들로부터 19세기와 20세기 미국까지 장애인에 대해 진화하는 대우를 추적해 본 것을 제공한다.

4장과 5장은 생애 전체에 걸쳐서 장애를 알아보는데, 4장은 가족과 아동기에 초점을 두고 5장은 청소년기와 성인기에 초점을 둔다. 4장은 아동기 장애에 대해 부모의 첫 번째 직면, 장애에 대한 아동의 관점, 가정 생활에 아동기 장애가 미치는 영향 그리고 장애아동을 위한 특수교육 서비스의 평가와 제공의 도전을 다룬다. 5장은 또래들 간의 관계, 교육 체계, 직업 세계, 성적, 정서적 친밀감 그리고 건강 보살핌과 활동보조 (personal assistance)의 수령을 다룬다.

6장은 생리학적 기초의 손상을 가지고 사는 사람의 관점에서 본 장애 경험을 음미해 보는 주제에 현상학적 접근을 취한다. 시력과 소리가 없이, 수화를 사용하면서, 운동성 손상을 가지고 물리적 환경을 조정하고, 척추 상해 후 재활을 경험하고 그리고 장애 스포츠나 경기에 참여하면서 사람들이 세상을 지각하는 방법들에 대해 다룬다. 7장은 장애가 대중 문화에 그려진 방식들을 알아보기 위해 고전 문학과 할리우드 영화들에서 선정된 예들을 살펴본다. 마지막으로 8장은 컴퓨터 테크놀로지의 역할, 선택적 낙태(selective abortion)와 의사조력자살의 문제, 장애학에서 의료적 모델의 위상, 장애와 인권의 질문을 포함한 장애의 미래에 대한 조망을 알리는 광범위한 쟁점들을 고려하면서 이 책의 결론을 맺는다.

장애에 대해 말한다

장애와 같이 복잡한 주제에 대해 시작하기 전에, 우리는 먼저 그것에 대해 이야기하기 위해 사용하는 언어에 대해 고려할 필요가 있다. 논의를 시작하기 위하여, 장애학은 우리가 때때로 의도적으로 그리고 때때로 비의도적으로 사용하는 어휘들과 어구들에 대해 더 인식하도록 요청한다. 그것들은 신체적 손상과 정신적 손상을 융합하는 "절름발이" 혹은 "장님을 인도하는 장님"과 같은 혹은 "눈을 감아 버리다"(turning a blind eye) 혹은 "귀담아 듣지 않다"(turning a deaf ear)와 같이 무관심을 나타내는 비유들을 포함하는 것으로 장애를 가진 사람들을 비하하는 것들("절름발이", "멍청이" 혹은 "저능아"와 같은)이다. 혹은 한 신체 장애를 가진 어떤 사람을 지칭하거나 적법하지 않은 어떤 것을 지칭하는 데 "타당하지 않은" 단어들을 취하는 것이다. 오늘날에는, "핸디캡"이란 용어조차도 장애학에서는 오명으로 떨어졌다. 반면, 장애학은 장애보다는 사람을 강조하기 위해 "people with disabilities"를 지칭하는 의미에서 "사람이 먼저인"(people first) 언어를 종종 사용한다. 그러나 특별히 영국에서는, 장애를 부끄러워할 정체성이 아닌 정치상 특정 선거구민의 공동 조직을 판별하는 긍정적 정체성으로 강조하기 위하여, "장애인"(disabled people)이란 용어를 사용하는 것은 또한 평범한 것이다 (Gordon and Roseman 2001; Kleege 1999; Linton 1998).

게이, 레즈비언 및 성전환한 사람들이 긍정적 정체성으로 "퀴어"란 용어를 도용하는 방식과 유사하게, 장애인이 "절름발이"(gimp) 혹은 "불구자"(crip)와 같은 용어들을 긍정적 방식으로 도용할 때, 비장애인들은 때때로 이러한 언어 쟁점들이 짜증스럽고 혼란스러운 것으로 생각한다.[5] 더구나 우리는 사람들이 "다르게 능력 있는"(differently abled), "신체적으로 도전적인"(physically challenged), "발달적으로 도전적인"(developmentally challenged), 혹은 "특별한 요구가 있는 아동"과 같은 용어들을 사용하는 것을 최근에 듣는다. 시미 린턴(Simi Linton)은 이러한 완곡어구 혹은 "좋은" 용어들이 유용하다고 생각하지는 않으며, 그것들을 "많은 장애인들의 삶을 통제하는 온정주의적 기관들에 격찬과 공상적 박애주의자적인 사고방식 풍토를 전달하면서 장애인의 가치를 올리려는 좋은 의미의 시도"(1998: 14)로서 특징짓는다. 그녀는 "특수교육"이라 불리는 한 전체 전문분야는 "특수"란 용어의 도용 주변에서 수립된 것뿐 아니라, 그것은 "교육적 실제에 합법성을 수여하고 한 잊혀진 집단을 지원하기 위한 의도적 시도"인데, 그럼에도 불구하고 "사회가 아동이나 교육"을 아주 바람직한 것으로는 고려하지 않는 현실을 모호하게 만드는 것으로 본다(1998: 15; Connor and Ferri 2007; Wendell 1996 참조).

더 일반적으로, 여기서 지적하고 넘어가야 할 것은, 장애학이 "장애"란 용어의 사용에 대해 그리고 그것에 대해 말하는 방법들에 대해 의미를 재부여하고자 하는 한 시도라는 것이며, 그렇게 함으로써 장애를 가진 사람들의 삶에 영향을 주는 "사회적 이상들(ideals), 제도적 구조들 그리고 정부 정책들의 복잡한 망"을 나타낸다(Linton 1998: 10). 이러한 노력에서 우리의 첫 번째 도전들 중의 하나는 장애에 대한 더욱 체계적인 편리한 정의 혹은 정의들을 개발하는 것이다. 우리가 이제 다룰 주제가 이것이다.

---

5) 로버트 맥루어(Robert McRuer 2006, 2010)는 페미니스트와 퀴어 이론으로부터의 통찰력을 장애학에 적용하는, "크립 이론"(crip theory)이라고 칭한 한 이론적 관점을 진전시켰다(2장 참조).

장애를 정의한다는 것과 장애학의 주제

시작하기 위해, 우리는 수잔 웬들(Susan Wendell)이 질문하였듯이 "누가 장애를 정의하고, 그리고 무슨 목적들로?"(1996: 23)를 질문할 필요가 있다. 예를 들면, 보험 회사들 혹은 정부 기관들은 누가 지불금 혹은 혜택에 적격성이 있는가를 정의하기 위해 사용하는 특정 행정적 기준들을 가지고 있을 수 있다. 그리고 자금을 절약하기 위하여 "장애를 좁게 정의하는 것"이 이러한 제공자들에게는 관심이 있을 수 있다(1996: 24).[6] 비슷하게, 장애인에게 서비스 자격을 주는, 특별한 조정(accommodations)을 필요로 하는 학교에 있는 아동들에게 그러한 자격을 주는 것과 같은 법은 아마도 다른 기준들을 적용할 것이다. 실제로 행정적-법적 체계와 협상을 하려는 누군가는 장애인이란 무엇을 의미하는지에 대한 유력한 모순적인 정의들의 미로에 자신들이 얽히게 되는 것을 종종 발견할 것이다. 혹은 서비스에 자격이 있기 위해 "충분히" 장애인인 것이 무엇을 의미하는지, 그것으로 그들은 "장애의 다른 정의들은 아니고 어떤 관료적 정의들에 맞는다"라는 것을 알게 될 것이다(1996: 24; Altman 2001; Grönvik 2009).

그러나 장애학 분야는 그러한 행정적-법적 기준에 의해 운용되지 않으며, 이 분야에서는 정의적 쟁점들은 전형적으로 손상(impairment)과 장애(disability) 사이의 구분과 함께 시작한다. **손상**은 신체적, 감각적 혹은 인지적 기능의 손실을 의미하는 생물학적 혹은 생리적인 조건을 지칭하며, **장애**는 그 손상 혹은 그것에 대한 사회 차원의 반응으로 인

---

6) 「미국장애인법」(ADA)은 장애를 한 개인의 주요 생활 활동들의 한 가지 혹은 그 이상을 실질적으로 제한하는 신체적 혹은 정신적 손상으로 정의한다.

해 개인적 혹은 사회적으로 필요한 과제를 수행하는 데 무능력(inablity)을 지칭한다. 과거에는 **핸디캡**(handicap)이란 용어를 손상 혹은 장애로 인해 한 개인에게 주어졌던 사회적 불리를 지칭하기 위해 사용하는 것이 평범하였음에도 불구하고, 하나의 개념으로서 핸디캡은 오늘날의 학문적 혹은 운동가 맥락들에서는 거의 사용되지 않는다. 그 이유는 대개는 핸디캡이 장애인을 어떤 면에서 열등하거나 결함이 있는 것으로 지칭하기 위해 사용될 때 그것이 부정적 함축성을 지녔기 때문이다(Miller and Sammons 1999; Wendell 1996; Whyte and Ingstad 1995).[7]

그러므로 우리의 목적을 위해서는 손상과 장애의 구분이 가장 밀접한 관련이 있는 것이다. 그래서 예를 들면, 신체적 손상으로 인해서 이동성을 위해 휠체어를 사용하는 사람들은 그들이 접근성을 요구하는 빌딩이 건축학적으로 접근성이 없다면 단지 사회적으로만 장애인일 수 있다. 그렇지 않다면 교육적, 직업적 그리고 사회의 다른 기관 관련 활동들에 그들이 완전히 참여하는 것을 막는 손상은 아무것도 아닐 수 있다. 혹은 시각적 손상의 경우를 생각해 보자. 안경이나 콘텍트 렌즈를 낀 사람들은 자신들이 손상을 가진 것으로조차 생각하지 않는다. 왜냐하면 이러한 교정 기기들이 평범해졌기 때문이다. 그러나 지금은 당연한 것으로 받아들여지는 이러한 기술적 보조기기가 없었다면, 그들의 시각적 손상 역시 아마 장애가 되었을 것이다.

더구나 장애인은 유색 인종과 다른 소수자 집단에 의해 경험되는 것에 맞먹는 편견과 차별을 자주 경험하며, 그러므로 그들은 비슷한 방식으로 사회적으로 주변화되고 불리한 위치에 놓인다(Gordon and

---

7) 두 국제기구인 유엔(UN)과 세계보건기구(World Health Organization, WHO)는 손상(impairment), 장애(disability), 핸디캡(handicap)의 차이를 홍보하는 데 영향력이 있었다(Altman 2001; Wendell 1996; Whyte and Ingstad 1995).

Rosenblum 2001; Hahn 1988; Siebers 2008). "한 사회의 '정상적' 혹은 수용 가능한 몸의 개념"과 다른 몸들을 가진 사람들에게, 그것이 그들에게 아무런 기능적 혹은 신체적 어려움을 야기하지 않는다 해도, 주요한 사회적 장애를 구성한다는 것은 슬프게도 사실이다(Wendell 1996: 44). 얼굴 흉 혹은 흉하게 된 것의 경우를 보면, "낙인(stigma)과 문화적 의미로 총체적으로 구조화된 장애로 외모에서만 장애"인 것이다(1997: 44). 예를 들면, 루시 그릴리(Lucy Grealy)는 그녀의 얼굴 골암으로 수술을 하게 되어 얼굴이 흉하게 되었는데, 그녀의 외모에 대한 잔인한 응시와 비웃음을 고통스럽게 기억해 냈다. "나는 나의 얼굴이었고, 나는 추함이었다."라고 그녀는 썼다(1997: 17). 더 이전에는, 미국 전역에 걸친 여러 도시들에서 일반적이었던 **혐오법**(ugly laws)이라 불리는 것과 조례에서와 같이, 어떤 사람의 신체적 외모가 다른 사람의 감성을 상하게 한다면 사람들 앞에 나서는 것이 심지어 불법이었다. 1881년에 통과된 시카고 조례(1973년까지 폐지되지 않았던)가 좋은 예다. 그것은 이렇게 진술된다. "병이 들거나, 신체 불구가 되거나, 팔다리가 절단되거나 혹은 어떤 방식으로 기형이 된 사람은, 그래서 보기 흉하거나 역겨운 대상이 되거나 부적절한 사람은 이 도시의 거리, 고속도로, 주요 도로 혹은 공공장소들에서 대중의 시야에 자신을 노출하지 않으며, 각각의 위반에 대해서는 벌금 1달러(오늘날 대략 20달러 해당)의 처벌이 있다."(Schweik 2009: 1-2에서 인용).

더 일반적으로, 비장애인들은 마치 장애 조건이 전염이라도 되는 것처럼 장애인들 주변에서 종종 편하지 않거나 두렵기까지 하다. 로버트 머피(Robert Murphy)는 너무도 많은 비장애인들이 장애인들을 "무시무시한 가능성"(1987: 117)으로 본다고 생각한다. 그들은 "손상이 그들에게 일어날 수 있다."는 그들의 공포를 다른 사람에게 전가한다. 이러한 방식으로, "장애인은 실패, 허약함 및 거세[남성의 경우]의 살아 있는 한 상징인 타자(the Other), 정상성(normality)에 대한 대조, 인간성(humanity) 자체가 의심이 되는 대상"(1987: 117)이 된다. 유사하게, 어빙 고프먼(Erving Goffman)은 그의 저서, 『Stigma: Notes on the Management of Spoiled Identity』(1963)에서 다른 사람들의 얕보는 반응은 장애인을 "인간"보다 덜한 존재가 아니라면 "정상"보다 덜한 존재로서 장애인을 인정하지 않는 데 기여한다고 주장하였다. 고프먼은 **낙인**(stigma)을 "온전하고 평범한 사람에서부터 오염되고 가치 저하된 것으로 우리 마음 안에서 몰락한"(1963: 3) 사람의 특성으로 정의하였다. 하워드 베커(Howard Becker)의 『Outsiders: Studies in the Sociology of Deviance』(1963)와 같은 해 출판한, 고프먼은 "**일탈**(deviance)은 개인이 실행한 행동의 질이 아니라 오히려 다른 사람들의 반응의 후속 결과"라고 보는 일탈에 대한 **표찰 이론**(labeling theory) 안에서 본질적으로 장애 문제의 틀을 잡았다(Becker 1963: 9). 고프먼은 모든 유형의 일탈자들, 장애인, 게이 및 레즈비언, 전과자, 정신병자, 약물 중독자 및 알코올 중독자들에게 공통의 저가치화된 지위를 부여하는 낙인의 일반적 이론을 내놓았다.[8]

낸시 밀러(Nancy Miller)와 캐서린 샘몬즈(Catherine Sammons)(1999)는 사람들이 다르게 보이는 타인들을 주목하는 것은 자연스럽다고 보았다. 그들은 인간 뇌는 환경을 둘러보도록 그리고 일상적 혹은 "기대되는 평균"으로부터 다름(differences)를 알아차리도록 구조화되어 있다고 주장한다(p. 7).

---

[8] 이 목록에서, 고프먼은 여성과 유색 인종도 포함하였고, "뻔뻔스러운" 미국 남성이 아니라면 그 누구도 포함하였는데, 그 미국 남성이란 "젊고, 기혼이며, 백인이고, 도시에 살며, 북쪽 출신이며, 대학 교육을 받은 이성애자의 개신교도 아버지이고, 정규직으로 고용되어 있고, 좋은 외모, 몸무게와 키에, 최근 스포츠 기록이 있는" 것을 말한다(1963: 128).

누구나 다름에 대해서 반응한다. 다름의 전체 우주에서, 누구는 우리를 매료시키고, 누구는 우리를 놀라게 혹은 두렵게 하며, 누구는 우리에게 전혀 중요하지 않다. 다름에 대한 우리의 반응은 때때로 복잡하고 혼란스럽다. 우리는 자주 다른 사람들의 다름에 대해 개방적이고 편안하게 느끼기를 원하기는 하나 어떤 익숙지 않은 다름은 그 대신 우리로 하여금 긴장하게 하고 판단적이 되게 한다는 것을 발견한다. 우리는 기대하지 않았던 다름을 가진 어떤 사람이 방에 들어왔을 때 예상치 못하게 놀라며, 놀라지 않은 것처럼 보이려고 할 때 어색함을 느끼기도 한다. 불안하게 만드는 다름을 우리가 보았을 때, 그것은 불안, 불확실성을 야기할 수 있고, 심지어 다른 사람을 피하고 싶은 바람을 일으킬 수 있다(pp. 1-2).

밀러와 샘몬즈는 우리 모두가 새로운 경험에 대한 습관화를 통하여 이러한 반응들을 무시하고 대안적 문화적 규준(norms)에 노출되고, 이런 방식으로 장애와 다른 사회적 다름에 대한 우리의 "개인적인 편안한 지대"(comfort zone)를 확장할 수 있다고 믿었다. 비슷하게, 스펜서 케이힐(Spencer Cahill)과 로빈 이글스턴(Robin Eggleston)(1995)은 장애가 없는 몸을 가진 자와 장애를 입은 몸을 가진 자 사이의 어색한 맞닥뜨림은 종종 적대적 의도에서가 아니라 무엇을 기대해야 하는지의 불확실성으로부터 나온다고 기록한다. 예를 들면, 한 건강한 신체를 가진 자가 휠체어를 사용하는 사람에게 문을 열어 주거나 식료품 가게의 선반에서 무엇인가를 찾는 데 도움이 필요한지 여부를 그에게 질문을 해서 그 결과에 따라 도움을 제공해야 하는가? 휠체어 사용자의 대중 경험에 대한 그들의 연구에서, 케이힐과 이글스턴은 건강한 신체를 가진 사람들은 때때로 휠체어 사용자가 도움이 필요하다고 생각하거나 동시에 "그들이 휠체어 사용자들이 간주되기를 원하거나 자신 스스로를 간주하는 것보다 덜 능력 있는 것으로 판단한다."는 것으로 힐책받을 것을 두려워한다고 밝혔다(1995: 693). 또한 케이힐과 이글스턴은 휠체어 사용자가 "사람이 아닌 것"(non-person)으로 대우받는 상황에 대해 알게 되었다. 예를 들면, 그들이 한 음식점에서 그룹으로 있었는데 한 웨이터나 웨이트리스가 휠체어 사용자가 말할 수 없는 것처럼, 그들이 원하는 것을 다른 사람들에게 질문하였던 것이다. 동시에 연구자들은 또한 비장애인이 휠체어 사용자들에게 많은 감사한 도움을 제공하는 상황을 통해 대중의 친절한 많은 행동들을 알게 되었다. 이런 것은 장애인은 한결같이 낙인화되고 나쁘게 대우받는다는 견해와는 반대되는 것이다(Bogdan and Talyor 1989; Makas 1988 참조).

이 모든 것은 "장애"를 한 사회적 현상으로, 생리학적 손상의 성격으로 축소될 수 없는 경험으로 이해하는 것이 중요하다고 말한다. 오히려 그것은 사회의 사회 차원의 태도(societal attitudes)와 사회적 조직의 한 산물이다. 이러한 관점은 때때로 **구성주의** 혹은 **사회적 구성주의**(social constructionist)로 불리며, 장애를 사회적 환경에 의해 구조화되거나 사회적 환경 안에 실재하는 것으로 장애를 이해하는 접근이다. 이것은 장애를 한 개인의 특별한 손상 안에 실재하는 것 혹은 내재하는 한 조건으로 이해하는 **본질주의적 관점**(essentialist view)과는 대조되는 것이다(Baker 2011; Omansky 2011; Wendell 1996).

문제를 더 복잡하게 이야기한다면, 장애 관련 학자들은 의학적 진단과 분류 체계는 그 자체가 논쟁의 대상이 되며 시간에 따라 변화하는 경우에서처럼, 손상 그 자체가 사회적 정의의 한 산물이라고 본다(Brown 1995). 예를 들면, "저기능" 및 "고기능"으로 간주되는 사람들을 포함하는 조건들의 한 스펙트럼(a spectrum of conditions)으로 구성되는 것으로 지금은 이해하는 **자폐증**(autism)의 경우를 보자. 자폐증은 미국의 아동 정신건강의학자인 레오 캐너(Leo Kanner)에 의해 1943년에, 오스

트리아 소아과 의사인 한스 아스퍼거(Hans Asperger)에 의해 1944년
에, 따로따로 그러나 거의 동시에 발견되었다. 캐너와 아스퍼거 둘 다
는 그 아동의 "혼자 있음에 대한 강력한 바람"과 "동일성 유지에 대한
불안해하는 과도한 바람"을 지칭하기 위해 그리스어 *autos*(self)로부터
"autism" 용어를 채택하였다(Kanner 1943: 242, 249). 자폐증 사람들은
면대면 상호작용에 어려움을 가지고 있으며, 다른 사람과 공감하는 능력
이 부족하고, 정서적으로 떨어져 있는 것으로 보인다. 그들은 일상에 애
착을 가지게 되고 이러한 일상이 방해받을 때 불안해질 수 있다. 자폐증
을 가진 사람들은 정보를 체계화하는 것, 수학, 컴퓨터 프로그래밍, 음
악 및 예술에 특별히 숙련될 수 있는 것에서 보듯이, 그들은 많은 강점
들과 연관될 수 있는 특화된, 복잡한 주제에 종종 집중할 수 있게 된다
(Cowley 2003; Grandin 2006; Kalb 2005; O'Neil 2008).[9]

　　캐너가 아동 정신건강학에서 선두적인 인물이 되어 가고 있는 반
면, 아스퍼거의 클리닉은 전쟁 중에 파괴되었고, 영국 심리학자 로나
윙(Lorna Wing)에 의해 그의 연구가 발견되고 1991년에 영어로 번역
이 될 때까지 그는 유럽 밖에서는 실질적으로 무시되었다. 서로서로 상당
히 다른 광범위한 조건들로 구성된, 지금은 **아스퍼거 증후군**(Asperger's
syndrome) 혹은 **자폐스펙트럼 장애**(Autism Spectrum Disorder)로 불
리는 조건에 대한 아스퍼거의 관찰을 대중화시킨 것은 바로 윙이었다

---

9) 자폐증은 생후 6-14개월 사이의 빠른 뇌 성장으로 특징지어진다. 이제, 연구자
들은 자폐증을 가진 사람들이 너무 많은 자극과 새로운 상황들에서 왜 불안을 느
끼는지를 설명하면서, 이러한 성장 과정이 뇌가 하나의 일관적 네트워크로 통합
할 수 있는 것보다 더 많은 감각적 뉴런(neurons)을 산출한다고 생각된다. 이는
자폐인들이 과도하게 자극과 새로운 환경에 불안해하는 것을 설명한다. 자폐증
은 일종의 유전적 요인을 가진 것으로 보이는데, 환경적 독소도 또한 관련이 되
어 있다(Cowley 2003; Grandin 2006; Kalb 2005; King and Bearman 2011).
자폐증에 관한 상세 논의는 Box 2.1과 Box 2.4를 참조하시오.

(Grandin 2006; O'Neil 2008; Silberman 2001; Singer 1999).

1980년까지, "자폐증"이란 용어는 미국정신의학회의 공식적 진단 지침인 『Diagnostic and Statistical Manual, DSM』에서 한 구별되는 조건으로 나타나지 않았다. 전에는 그것의 유일한 언급은 아동기 분열증의 한 증상이었고, 아스퍼거 증후군은 1994년까지는 포함되지 않았다 (Straus 2010). 그래서 1963년에 태어난 도나 윌리엄스(Donna Williams 1992)는 그녀가 25세가 될 때까지 그녀의 조건을 "자폐증"으로 이해하지 않았다. 그녀는 자신이 다른 아동들과 같지 않았다는 것을 알았으나 왜 그런지는 알지 못했다. 한 아이로서, 그녀는 눈 접촉을 피했고 다른 사람들에게 정서적으로 반응적이지 않았기 때문에 그녀는 청각장애인(deaf)으로서까지 생각되었다. 오늘날에도, 자폐증, 아스퍼거 증후군 및 몇몇 다른 장애가 각각 구별되는 진단적 조건으로서 특성화되어야 하는지 혹은 오히려 한 연속체를 따라 실재하는 조건들의 한 단일한 집합을 구성하는 것으로 특성화되어야 하는지에 대해 좀 논란이 있다. 그래서 『DSM』의 2013년 개정판에서, 아스퍼거 증후군은 자폐증 범주하에 있고, 본질적으로 그것들 사이의 구별을 삭제하였다(Baker 2011; Grandin 2006).

우리의 주제를 복잡하게 하는 또 다른 정의적 쟁점은 **신체적, 감각적 및 인지적 손상** 사이에 구별을 하는 것이다. 어떤 경우에서는 "신체적 손상"은 이동성 손상과 시력 및 청력 손실과 같은 감각적 손상 둘 다를 지칭하기 위해 사용되는 것으로, 다른 경우에서는 감각적 손상은 아니고 단지 이동성 손상을 지칭하기 위해 사용되는 용어로 이해된다. "인지적 손상"이란 용어는 자폐증, 외상성 뇌손상 및 정신질환과 같은 광범위한 범주의 조건들을 지칭하기 위해 일반적으로 사용된다. 이 광범위한 범주 안에서, "생애 중 어린 시기에 발생하는 평균 미만의 지적 및 적응적 기능성에 기초한" 제한성을 포함하는 정신지체(mental retardation)를 지칭하기 위해 사용되는 용어인 **지적장애**(intellectual disabilities)와 "정보를 수용하고, 처리하고, 분석하고 혹은 저장하는 뇌의 능력"에서 제한성을 지칭하는 용어인 **학습장애**(learning disabilities) 사이에 구분을 한다 (Carey 2009: 190; Box 4.3 참조).[10]

우리의 주제를 복잡하게 하는 또 다른 쟁점은 질병(illness)과 장애 (disability) 사이에 구분을 하는 것이다. 어떤 장애학자들과 운동가들은 이 구분을 지속적으로 하고자 한다. 부분적으로는 그들은 사람들이 장애를 가진 사람들이 자주 완벽하게 건강하고 특별한 의료적 보살핌을 요구하지 않는다는 것을 알기를 원하기 때문이다.[11] 웬들(1996)은 장애인 단체 안에 질병이 있는 사람들을 포함시키는 것에 반대하는 단호함은 AIDS나 암과 같은 질환과 연관된 추가적 낙인을 피하고자 하는 바람으로부터 나왔을 수 있다고 생각한다. 그럼에도 불구하고 장애를 가진 많은 사람들이 역시 아픈 것은 사실이며, 만성적 혹은 생명을 위협하는 질환뿐 아니라 고령화의 정상적 과정은 개인들에게 장애화되는 후속 결과를 가져올 수 있다(Bury 2000; Zola 1991).[12] 실제로, 오래 충분히 산 대부분 사람

---

10) 지적장애의 역사 속에서, 앨리슨 캐리(Allison Carey 2009)는 "바보"(idiot) "천치"(moron) "정신박약"(feeble-minded)과 같은 용어들의 진전 과정을 추적하였다. 20세기에 이르러, 이러한 용어들은 당시에는 덜 경멸적인 것으로 여겨진 정신지체(mental retardation)로 대체되었다. 1970년대에는 발달장애라는 용어가 정신지체보다 덜 경멸적인 것으로 여겨졌고, 다양한 장애 유형을 위한 포괄적 용어로 사용되었다. 현재에는, 일부 학교 시스템에서는 또한 정서장애(emtional disturbances) 혹은 행동장애(behavioral disorders)와 상호 교환해서 사용할 수 있는 "정서적 장애"(emotional disabilities) 범주를 판별하고 있다(Virginia Department of Education 2012).

11) 로버트 미피(Robert Murphy)와 그의 동료들(1988)은 장애를 질병과 건강의 "어중간한" 사회적 상태에 주재하는 사회적 경계인의 한 조건으로 특징지었다 (Cahill and Eggleston 1995 참조). 질병 대 장애 문제는 또한 정신질환을 포함하여 조현병(정신분열)과 같은 질환을 포함한다(Baker 2011).

12) 게리 알브레히트(Gary Albrecht 2010)는 미국의 "장애의 사회학"(sociology

들은 그들이 사망하기 전에 장애를 가지는 경험을 할 것이란 기대를 할 수 있다. 요세프 샤피로(Joseph Shapiro)는 장애인의 15% 미만의 사람들이 실제로 손상을 가지고 태어났고, 그리고 어떤 시기에 누구나 "갑작스러운 자동차 사고, 계단에서 추락" 혹은 심각한 질병을 얻은 한 결과로 장애인의 위상에 합류할 수 있다고 덧붙였다(1993: 7). 2004년에 행해진 한 국가적 조사는 미국에서 장애가 시작된 연령의 중앙치(median)는 35.7세이고, 47%가 그들의 장애를 40세 이후에 가지게 되었다고 밝혔다(National Organization on Disability/Harris Poll 2004).

장애에 대한 현재의 접근은 용어의 경멸적인 함축성을 피하려고 노력하고 그것을 **사회적 다름**(social difference)의 문제로 재구조화하고자 한다. 밀러와 샘몬즈는 다음과 같이 논의한다.

> 누구나가 다르다. 우리 중 어떤 이는 아무도 알아채지 못하는 다름을 가지고 있는 반면, 다른 사람들은 아주 눈에 띄는 방식으로 다르다. 우리는 때때로 우연히, 때때로 선택에 의해 모두 다른 사람들과 다르다. 어떤 사람은 발로 이동하는 반면, 다른 이는 휠체어를 사용하여 혹은 다른 방법으로 움직인다. 우리는 여러 다양한 언어와 방언으로 그리고 수화를 사용하여 의사소통한다. 우리는 굉장히 다양한 행동 패턴을 가지고 있으며, 우리 자신의 가족 안에서조차도 그러하다. 우리는 모두 고유한 신체적 강점과 제한성뿐 아니라 다른 학습 능력, 창의적 재능 및 사회성 기술을 가지고 있다(1999: 1).

---

of disability)을 의료 사회학의 하위 전문분야로 특징지었다. 또한 그는 미국 학자들이 영국 학자들보다 사회적 구성주의의 전통에 덜 의존해 왔음을 언급하고 있다. 장애학에 관한 미국과 영국의 전통에 대해 더 논의하기 위해서는 Meekosha(2004), Omansky(2011), Shakespeare(2006)를 보시오.

추가 탐구

Box 1.1 장애의 수를 센다는 것

장애를 가진 사람의 수를 세는 것을 시도한 연구들은 장애를 어떻게 정의하느냐는 질문으로 복잡해졌으나, 이 점에 대해 유념하면서 우리는 이 숫자가 무엇인지에 대한 생각을 할 수 있다. 예를 들면, 미국 통계국(US Census Bureau)은 2005년에 미국 인구의 19%가 적어도 어느 수준의 장애를 가지며, 그중에서 대략 12%로는 중도장애(severe disability)를 가진다는 것을 보고했다. 그 통계는 6세 이상의 사람들의 거의 4%가 샤워하기나 목욕하기 및 집 안에서 돌아다니는 것과 같은 일상생활의 활동에서 도움이 필요하다는 것을 알아냈다. 대부분의 장애들이 신체적인 반면, 이들 중 1/3은 인지, 정신 혹은 정서 기능성에서 어려움을 가진 것으로 분류된다고 보고했다. 전체 장애인의 약 1/3을 구성하는 64세 이상의 성인들을 포함하여, 고령자 미국인들은 당연히, 더 젊은 미국인들에 비해 더 높은 수준의 장애를 가진다고 보고했다(Moore 2009).

인구조사 자료에 덧붙여, 미국 질병통제예방센터(Center for Disease Control and Prevention, CDCP)에 의한 한 연구에서는 2005년에 미국 성인의 대략 22%가 한 가지 장애를 가졌고, 그중 대략 10%가 도시의 3개 블록을 걷거나 계단을 오르는 데 어려움이 있다고 보고하였다. 장애의 주요 10가지 원인은 다음과 같이 제시되었다(가장 흔한 것에서부터 가장 드문 것의 순). 관절염 또는 류머티즘, 허리 혹은 척추 문제, 심장 문제, 정신 혹은 정서적 문제, 폐 또는 호흡기 문제, 당뇨병, 농(deafness) 혹은 청각장애, 사지/손발의 강직 혹은 기형, 맹(blindness) 또는 시각 문제 그리고 뇌졸중(CDCP 2011).

미국 보건복지부(US Department of Health and Human Services, USDHHS)는 2001년부터 2005년 사이에 미국에서 장애를 가진

Box 1.1 장애의 수를 센다는 것 (계속)

성인들에 대한 조사 자료를 수집하였는데, 이 조사에서는 장애를 기본 행동 (basic actions)과 복합적 활동(complex activity)에 어려움을 가진 것으로 조작적으로 정의하였다. 기본 행동 어려움은 운동, 감각, 정서 및 정신 기능 면에서 제한성으로 정의되며, 한편 복합적 활동 어려움은 자기-보살핌 (self-care) 과제, 일할 수 있는 능력, 사회적 활동에 완전히 참여할 수 있는 능력 면에서의 제한성으로 정의된다. 미국인의 대략 30%가 기본 활동의 몇 가지에서 어려움을 보고하였는데, 그것의 가장 흔한 것은 걷기, 구부리기, 머리 위로 뻗치기 혹은 무언가를 잡기 위해 손가락을 사용하기와 같이 운동성과 관련된 것이었다. 대략 13%는 현저한 시각 혹은 청각 어려움을 가지며, 3%는 정서 혹은 인지적 어려움을 가지고 있는 것으로 보고했다. 직업 제한성은 가장 흔하게 보고되는 복합적 활동 제한성(12%)이었고, 그다음이 사회적 제한성(7%), 자기-보살핌 제한성(4%)이었다. 65세 이상의 성인들은 기본 행동에서 제한성이 있는 사람들의 대략 33%, 복합적 활동 제한성이 있는 사람들 중의 36%를 차지했다(USDHHS 2008).

국제적으로는, 2010년에 세계보건기구(World Health Organization, WHO)에서 전 세계 인구의 대략 17%인 10억 명이 넘는 장애인들이 있다고 보고했다. 다른 국제적인 자료에 의하면, 장애인들이 비장애인들보다 빈곤하게 사는 경향을 보인다. 이것이 비록 저개발국이나 비산업화 나라들에서는 더욱 심각하다고 할지라도 미국에서도 역시 사실이다. 세계 장애인 인구의 대략 80%가 세계의 건강관리 비용의 단지 20%가 사용되는 그러한 나라들에서 살고 있다. 세계 곳곳에서, 전쟁과 무장 충돌이 장애의 주요 원인이다. 오늘날, 중동, 발칸, 중앙아시아 그리고 동남아시아 지역과 같은 곳에는 수만 명의 장애를 가진 피난민들과 난민들이 있다. 적어도 매달 2,000명의 사람들이 70개가 넘는 나라들에 묻힌 지뢰로 인하여 죽거나 부상을 당한다(Albrecht, Seelman, and Bury 2001; Priestly 2001).

이러한 방식으로, 여러 사람들 중에 크리스티나 파파디미트리우 (Christina Papadimitriou 2008b)는 "인간 조건의 왜곡"으로서 혹은 절망의 깊이로 사람들을 빠져들게 하는 무자비한 비극으로서, 장애의 개념을 바람직하지 않은 일탈로 보는 것을 거부한다(Camilleri 1999: 849). 오히려, 장애는 이 세상에서 체화되는(being embodied) 한 다른 방식으로 환영받을 수 있는 다양성의 한 형태로서 이해되어야 한다. 파파디미트리우는 장애와 정상성을 극과 극으로 보지를 않고 "존재의 인간적으로 가능한 방법들의, ……한 연속체를 따르는" 위상으로 보았고(2008: 219) 혹은 리처드 스카치(Richard Scotch)와 케이 슈라이너(Kay Schriner)(1977)의 용어로는, 인간들 사이에 발생하는 자연적인 변형(natural variation)이라고 보았다. 손상은 누군가 원하는 것이 아니고 그것은 대단한 고통의 출처가 종종 되기는 하지만, 반면 장애인들은 그들 조건들의 특성에 있어서 아주 극적으로 다르며, 그것은 사람들이 자주 상상하는 것만큼 "완전히 처참한" 것은 아니다(Fine and Asch 1988: 11). 그들은 보통 그들의 남은 능력에 대해 감사하고 그것을 향상시키는 것을 배우고 그들이 파악하는 한에서 인간 가치의 목표와 질을 향하여 노력하는 것을 배운다(Gill 2001; Potok 2002; Wright 1960). 토빈 시버스(Tobin Siebers)에 의하면, "장애를 가진 사람들은 그들의 장애와 함께 살 수 있기를 원하며, 그들의 신체를 알게 되기를, 그것이 할 수 있는 것을 수용하기를 그리고 할 수 있는 동안 무엇인가를 위해 일할 수 있는 것을 지속하기를 원한다. 그들은 그들이 도움 때문에 의지하는 사람들에 의해 지배받는 느낌을 원하지 않으며, 그들은 부끄러운 기분 없이 이 세상에서 그들 자신을 상상할 수 있기를 원한다."(2008: 69) 거의 모든 경우에서, 시버스는 만약 장애인들이 그들의 장애를 이 세상 안에서 존재하는 그리고 세상을 바라보는 관점에서 독특하고 때때로 논쟁을 초래하는 방식을 그들의 정체성의 한 긍정적 측면으로 수용한다면 충만한 삶을 즐길 더 좋은 기회를 가진다고 덧붙였다.

하나의 학문 분야로서 장애학의 핵심에서, 장애학은 장애를 근절시키고자 하는 장애에 대한 접근을 거부한다. 이것은 한 개인이 살기를 원하는 삶을 살아갈 능력을 향상시킬 수 있는 재활적 중재들을 반대하는 것을 반드시 의미하지는 않는다. 그것이 목적을 두는 것은 "장애가 없는 몸과 정신(an able body and mind)을 가지는 것이 한 사람이 질 높은 인간이 되는 것의 여부를 결정하는 널리 퍼진 믿음"을 비판하는 것이다 (Siebers 2008: 4). 그렇게 하면서, 그것은 억압의 출처인 비장애중심주의(ableism)를 밝힌다. 비장애중심주의는 사람들을 "정치적, 경제적, 문화적 혹은 사회적 비하"로 전락시키는 한 체계를 구성하는 데 있어서 인종차별주의, 성차별주의 및 이성애중심주의(heterosexism)에 맞먹는 것이다(Nowell 2006: 1179). 비장애중심주의는 어떤 사람들(몸들)은 "정상"이고 우수한 반면, 다른 사람들(몸들)은 "비정상"이며 열등하다고 추정하며, 그것은 이 구분에 기초하여 제도적 차별을 수반한다(Linton 1998; Papadimitriou 2001).[13] 시버스는 이것을 "비장애중심의 이데올로기" (ideology of ability)라고 부른다. 비장애중심의 이데올로기는 가장 단순한 형태로 보면 비장애성(able-bodiedness), 즉 장애가 없는 상태에 대한 선호를 말하는 것이나, 그것의 가장 급진적 형태로 말하면, "개인들에게 인간의 지위를 주거나 거부하는 몸과 정신의 측정값을 설정하면서 인간됨(humanness)이 결정되는 기초선을 정의한다."(2008: 8) 비장애중심주의는 그것이 장애를 가진 사람들의 삶을 구조화하는 광범위한 것에 영향을 미치는 대단히 중요한 체제를 이루는 것임에도 불구하고, 하나의 우세한 혹은 지배적인 이데올로기로서, 비장애중심주의는 아주 당연시

---

13) 데이비스(Davis 1995)는 장애에 대한 연구는 정상성에 대한 연구를 필수적으로 포함해야 한다고 주장하였다.

받아들여져서 대부분 사람들에게는 무의식적이며 비가시적인 것으로 남겨진다. 장애학은 비장애중심의 이데올로기의 가면을 벗기고, 그것을 해체하고자 그리고 모든 사람이 그것을 보도록 드러내 보이는 것이 목적이다.

장애권리운동

그 누구도 장애학의 실존 자체와 개념적 추진력에 있어서 현재의 **장애권리운동**[14] 공로의 인정 없이 장애학에 접근을 시작할 수 없다. 장애권리에 대한 사회적 운동은 일종의 국제적 현상이다. 그러나 미국과 영국에서의 운동은 장애학에 대한 기여로 볼 때, 가장 주목할 만하다(Bickenbach 2001; Fleischer and Zames 2001; Shakespeare and Watson 2001). 미국의 경우, 이 운동은 1960년대의 다른 "저항 운동들"의 맥락에서 출현했다. 그 저항 운동들은 시민권리 운동, 여성 운동, 소비자 운동, 게이와 레즈비언 운동과 같이 이전에는 주변화되고 잘 드러나지 않았던 정치적 유권자들이 자신을 옹호하는 운동이었다(Mansbridge and Morris 2001).

우리는 이 운동들을 3장에서 더 탐구할 것이긴 하나, 이 시대의 다른 운동들과는 다르게, 장애권리운동에는 마틴 루더 킹 Jr.(Martin Luther King), 로자 파크스(Rosa Parks), 베티 프리단(Betty Friedan), 글로리아 스타이넘(Gloria Steinem) 혹은 랄프 네이더(Ralph Nader)와 같이 인정받는 이름을 가진 널리 알려진 인물이 없다는 것은 여기에서 주목할 가치가 있다. 그러나 에드 로버츠(Ed Roberts)는 논란의 여

---

14) 스나이더(Synder)는 장애학을 장애권리운동의 "이론적 무기"(theoretical arm)라고 묘사한다(2006: 478).

지는 있겠지만 필적하는 인정을 받을 만한 사람이다. 로버츠는 소아마비로 심각하게 장애를 가지게 된 사람으로, 최소한으로 그의 손들만 사용할 수 있는 사지마비를 가지고 있는데, 1962년에 캘리포니아 버클리 대학교(UCB)의 입학허가서를 따냈다. 그해는 제임스 메레디스(James Meredith)가 미시시피 대학교에 입학하는 첫 번째 흑인이 되었던 해이기도 하다. 한 청년으로서, 로버츠는 운전자 교육과 체육 요구 사항들을…… 완수할 수 없었기 때문에 그의 "고등학교 학위를 따내는 데 투쟁해야만 했다. [그리고] 캘리포니아 주의 재활과[CDR]는 다른 덜 심한 장애를 가진 학생들에게는 대학교 교육비를 지불하였는데 그의 대학교 교육비는 지불하기를 거부하였다. 왜냐하면 로버츠의 [재활과] 상담자는…… 그가 무엇인가를 할 수 있다는 것은 "실현 불가능한" 것이기 때문에 납세자의 돈을 [그에게] 소비하는 것은 낭비가 될 것이라고 믿었다."(Shapiro 1993: 44) 로버츠는 그의 사례를 미디어에 가져갔고, 결국 미디어는 재활과로 하여금 동의하게 하였다(Braddock and Parish 2001; Fleischer and Zames 2001; Scotch 2001b).

로버츠의 성공은 버클리 대학교에 다른 장애학생들의 기회들을 이끌었다. 그 당시 정치적 급진주의에 영향을 받아서, 로버츠와 지지하는 활동가 집단은 캠퍼스와 더 큰 버클리 지역사회에서 접근성 개혁을 위해 로비를 하였다. 그들은 "자립성"의 전통적 정의, 즉 그것을 장애인이 도움 없이 수행해 낼 수 있는 과제의 견지에서 정의하는 것에 의구심을 가졌다. **자립생활운동**(independent living movement)으로서 알려진 것으로, 활동가들은 자립생활을 장애인들이 도움 있이 혹은 없이 성취할 수 있는 삶의 질 견지에서 정의하기를 원하였다. 그들은 장애인들은 단순히 보호되는 보살핌을 원하는 것이 아니고 "그들의 지역사회에 완전히 통합되는 것"을 원한다고 주장하였다(Shapiro 1993: 52). 또한 그들은 그들이 요구하는 의료적, 교육적 및 사회적 서비스 전문가들과 자신들 사이의 힘의 관계를 반전시키는 목적을 가지고 있다. 장애인들은, 무엇을 할 것인지를 전문가들이 이야기해 주는 클라이언트(clients)로서 취급되기를 더 이상 원하지 않았다. 그 대신 그들은 자신에게 무엇이 최선인지를 결정할 수 있는 서비스의 소비자들과 자기옹호자들로 대우받기를 원하였다. 이 목적들을 성취하기 위하여, 로버츠와 그의 지지자들은 우선 미국에서 **자립생활센터**(Center for Independent Living)를 처음으로 세웠다. 그것은 결국은 자립생활 기술, 동료상담, 정보 및 의뢰 그리고 장애인을 위한 옹호를 제공하여 소비자가 통제하는, 지역사회중심의 센터들의 국가 차원의 네트워크로 진전되었다(Fleischer and Zames 2001; Shapiro 1993).

　이런 유형의 정치적 행동주의(activism)가 미국 전역에 걸쳐 퍼져 나갈 때, 미국 국회는 결국 연방 장애 법률의 이정표 격인 **1973년 「재활법」**(Rehabilitation Act of 1973)을 통과시킴으로써 반응하였다. 이 법은 공교육 및 고용에서 합당한 조정(reasonable accommodations)을 명령하였고, "공공기관들이 건축적 접근성 개혁을 시작하는 것을 요구하였고, 연방 재정을 받는 어떤 연방 기관, 공립 대학교, 방위 혹은 다른 연방 산업체 혹은 다른 기관 혹은 활동에서 단지 장애라는 이유로 어떤 사람을 차별하는 것이 불법적인 것"으로 하였다(Shapiro 1993: 65). 이 법에 찬성을 했던 대부분 정치가들은 그것의 광범위한 함축성과 실행을 위한 잠재적 비용에 대해 심각하게 고려하지 않았다. 그래서 제럴드 포드(Gerald Ford)와 지미 카터(Jimmy Carter) 대통령들하에서 건강과 교육 및 복지부(HEW)는 시행령 조항의 개발과 실행을 중단하려고 노력하였다(Braddock and Parish 2001; Fleischer and Zames 2001; Scotch 2001b).

　카터의 건강과 교육 및 복지부 장관인 요세프 캘리파노(Joseph Califano)는 "어떤 장애아동들의 경우, 그들을 위해 일반학교가 아닌 지

추가 탐구

Box 1.2 주디 휴먼: 장애권리운동가

에드 로버츠(Ed Roberts)와 함께, 초기 장애권리운동에서 가장 주목할 만한 사람 중 한 명이 주디 휴먼(Judy Heumann)이다. 휴먼은 1947년 뉴욕 브루클린에서 태어났으며, 그녀가 18개월이었을 때 소아마비에 걸렸다. 로버트처럼, 그녀는 사지마비가 되었다. 한 외과의사는 그녀의 부모에게 그녀를 시설에 입소시키라고 조언했고, 그녀의 친척들은 그녀의 부모에게 "그들의 불행은 부분적으로는 그들의 죄의 결과가 틀림없다고 말했다."(Shapiro 1993: 56) 초등학교에 다니는 3년 동안, 휴먼은 그 학교 교장이 휠체어를 타는 그녀의 존재가 "화재 위험"이라고 말했기 때문에 재택 교육를 필요로 했다. 그러나 그녀의 부모는 자녀에게 좋은 교육을 받도록 하기로 결심했다. 그들은 그녀를 장애아동을 위한 특수학교로 배치했고, 그곳에서 휴먼은 곧 "그녀의 학급 친구들의 부모들이 자녀들에 대해서 낮은 기대를 가지고 있고, 선생님들도 밀어붙이는 부모들에 의해서 재촉받지 않을 경우 그것에 따라서 반응한다는 것을 깨달았다."(Shapiro 1993: 56) 그럼에도 불구하고, 휴먼은 고등학교를 졸업했고 롱아일앤드(Long Island) 대학교에 입학허가를 받았는데, 그곳에서 그녀는 "기숙사에 살 수 있는 권리에서부터 교실 건물까지 그녀의 휠체어를 계단으로 올려줄 사람을 구하는 것까지 모든 것을 위해 싸워야 했다. 그녀는 경사로가 있는 건물을 위한 투쟁을 위해서 다른 장애학생들을 조직했고…… [그리고] 베트남 전쟁을 반대하는 시위에 참여했다."(p. 57)

1970년, 대학을 졸업하고 1년이 지난 후에, 휴먼은 건강검진을 통과할 수 없었기 때문에 뉴욕 시 공립학교에서 가르칠 수 있는 자격증을 거부당했다. 검사하는 의사는 그녀 혼자서 화장실에 갈 수 있는지 응급 상황에서 빌딩 밖으로 아이들이 빠져나오게 하는 것을 도와줄 수 있는지에 대해

Box 1.2 주디 휴먼: 장애권리운동가 (계속)

서 질문했다. 한 미디어 캠페인은 그녀가 교사자격증을 취득하도록 했다. 한 신문 헤드라인, "당신은 소아마비를 가지고 대통령은 될 수 있으나 교사는 아닙니다."라는 것을 휴먼은 "우리는 위선적인 사회가 우리에게 형식적인 교육을 제공하고 우리를 매장시키도록 허용하지는 않을 것"이라고 말하면서 인용하였다(Shapiro 1993: 57). 그런데도 그녀가 어렸을 때 다녔던 초등학교의 교장이 그녀에게 교사 자리를 제공할 때까지 그 누구도 그녀를 고용하지 않았다.

　　휴먼은 자신의 장애권리운동가 단체인 Disabled in Action을 만들었다. 1972년에 그녀는 리처드 닉슨(Richard Nixon) 대통령이 연방 장애인 프로그램에 자금을 지원하는 지출 법안을 거부한 후에 링컨 기념일에 시위를 하기 위해서 워싱턴 DC로 갔다. 대통령 선거 마지막 날에, 그녀는 대통령 자신과 함께 텔레비전에 방영되는 토론을 요구하기 위해 닉슨의 뉴욕 재선거 본부를 장악한 장애를 가진 베트남 참전용사 집단에 합류했다. 그다음 해에, 로버츠는 그 당시 개원한 자립생활센터(Center for Independent Living)에서 함께 일하자는 요청을 가지고 그녀에게 캘리포니아로 와 달라고 초청했다(Fleischer and Zames 2001; Scotch 2001b; Shaprio 1993).

원될 수 있는 특수학교에서 교육받는 것"을 허용하는 시행령을 강행 통과시키려 했는데, 장애활동가들은 "분리되었으나 동등하다"(역자주: 장애학생을 비장애학생과 분리하여 특수학교에서 교육하지만 실은 일반학교에서 교육하는 것과 동일하다는 주장; 이 주장은 Brown v. The Board of Education 소송의 미국 연방대법원 판례에 근거한 것임)는 것을 비웃었다(Shapiro 1993: 68). 또한 캘리파노가 학교들과 병원들에서 휠체어

경사로를 요구하는 규정들에 예외 사항들을 만들어 냈을 때, 활동가들은 미국 전역에서 시위를 조직하였는데, 특별히 건강과 교육 및 복지부 지역관리자가 있는 10개 도시들, 애틀랜타, 보스턴, 시카고, 댈러스, 덴버, 캔자스시티, 뉴욕, 필라델피아, 샌프란스코 및 시애틀 그리고 워싱턴 DC에서 시위를 하였다.

이 시기까지 미국에서 장애권리운동은 지역적으로 이질적으로 이루어졌는데, 이제는 사회적 변화를 위해 함께 일하는 다양한 집단들의 국가적인 범-장애(cross-disability) 운동이 되었다. 이 운동은 결국 「미국장애인법」(ADA)의 통과로 끝을 맺게 되었는데, 이것은 공적 및 사적인 부분에서 장애인의 권리를 더욱더 확장시켰다. 장애인을 위한 이전의 진보적 법들과 같이, 「미국장애인법」의 시행이 그것의 해석과 실행에 대한 논란에 휩쓸렸음에도 불구하고, 미국에서 장애인을 위한 법적 권리에서 중대한 시점과 기회의 확대를 기록하였다(Beaddock and Parish 2001; Fleischer and Zames 2001; Scotch 2001b; Switzer 2003).

조앤 톨리프슨(Joan Tollifson 1997)은 그녀의 오른손과 오른팔의 반을 잃은 사람인데 이 운동에 참여한 것이 얼마나 신나고 힘을 돋우는 것이었는지를 묘사한다. 톨리프슨은 그녀가 자라면서 "장애인이 된 것이 대단한 일이 아닌 세상, 그것을 아무도 비극이라고 생각하지 않는 곳, 내가 영감을 준다거나 애석하다고 아무도 생각하지 않는 곳, 아무도 쳐다보지 않는 곳에 있는 것에 대해 꿈을 꾸곤 하였다."라고 쓴다(1997: 105). 너무도 많이 그녀는 완전히 처음 보는 낯선 사람이 길에서 다가와서 그녀의 신체적 외모에 대해 질문하고 아동들은 공포에 떠는 경험을 많이 하였다. 사람들은 그녀가 신발끈을 매는 것 같은 것들을 얼마나 정말 잘하는지 눈물을 보이면서 이야기한다. 혹은 그들은 "정말 불구자"(real cripple)는 완전히 무능력하다고 생각하기 때문에 그녀가 추측하길 그들은 그녀를 장애인이라고 생각하지 않았다. 다른 사람들은 "그들이 알아채지도 [않았다]라는 척을 필사적으로 한다." 사람들은 "그들의 호기심을 삼키고 그들의 불편함을 숨긴다." 그녀에게 그녀의 팔에 대해 질문했던 어린이들에게 어른들은 "쉬쉬쉬---!"라고 한다(1997: 105-106).

톨리프슨은 자라면서, 그녀는 의도적으로 다른 장애인을 피했고, 그들과 "동일시를 안 하고" 그녀 자신을 그 집단의 일부로 보는 것을 거부한 것으로 기억한다. 그녀는 아직도 많은 정서적 고통 중에 있다. 치료 중에 그녀는 그녀가 한 많은 동일한 경험을 공유하는 "경이롭고 역동적인" 장애 여성 그룹에 마지못해 합류하였다. 그녀는 더 이상 고립되거나 혼자라고 느끼지 않았으며, 그녀의 사적인 고통이 "우리들의 그 어떤 한 명보다는 훨씬 더 광범위한 집단적 패턴의 부분"인 하나의 사회적 현상임을 깨닫기 시작하였다(1997: 105-106). 톨리프슨이 지금 깨닫는 것은, 정말로, C. 라이트 밀즈(C. Wright Mills 1959)가 **사회학적 상상력**(sociological imagination)이라고 유명하게 칭한 것의 본질인데, 그것은 개인적 혹은 사적인 어려움이 실제로는 공적인 쟁점들(public issues)이라는 것이다.

1970년대 후반에는, 톨리프슨은 장애권리운동에 관여하게 되었고, 카터 행정부가 그들이 반대하여 왔던 규정을 법으로 서명할 것을 요구하면서 샌프란스코 연방 건물에 한 달간 점령하는 것에 참여하였다.

우리는 한 전체 사회를 축소판으로 창출하였는데 그 안에 빌딩, 직업 위원회, 교회 서비스, 연구 그룹들, 휠체어 경주, 긴 전략회의가 있었다. 사람들은 웃었고, 논의하였고, 그들의 삶을 공유하였고, 누군가는 심지어 사랑에 빠졌고, 후에 결혼하였다. 이 사회에서, 당신은 당신의 장애 때문에 차별받을 것을 걱정할 필요가 전혀 없었다. 아무도 당신이 휠체어에 있어서 혹은 한 손만을 가지고 있기 때문에 어떤 특정한 과제를 할 수 없다고 당신에게 말하지는 않을 것이다. 적어도 이 사

회는 장애가 된 것이 그렇게 큰 문제가 아닌 그러한 곳이었다. …… 다
른 장애인들로부터 나 자신을 고립시켰던 내 생애의 그 시간 후에, 그
들로…… 둘러싸여 있다는 것은 자각의 계기였다. 결국 나 자신을 한
장애인으로 동일시한 것은 어마어마한 치유였다(1997: 107).

"장애를 가진 사람"이라는 사회적 범주는 "사회가 그들에게 부여
한 낙인 외에는 공통적인 것이 거의 없는" 조건들과 사람들의 한 다양한
집단으로 구성된다(Engel and Munger 2003: 14). 나아가 닉 왓슨(Nick
Watson 2002)은 그가 인터뷰한 장애인의 대부분이 "장애"를 그들의 정
체성의 한 중요한 부분으로 고려하지 않았다는 것을 발견하였다. 그들
은 그들의 손상을 상관없는 것으로 묵살하지는 않았고, 그것은 그들 삶
에 부정할 수 없는 한 사실이었다. 그러나 그들은 그것의 심각성을 내재
화하지는 않았다. 장애권리운동이 장애 정체성에 대한 긍정적 관점을 진
전시켰음에도 불구하고, 왓슨 연구의 사람들은 손상을 사람을 식별하는
것(identifier)으로서는 모두 부인하기를 선호하였다(2002: 524). 반면, 시
버스는 장애 정체성의 인식은 장애인의 집단적 이익을 진전시키고 우리
들 모두가 "포괄성(inclusiveness)과 참여와 같은 민주주의 근본적 원칙
들"을 생각하는 것을 돕는 데 계속해서 유용할 것이라고 생각한다(2006:
25). 캐럴 길(Carol Gill)은 그녀의 장애가 상관없는 것으로 여겨질 때를
희망하는 것이 아니고 장애가 나의 다름으로부터 내가 배운 것, 그것을
내가 사회에 가르칠 수 있는 것에 대한 "일종의 존경스러운 호기심을 일
으킬 때를 희망한다. 그러한 세상에서는 아무도 장애인이라 불리는 것에
대해 마음을 쓰지 않을 것이다. 대부분의 사람들이 하는 방식대로 무엇
인가를 할 수 없다는 것이 고침을 필요로 하는 어떤 나쁜 것으로 보이지
않는다는 것이다. 그것은 단지 다름으로 보인다."(1999: 45) 그리고 존 호
켄베리(John Hockenberry)는 "인생이 예측 불가하고 상황이 호의적이

추가 탐구

Box 1.3 자폐증과 신경학적 다양성 운동

자폐 공동체에서 자각하는 구성원 사이에서 유래된 것으로, 1998년에 『The Atlantic』 잡지에 출판된 하비 블럼(Harvey Blume)의 한 글에서 지면상에 최초로 신경학적 다양성(neurodiversity) 개념이 등장하였다(Baker 2011; Singer 1999). 요즈음 신경학적 다양성은 자폐증, 지적장애, 학습장애, 주의력 결핍 과잉행동 장애, 간질, 외상 후 스트레스 장애, 양극성 장애, 뚜렛증후군 및 조현병(정신분열증)을 포함하는 신경학적 차이로 인한 비전형적인 인지 양식의 다양성을 참조하기 위해 사용된다(Antonetta 2005; Baker 2011; Fenton and Krahn 2007). 그러나 한 사회적 운동으로서 신경학적 다양성에 대한 추동력은 자폐/아스퍼거의 스펙트럼에서 상대적으로 고기능 사람들의 공동체로부터 거의 나왔다. 이 공동체 내에서, 관습적인 양식을 가진 사람들은 "정상적 사람들"(normies) 혹은 "신경학적 전형들"(neurotypicals)로 지칭되는 반면, 비전형적인 양식을 가진 사람들은 인간의 정상적인 변형의 일부분으로 여겨진다(Baker 2011; Singer 1999).

데이나 리 베이커(Dana Lee Baker)는 신경학적 다양성에 헌신적인 자폐성 그룹들은 신경학적 다름(neurological difference)의 관점을 촉진하는 것을 돕도록 진화하였다고 언급하였다. 그 다름은 공동체와 공동의 정체성의 한 출처로서만큼 이해되고 경험될 수 있는 한 다름이며, 그 다름은 인종, 민족성, 젠더 및 성적 지향에 기초한 것과 같은 다양성의 다른 형태와 더 일상적으로 연관될 수 있는 다름이라는 것에 주목한다(2011: 20; Fenton and Krahn 2007). 비록 자폐 스펙트럼(역자 주: 자폐성 범주를 상위(고기능) 끝부터 하위(저기능) 끝까지 펼쳐진 기능의 범위를 포함하는 것으로 봄)의 더 하위의 끝(at the lower end)에

Box 1.3 자폐증과 신경학적 다양성 운동 (계속)

서 기능하는 것은 지적장애와 구어의 어려움을 포함하는 결손을 수반
할 수 있지만, 상위 끝(at the high end)에서 기능하는 것은 "장애" 혹
은 인간 조건의 "기본적으로 바람직하지 않은" 요소로 보지 않고, 사실
상 인간 혁신에 긍정적으로 기여하는 것으로 여겨진다(Baker 2011: 20;
Baron-Cohen 2000). 따라서 인간 역사에서 유명한 사람들, 알버트 아
인슈타인(Albert Einstein), 찰스 다윈(Charles Darwin), 볼프강 아마데
우스 모차르트(Wolfgang Amadeus Mozart), 빈센트 반 고흐(Vincent
Van Gogh), 루트비히 비트겐슈타인(Ludwig Wittgenstein) 및 토마스 제
퍼슨(Thomas Jefferson)과 같이 그들 분야들 중에서 혁신가들의 전기
(biographical accounts)로부터의 증거는 그들이 자폐 혹은 아스퍼거 증
후군의 틀 안에서 현재 분류되는 기준을 충족시킨다는 것을 강력하게 암
시한다(Grandin 2006; O'Neil 2008). 주디 싱어(Judy Singer 1990)는 컴퓨
터 테크놀로지와 인터넷 개발은 많은 부분 신경학적 다양성의 산물로 볼
수 있고, 이들은 대중문화에서 "멍청하고 따분한 사람" 혹은 "괴짜"로 한
번은 폄하되었던 사람들이며 빌 게이츠(Bill Gates) 자신 같은 사람은 고기
능의 인지적 비전형인(atypicals)이었을 것이라고 생각한다. 동물 심리와
가축을 다루는 인도적인 방법들의 개발에 기여한 것으로 유명한 템플 그
랜딘(Temple Grandin 2006)은 많은 비전형적 아동들이 영재아동을 위한
프로그램보다는 학교에서 부적절하게 특수교육 교육과정으로 이동한다고
생각한다(Box 6.1 참조). 그렇게 함으로써, 이런 아동들과 우리 사회는 피
해를 입는 것이다.

지 않음에도 불구하고, 다재다능함과 적응은 가능하다는 것을 일반 대중
에게 재확신시키는 것의 출처가 왜 장애를 가진 사람이 아니겠는가? 그

들은 인간 존재의 코딩 안에 들어가 있다."라고 생각한다(Fleischer and Zames 2001: 205에서 직접인용).

요 약

이 책의 첫 장에서, 우리는 '왜 장애가 인간의 이해를 위해 결정적인가'라는 질문을 제기하였다－삶의 한 경험으로서, 학문적 노력으로서, 장애학을 수강하는 학생들의 한 문제로서. 우리는 장애에 대해 이야기를, 적절하게 그리고 부적절하게 사용하는 언어를 고려함으로써 시작하였다. 그리고 우리는 장애를 정의하는 곤란한 쟁점을 제기하였고, 행정적·법적 정의들과 사회학적 접근들 사이의 차이점을 지적하였다. 사회학적 접근들은 장애의 특성을 정의하는 것을 사회적 환경 안에 있는 것으로 위치시키고, 장애를 이 세상에 체화되는 인간적으로 가능한 방법들의 연속체에 따라 실재하는 사회적 다름의 문제로 틀을 다시 짜는 사회적 구성주의 관점을 포함한다. 또한 우리는 비장애중심주의 개념과 장애를 가진 사람들을 열등한 사람으로 저가치화하고 그들이 차별적 대우를 받도록 하는 관념과 제도적 실제를 소개하였다. 마지막으로, 우리는 미국에서 장애권리운동의 출현을 고려하였는데, 그것은 장애학의 실재와 추진력을 한 구별되는 학문적 노력으로서 인식되게 하는 데 거의 확실히 책임이 있다. 그렇게 함으로써, 우리는 자립생활운동과 1973년 「연방재활법」을 중심으로 하는 행동주의를 논의하였다. 그 「재활법」은, 이 책에서 더 상세히 살펴볼 장애인을 위한 획기적 시민권리법인 1990년 「미국장애인법」으로 절정을 이루었다.

2
장애를 설명한다는 것

:

의료적 모델을 넘어
장애 문화와 정체성
장애의 정치경제학
페미니즘과 퀴어 이론의 통찰력
장애와 상징적 상호작용
요 약

2
장애를 설명한다는 것

이 장에서, 우리는 한 설명적 혹은 해석적 학문으로서 장애학의 핵심을 구성하는 일반적인 이론적 관점들과 개념적 모델들을 소개하고 설명한다. **사회적 이론**은 "지식을 응축하고 조직하기 위해 사용된 논리적으로 일관적이고 상호 연결된 아이디어의 한 일관된 체계"로 정의될 수 있다(Neuman 2011: 9). 어떤 측면에서는, 장애학의 관점은 우리가 1장에서 논의하였듯이, 장애에 대한 공통적 (오)지각을 해체하고 재구조화하는 방법이기 때문에, 한 이론적 관점을 구성한다. 동시에, 이 분야는 한 단일화된 혹은 일관된 이론적 접근이라고 자처하는 것은 아니며, 소리의 불협화음이 아니라면 다향한 음에 의해 구성된 것이다(Meekosha 2004; Thomas 2004; Williams 2001). 이 분야의 간학문적 성격과 "장애"가 구성하는 현상의 다양성으로 이러한 것이 기대되는 바다.

또한 장애학은 이론에 더하여 그것의 주제에 대한 다른 개념적 접근들을 묘사하기 위하여 **모델**이라는 용어를 사용한다. 모델들과 이론들은 우리가 한 현상을 이해하는 것을 돕는 한 방법으로 정보를 조직하고 나타내기 위해 사용된다. 마이크 올리버(Mike Oliver 2004)는 한 모델은 아이디어를 실제(practice)로 변환하기 위한 하나의 틀이라고 제안하는 반면, A. 르웰린(A. Llewellyn)과 K. 호간(K. Hogan)(2000)은 이론의 주요 요소는 실증적 연구에 대한 그것의 연결성인데, 즉 그것이 제안하는 것의 진실성을 확인하거나 혹은 부당성을 증명하는 것이라고 지적한다. 우리의 목적으로 볼 때, 모델과 이론 사이의 구분은 상대적으로 중요하지 않다.[1]

우리는 의료적 모델의 비판과 함께 장애학에서 진전된 대안적 관점들, 사회적 모델, 현상학과 복합적 체화(complex embodiment) 그리고 문화적 모델로 시작한다. 우리는 장애 문화와 정체성의 문제, 장애의 정치적 경제(political economy), 페미니즘과 퀴어 이론(queer theory)의 기여를 살펴볼 것이다. 이러한 이론들이 집단들, 지역사회들 및 전체 사회들의 일반적 특성에 집중하는 경향이 있는 반면, 한 추가적 접근은 일상생활이 일어나는 지역사회 환경에서 펼쳐지는 대인관계적 상호작용에 초점을 두는데, 이것은 상징적 상호작용(symbolic interaction)이라는 한 사회적 이론으로 전형적으로 틀이 잡힌다.

의료적 모델을 넘어

장애학은 **의료적 모델**을 하나의 본질주의 접근(an essentialist approach)으로서 특성화한다. 이 접근은 장애를 사회적 환경보다는 "개인적 몸의 한 성질"로서 정의하며, 신체적, 감각적 및 인지적 손상(impairment)의 원인, 진단, 예방 및 처치에 관련된 것들에 관심을 둔다

---

1) 이 책에서 다루지 않는 장애에 대한 모델들에 대해 더 고찰하기 위해서는, Altman (2001)을 보시오.

(Siebers 2008: 25). 미셸 푸코(Michel Foucault 1979)의 용어로는, 의료적 모델은, 학문적 실제의 한 집합(a set of disciplinary practices)으로 구성된다. 그것은 자신들의 손상에 적응하도록 기대되고 환자 혹은 클라이언트에 상대해서 특혜를 입은 권위적 위상을 차지하는 의료적 전문가들에 의해 운용되는 재활적 처치라는 처방된 계획에 순응하도록 기대되는 소극적인 개인들 혹은 "유순한 몸들"을 양산하는 것에 목적을 둔 것이다(French and Swain, 2001; Shakespeare 2006; Turner 2001; Wendell 1996).

부가적으로, 의료적 모델은 손상에 적응하는 개인들이 엘리자베스 퀴블러-로스(Elisabeth Kübler-Ross 1967)의 잘 알려진 비통의 단계, 즉 부정, 분노, 타협, 우울, 수용에 대략 상응하는 공통적 단계를 거쳐 지나간다고 가정한다. 캐럴 길(Carol Gill)은 그것을 다음과 같이 묘사한다.

> 이 틀에 의하면, 장애에 대한 개인의 내적 경험은 그의 현재 적응 수준과 그와 연관된 정서적 상태에 따라 비참하거나 평온할 수 있다. 한 개인의 다른 사람들에 대한 관계는 장애에 대한 적응을 향한 단계들을 따라 진보하는 것에 의해 유사하게 중재된다. 정서적 해결에 도달하고 장애라는 상실을 수용한 개인은 대인관계적 성공을 위해 잘 위치하게 된다. 장애라는 손실을 부정하거나 악담하는 사람은 다른 사람들과 관계를 잘 맺을 가능성이 적다(2001: 357-358).

그러나 길은 많은 임상적 증거와 실증적 연구가 사람들이 장애에 대한 반응을 공통적 혹은 정연한 계열을 통해 이동한다는 기대를 타당화할 수 없다는 것을 지적한다. 이러한 결과는 19세에 자동차 사고로 마비가 된 존 호켄베리(John Hockenberry 1995)를 놀라게 하지 않는다. 그의 재미있고 깨우침이 있는 자서전에서, 호켄베리는 장애에 적응하는 단

계에 대한 그의 경험을 묘사하였다. 그의 주변에 있는 전문가들에게, "휠
체어에서의 삶은…… 부정의 코드, 우울이 더해진 그리고 분노가 더해진
코드가 수용(acceptance)과 동일하다는 것을 받아들임으로써 의미를 가
지기 시작하였다. 인간 존재의 존엄성은 이 코드에 의해 회복되었는데,
그것은 한 개인이 어떤 일이 일어났는지를 부정하였고, 화를 냈고, 우울
해졌고 그리고 빛을 보았다."라고 그는 썼다(1995: 79). 그러나 호켄베리
에게, "정신적 외상은 어떠한 추가적 의미를 필요로 하는 것 같지 않았
고, 그것은 그 자체로서 의미를 지닌다."(1995: 79)

> 처음부터, 장애란 삶이 다른 모습을 보여 줄 수 있다는 것을 가르쳐
> 주었다. 사실, 그러한 관점이 요구되었는데…… 변화 그리고 비탄과
> 정신적 외상을 위한 공식은 우리 각자가 어려움을 통하여 우리 자신
> 의 방법을 아마 발견할 수 있다는 가능성을 없애는데, 그렇게 함으로
> 써 우리는 누구인지 그리고 우리는 무엇이어야 하는지에 대해 우리에
> 게 말하는 억압적 힘으로부터 우리 삶을 되찾는다. …… 각 사람은 정
> 신적 외상이 전에는 일어나지 않았던 것처럼 그것을 직면한다. 이것이
> 한 사람의 정체성에 고유하고 적합한 한 해결책을 만드는 마음과 몸을
> 허용하는 것이다(1995: 79, 86).

의료적 모델의 중심에는 장애인은 비장애인에 비해 결손이 있고 본
질적으로 열등한 것으로 묘사하는 비장애중심주의(ableist) 관점이 있
다고 비평가들은 믿었다. 그래서 변화가 가장 필요한 것은 사회가 아니
고 그들이다. 그와는 대조적으로, 장애의 **사회적 모델**은 한 개인의 손
상 혹은 적응이 아니라 사회적으로 부여된 장벽들, 즉 접근 가능하지 않
은 빌딩, 교통과 의사소통의 제한된 방식들, 편견 어린 태도들인데, 그
것들은 장애를 종속적인 사회적 위치와 저가치화된 삶의 경험으로 구성

한다. 이 모델은 1970년대 초에 영국에서 장애 운동가들에 의해 처음 명확히 표현되었다. 또한 이것은 미국의 장애 운동가들과 학자들의 사고에 실질적 영향을 미쳤는데, 이들은 그러한 장벽의 제거를 법적으로 보호되는 시민 권리의 문제로 보았다(Oliver 1990; Shakespeare 2010; Wendell 1996).

사회적 모델 지지자는 상술한 **의료적 모델**의 비판에 대해 많은 부분 책임이 있다. 그러나 사회적 모델 또한 비판을 받기 쉽다. 빌 휴즈(Bill Hughes)와 케빈 패터슨(Kevin Paterson)이 제안하였듯이, "장애가 사회적으로 산출되는 방식들에 초점을 둠으로써 사회적 모델은…… 생의학적으로 우세한 의제들로부터 정치와 시민권에 대한 담론으로 장애에 대한 논쟁을 변환하는 데 성공적이었다." 그러나 그렇게 하는 데 있어서, 사회적 모델은 손상 그 자체가 이해를 필요로 하는 한 경험이라는 것을 인정하는 것에 실패하였다(1997: 325). 토빈 시버스(Tobin Siebers)에 의하면, "의료적 모델이 체화(embodiment)에 너무 많은 관심이 주어졌다면," 사회적 모델은 가장 순수한 형태로 볼 때는, 아예 몸을 그 그림 밖으로 완전히 내놓는다(2008: 25).

장애학에서 이러한 간극을 채우기 위해서, 어떤 학자들은 브라이언 터너(Bryan Turner)가 "몸의 현상학"(phenomenology of the body)이라고 묘사한 그것을 발전시키기 위해 **현상학**의 전통을 활용하였다. 현상학적 관점에서부터, 체화된 인간의 살아온 경험(the lived experience of embodied human beings)은 장애를 이해하기 위한 시작 지점이다. 크리스티나 파파디미트리우(Christina Papadimitriou)가 관찰하듯이, "한 몸(a body)을 가졌다기보다, 우리는 우리의 몸들(bodies) 자체이고," 그리고 우리의 경험과 이해는 "세상에서 우리의 활발한 신체적(corporeal) 및 신체 간의 관여에 기초하고 있다."(2008b: 219; Merleau-Ponty 1962 참조) 장애와 손상 사이의 구별은 유지하기가 어렵듯이, "내부와 외부 현상들의 한 이원적인 충돌로서……, 그것들은 몸 안에서 만나지 않는다."
(Hughes and Paterson 1997: 335) 오히려, 그것들은 서로 피할 수 없이
영향을 주고 "체화된 전체"(embodied whole) 안에서 완전히 통합된다
(Snyder & Mitchell 2006: 7).[2]

이러한 방식으로, 장애를 좀 더 완전히 이해하기 위해, 시버스
(Siebers 2008)가 **복합적 체화 이론**이라고 한 것은, 장애를 입은 몸을 의
료-재활적 실제의 명령을 받게 하는 것을 포함하여, 사회적 환경의 영향
을 밝힐 뿐 아니라 몸 자체로부터 나오는 고통과 기쁨을 분명히 밝힌다.
그것은 신체적 손상과 연관된 만성적 고통과 이차적 건강 영향력을 인
정하고, 한 개인의 삶의 질을 개선할 수 있는 의료적 중재와 보조 공학
이 있을 수 있음을 인정하며, 환경적 수정과 서비스는 어디서든 가능하
다면 조정될 수 있고 조정되어야 한다고 보는 반면, "어떠한 환경적 변
화라도 완전히 제거할 수 없는 손상에 실질적인 불리(disadvantages)가
있다."고 본다(Shakespeare 2010: 271). 예를 들면, 거벤 드롱(Gerben
DeJong)과 이안 배스넷(Ian Basnett)(2001)이 지적하였듯이, 신체적 손상
이 있는 사람은 좋은 심혈관 건강과 체중 관리를 유지하는 데 필요한 에
어로빅 운동에 참여할 능력이 제한되어 있고, 그러므로 그들은 관상동맥
심장 질환 혹은 성인 당뇨병의 이른 발병이 더 되기 쉬울 수 있고, 정신
질환을 가진 사람은 지속적인 약물 지원을 요구할 수 있고 그들 생애 전
반에 걸쳐 모니터링이 필요할 수 있다(5장 참조).

동시에, 또한 장애인을 비정상, 열등 혹은 기껏해서 불쌍해야 하는
의존적 사람, 자선적인 좋은 의지의 한 대상자로서 대우하거나 혹은 개
선적인 의료적 처치를 제공하는 대상으로서 보는 관습적인 정형화에 도
전할 필요성이 있다. 오히려, 장애는 다른 사회적 소수자가 하였던 것과

---

2) 6장에서 이 관점에 대해 더욱 명확하게 다룰 것이다.

같은 집단 정체성의 문제로서, 인간의 다양성의 더 넓은 구조의 부분으로서 그리고 정상성(normality)에 관한 사회적으로 구조화된 개념에 대한 문화적 저항의 현장으로서 포용될 수 있고, 나아가 기념될 수 있다. 누군가가 명명하였듯이, 이러한 장애의 **문화적 모델**은, 우리가 간결히 논의할 농(Deaf) 문화의 현상으로 설명이 된다. 시미 린턴(Simi Linton)은 이 모델의 일반적 특성들을 이렇게 묘사한다.

> 이 공동체의 문화적 내러티브(narrative)는 역경과 투쟁의 상당한 공유를 나타낸다. 그러나 그것은 또한 심각하게도, 비전형적 관점에서부터 협상이 된 세계에 대한 한 설명이 될 수 있다. 우세한 문화가 결손과 손실로서 비전형적 경험을 묘사함에도 불구하고, 장애인 공동체의 내러티브는 비전형적 경험에 대한 창의적인 반응이며, 비장애인을 위해 설정된 한 세계를 통한 적응적 조치다. 우리를 결속시키는 자료는 서로를 찾아가는, 그것을 논의하기를 꺼리는 한 세계에서 장애를 판별하고 명명하는 그리고 우리의 경험에 관련된 역사적으로 그리고 문화적으로 중요한 자료를 발굴하는 예술이다(1998: 5; Baker 2011 참조; Snyder and Mitchell 2006).

장애를 가진 사람들은 그들의 장애가 실은 단순히 이 세상에서 체현화되는(being embodied) 그들의 방식인데, 마치 극복이 필요한 무엇인가가 있는 것처럼, 그들의 장애를 "극복"하기 위해 시도하는 것으로서 장애인을 특성화하는 것에 대해 또한 불편하다(Baker 2011; Fries 1997; Linton 1998). 그것은 장애 운동가와 학자들이 헬렌 켈러, 스티비 원더 그리고 스티븐 호킹과 같은 **슈퍼장애인**(supercrip) "유명인사"(celebrities)뿐 아니라 장애인 운동선수를 포함해서 소위 슈퍼장애인이라고 불리는 "인간적 흥미" 이야기에 미디어의 초점이 주어지는 것을 자주 매도하는 이유이기도 하다. 용기, 헌신, 열심히 하는 것의 영감을 주는 이야기의 개인들은 그것이 가능하다는 것을 증명하고, 역경을 매도할 수 있고 불가능한 것을 성취할 수 있다는 것을 증명한다. 이러한 성공의 이야기들은 만약 그들이 아주 열심히 노력하였을 때만이 장애를 가진 사람이 무엇을 성취할 수 있는가, 그들이 무엇을 성취할 수 있어야만 할 것인가에 대한 비현실적인 기대를 조성할 것이라는 염려를 하게 한다. 비평가들에 의하면, 슈퍼장애인에 대한 초점은 장애인을 위한 사회적 모델 개혁의 실행에 반대한다(Crow 2000; Hockenberry 1995; Shapiro 1993; Wendell 1996).[3)]

동시에, 역설적으로, "장애의 극복"이란 인식은 장애인에 대한 기대가 아주 낮아서 비장애인들은 장애인이 가장 일상적인 과제들을 수행할 수 있을 때에 놀란다는 것을 또한 시사한다. 조앤 톨리프슨(Joan Tollifson)이 사람들이 그녀가 그녀의 구두끈을 맬 수 있다는 것(1장 참조), 운전을 하는 것, 대학교 학위를 취득한 것, 직장을 가진 것 혹은 심지어 성관계를 가진 것에까지도 감명을 받는다는 것을 알아낸 것과도 같다(1장 참조). 호켄베리는 <오프라 윈프리 쇼>(The Oprah Winfrey Show)의 에피소드에 대해 그는 윈프리가 장애인 배우자를 가진 결혼한 네 커플을 인터뷰하였던 것을 시청하였다고 썼다. "그래서 내가 알기를 원하는 무엇인가가 있네요." 윈프리는 이전에는 장애가 없었는데 사고로 장애가 된 남편을 가진 한 아내에게 질문을 하였다. "그가 그것을 할 수 있었나요?" 그 아내가 "예, 오프라, 그는 할 수 있었어요."라고 응답하였을 때, 관중은 박수갈채를 보냈다(1995: 92).

---

3) "슈퍼장애인" 현상에 대해 더 균형 잡히고 미묘한 관점을 알기 위해서는 Berger (2009b)를 보시오.

장애 문화와 정체성

　　상술하였듯이, 장애의 문화적 모델은 정상성에 대해 사회적으로 구조화된 개념에 저항하는 현장으로서 장애를 본다. 다른 사회적 소수자들의 방식으로, 장애를 가진 사람들은 한 긍정적 정체성과 마음이 비슷한 사람들의 공동체를 주장하기 위해 모였다. 이것의 가장 분명한 예가 **농(Deaf) 문화**다. 농, Deaf의 대문자 D는 농인들은 서로 간 의사소통을 위해 수화를 사용하는데 이는 언어적 소수자를 강조하는 상징적 표현으로서 사용된다. 다른 민족적 집단들이 그들의 언어적 및 문화적 유산을 지키기를 원하는 것과 같이, 농인(Deaf people)은 역시 그렇게 하기를 원한다(Aronson 2001; Barned and Mercer 2001; Lane 1995).

　　매사추세츠 주 케이프 코드의 해안 앞 섬인 마서즈 비니어드(Martha's Vineyard)에서 농아인 문화의 사례를 들어 보면(역자주: 박승희 역 (2003), 『마서즈 비니어드 섬 사람들은 수화로 말한다: 장애수용의 사회학』 참조), 농(Deafness)은 17세기 초에 유전적 특성으로서 이 섬에 들어왔다. 비교적 고립된 인구 사이에서 근친 결혼은 유전적 농을 보통 이상의 높은 비율로 이끌었다. 한번은, 마서즈 비니어드의 모든 주민이 청력 손상이 있든 없든 수화로 말을 하였다. 이러한 문화는 본토와 섬 사이에 더 많은 이동성에 의해 약화될 때까지 대략 200년 동안 원래대로 그대로 남아 있었다(Barnes and Mercer 2001; Groce 1985).

　　농 문화에 대한 논란의 하나는, 이것이 또한 다른 장애 집단에도 나타나는 것인데, 우세한 문화에 대하여 통합할 것인지 혹은 분리할 것인지에 대한 욕구다. 대부분의 비장애인이 수화를 사용하지 않는 사회에서, 농 문화를 전파하고 유지하고자 하는 욕구는 분리된 기관들(학교들, 사회적 클럽들, 운동협회들, 예배장소 등등)을 필요하게 만들 뿐 아니라 농인들이 듣고 구어적 말(verbal speech)을 개발시킬 더 나은 기회를 가지는 것을 도울 인공와우와 같은 기술적 도움에 저항을 만든다.[4] 모든 농인들이 이러한 분리 접근에 호의를 보이는 것은 아니며, 건청인 부모들이 그들의 청력 손실 자녀들을 주류 사회에 통합시키기 위한 전략들을 포기하는 것을 일반적으로 선호하는 것은 아니다. 더구나 청력 손실을 가진 사람들은 그들의 손실 정도와 그들의 조건을 기술적 도움을 통한 청력 증강에 순응하는 데 있어서 사람들마다 상당히 다를 뿐 아니라 그들이 농인이 되었던 인생 과정의 단계에서도 다르고 그에 따라 농문화에 대한 연대감과 동일시의 경감 정도에서도 다르다(Barnes and Mercer 2001; Groch 2001; Lane 1995; Tucker 1998).

더욱 일반적으로, 농 문화를 너머, 장애 문화의 현상은 장애인들 사이의 연대의 미약한 성격에 대해 많은 복잡한 쟁점들을 제기한다. 장애인에 대한 한 질문지 조사에서, 예를 들면, 로잘린 달링(Rosalyn Darling)과 D. 엘릭스 헥커트(D. Alex Heckert)(2010)는 장애를 인생에서 나중에 획득한 사람들은 장애를 가지고 태어났거나 인생에서 일찍 장애를 가지게 된 사람들보다 "장애 프라이드"(pride) 혹은 사회적 모델에 대한 옹호 인식에 동일시를 덜 하는 것 같다고 밝혔다. 덧붙여, 1장에서 기술하였듯이, 닉 왓슨(Nick Watson 2002)은 장애를 가진 많은 사람들이 장애를 그들의 정체성의 한 중요한 부분으로 고려하지 않았다고 밝혔다. 그리고 데이비드 엔겔(David Engel)과 프랭크 멍거(Frank Munger)는 그들의 연구에서 그들 자신의 인생 이야기에 대해 "미래를 계획하는" 설명을 가장 잘 이야기할 수 있었던 장애인들은 그들의 장애를 "그들의 자

---

4) 달팽이관은 음파를 청력으로 변화하는 내이의 한 부분이다. 인공와우는 수술로 삽입하는 전자 장치로 귀 외부에 착용하는 장치에 의해 작동된다. 보청기와 달리, 인공와우는 소리를 더 크고 명확하게 만들지는 못한다. 대신에, 이 장치는 귀의 손상된 부분을 우회하여, 뇌로 신호를 보내는 청각 세포를 직접적으로 자극한다.

추가 탐구

Box 2.1 자폐증과 인터넷

1장에서 언급한 것처럼, 자폐성 장애인들은 면대면 상호작용에 종종 어려움을 겪는다. 그러나 대화 타이밍, 시선 접촉 그리고 몸짓 언어의 관습적인 제약으로부터 자유로운 인터넷상에서는, 그들은 "정상적"이고 유창하게 보일지 모른다(Singer 1999). 주디 싱어(Judy Singer)의 연구에서 그녀는, 자폐증을 위한 "InLv" 이메일 포럼에서의 의사소통을 조사하였다. 그것은 "인간 실재의 압도하는 감각적 과부하로부터 자폐성 장애인을 보호하면서 자폐성 회원들이 원하는 의사소통을 하도록 허용한 새로운 매체를 정기적으로 칭송하는" 장이다. 그녀는 『뉴욕 타임스』에서 이러한 현상에 관하여 최초로 글을 쓴 사람 중에 한 사람인 하비 블럼(Harvey Blume)을 인용한다. "자폐인에게 미치는 인터넷의 영향력은 언젠가는 청각장애인들 사이에 수화의 유포 그 정도에서 비교될 수 있다. …… 자폐인들은 인터넷상에서 낯선 신경학적 해변을 항해하면서 그들 자신을 온라인의 새로운 이민자 그룹으로서 여기고 있다."(1997, Singer 1997: 67에서 인용)

이러한 사이트의 주제들은 "치유"를 위한 바람을 경멸하고 그 대신 자기수용과 그룹 옹호에 초점을 둔다. 어느 한 인터넷 사용자가 한 말처럼, "인터넷상에서 나는 사람들이 나를 좋아한다는 사실을 알았어요. 나는 내가 별난 사람도 아니었고 정상적인 척을 할 필요가 없었다는 것을 배웠어요. …… 나는 나 자신일 수가 있었어요. 또한 다른 사람들의 이야기를 듣는 것도 멋졌어요."(Bagatell 2010: 37) 또 다른 사람은 "우리는 우리가 원하는 것을 말할 한 방법을 가지고 있어요. 다른 사람들이 항상 우리를 위해 말하는 것은 가능하지가 않아요."라고 말하였다(Bagatell 2010: 37; O'Neil 2008 참조).

아감(sense of self)으로부터 구별화하였던 사람들이었다. 이러한 개인들을 위해, 장애는 그들의 정체성에 만연한 사실이 아니었고 많은 다른 특성들 중에 한 자리를 차지하는 그들 인생 경험의 한 객관적 특성이었다." (2003: 46)

장애 문화와 정체성의 문제가 제기하는 또 다른 쟁점은 진실성 (authenticity)에 대한 인식이다. 다시 말해, 누가 진실로 "장애인인가" 이며, 누가 전체 집단을 대표하는 것으로 합법적으로 주장할 수 있는가의 문제다. 장애를 구성하는 조건들의 다양성이 주어졌을 때, 더 심각한 손상을 가진 사람들은 덜 심각한 손상을 가진 사람들이 "진짜 장애인"이 아니라고 일축할 수 있다(Berger and Feucht 2011; Deal 2003). 2005년에 미국에서 국가적 관심을 받았던 한 사례에서, 재니얼 리(Janeal Lee)는 전미 미즈 휠체어(Ms. Wheelchair America, MWA) 콘테스트에 위스콘신 주 대표로서 선발되어 받았던 왕관과 상을 몰수당했다. 개별 주(state)의 콘테스트들을 감독하는 국가적 기구는 진행성 근이영양증(muscular dystrophy)을 가지고 있는 고등학교 수학 교사인 리가 충분히 장애인이 아니었기 때문에 자격이 없었다고 결정을 내렸다. 그녀는 이동하기 위해 휠체어를 사용하며 피곤하지 않게 대략 10-15분 정도 동안만 서 있을 수 있다. 그녀는 교실에서 걸었는데 안정성을 위해 의자 혹은 책상을 잡았다. 전미 미즈 휠체어(MWA) 운영자들은 리가 서 있는 지역 신문에 나온 한 사진을 보았을 때, 그들은 경쟁하기엔 불충분한 장애인이라고 선언하였다. 운영자들에 의하면, MWA 규칙들은 타당한 참가자라면 "일상적인 이동성을 위해 휠체어를 활용하는 것"을 요구하였다.

성취를 이루어 낸 장애인을 묘사하기 위한 하나의 경멸적인 표찰로서 "슈퍼장애인"이란 용어의 사용은 어떤 장애인들이 만들어 낸 위계적 구분(hierarchical distinction)의 또 다른 실례다. 그래서 마크 딜(Mark Deal 2003)은 근이영양증으로 인해 근육 소모적 손상이 있는 젊은 남자들이 휠체어 스포츠를 하기 위해 상체의 힘을 최대화할 수 있었던 사람들을 향하여 반감을 느꼈다고 보고한다. 그와 유사하게, 매력적인 선수로 알려진 대학 휠체어 농구 프로그램에 대한 한 연구에서, 로널드 버거(Ronald Berger 2009b)는 농구를 하는 장애학생들과 하지 않는 학생들 사이에 분열을 발견하였다. 농구를 하지 않는 어떤 학생들은 선수들이 우월감에 젖어 있고 엘리트주의자들이라고 생각하는 반면, 어떤 선수들은 전동 휠체어를 사용하는 학생들이 게으르다고 느꼈다. 또한 휠체어를 타는 어떤 남성 선수들은 휠체어를 타는 여성과의 데이트를 피했기 때문에, 비장애 여성을 매료시킬 능력은 그들의 남성적 자존감을 강화시켰다고 버거는 추정하였다(Barounis 2008; 5장 참조).

　그래서 루스 갤빈(Ruth Galvin 2003)은 장애인들은 장애를 넘나드는(cross-disabiity) 혹은 범-장애(pan-disability) 의식을 약화시키는 그들 자신의 분열적인 동일시를 창출하였다고 관찰한다. 레너드 데이비스(Lennard Davis 2001)는 진짜 혹은 가짜 장애에 대한 주장은 "감시 활동"(policing action)에 맡겨질 수 있는데, 이것은 그 자체가 스스로 시작되고 장애인들이 투쟁해 왔던 통합과 배제의 위계적 패턴을 재생산하는 것일 수 있다고 추가한다. 그는 **정체성의 정치학**(identity politics)－자기 스스로 동일시한 사회적 이익 집단들에 의해 진전되는 정치적 논의들과 전략들－은 자연스럽게 전개되는 가치를 가진 장애권리운동의 한 단계다. 반면에, 린다 마틴 알코프(Linda Martín Alcoff)와 사티아 모한티(Satya Mohanty 2006b)는 장애 정체성 인식을 더 이상 의미 있거나 적절한 것으로 보지 않는 것이 현명하지 않은 것이라고 생각한다. 그들이 표현하듯이, "정체성은…… 이 세상에서 우리 자신들에 대해 사회적으로 체현화된 사실이며", 우리의 사회적 위상이 "분배되고 위계적으로 조직화되는" 방식에 대한 것이다(p. 6). 1장에 적었듯이, 시버스(Siebers 2006)는 장애 정체성은 모든 장애인의 집단적 이익을 진전시키는 데 유용성을 유지할 것이라고 믿는 것에 동의한다. 갤빈은 논쟁의 이러한 점들을 장애 문화에 대한 미해결의 역설, 즉 "통합할 필요 대 그대로 분리되게 둘 필요"(2003: 675)로서 제기한다.

　　정체성 정치학과 장애학의 접점은, 물론, 사회과학과 인종/민족성, 젠더 및 성적 지향에 기초한 다른 집단들에 관한 정체성 정치학과 함께하는 인문학의 더 일반적인 접점을 반영한다(Gilson and Depoy 2000). 장애인들이 단지 최근에 이러한 집단들의 하나로서 인지되기 시작했던 것에 반해, 장애학 자체는 장애 공동체를 더욱 다양화하고 산산히 나누는 불균등의 이러한 교차점들을 등한시한 것에 대해 비판을 받아 왔다. 아이샤 버넌(Ayesha Vernon)이 지적하듯이, 장애인들은 "광범위한 정체성과 경험을 가진 다양한 배경을 가진 사람들인데, 그들의 유일한 관심이 장애라는 것을 수용하는 것은 일반 대중의 대부분이 장애만을 보고 사람 전체를 보지 않는 것과 같은 올가미에 빠지는 것이다."(1999: 385) 유사하게, 멜빈 주에트(Melvin Juette)는 정체성 정치학과 그것이 장애학에 미친 영향에 대해 암시적 비평을 제공한다. 그는 "장애를 가진 한 흑인 남성"인 것은 그의 외모에 대한 단지 신체적 묘사일 뿐이라고 하며 그것은 자아에 대한 그의 개념을 "정의하지 않는다."라고 말한다(Juette and Berger 2008: 155). 오히려, 주에트는 그 자신을 한 남편, 아버지, 아들, 형, 삼촌 및 친구뿐 아니라 성공한 형사사법 전문가와 기량이 뛰어난 장애인 올림픽 선수로 본다. "그러한 모든 것들과 더 많은 것으로⋯⋯ 사람들이 이러한 사회적으로 부여된 지위와 정체성을 뛰어넘지 못하고 삶을 살아가는 것은 불행하다."고 본다. 누군가는 장애를 **지배적 지위**(master status)―다중적으로 가능한 정체성들 중에서 주된 사회적 식별자(identifier)(Hughes 1945 참조)―로 봄에도 불구하고, 장애인들은 그들 자신을 반드시 그렇게 보지는 않는다.

장애의 정치경제학

베스 오만스키(Beth Omansky 2011)는 미국에서 장애학은 문화적 모델을 강조하는 반면, 영국에서 장애학은 장애와 경제적 환경 사이의 접점을 강조하는 접근인 **유물론적** 접근을 통한 사회적 모델을 확장하였다고 논의한다.[5] 미국 학자인 게리 알브레히트(Gary Albrecht 1992)의 중요한 작업으로 볼 때 그러한 특성화는 아마 과도 단순화일 수 있으나 영국 학자들이 장애의 경제적 맥락을 더 강조하여 온 것은 거의 틀림없는 사실이다. 예를 들면, 영국 학자 마이크 올리버(Mike Oliver 1990)는 장애인의 지위가 그들이 생산적인 일을 할 수 있는 능력 혹은 무능력에 의해 대개 정의된다고 언급한다. 장애가 없는 몸(able-bodiedness)이라는 것은 한 개인이 노동의 특정 체계에서 기대되는 신체적 노력이 가능하다는 것을 의미한다. 일을 할 수 없는 사람들은 "의존적"이고 정부 원조에 적격성이 있는 것으로 고려되나 일을 할 수 있는 사람들은 그렇지 않다. 올리버는 장애인의 삶에서 다음과 같은 주요한 특성을 또한 강조한다. 빈곤하고 실업한 사람들 중에 장애인이 과다로 실재한다는 것. 미국에서는, 장애 성인(18-64세)의 전일제 혹은 시간제 고용률은 일반 인구의 비율에 40% 미만이며, 미국 장애인의 3분의 1이 빈곤 속에서 산다(Stodden and Dowrick 2000; Pincus 2011 참조). 나아가 우리 문화 안에서 "고용이 되었다는 것 자체가 도덕적 시민권을 부여한다. …… [그리고] 일을 안 하거나 할 수 없는 사람들은 일반적으로 다른 성인 시민에게 마땅한 존중이 부여되지 않는 사람으로 보인다."(Engel and Munger 2003: 116) 마크 프리스틀리(Mark Priestley 2001)는 장애인들의 경제적

---

5) 1장의 각주 12를 보시오.

문제들은 저개발국들에서 특별히 더 심하며, 저개발국들에서는 법적인 권리들보다 경제적 생존이 더욱 절박한 쟁점이라고 추가하였다(Barnes and Sheldon 2010 참조; Charlton 1998).

알브레히트와 그의 동료 마이클 버리(Michael Bury)는 그들이 장애의 **정치경제학**(political economy)이라고 부른 것을 통하여 장애에 유물론적 접근의 틀을 잡았다. 장애의 정치경제학은 생산, 분배 및 소비와 같은 경제적 개념들을 사용한다(Albrecht 1992; Albrecht and Bury 2001). 18세기와 19세기 유럽인의 분석들로부터 나온 정치경제학의 개념은 경제적 시장이 완전히 독립적인 것이 아니고 정치적 세력과 정부의 정책들과 접점이 되는 것으로 이해되어야 한다는 것을 제안한다.

알브레히트와 버리는 사람에게 장애를 입히는 산업적 과정들과 정부 활동들에 의해 장애가 산출되는 정도, 즉 직장에서 사고들, 환경적 위험들 및 전쟁들에 주목한다. 역사적으로 이것이 "외국 전쟁의 참전용사, 상선선원 및 철도 노동자와 같은 장애인들의 특수한 유형들을 산출하였다. 이들은 국가의 정치적 경제에 그들의 역사적 중요성으로 인해 특별한 혜택을 받았던 사람이었다."(Albrecht & Bury 2001: 588; 3장 참조) 참전용사와 전쟁에 기울이는 총력 중에 직업적으로 장애인이 된 사람의 요구를 다루기 위해, 그들을 직업으로 되돌리려는 의도를 가지고, 미국, 영국 및 캐나다에서 재활 서비스가 확대되었을 때, 가장 유명하게는 제1차 세계대전 후에, 장애가 법적으로 그리고 행정적으로 정의되게 되는 것이 바로 이 맥락 안에서다. 이것은 결과적으로 사적 및 공적, 영리 및 비영리의 다양한 장애 관련 이해 당사자들을 양산하였고, "건강, 의료 및 사회적 서비스의 전달과 장애를 예방하기 위한 활동들을 통하여 장애를 정의하였고 장애에 반응하였다."(p. 587) 전체적으로 볼 때, 이것은 알브레히트와 버리가 **장애사업**(disability business) 혹은 **장애산업**(disability industry)으로 부른 것을 구성한다. 그것은 의료 및 건강관리 전

문가들: 병원들, 요양시설들, 가정관리 기관들; 제약, 테크놀로지 및 의료용품 회사들; 보험 회사들, 옹호 단체들, 법률가들, 정치가들 그리고 소비자들을 포함한다. 이러한 방식으로 장애 서비스는 시장에서 사고파는 상품이 되는데, 어떤 소비는 정부에 의해 보조금 지급을 받고 어떤 것은 그렇지 않다. 그래서 한 장애인의 경제적 자원에 접근성은 그의 삶의 질에 중대한 영향력을 가진다.

> 대부분 장애인은 가난하고 세력이 거의 없음에도 불구하고, 좋은 보험 범위 혹은 적절한 재정적 자원을 가지고 있는 이들은 양질의 의료 서비스에 접근 가능하며, 하이테크 휠체어 및 보장구, 음성 인식 컴퓨터와 활동 보조원, 기사 및 운동치료사들과 같은 보조 공학에서 최선의 것을 구입할 수 있다. 자원에서 이러한 차이는 독립적으로 살 수 있는 사람들과 아마 시설에 살아야만 하는 사람들 사이의 다른 점을 나타낼 수 있다(p. 588).

이러한 방식으로, 호켄베리(1995)는 환자가 가진 보험의 정도에 기초하여 병원 환자들 사이에 실재하는 어떤 경제적 위계에 대해 글을 썼다. 가장 완벽하게 보험이 되는 개인들은 호켄베리가 표현한 것과 같이 자동차 사고로 다친 사람들이었다.

> 미국에서는 면허가 있는 모든 운전자들이 지불하는 것을 가지고, 보험회사들은 아낌없이 후하게 할 수 있다. 자동차 사고로 다친 것은, 많은 경우 환자들의 나머지 생애 동안에 휠체어가 제공되는 것과 같은 거의 완벽한 의료 보험 범위를 기대할 수 있게 한다.
> 놀이터 혹은 수영장과 같이 법적 책임이 문제가 되는 공공장소들에서 다친 사람들은 그다음을 차지하였다. 그들은 다친 시설에 대한 어

떤 보험 정책의 지불금으로부터 보통 혜택을 받다. 또한 그들이 그 시설에 소송을 건다면 일종의 법적인 해결을 일반적으로 기대할 수 있 다. 그다음 집단이 산재보상이 가능한 직장에서 다친 사람들이었다. 이 보험 범위는 자동차 사고보다는 작았으나, 그럼에도 상당히 완벽하였 다. 의료 청구서는 지불이 되었으나, 휠체어 구입은 더 문제가 되었다.

갑자기 나타난 퇴행성 조건을 가진 사람들에게는 상당히 더 나쁜 상 황이었다. 이 사람들은 급성 치료의 첫 주에 그들의 보험을 다 써 버리 고 재활을 위해 거의 혹은 전혀 남겨진 것이 없다. 그러한 사람들은 최신의 휠체어나 부대용품보다는 좀 덜한 것을 사 주는 자선(charity) 에 의지할 수 있다. 그들은 일종의 의료적 배급 제도의 수혜자였다. 한 휠체어는 오랫동안 유지되어야만 한다. 이것은 아주 많이 사용되거나 남용될 수 없었다. 만약 이것이 망가지면, 이스터 실즈(Easter Seals) [역자주: 지체장애(physical disabilities)를 가진 아동과 성인을 지원하 는 국제적 자선단체] 기증자들은 그것을 교체할…… 자원을 단순히 가 지고 있지 못했다. 절대적으로 가장 나쁜 경우는 누구도 한 번 들어보 지 못한 희귀한 퇴행성 질환을 가진 사람들이었다. 그들은 아무런 보 험을, 아무런 처치를 가지지 못하였으며, 가장 비싼 보살핌을 받아야 했다(pp. 34-35).

그래서 경제에서 장애사업의 크기와 그 만연함으로 볼 때, 사람들 로 하여금 제품과 서비스에 접근 가능하도록 하는 자원의 분배는 "한 사 회의 도덕적 건강에 대한 한 지표가 되는 윤리적 쟁점들을 제기한다." (Albrecht and Bury 2001: 600)[6]

---

6) 장애사업의 국제적 맥락에 대해 더 논의하기 위해서는, Albrecht and Bury (2001), Barnes and Sheldon(2010) 그리고 Charlton(1998)을 보시오.

페미니즘과 퀴어 이론의 통찰력

장애에 대한 유물론적 혹은 정치경제학 관점은 사회적 계층의 주요 차원들로서 젠더와 성의 문제를 등한시한다. 이 쟁점들이 이제 우리가 이야기하려는 것이다. **페미니즘**에 대해서 시작해 본다. 그것은 여성들이 (그리고 소녀들이) 한 집단으로서 경험하는 억압적 조건들을 이해하고 경감시키는 데 관심을 둔 한 사회적 운동으로서 출현하였다. 페미니스트 이론은 **젠더**(생물학적 성과 구별되는 것으로서)—여성과 남성에 할당된 사회적 지위들과 상징적 의미들—의 개념을 진전시켰다. 남성이 여성보다 더 많은 세력, 명망 및 특권이 주어질 때 **가부장적인** 사회로 판별하였다(Jaggar 1993; Okaley 1972).[7] 남성성과 여성성을 사회적으로 구조화되는 것으로 상정하는 데 있어서, 페미니스트 이론은 바람직한 남성적 및 여성적 몸이라는 규준적인 개념들의 비평을 진전시켰다. 로즈마리 갈랜드 톰슨(Rosemarie Garland Thomson)이 관찰하듯이, "페미니스트 이론에 대해 생각하는 한 방법은 그것이 어떻게 문화가 몸의 독특한 요소들을 의미들로 포화시키는지와 그러한 의미들의 후속 결과를 캐묻는지를 연구하는 것이라고 말할 수 있다."(2010: 355) "약한 성"으로서 여성을 역사적으로 폄하해 왔던 가부장적 사회들에서는, 장애 남성은 여성적으로 지각되었고, 그들의 남성적 능력 감각이 부정되었으며, 반면 장애 여성은 이중적으로 억압되었고, 양 젠더 모두 성적으로 바람직하지 않거나 혹은 심지어 무성적(asexual)으로 여겨졌다(Gerschick 2000; Gerschick and Miller 1995; Rainey 2011).[8]

---

7) 주디스 버틀러(Judith Butler 1999)는 성(sex)과 젠더(gender) 사이의 관습적인 구분에 의문을 가지고, 두 가지 모두 사회적으로 구조화된 것이라고 주장한다.

　　또한 페미니스트 이론은 톰슨이 **외모의 정치학**(politics of appear-ance)이라고 부른 것과 장애학을 연결시킨다. 외모의 정치학은 획득될 수 없는 그러나 사회적으로 바람직한 규준(norm)의 이미지로 몸을 재구성화하기 위해 행해지는 성형 수술의 경우에서와 같이 "자기규제와 소비지상주의를 통해 성취될 수 있는" 바람직한 몸의 표준화다(2010: 359). 톰슨은 성형 수술에의 관심을 부자연스럽고 비정상적이라고 지각되는, 규범을 따르지 않는 몸으로부터의 탈출로 특징화한다. 외면상으로 자연스럽게 보이는 코, 허벅지, 유방, 턱 등을 성취하기 위해, 물론 그러한 것은 전혀 자연스럽지는 않다(p. 360). 이러한 방식으로, 페미니스트 이론은 장애가 있는 몸을 모욕하는 것은 장애의 쟁점보다는 더욱 광범위한 비장애인들에게도 영향을 미치는 더욱 일반적인 사회적 현상에 관여하는 것이라는 것을 제안한다.

　　부가적으로, 페미니스트 학자들은 유전 상담과 선택적 낙태 그리고 생식권 운동(reproductive rights movement)과 장애권리운동 사이의 잠재적 충돌의 딜레마를 가지고 씨름하여 왔다(Caeton 2011; Saxton 1998). 페미니스트들은 여성의 선택할 권리를 지키기를 원하는 반면, 몇몇 사람들은 유전적 장애로 인해 태아를 낙태하는 선택에 대해 아주 불편하다(Asch and Geller 1996; Hubbard 1990).[9] 그들은 잠재적 장애를 판별하기 위한 유전적 선별의 확장된 사용이 부모에게 낙태할 압박을 가할 것이고 낙태를 원하지 않는 부모들은 사회에 짐을 지우는 것으로 비난을 받을 것이라는 것을 걱정한다(Hubbard 1990; Morris 1991; Wendell 1996). 게일 하이디 랜즈만(Gail Heidi Landsman)은 한 아이의

---

8)　한 연구에서, 가정주부, 노인, 장애인은 응답자들에 의해 동일하게 무능하고 불쌍하지만 따뜻한 존재로 판단되었다고 밝혔다(Fiske et al. 2001).

9)　우리는 8장에서 이 쟁점을 충분히 더 논의할 것이다.

어머니란 것(motherhood)과 장애에 대한 그녀의 연구에서 한 여성이 그녀에게 "다운증후군을 나타내는 양수검사를 받고 나서, 그녀의 산과 전문의는 그녀를 위해 자동적으로 유산 일정을 잡았고, 그녀의 임신 기간 전체를 통하여 그녀는 친구들과 친척들뿐 아니라 의료인들에게도 그 아기를 낳는 결정을 열심히 정당화하여야만 했다고" 진술하였다고 보고한다(2009: 128). 실제로 다운증후군 아기를 임신 중이라는 것을 알게 된 임신한 여성의 대략 90%가 유산을 선택하였다(Zuckoff 2002). 수잔 웬들(Susan Wendell 1996)은 만약 잠재적 부모들이 장애 쟁점들에 대해 더 많이 계몽되고 장애아동을 양육하기 위해 보통 유용한 것보다도 더 많은 정도의 사회적 지원을 기대할 수 있다면 더 많은 사람들이 유산을 하지 않는 선택을 할 것이라고 생각한다.

마지막으로, 페미니스트 이론은 또한 **상호교차성**(intersection-alities)의 문제에 관심을 둔다. 그것은 다른 사회적 지위들 혹은 젠더, 인종/민족성, 계층, 성적 지향 그리고 (장애) 비장애와 같은 "계층화의 축들"(axes of stratification)이, 각각의 사회적 지위들에 대한 추정을 보잘것없는 것으로 간주하면서 서로 관통하는 방식들을 말한다(Grabham et al. 2009). 예를 들면, 남성보다 더 낮은 사회적 지위를 가진 여성들로서, 장애를 가진 여성들은 두 배로 억압을 받으며, 평균적으로 장애를 가진 남성들보다 더 높은 실업률과 더 낮은 수입을 가진다(Gerschick 2000; Randolph and Andresen 2004). 이런 것이 유색인종으로 장애인의 경우에도 동일하다(Schriner 2001; Wang 2005). 정신질환으로부터 회복 중인 한 레즈비언은 상호교차성에 대한 그녀의 경험을 이렇게 묘사한다.

나는 이 사회에서 한 여성으로 억압받았으며 한 레즈비언 여성으로서 더 안 좋게 대우받았다. 그러나 "정신 이상인" 레즈비언 여성으로서 나는 가부정적 사회에 궁극적인 위협 ─ 지역사회에 재앙 혹은 오염 ─

같이 취급받았다. 내가 이성애적 세계에서 레즈비언이기 때문에 정
신 이상인가? …… 혹은 내가 정신 이상이기 때문에 레즈비언인가? 내
"존재"의 이러한 부분들은 아주 섞여 있어서 내가 그 가닥들을 분리시
킬 수가 없다(Shakespeare, Gillespir-Sells, and Davies 1996: 157).

상호교차성이 경험되는 또 다른 방식은 가정 내 학대와 폭력의 다른
양상들을 통해서다. 장애를 가진 소년들이나 소녀들은 모두 비장애아동
에 비해 높은 비율의 신체적, 정서적 및 성적 학대를 경험하며, 그중에서
도 장애 소녀들은 장애 소년들에 비해 더 높은 비율로 경험한다(Sobsey
1994; Sobsey, Randall, and Parrila 1997; Sullivan and Knutson
2000). 추가적으로, 비장애 여성들과 같이 장애 여성들은 더 많은 가정
내 구타(남성 배우자들이나 가족 구성원들에 의해 저질러지는)를 경험
한다(Sobsey 1994; Thiara, Hague, and Mullender 2011). 동시에, 상
호교차성의 문제는 계층화의 이러한 다양한 축들의 상호 간의 혹은 상
호적으로 구성되는 요소들에 대한 쟁점들을 제기한다(Lerner 1997:
Siebers 2008). 예를 들면, 3장에서 우리가 시작할 문제로, 장애에 대한
그러한 역사적 분석에서, 샤론 스나이더(Sharon Snyder)와 데이비드 미
첼(David Mitchell)은 장애는 "몸에 기초한 열등함 근거의 체계에 핵심"
으로, 그것은 다른 종속적 집단들에게도 진전되어 온 것으로 논의한다
(2006: 12).

로버트 맥루어(Robert McRuer 2006, 2010)는 장애학에 **퀴어 이론**
(queer theory)으로부터의 통찰력을 알리려는 노력에서 상호교차성의
또 다른 예를 제공한다. 퀴어 이론은 게이와 레즈비언 권리 운동의 출
현에 따라 나타나기 시작하였는데, 이 운동은 레즈비언, 게이, 양성애
(bisexual) 및 성전환한 사람들의 현재 성적 소수자(LGBT) 운동의 선도
격이다. 장애학이 "정상적" 몸에 대해 비판을 제기하였듯이, 퀴어 연구

(queer studies)는 이성애가 정상적이고 도덕적으로 선호되며 다른 성적 지향들은 비정상적이며 도덕적으로 열등한 것이라는 추정하는 "정상적" 성적 지향에 대한 비평을 제기한다(Butler 1999; Sedgwick 1990; Sherry 2004). 예를 들면, 애드리엔 리치(Adrienne Rich 1983)는 이성애를 한 사회적 관습으로서 그 자체를 우세하거나 지배적인 성적 지향으로서 확립시키는 방식을 강조하기 위해 **강요성 이성애**(compulsory heterosexuality)의 개념을 진전시켰다. 동시에 다른 성적 지향들은 기껏해서 정상적인 것에 "대안들"로 그러나 여전히 종속적인 것으로 용인되는 주변적 지위로 격하시켰다. 맥루어가 "그것은 강요를 이끌어 내는 방정식에 정확하게 정상성(normalcy)을 도입한 것이다."라고 설명하듯이, 왜냐하면 대부분 사람들은 정상이 되기를 원하기 때문이다(2010: 384).[10) 이러한 방식으로, 실은 이성애는 다른 것처럼 한 정체성인데도 "비정체성"(nonidentity)으로서 가장한다.

　　맥루어의 장애학에 대한 기여는 **크립 이론**(crip theory)인데, 그것은 강요적 이성애와 **강요적 비장애성**(compulsory able-bodiedness) 사이에 유사점을 끌어내는 것이다. 강요적 비장애성에 의하여, 능력(ability)으로 표상되는 비장애는 비정체성으로 가장한다. 왜냐하면 그것은 일종의 규준이기 때문이다. 그렇게 함에 있어서, 맥루어는 비장애중심주의(ableism)에 대한 장애학 비평을 진전시키는데, 그것은 정상성과 장애는 양극의 반대에 있는 것으로 비장애인은 좋은 것이고 장애인은 나쁜 것이라는 추정을 약화시키는 것이 목적이다(1장 참조). 그는 다운증후군이 있고 지적장애를 동반하는 아들 제이미(Jamie)를 둔 마이클 베루베(Michael Bérubé 1996)의 경험을 인용한다(Box 4.1 참조). 베루베는 제

---

10) "정상이 되는 것이 아마도 모든 다른 사회적 열망을 뛰어넘는 것"이라는 미국에서는 이것이 특히 사실이다(Warner 1999: 53).

이미의 지능을 물어본 사람들과의 뜻밖의 만남에 대해 썼다. 이러한 만남의 숨은 의미는, 베루베가 생각하기에 무언의 수사적인 질문은 항상, "결국, 당신은 정신지체 자녀를 가진 것에 대해 실망하지 않나요?"이다 (1996: 180). 그것은 추정인데, 아마 잘못된 것일 수도 있는데, 이것은 일반적으로 대부분의 비장애인의 장애에 대한 태도를 뒷받침하는 것과 같은 전제라고 추측하는 만큼 그럴 수 있다. 대부분 임신한 여성들이 그들이 다운증후군 아기를 임신 중이라는 것을 아는 것이 유산을 선택하게 할 것이라는 것은 이 추정이다. 왜냐하면 그들은 그러한 아이가 그들의 삶에 기쁨을 더해 줄 것이고 삶에 대해 즐거워할 수 있다는 것을 예상할 수 없었기 때문이다(Zuckoff 2002). 랜즈만은 3명의 자녀를 가진 한 엄마로 한 아이는 중복장애를 가졌는데, 이렇게 표현한다.

> 만약 당신이 나에게 내가 나의 DJ를 낳기 전에, 중복장애를 가진 아이를 내가 가지는 것을 선택하겠는가를 질문하였다면, 나의 대답은 "아니다."라고 확신한다. 그러나 만약 당신이 나에게 나의 첫째 아이가 태어나기 전에, 10대 청소년으로 무례하고, 미성년자로 음주를 실험하고, 내가 특별히 좋아하지 않는 친구와 어울리고, 학교에서 자신의 잠재력만큼 생활하지 않는 한 "정상" 아이를 키우기를 원하는가를 질문하였다면, 나는 나의 답이 역시 "아니요."일 것이라고 생각한다. 그러나 이 두 가지 일이 이미 일어났고, 이 두 딸들은, 운동이나 학업적으로 높은 성취를 하는 나의 가운데 아이인 아들과 함께 나의 삶을 이루 말할 수 없이 풍요롭게 해 왔다. 모든 증거들은 이 아이들 각각은 연민이 있고 배려할 줄 아는 성취하는 성인이 될 것이고, 그들 자신의 특별한 기술과 열정으로 그들 지역사회들에 기여할 것임을 시사한다. 나의 초기의 확신에 반해서, 나는 지금 어느 아이가 내가 한 부모로서 이 세상에 데려올 아이로 더 적합한지 혹은 어느 아이의 보살핌이 한 여성

으로서 나를 더 "억압하였는지"를 결정할 기준을 찾을 수가 없다. 누군가는 나의 이런 기분이 비합리적이고, 내가 할 수 있는ㅡ그리고 아마 해야 하는ㅡ제공해 왔던 본질적으로 "특별한" 엄마의 사랑의 산물이라고 주장할 수도 있다. 나는 그것들이 내가 엄마라는 역할을 통해 습득한 새로운 지식으로부터 나온 것이라고 말한다(2009: 216-217).

퀴어 이론이 "퀴어"라는 용어를 한 별칭에서 일종의 긍정적 진술로 다시 나타냈듯이, 크립 이론은 "크립"이라는 용어를 다시 의미하고자 한다. 그렇게 하는 데 있어서, 그것은 "중도장애인"(severely disabled)인 사람을 지칭하기 위해 사용될 때, 그것은 "중도"라는 용어를 또한 다시 나타내고자 한다. 정상성의 체제하에서, 중도장애인은 특별히 관습적인 기준에 의해 미학적으로 불쾌하게 지각될 때 지위에서 가장 낮은 것으로 간주된다(Deal 2003; Papadimitriou 2001). 맥루어는 "중도"의 다른 의미를 제공했는데, 그것은 "저항하는 비평으로, 한 상황을 철저히 그리고 주의 깊게 읽어 내는 것"으로 본다(2010: 388). 이러한 관점에 의하면, 중도장애인의 몸에 대한 비장애인의 이해는 반전이 될 수 있다. 전자는 특혜를 못 받은 것이 되는 반면 후자는 "강요적 비장애성의 부적당성을 끌어내기에 가장 잘 위치한 것으로 특혜를 받은 것이 된다."(2010: 389) 시버스는 다음과 같이 제안한다.

　　장애인이 사회적 세계에서 힘을 거의 가지고 있지 않은 반면, 그들의 정체성들은 대단한 이론적 힘을 소유한다. 왜냐하면 그들은 사회적 현실을 구조화하는 데 사용된 이념적 청사진을 밝힐 수 있는 관점들을 반영하기 때문이다. 장애 정체성은, 그것의 적합성(fit) 결여 때문에, 사회적 부당성과 억압이 기초하는 복합적인 이념들을 판별하고 질문하기 위한 비판적인 틀로서 작동한다(2008: 105).

추가 탐구

Box 2.2 해방적 연구

페미니스트 사회적 연구와 장애학은 연구 참여자를 위해 연구 참여자에게 권한을 부여하기 위해 취해진 연구 방법론을 논의하는 것에 수렴된다. 두 가지 모두 사회에 의해 주변화되어 온 사람들에게 발언권을 주는 것이 목적이며, 그들의 경험을 더욱 가시적이 되게 하고 주류 핵심 그룹들에 접근 가능하게 하고, 사회적 다름의 통합을 시민의 도덕적 공동체의 가치 있는 요소들이 되도록 돕는다. 한 연구 방법론으로서 이 두 가지는 학문적 연구자들과 그들이 실증적 지식을 산출하기 위해 협력하는 개인들 사이에 명확한 상호주관적(intersubjective) 이해를 얻으려고 노력한다(Flad, Berger, and Feucht 2011; Frank 2000; Papadimitriou 2001; Reinharz 1992).

장애학에서, 특히 영국에서는, 이러한 접근이 종종 **해방적 연구**(emancipatory research)로 불린다. 마이크 올리버(Mike Oliver)에 따르면, "누군가는 해방적 연구를 '할' 수 없으며(그것을 어떻게 할 것인가에 대한 방법론 쿡북을 쓸 수 없으며), 누군가는 자기 자신을 해방시키고자 추구하는 사람들과 함께하는 한 연구자로서만 단지 참여할 수 있을 뿐이다." (1997: 25) 이것이 무엇을, 더 정확히 무엇을 의미하는가는 약간의 논쟁의 대상이 될 수 있다. 어떤 사람들은 장애인을 위한 진보적 사회적 운동의 맥락에서 그것을 참여적 연구와 본질적으로 동일시하면서 이 접근을 다소 좁게 정의해 온 반면(Zarb 1992), 다른 사람들은 누군가의 이야기를 하는 그 행동 자체가 권한을 부여하는 것이 될 수 있다고 제안한다(Petersen 2011). 동시에 장애를 가진 어떤 학자들은 비장애인들은 관념적으로는 해방적 연구를 수행할 수 없고, 그들은 장애 연구를 아예 전부 관여하지 않아야 한다고 믿는다(Branfield 1998; Charlton 1998). 롭 키친(Rob Kitchin

Box 2.2 해방적 연구 (계속)

2000)은 장애인의 다양한 조직들의 이익을 대표하지 않으며, 그들 자신들의 안건을 가진 장애를 가진 학자들의 작은 핵심적 그룹의 손에 이 분야를 맡기는 것은 현명하지 않다고 생각하면서 동의하지 않는다(Darling 2000; Duckett 1998 참조). 필요한 것의 모두는, 키친이 믿기에는, 연구자들이 "장애인 우호적" 관점에서 그들의 과제들에 접근하는 것이다(2000: 36).

　　해방적 연구는 더 광범위하게는 질적 학문적 연구(qualitative scholarly inquiry)에 관여하는 것인데, 그것은 관찰되고, 기억되거나 혹은 기록되는 경험과는 별개로 떨어져 위치하는 훈련받은 "사회과학 관찰자"란 아이디어를 삼가는 것이다(Denzin 1998: 411). 이러한 전통에서는, 전문가의 지위 확대의 목적을 위해 정보 제공자를 부당하게 이용하는 것을 지키는 지속적인 노력이 있고, 연구자의 주요 의무는 항상 그들의 프로젝트 혹은 학문 분야가 아닌 그들이 연구하는 사람들에게 있다는 인식이 있다(Denzin 1989: 83; Flad, Berger, and Feucht 2011). 연구자들은, 즉 연구 안건에 어느 정도 통제를 가지고 있는 적어도 무엇이 말하여지거나 혹은 말하여지지 않는 것에 대해 정보 제공자들과 협력의 과정에 참여하는 것으로 보여진다. 그리고 그들은 다른 사람들의 이야기를 듣고 공감하는 그들의 능력을 방해할 수 있는 개인적 및 전문가적인 편견을 자신으로부터 없애기 위해 지속적인 자기성찰의 과정에 참여할 것이 기대된다(Papadimitriou 2001, 2008b; Petersen 2011).

장애와 상징적 상호작용

이 장에서 이제까지 우리가 논의해 온 것의 대부분은 장애의 **거시사회학적**(macrosociological) 맥락, 즉 집단들, 지역사회들 그리고 장애 경험을 구조화하는 전체 사회들의 일반적 특징들로 고려될 수 있는 것들에 대한 광범위한 이론적 비평들로 구성된다. 이 부분에서 우리는 일상생활의 지역 환경들에서 일어나는 사회적 상호작용의 특징들인 **미시사회학적**(microsociological) 맥락을 고려한다. 이런 것들은 거시사회학적 환경을 개인의 경험에 연결하는 상황들이다.

이러한 성격의 많은 사회적 연구는 토론의 출발점으로 낙인(stigma)에 대한 어빙 고프먼(Erving Goffman)의 연구와 일탈의 표찰(labeling)에 대한 하워드 베커(Howard Becker)의 연구를 거론할 수 있다(1장 참조). 고프먼이 낙인을 "전인적 평범한 사람을 오염되고 저가치화된 것"으로 우리 마음에서 축소된 한 사람의 한 특성으로서 정의하였던 것과 베커가 일탈을 "한 사람이 한 행동의 질로서가 아니라, 다른 사람들의 반응들의 한 후속 결과"(1963: 9)로 정의하였던 것을 상기해 보자. 더 일반적으로, 고프먼과 베커의 개념적 기여는 **상징적 상호작용**(symbolic interaction)의 이론적 틀을 만들 수 있다는 것인데, 상징적 상호작용은 조지 허버트 미드(George Herbert Mead 1934)의 기초적 연구와 가장 자주 연관된다.

상징적 상호작용의 전제는 인간은 자신과 그리고 타인과 상징의 사용을 통해 의사소통하고 이해한다는 것이다. 우리가 이제까지 봐 왔듯이, 장애와 정상성 둘 다 장애인과 비장애인 사이의 상호작용의 성격을 구조화하는 복잡하고 종종 보이지 않는 상징적 표상으로 가득 채워져 있다. 장애인은 비장애인에 의해 신체적 혹은 인지적 일탈자(deviants)로서 일종의 부정적 사회적 유형－이질적 개인들에게 공통의 상징적 의미를 부여하는－의 견지에서 보여지고 반응되는 경향이 있다.

상징적 상호작용의 한 필연적 전제는 개인들은 다른 사람들이 그들에게 투사한 이미지, 찰스 쿨리(Charles Cooley 1902)가 **영상적 자아**(looking glass self)라고 부른 것을 내현화하는 경향을 가지고, 사회적 상호작용을 통하여 자아감(a sense of self)을 개발한다는 것이다. 고프먼(1963)은 장애인이 잠재적 대인관계적 저가치화 혹은 불명예, 그가 **망가진 정체성**(spoiled identity)이라고 부른 것을 피하려고, 그리고 능력을 나타내 보이기 위해 도움을 거절하는 것, 그들의 장애를 숨기는 것, 혹은 다른 사람들을 편하게 해 주려고 유머를 사용하는 것과 같은 **인상관리**(impression management) 전략을 통하여 긍정적 자아감을 지키려고 노력하는 것을 관찰한 첫 번째 사람이었다(Goffman 1959 참조).

프레드 데이비스(Fred Davis 1961)의 초기 연구의 하나에서, 그는 신체적 장애인과 건강한 신체를 가진 개인들 사이의 상호작용을 살펴보았다.[11] 데이비스는 처음에 그 관계는 부담과 거리낌으로 나타났고, 장애인에게 사회적 정상성의 지위가 거부된 것을 믿을 합당한 이유를 남긴다는 것을 관찰하였다(p. 122).[12] 이 부담을 경감하기 위하여, 장애인은 기지와 매력을 나타내 보이는 것, 비장애인이 흥미를 보이는 주제들에 특별한 관심이나 동의를 표현하는 것 그리고 장애가 없는 매력적인 친구와 함께하는 것으로 "정상화 잠재력"(normalization potential) 영향력을 발휘하는 것과 같은 실마리를 푸는 다양한 전략들을 사용하였다. 만약

---

11) 데이비스는 "장애인"(handicapped)과 "정상인"(normals) 사이의 관계에 대해 이야기를 할 때, 그는 이제는 오히려 낡은 언어로 간주되는 것을 사용한다.

12) 한 비장애인이 휠체어를 사용하는 매력적인 여성을 만나고는 놀랐다. 그는 "너무 아름다운 여성이 휠체어를 타야 한다니, 얼마나 이상한가!"라고 말했다(Davis 1961: 124).

이 관계가 더 이상 진전되려면, 특정 환경들에서 사회화하는 것을 어렵게 만드는 접근 가능하지 않은 건물들 혹은 원하지 않은 도움을 제공하는 다른 사람들의 침범과 같은, 정상화 과정을 방해하는 잠재적으로 좋지 않은 마주하는 상황에 비장애인이 어떻게 반응하는지를 배우도록 비장애인을 도와야만 하였다.

시각장애인(blind)의 사회적 서비스 전문가들과의 상호작용에 대한 로버크 스콧(Robert Scott 1969)의 연구에서, 그는 시각장애인은 전문가들의 그들에 대한 기대를 충족하고 필요한 서비스 받는 것을 더 쉽게 하기 위해서 그들에게 자신을 의존적이고 순응적인 사람으로 표출하는 것을 발견하였다. 어떤 클라이언트는 이 역할을 내면화하는 반면, 다른 사람들은 억울해하는 혹은 감사할 줄 모르는 것으로 보이는 것을 피하기 위해 순응적으로 단지 가장하였다. 반면, 겔야 프랭크(Gelya Frank 1988)는 태어날 때부터 팔다리 결손이 있는 사람들은 정상성에 대해 비통해하는 것을 거부하고 그 대신 더욱 힘을 주는 자율적인 정체성을 구축할 보장구 없이 그들 자신을 드러내 놓고 내보인다는 것을 밝혔다(Frank 2000 참조).

로버트 보그단(Robert Bogdan)과 스티브 테일러(Steve Taylor)(1989)는 중도장애인(최중도 지적장애를 가지고 침을 흘리고, 말을 할 수 없고 혹은 용변 실수를 하는 사람들을 포함하여)을 돌보고 수용하는 관계에 있는 비장애인들이, 그들에 대한 관점을 가치 있는 인간으로 구조화하는 것을 돕는 방법들을 조사하였다. 이것들은 그 혹은 그녀가 음식, 음악에서의 취향 혹은 특별한 여가 활동에 대한 선호도와 같이 특별히 좋아하는 것과 싫어하는 것을 가지고 있다는 것을 강조함으로써 장애인의 개인성(individuality)을 수립하는 것을 포함하였다. 또한 비장애인은 장애인이 옷을 선택하고 "정상" 외모를 관리하기 위해 매력적인 몸단장 스타일을 유지하는 것을 도왔다.

　　다이앤 타웁(Diane Taub), 일레인 블라인드(Elaine Blinde) 및 킴벌리 그리어(Kimberly Greer)(1999)는 신체적 장애를 가진 남자 대학생 집단을 연구하였다. 연구자들에 의하면, 이들은 능력을 나타내 보이고 남성성의 감각을 지키기 위하여 장애인 스포츠에 참여하는 사람들이었다. 그러나 휠체어를 타는 선수들에 대한 버거(Berger 2009b)의 연구에서, 그는 선수들은 추정되는 부족함에 대해 반드시 보상하려고 하지는 않지만, 긍정적인 "상반적 정체성"(oppositional identity) 작업에 참여하는데, 그것은 운동경기열과 (장애)능력에 대한 대중적 지각을 변경시킬 잠재력을 가진 방식들로 능력(ability)과 장애(disability)의 범주들을 뒤죽박죽 만드는 것이라고 논의하였다(6장 참조).[13]

　　힐데 지첼스버거(Hilde Zitzelsberger 2005)는 신체적 장애를 가진 여성들을 인터뷰했는데, 장애로 볼 때는 다른 사람들에게 보이는 존재이지만 그들의 다른 속성으로는 보이지 않는 것에 대한 그들의 기분을 묘사하였다. 한 정보 제공자는 그녀는 "크러치를 가지고 길가를 걸어가는" 한 여성으로서 보임을 느꼈고, 그러나 "한 관계를 가질 수 있는 한 여성으로서는, 누군가에게 한 친구가 될 수 있는 한 여성으로서는, 직장에서 보일 수 있는 한 여성으로서는, 어느 날 한 엄마가 될 수 있는 한 여성으로서는" 보이지 않음을 느꼈다고 설명하였다(p. 394). 또 다른 여성은 다른 사람들이 그녀가 결혼을 하였고 자녀를 가졌다는 것을 알았을 때 그들의 놀람에 대해 이야기하였다. "내가 고정관념을 깬다고 생각한다."라고 그녀가 말하였다. "그러고는 그들은 정말 놀란다. 그리고 그들은 '오, 그런데 당신은 어떻게 용케 해내요?'라고 말할 것이거나…… '그거 대단하네요.'라고 말할 것이다. 그런데 당신은 누군가에게 가서 '당신이 자녀

---

13) 상반적 정체성 연구에 대한 일반적 논의는 Schwalbe and Mason-Schrock (1996)를 보시오.

를 둔 것이 대단하네요.'라고 말하지는 않을 것이다." 얼굴에 다름을 가지고 있는 또 다른 여성은 다른 사람들이 그녀를 수용하는 것을 더 쉽게 하는 방식으로 그녀 자신을 표출하는 그녀의 전략을 묘사하였다.

> 나는 내가 그들이 보기를 원하는 것을…… 그들이 본다는 것을 알 필요가 있다. …… 내가 내놓는 투사는 나는 나 자신을 사랑한다는 것이며, 나는 내가 보는 방법을 사랑한다. …… 나의 몸짓 언어(body language), 그것은 친절하고, 긍정적인, 에너지가 넘치고, 당신의 얼굴에 조금 있는, 조금 강요하려드는……. 그러나 사람들이 다른 것들을 보지 않는데, 그것은 나의 미소, 나의 눈, 나의 눈 마주침, 내가 사람들을 어떻게 접촉하는지…… 내가 나의 몸을 움직이는 방식…… 그것은 내가 당신을 포함시키기를 원한다고 말하는 한 방식으로…….

낸시 허먼(Nancy Herman 1993)은 일정 기간 병원 입원 후에 지역 사회로 재통합을 시도한 이전 정신과 환자들의 경험을 연구하였다. 그들이 사용한 한 전략은 선택적 공표와 숨김이었는데, 누가 신뢰할 수 있고 누가 그렇지 않은지를 결정하기 위해 노력하였다. 한 남성은 그가 처음으로 병원에서 나와서는 그가 순진하였고 그가 다른 사람들에게 솔직할 수 있다고 추정하였는데, 그 접근은, 그가 말하기를, 실수가 되어 버렸고, 그 이래로 그는 "대단히 많이 침묵을 지켰다."라고 언급을 하면서 그는 "시행착오"를 통하여 배우게 되었다고 말하였다(p. 308). 그러나 한 여성은 그녀의 삼촌에게 말하였을 때 더욱 성공적인 공표 경험을 하였는데, 그녀의 삼촌은 아주 지원적이었고 그녀를 안심시키고 정신질환을 가진 것이 그렇게 나쁜 일은 아니라고 인식하도록 도왔다(p. 312). 다른 사람들은 심지어 예방적 공표를 하기도 하였다. 한 남성이 말했듯이, "나는 나의 정신질환에 대해 즉각적으로 사람들에게 알리는 것이 나에게는 최상인 것으로 생각해 냈다. …… 왜냐하면 관계들을 개발하고 그리고 나중에 거부되는 데 많은 시간을 낭비하지 않기 때문이다."(p. 313) 여전히 다른 사람들은 정신질환은 신체적 질병과 다를 것이 없다는 것을 설명함으로써 잠재적 거부를 약화시키고자 노력하였다. 한 여성은 그녀가 다른 사람들에게 그것은 단순히 "화학적 불균형…… 수백만 명의 사람들이 가지는 그 무엇"(p. 314), 그리고 한 남성은 그는 그들에게 "문제는 [그가] 했던 그 무엇이 아니고－그것은 생물학적인 것"이라고 이야기한다고 말했다."(p. 313) [14]

공공장소에서 휠체어를 사용하는 사람들에 대한 스펜서 케이힐(Spencer Cahill)과 로빈 이글스턴(Robin Eggleston)(1994, 1995)의 연구에서, 군중 혹은 좁은 통로를 통해 움직이는 어려움, 선반에서 물품을 떨어뜨리는 것 혹은 서 있는 낯선 사람들에게 굴러가는 것과 같이 잠재적으로 당혹스럽고 불명예스러운 상황들을 진정시키기 위해 장애인은 유머를 사용한다는 것을 발견하였다. 그들은 드러내 놓고 스스로 웃는 것 혹은 한 경우에서는 성공적인 조치를 하기 위해 농담 삼아 큰 박수를 요청하기도 하면서 이런 것을 해냈다. 또한 휠체어 사용자들은 그들이 모욕이나 무시당했다고 느꼈을 때 분노의 표현을 자제함으로써 그들의 감정을 관리하는 것을 배웠다. 그들은 이것을 하는 것에 항상 성공적이지 않았거나 원하지 않았다. 그러나 그들이 그들의 감정을 표현하였을 때 그들은 사과 혹은 당혹함을 반드시 끌어내지는 못하였고, 그러나 때때로 상호적인 분노가 있었다. 동시에, 연구자들은 비장애인들은 원하지

[14) 허먼의 정보 제공자들이 사용한 다른 전략들은, 그들을 확인하지 못하게 하도록 다른 정신질환 환자들에 대해 농담을 하고, 다른 전 환자들(ex-patients)과의 관계를 피하고, 정신질환에 대해 다른 사람들을 선택적으로 교육하고, 일상적인 일 속에서 능력을 나타내 보이고, 정신질환 쟁점들 관련 정치적 활동에 관여하는 것을 포함한다.

않은 도움을 제공한 것에 대해 질책을 받는 것을 두려워한다는 것을 밝혔다. 케이힐과 이글스턴은 상호작용적 상황들은 오해의 많은 잠재력을 수반하는데 어색한 만남은 악의적인 의도에서가 아니라 무엇이 기대되는지에 대한 불확실성으로부터 종종 나온다는 것을 지적한다.

또한 마이클 레니(Michael Lenney)와 하워드 서콤(Howard Sercombe)은 공공장소에서 장애인에 대한 반응들에 대해 특히 빤히 쳐다보는 현상에 초점을 두고 살펴보았다. 우리가 1장에서 언급하였듯이, 다르게 보이는 사람을 바라보는 것은 자연스러우나, 비장애인들은 "'바라보고 싶은 것'과 '바라보지 않아야 한다는 것' 사이에서 갈등"을 종종 느낀다(2002: 8). 그들의 연구에서, 레니와 서콤은 공공 카페와 바(bar)에서 구어를 못하고, 머리, 얼굴 표정 및 깊은 후두음 소리를 내서 의사소통하는 심한 뇌성마비의 한 젊은 남성인 엘턴(Elton)을 관찰하였다.[15] 비장애인들은 "엘턴을 바라보는 것이 보여지는 것을 원하지 않는다는 것에 대해 의식하고 있었으며", 바라보지 않았던 사람들은, 그렇게 하는 것이 그의 프라이버시를 침범하는 것이고 예의 없는 것이라고 생각하는 것을 그들은 밝혔다(p. 12). 그러나 엘턴은 무시되기를 원하지 않았고 어떤 사람들은 그를 아는 것에 대해 진실로 호기심을 보였다. "상호작용하면서 공손하지 않은 것, 상호작용하면서 공손한 것" 사이에 미묘한 구별이 있다고 연구자들은 주목한다(p. 12). 엘톤은 "사람들이 쳐다보는 것이 적대적으로 느껴지면 그것을 좋아하지 않는다. 그러나 만약 그들이 미소를 지으면 쳐다보는 것은, 특별히 만약 그 쳐다보는 사람이 한 매력적인 여성이라면 괜찮다(혹은 아마 그들이 미소를 지으면 그것은 쳐다보는 것으로 생각되지 않는다)."(p. 13) 몇 백 개의 단어들로 만들어진 의사소통 책자의 사용을 통하여, 레니와 서콤은(엘톤의 승인을 받고) 이 문제에 대한

---

15) 뇌성마비에 대해 더 알기 위해서는 4장, 특별히 각주 1을 보시오.

그의 "의견"을 통역하였다.

> 나는 다른 사람들과 다른 점이 없다고 본다. …… [그러나] 나는 때때로 나의 이미지에 대해 염려를 한다. 나는 사람들이 나를 보고 내가 그들을 이해할 수 없다고 생각한다는 것에 대해 염려한다. 사람들은 나의 손목 저지대가 채워져 있는 한 나에게 이야기하는 것을 두려워해야 할 것이 없다는 것을 이해할 필요가 있다. 나의 저지대는 내가 경련이 있을 때…… 나의 팔이 마구 움직이기 쉬울 때 내가 나의 팔을 지탱하는 것을 돕는다. 나는 아름다운 여성을 보는 것을 좋아한다. …… [그리고] 아름다운 여성들이 나를 쳐다보는 것은 괜찮다. 나는 사람들이 나를 좋아하는 척을 할 때 그것을 좋아하지 않는다. 내가 좋아하는 사람들이 내게 와서 이야기하지 않을 때, 나는 역시 화가 난다(p. 11).

이 연구에서 묘사된 상호작용들의 성격은 어느 정도까지는 일반적인 것이며, 그것들은 장애인이든 혹은 비장애인이든 어떤 사람들의 집단들 중에서도 관찰될 수 있는 것이다. 레니와 서콤이 관찰하듯이,

> 상호작용을 할 것인지 아닌지를 선택하는 것은 시각적으로 또 구어적으로 복잡한 수준의 의사소통을 요구한다. 이러한 복잡성은 신경을 쓰는 동작을 요구한다. 어떤 경우에서는, 상호작용을 하거나 혹은 안할 때, 사람들은 그들의 의도와 그들 행동에 대한 동기를 감추기를 선택한다. 그러므로 개인 수준에서, 사람들은 무엇이 그들로 하여금 다르다고 생각되는 사람들을 피하거나 혹은 연대하기로 동기화되는지를 관찰할 것이 권고된다. 사회적 차원에서는, 사람들이 다르다고 추정되는 사람들에게, 구조화된 고정관념을 완화시키는 목적을 가지고 조심스럽게 상호작용을 시도할 것이 권고된다(p. 17).

요 약

이 장에서, 우리는 장애학의 개념적 핵심을 형성하는 다른 이론들과 모델들을 검토하였다. 우리는 의료적 모델을 고려하면서 이 분야의 탁월한 요소들로서 의료-재활 접근들을 밀어내고자 시도하였던 대안적 관점들을 고려하면서 시작하였다. 이러한 후자 접근들은 일종의 종속적 사회적 지위와 저가치화된 삶의 경험으로서 장애를 구조화하는 사회적으로 부여된 장벽들에 초점을 두는 사회적 모델, 현상학과 "내부" 및 "외부" 현상들의 병합된 결과로서의 장애의 체화된 경험에 초점을 두는 복합적 체화의 이론 그리고 다른 사회적 소수자들의 정체성들에 맞먹는 한 집단 정체성의 문제로서의 장애에 집중하는 문화적 모델, 그것은 인간 다양성의 한 가치 있는 유형과 사회적으로 구조화된 정상성 개념에 대한 문화적 저항의 장(site)으로서 수용된다.

다음으로, 우리는 농 문화와 장애 정체성의 성격을 더욱 일반적으로 집중하면서 문화적 모델을 더욱 충분히 탐구하였다. 장애인의 다양한 조직들 사이에 실재하는 연대의 미약한 성격을 나타내는 진짜 대 가짜 장애 정체성에 대한 장애 공동체 안에서의 논란을 또한 고려하였다.

다른 주제로 넘어가서, 우리는 장애의 경제적 맥락과 장애산업을 구성하는 민간 사업의 무리와 정부 주도 프로그램들에 주목하면서 장애의 정치적 경제를 알아보았다. 또한 우리는 페미니스트와 퀴어 이론의 기여를 살펴보았다. 페미니스트 이론은 바람직한 몸으로 간주되는 기준들을 정하고 유전자 검사의 실제와 선택적 낙태에 대한 논란들을 나타내는 외모의 정치학에 대한 쟁점들을 제기한다. 또한 그것은 젠더, 인종/민족성, 계급 그리고 성적 지향에 기초한 사회적 계층화의 축들과 관련하여 장애인들 사이의 차이들에 대해 관심을 기울인다. 퀴어 이론은 이성애가 정상적인 것 그리고 도덕적으로 열등한 것으로 여겨지는 다른 성적 지향들에 비해 도덕적으로 선호되는 것으로서 그 자체가 강요적으로 수립되는 방식들에 관심을 기울이며, 크립 이론은 결국 장애를 이 세상에 존재하는 열등한 방식으로서 구조화하는 강요적 비장애성(compulsory able-bodiedness)의 현상을 나타내기 위해 이러한 인식을 채택한다.

이 장의 대부분은 장애의 거시사회학적 맥락, 즉 장애 경험을 구조화하는 집단적 삶의 일반적 특징들에 초점을 두었던 반면, 마지막 부분은 일상생활의 지역 환경들에서 사회적 상호작용의 특징들인 미시사회학적 맥락에 초점을 두었다. 여기에서 우리는 장애인들이 잠재적 불명예를 벗어나서 다른 사람들과 상호작용에서 긍정적 자아감을 주장하기 위해 사용하는 다양한 전략들을 살펴보았다.

3
역사와 법

·

문명 이전, 고대, 중세 사회

위태로운 진보

재활과 개선

프랭클린 델러노 루스벨트의 공헌

「미국장애인법」의 정치학

「미국장애인법」의 법률적 여파

요약

3
역사와 법

장애는 다양한 역사적·문화적 변수들에 영향을 받기는 하지만, 문명 이전 작은 규모의 공동체들부터 미국과 같이 복잡한 국가에 이르기까지 인간사회의 역사 속에서 광범위하게 나타난 보편적 현상이다. 이 장에서는, 장애를 가진 사람들에 대한 처우가 어떻게 진전되어 왔는지를 추적하려 한다. 문명 이전과 고대, 중세 사회에서 장애는 어떻게 받아들여졌는지, 계몽주의 시대 촉발된 이후 부침을 겪으면서 전개되었던 진보의 발걸음 가운데서는 어떠했는지 그리고 재활운동의 출현과 「미국장애인법」(Americans with Disabilities Act, ADA)을 둘러싼 정치적이고 법적인 사건들을 포함하여, 19세기와 20세기의 미국에서 장애는 어떻게 다루어졌는지를 살펴볼 것이다.

문명 이전, 고대, 중세 사회

역사적으로 장애를 가진 사람들에 대한 태도는, 때때로 종교적 또는 유사 종교적 특성을 띠는 은밀한 신화에 가려져 있었다(Braddock and Parish 2001: Winzer 1997). 이러한 관점은 문명 이전 사회들에 대한 인류학적 증거에 의해 드러난다. 제시카 쉬어(Jessica Scheer)와 노라 그로스(Nora Groce)에 따르면, 어떤 부족들은 장애를 가진 아이가 악마의 영혼을 드러낸다고 믿으며 영아 살해를 정당화하곤 한다. 이들은 장애아가 "초자연적 존재와 인간인 어머니 사이의 자식"이라고 생각하거나 부모의 잘못된 행동에 대한 신의 처벌이라는 믿음으로 영아 살해를 행한다(1988: 28).[1] 예를 들어, 쉬어와 그로스의 보고에 따르면, 아프리카의 도구(Dogu)족은 여성이 숲 속의 정령과 성적으로 결합했을 때 장애아를 임신하게 된다고 믿는다. 반투(Bantu)족의 경우 근친상간적 성행위를 한 어머니들이 장애아를 출산한다고 생각한다(p. 28). 반면, 아프리카의 누어(Neur)족은 "장애를 가진 아기는 인간 부모에게 실수로 태어나게 된 하마"라고 믿으며, "아기를 강에 던져 버림으로써"(p. 28), 하마가 본래 있어야 할 장소로 돌려보낸다고 생각한다.

아이다 니콜라이센(Ida Nicolaisen 1995)은 말레이시아 중앙보르네오 지역에 사는 푸난바(Punan Bah)족에 대한 연구에서, 이들에게 신생아의 몸은 아직 인간이 아닌 물질적인 껍데기에 불과한 것으로 여겨진다는 사실을 발견했다. 아이는 조상의 영혼이 신체 속에 깃들 때 비로소 인간이 되며, 중증의 신체 기형은 인간 아닌 존재의 영혼이 그 신체를 통해 드러났기 때문이라고 받아들여졌다. 동시에 푸난바 사람들은 [신체기형이 아닌] 앞을 볼 수 없거나 소리를 들을 수 없는 사람들, 다리를 저는 사람들의 경우는 인간 아닌 존재라고 생각지 않았다. 또한 니콜라이센에

---

1) 영장류(침팬지와 붉은털 원숭이)의 경우 장애를 입은 구성원을 가족과 다른 집단의 구성원이 돌본다는 증거가 있다(Braddock and Parish 2001; Goodall 1971; Scheer and Groce 1988).

따르면, 푸난바 사람들은 아이의 신체적 손상을 일반적으로 그 아버지의 잘못이라고 생각했지만, 시각장애의 경우에는 어머니의 책임이라고 생각했다. 임신 중에 "남편이나 다른 남성과 성관계를 하면" 아이의 눈이 "남성의 칼"에 다친다고 믿었기 때문이다(p. 42).

아우드 탈레(Aud Talle 1995)에 따르면, 케냐의 유목민인 마사이(Maasai)족은 신체적인 손상과 정신적인 손상을 구별하고 신체적 손상을 *olmania*(불구가 된), 정신적 손상을 *olmadai*(어리석은)라고 불렀다. 마사이족은 장애를 스스로를 돌볼 수 없는 실질적인 능력이 없어 일상생활에서 다른 사람들에게 의존해야 하는 특성으로 정의했다. 마사이족은 *olmania*, *olmadai*들의 손상된 상태를 이유로 이들을 비난하지 않았고, 오히려 "아픈 존재"들에게는 *engolan*(신성한 힘)이 내재해 있다고 생각한다고 탈레는 보고했다. 이들은 누군가의 손상된 상태를 조롱할 경우 그 운명을 자신에게 끌어들인다고도 믿었다. "다른 이의 손상된 상태를 자꾸 조롱하고 선동하면 그것이 다시 나타난다"고 믿었기 때문에 손상에 관해 좋은 쪽이든 나쁜 쪽이든 직접 언급하는 것은 피했다(p. 60).

다른 작은 규모의 사회에서도 장애를 가진 사람들이 공동체 내에서 고유한 역할을 수행한다는 증거가 있다. 쉬어와 그로스(1988)의 보고에 따르면 아프리카 카누리(Kanuri)족의 시각장애인들은 새끼줄을 엮는 일에 전문적인 역할을 했고, 베송계(Besongye)족은 음악가로 활동했다. 멕시코의 산 페드로 욜록스(San Pedro Yolox)족의 시각장애인은 지역의 친족들을 먹여 살리기 위해 구걸을 했다. 또한 이들은 노끈으로 망을 짜거나 커피콩과 옥수수 이삭을 분류하고 정원에 잡초를 뽑는 일도 했으며, 때로는 사람들이 꾼 꿈을 해석해 주고 이들에게 필요한 조언을 해 주기도 했다. 파나마령의 산 블라스제도(Panamanian San Blas Islands)에 있는 쿠나(Cuna) 인디언들 중 다수는 백색증(역자주: 선천적으로 색소가 없이 태어난 사람들로 얼굴과 털이 하얗거나 핑크색이다. 자외선을 차단하는 멜라닌 색소가 없어 햇빛에 취약하다.)을 앓고 있는데 이들은 밤에 어부로 일함으로써 직사광선에 민감한 자신들의 상태에 적응했다.

기독교 성서 시대 이전인 고대 그리스, 로마 시대에는 심한 신체적 기형을 가진 아기의 출생은 신들을 불쾌하게 만든 부모의 행위 탓이라고 여겨졌다.[2] 모든 곳에서 영아살해가 행해진 것은 아니지만, 그리스의 도시국가였던 스파르타에서는 신체기형이 심한 아기는 죽일 것을 법률로 규정했다. 분노한 신을 달래야 한다는 이유였다. 반면, 청각이나 시각 손상을 가진 아기들과 지적장애를 가진 아기들은 보통은 기형아로 여겨지지 않았는데, 특히 어느 정도 연령이 될 때까지 손상의 여부가 잘 드러나지 않는 경우 그러했다. 나아가 그리스나 로마제국 일부 지역에서는 손상으로 인해 일을 할 수 없는 사람들에 대한 공적인 지원도 있었다. 특히 전쟁터에서 상해를 입은 참전용사들이 지원을 받았다(Braddock and Parish 2001; Garland 1995; Winzer 1997).[3]

로마에서 아버지들은 갓 태어난 아이를 거부할 권리가 있었다. 원한다면 죽이거나 추방시키거나 노예로 팔아 버릴 수도 있었다(de Mause 1981; Winzer 1997). 생존이 허락된 아이들은 여자아이일 경우 매춘을 강요받거나 남자아이들의 경우 거지가 되거나 뱃사공이 되었다. 모리오네스(Moriones)라고 불렸던 지적장애를 가진 아이들은 집에서 즐기는 오락거리로 팔려 나갔다. 근대의 "프릭쇼"(freak show)를 예비하듯이, 난쟁이, 거인증, 꼽추, 팔이나 다리가 없는 사람들을 매매하는 특수한 시

---

2) 이집트인들은 장애의 원인과 치료법을 숙고한 첫 번째 사람들이었던 것 같다. 시각장애인들이 음악, 예술, 메시지를 전하는 사제로 훈련받았다는 증거가 있다(Winzer 1997). 힌두교 신학에서 장애에 대한 신화적 논의들에 대하여는 Singh and Ghali(2009)를 보시오.

3) 고대 그리스인들은 이성을 인간의 가치와 동일시했다. 아리스토텔레스는 일상에서는 시력이 가장 중요한 인간의 감각이라고 생각했고, 지성을 위해 청력이 제일 중요하다고 믿었다.

장이 형성되기까지 했다(Stainton 2008; Winzer 1997).

　　1장에서 보았듯이, 우리는 『히브리 성경』이 장애를 가진 사람들에 대한 모순적인 태도를 가르치고 있음을 확인할 수 있다. 농인에게 저주를 퍼붓지 말고 맹인이 지나가는 길 앞에 장애물을 두지 말라고 설교하면서도, 하느님의 뜻을 거스를 경우 그가 눈이 멀게 만들거나 광란에 빠지도록 할 수 있음을 유의하라고 가르친다. 그러나 예수의 삶과 죽음을 따라가 보면, 『신약』에서 병들고 장애를 가진 자들을 치유하는 예수의 이야기는 하느님의 권능을 드러내는 이야기로 기독교인들에 의해 해석된다. 예를 들면, 「요한복음」에서 예수는, 맹인으로 난 사람은 그의 죄 때문에 그리된 것인지 그의 부모의 죄 때문에 그리된 것인지 질문받는다. 예수는 그것은 누구의 탓도 아니며, 그 안에서 하느님의 역사를 드러내는 방식이라고 답한다(Braddock and Parish 2001). 이후 영향력 있는 신학자 아우구스티누스(354-430 CE)에 의해 발전한 은총론(grace and divine doctrine)하에서, 장애를 가진 사람들은 더 광범위하게 수용되었다. 이는 동등한 인간으로서 받아들여진 것이라기보다는, "근본적으로 그 수혜자의 안녕보다는 시혜를 베푸는 자들이 구원을 받기 위해 행하는 자선의 대상으로서 가치 있는" 열등한 존재로서 받아들여졌다(Stainton 2008: 485).[4]

　　5세기에서 15세기까지 이어진 중세 유럽에서는 정신질환, 간질, 농(deaf)과 같은 다양한 상태들을 악마가 빙의하여 나타나는 증상으로 여겼고, 이러한 특성을 나타내는 사람들을 감금하여 고문하고, 처형했다(Braddock and Parish 2001; Winzer 1997).[5] 루터교의 창시자인 마틴

---

4)　청력이 지성의 핵심적인 요소라는 아리스토텔레스주의자들의 논리를 따라(각주 3을 보라), 아우구스티누스는 청력 없이 태어난 인간은 기독교인이 될 수 없다고 믿었다. 신의 음성을 있는 그대로 들을 수 없기 때문이다.

5)　이때는 이단자들을 주술에 걸렸다는 이유로 화형에 처했던 시기이기도 하다(Braddock and Parish. 2001; Winzer 1997).

루터(1483-1546)는 지적장애를 가진 아이들을 *massa carnis*, 즉 "사탄으로 가득찬" 영혼 없는 살점 덩어리, 어리석음들의 시초라고 묘사하기도 했다(Barr 1913: 26; Kanner 1964; Winzer 1997에서 인용).[6]

　데이비드 브래독(David Braddock)과 수잔 패리시(Susan Parish)에 따르면, 이와 같은 시기에 장애인들에 대한 제도적 지원체계도 등장했다. 수도원에서 영감을 얻은 맹인과 정신질환자들을 위한 수용시설들이 그것인데, 이런 시설들은 비록 장애인을 수도원 같은 시설 내부에 가두어 두고 일반 사회와 분리시키기는 했지만, 장애에 대해 더 온정적인 태도를 드러냈다. 브래독과 패리시는 12세기 한센인들을 격리시키는 데 사용되었던 **한센인 수용소**(leprosariums)의 확장에 주목한다. 이 시설들 중 다수는 자비를 강조하는 종교적 규율의 작품이었다. 한센병에 대한 이러한 접근 방식은 "유럽에서 격리된 시설을 이용해 장애를 가진 사람들과 관련한 문제에 체계적으로 대응했던" 첫 사례였으며, "한센인에 대한 분리 조치는 다른 장애인들에 대한 격리, 감금의 유용성을 인식시키는 계기가 되었다."(2001: 20) 그러므로 16세기 유럽에서 한센병이 사실상 사라졌을 때, 한센인 수용소는 정신질환을 가진 사람들을 수용하기 위한 "정신병원"으로 전환되었고, 그중 일부는 지적장애인들을 수용하는 곳으로 활용되었다(Alexnder and Selesnick 1964).[7]

　중세 동안 가난과 장애의 관계는 더 분명해졌다. 가난의 존재는 "자연적 질서의 일부"로 여겨졌고 가난한 사람들은 부유한 사람들이 자선을 행함으로써 "선행"의 기회를 제공하는 존재들로 받아들여졌다(Braddock and Parish 2001: 19). 당시 장애인이 하는 구걸 행위에는 낙

---

6) 프로테스탄트 개혁의 또 다른 리더였던 존 캘빈(John Calvin; 1509-1564) 역시 이와 같은 관점을 가지고 있었다(Braddock and Parish 2001; Winzer 1997).

7) 1장의 각주 10을 참조하시오.

인을 찍지도 형벌을 내리지도 않았고, 나중에는 맹인 구걸인들의 "길드
와 조합까지 생겨났다. 이들은 구걸인들 사이에서 경쟁력을 갖추기 위해
조직화되었다."(2001: 20) 그러나 16세기에 이르러 가족이나 공동체의
도움 없이는 스스로를 부양할 수 없는 사람들을 위한 대안들이 제도화되
면서, 구걸 행위에 대한 평판은 악화되었다. 이렇게 제도화된 장소는 "보
호수용소"(asylum)로 불리지는 않았는데, 이 용어는 18세기 후반에서야
"광인을 위한 병원"을 지칭하기 위해 처음 사용되었다(Winzer 199: 99).

위태로운 진보

이성의 시대로 불리는 **계몽주의** 시대는, 미신과 신념에 기초한 초자
연적 세계 이해를 증거와 이성적 추론에 근거한 과학적 시각으로 대체하
고자 했던 17세기 철학운동의 산물이었다(Braddock and Parish 2001).
이 운동은 장애의 과학적 원인을 찾고 그에 맞는 치료나 처치 방법을 적
용하고자 하는 장애에 대한 의학적 접근의 기초를 놓았다. 계몽주의 이
전 시대의 의사들도 이미 의료적 처치를 위한 원시적인 시도를 해 왔다
(Braddock and Parish 2001; Winzer 1997). 예를 들면, 이들은 정신질
환이 있는 사람의 머리에 구멍을 내 질환을 유발하는 원인이라고 생각했
던 돌멩이나 흑담즙을 배출시키려 하거나, 청각장애를 치료한다며 거위
기름에 튀긴 벌레를 귓속에 집어넣기도 했다. 17세기 후반 영향력 있는
한 치료서인 칼 파울리니(Karl Paullini)의 『Falgellum Saltus』(질병에서
건강을 되찾기)는 "스스로에게 매질을 하는 것이 머리에 관한 질병에 도
움이 된다."라고 조언하기도 하는데, 이때 치료의 목적으로 스스로에게
매질을 했던 질병에는 "우울증, 정신 착란, 마비, 뇌전증(간질), 정신지체
가 있는 듯한 얼굴표정, 난청, 치통, 아둔함, 신경증적인 울음, (여성의)

과잉된 성욕"이 포함되었다(Bromberg 1975: 53에서 직접인용). 오늘날 보기에는 괴상하고 비과학적인 방법들이 장애에 관한 의학적 접근이 시작되는 기초였고, 현대에는 병인학(病人學), 진단학 그리고 생리학적 손상에 대한 치료법의 놀라운 발전으로 이어졌다.

계몽주의는 장애를 가진 사람들도 교육을 받을 수 있고 받을 자격도 있다는 인본주의적인 관점도 촉진시켰다. 청각장애인을 위한 교육을 처음으로 시행한 사람들은 유럽과 터키의 수도사들인 것으로 보이는데, 이들은 16세기에 벌써 스페인에서 청각장애인을 위한 교육을 시작했다. 처음에 이 교육과정에는 수화 또는 **수화법**(maualism) 훈련이 포함되어 있었다. 시간이 지나자 수화법 교육을 지지하는 사람들은 **구화법**(oralism) 지지자들과 때때로 충돌했는데, 구화법 지지자들은 청각장애인들이 사회적으로 받아들여지기 위해서는 말로 이루어진 언어 표현을 익히는 것이 필수적이라고 믿었다(Braddock and Parish 2001).

미국에서는 19세기에 이르러, 청각장애와 시각장애 학생들을 위한 기숙형 특수학교가 급속히 성장한 장애학생을 위한 교육전문가 그룹에 의해 운영되었다. 첫 학교는 "농인을 위한 미국 요양소"인데 코네티컷 주의 하트포드에 1817년 설립되었다. 공동 설립자 토마스 홉킨스 갈라우뎃(Thomas Hopkins Gallaudet)은 건청인으로 미국의 각료였고, 로랑 클레르(Laurent Clerc)는 프랑스에서 온 청각장애인이자 교사였다. 둘은 모두 수화법의 옹호자들이었다(Bayton 2010; Edwards 2001). 클레르는 말을 할 수 없었으나 갈라우뎃과 함께 새로운 학교를 위한 기금모금 및 프로모션 투어를 하며 유명해졌다. 갈라우뎃이 통역하는 가운데 클레르는 대중들 앞에서 수화로 연설했다. 그는 "수화법의 강력한 상징"이었다(Edwards 2001: 60). 클레르의 연설을 들은 한 청중은 다음과 같이 말했다.

그 사람은 전혀 듣지 못했고 한 마디의 말도 입 밖으로 꺼낼 수 없는 선천적인 농아자였다. 그러나 그는 프랑스어와 영어를 모두 구사할 수 있을 정도로 민첩했고 영민했는데, 그 두 언어를 모두 문법적으로 정확하게 써낼 수 있었다. 그를 통해서 우리는 비슷한 장애를 겪고 있는 사람들에게 반드시 가르쳐 주어야 할, 말하지도 듣지도 못하는 사람이 가진 능력의 한 표본을 얻었다(Edwards 2001: 60에서 인용).

수화법 대 구화법의 논쟁에 관하여, 역사가들은 수화법 옹호자들이 기독교를 청각장애인에게 소개하고자 했던 복음 전파의 열정에서 많은 동기를 얻었음에 주목한다. 콜린스 스톤(Collins Stone)은 1848년에 "신성한 진리의 빛"은 그 자체로는 절대로 길을 비추지 않는다고 썼다(Baynton 2010: 30에서 인용). 어떤 사람들은 심지어 청각장애인이 수화를 배울 수 있는 신의 축복을 받았으며, "침묵의 무지 상태로부터 스스로를 구원"하여 창조자에게 가까이 다가갈 수 있는 특별한 재능을 부여받았다고 믿었다(Edwards 2001: 59). 더글라스 베이튼(Douglas Bayton)의 설명과 같이, 농인들은 위대한 도덕적 이점을 가지고 있다 여겨졌는데 이들은 상대적으로 부패한 세계에서 덜 더렵혀진 이들이기 때문이었다. "[농(Deafness)]은 일시적인 상태이거나, 올바른 사람들에 의해 발견되었을 때는 절대적인 선(善)이지만, 방치되어 개발되지 않은 상태로 남아 있을 때는 악이다."(2010: 39)

갈라우뎃의 교육 방침하에서, 프랑스 수화는 클레르에 의해 **미국수화**(Amercan Sign Language, ASL)의 기초를 이루게 되었다. 갈라우뎃은 이를 표정, 태도, 움직임, 몸동작에 의해 표현되는 자연적 상징들을 이용한 시각적 언어라고 묘사했다(Edward 2001: 65에서 인용). 그 결과 수화법으로 가르치는 농인 기숙학교에서 청각장애인들은 수화를 일상적으로 사용했고, ASL은 고유한 구문과 축약 표현, 표정과 동작 표현을 가지고 진화하는 하나의 언어로 발전했다(Edwards 2001).[8] 그러나 미국 남북 전쟁 이후에, 구화법 지지자들은 특수학교의 청각장애인 청년들이 사회와 분리되는 것이 국가 공동체로부터 고립될 위험에 놓인 아웃사이더들을 양산하는 일이라며 우려를 표하기 시작했다. 수화 중심의 교육을 개혁해야 한다고 주장하는 이들은 언어와 문화의 동질성이 안정된 사회질서 형성에 필수적인 것이며, 동질성 없는 사회질서는 확인되지 않은 이민자들과 확장되고 다인종화되고 있는 도시들에 의해 점차 약화될 것이라고 믿었다(Baynton 2010: 36). 이들은 말을 통한 의사소통이 본질적으로 우월하다는 믿음하에서, 청각장애인이 구화를 배우지 못한다면 완전한 미국인이 될 수 없다고 생각했다. 수화만을 계속 사용하는 한 영원히 청각장애인은 우리 안의 외국인으로 남아 있으리라는 믿음이었다.

확실히 구화법의 지지자들은 몇몇 사람들의 경우 말하는 능력을 발전시키는 것이 불가능함을 알았지만, "사회에 참여할 수 있을 정도로 건청인들의 대화를 따라가기 위해서는" 적어도 독순술(입모양을 읽는 기술)은 배워야 한다고 생각했다(Edwards 2001: 70). 이와 같은 주장에 대해 수화법 지지자들은 자신들도 청각장애인들이 더 넓은 사회에 참여할 수 있도록 분투하고 있고, 그래서 영어 글쓰기 교육을 제공한다고 반박했다. 그럼에도 당시의 구화법 지지자들은 말을 하는 것이야말로 인간성 함양에 필수적인 것이며, 알렉산더 그레이엄 벨(Alexander Graham

---

8) 최근에는 많은 농학교들이 영어에 기초한 수화, 즉 영어수화를 사용하며, 일부 사람들은 이를 통해 ASL의 체계하에서 언어적으로 사고하기 전에 학생들이 영어체계 안에서 언어적으로 사고하기를 요구한다. 에드워즈(Edwards)는 19세기 수화법주의 교육자들이라면 "이러한 교육적 접근과 이들이 농인교실에서 자질 없는 교사라고 여겼을 것들 모두에 진저리를 쳤으리라" 믿는다(2001: 77). 이 주제에 대한 추가적인 논의는, Benderly(1990), Cohen(1994b) 그리고 이 책의 6장을 참조하시오.

Bell)이 말했듯이, "말하기의 가치를 묻는 일은 삶의 가치에 대해 묻는 것이다."라고 주장했다(Edwards 2001: 72에서 인용).[9]

　　이와 같은 논쟁이 계속되는 동안, 시각장애인을 위한 기숙학교도 늘어났다. 이는 점자(Braille)의 대중화에 힘입었다. 점자는 프랑스에서 온 시각장애인 루이 브라유(Louis Braille)에 의해 1829년 발명된 것으로서, 시각장애인들이 읽을 수 있도록 돌출된 점들로 이루어진 문자체계였다(Braddock and Parish 2001). 미국에서 문을 연 시각장애인 학교 가운데 제일 주목을 받은 곳은 나중에 헬렌 켈러와도 인연을 맺는 "매사추세츠 주 시각장애인 보호소"였다. 이곳은 후에 "시각장애인을 위한 퍼킨스(Perkins)협회/매사추세츠 스쿨"로 이름이 바뀌었는데, 1832년 사무엘 그리들리 하우(Samuel Gridley Howe 1801-1876) 박사의 주도로 설립되었다. 하우는 의사였고, 시각장애인 교육에 대한 사전 경험은 없었다. 그는 시각장애인 교육법을 배우기 위해 유럽을 여행했지만, 유럽인들이 예술과 기술 교육에 지나치게 집착하는 반면, 시각장애인들에게 학문을 가르치거나 지성에 대한 교육에는 거의 주목하지 않는다고 믿으며 미국으로 돌아왔다. 하우는 두 살 때 성홍열에 걸려 시각장애와 청각장애를 가졌던 로라 듀이 브리지먼(Laura Dewey Bridgman)을 교육하는 데 성공했고, 이로 인해 매우 유명해지게 된다. 전기작가 도로시 헤르만(Dorothy Hermann)은 하우의 교수법을 다음과 같이 묘사한다.

　　하우는 열쇠나 숟가락같이 로라가 일상에서 사용하는 물건들을 그녀에게 건네주며 교육을 시작했다. 그 물건들에는 점자로 쓰인 각각의 이름이 붙어 있었다. 다음으로는 그 물건들의 이름을 종이 위에 점자

---

9)　영향력 있는 교육개혁가 호레이스 만(Horace Mann)도 구화법의 열렬한 지지자였다(Edwards 2001).

로 써 놓고, 그녀에게 이를 느껴 보도록 했다. 몇 주가 지나도 로라는 아무것도 깨닫지 못했다. 그런데 갑자기 그녀는 각 글자들이 어떤 목적을 가지고 있음을 깨달았다. 점자로 쓰인 "숟가락"이라는 단어는 그녀가 일상에서 사용하는 숟가락을 의미했고, 그녀가 만약 숟가락을 원한다면 실제의 숟가락을 가리키는 대신 그 기호를 사용하면 된다는 점을 알게 된 것이다. 그런 후에 하우와 교사들은 청각장애인들이 사용하는 지화(指畵) 알파벳을 로라에게 가르쳤다[이는 점자 체계와 다르다]. 지화 알파벳은 18세기 전기에 프랑스에서 처음 사용되었던 것이다(1998: 16).

영국 소설가 찰스 디킨스(Charles Dickens)는 로라 브리지먼의 존재가 매우 흥미로워서, 그녀를 만나러 대서양을 건너 미국으로 올 정도였다. 브리지먼에 대해, 디킨스는 다음과 같이 썼다.

앞을 보지도, 소리를 듣지도, 말하지도 못하는…… 이 어여쁘고 어린 생명은, 인간적인 모든 능력, 희망, 선함과 보살핌의 능력을 가진 채로 연약한 자신의 세계 속에 감추어져 있다. 하지만 외부를 향한 하나의 감각이 있으니, 바로 촉감이다. 이로 인해 그녀의 얼굴은 지성과 기쁨으로 빛나고, 손수 땋은 머리카락이 자리 잡은 머리의 저 우아한 선을 따라, 지적인 성숙과 능력이 아름답게 표출된다. 넓고 시원한 이마, 옷차림, 단정한 몸가짐은 절제되어 있고 소박하다. 그녀 곁에는 작업하던 뜨개질 뭉치가, 책상 위에는 공부하던 글쓰기 노트가 놓여 있다(Hermann 1998: 17에서 인용).

이와 같은 명성 덕분에 헬렌 켈러의 부모가 퍼킨스(Perkins)에 관심을 갖게 되었고, 헬렌은 퍼킨스 스쿨에서 가장 유명한 학생이 되었다

추가탐구

Box. 3.1 헬렌 켈러와 앤 설리번

헬렌 켈러(Helen Keller 1880-1968)의 놀라운 삶은 잘 알려져 있듯 그녀의 선생님이자 인생의 동반자 앤 설리번(Annie Sullivan 1866-1936)과 떼어놓을 수 없다. 앤이 여덟 살이었을 때 어머니는 돌아가셨고 그녀의 아버지는 그녀와 그녀의 동생 지미(Jimmy)를 버렸다. 그 뒤 앤과 지미는 매사추세츠 주 툭스베리의 주가 운영하는 병원으로 보내졌는데 이곳은 버려진 가난한 아이들이 대규모로 수용되어 전염성 높은 질병을 가진 노인 환자들과 아무렇게나 섞여 살던 곳이었다. 지미는 폐결핵에 걸려 사망하였다(Hermann 1998).

앤은 병원에 들어가기 전인 다섯 살 때 전염성 눈병을 앓아 시각장애를 갖게 되었다(하지만 완전히 시력을 잃지는 않았다). 14세 때 그녀는 퍼킨스 학교(Perkins school)로 보내졌고, 이곳에서 글을 쓰고 점자 읽는 법을 배워 결국 교사가 된다(Hermann 1998).

로라 브리지먼을 가르친 사무엘 그리들리 하우가 발전시킨 방법을 기반으로 하여, 앤은 19개월 때 성홍열을 앓아 시력과 청력을 잃은 헬렌을 위한 언어와 의사소통 기법을 개발하고 지적 능력을 연마할 수 있도록 돕는다. 헬렌의 성취는 곧 브리지먼을 앞질렀다. 그녀는 국가적 유명인사가 되었으며, 래드클리프(Radcliffe)에서 학사 학위를 받고 여러 권의 책을 썼으며, 자신의 삶을 그린 영화에 출연하기도 했다(Hermann 1998).

일생 동안 헬렌과 앤은 부유한 자선가들에게서 원조를 받기도 했는데, 그들은 꼭 필요한 재정지원을 제공했다. 그러나 지원이 항상 충분한 것은 아니었기에 그들은 지방을 여행하며 돈을 벌었는데, 헬렌은 희극 배우(vaudeville entertainer)처럼 (앤의 도움을 받아) 스스로를 드러내며 위트와 지성으로 관중을 감동시켰다. 헬렌은 장애를 가진 사람들, 특히 시각장애인

Box. 3.1 헬렌 켈러와 앤 설리번 (계속)

들을 조직화하는 일에 헌신했다. 그러나 여성 참정권, 산아 제한 그리고 실업자들을 위한 정부 지원을 지지하고, 특히 사회주의를 옹호하여 논쟁적인 인물이 되었다. 이러한 활동에 대해 헬렌 켈러는 "내가 사회 서비스와 시각장애인에 국한된 활동을 할 때 사람들은 나를 '맹인 여사제'(archpriestess of the sightless), '현대의 기적'으로 부르며 터무니없는 찬사를 보냈다. 그러나 내가 열띤 사회적 · 정치적 이슈에 대해 토론할 때, 특히 내가 종종 그러했듯 대중적이지 않은 쪽에 설 때면 분위기는 바뀐다." 라고 썼다(Crow 2000: 854에서 직접인용).

(Box 3.1 참조).

장애를 가진 사람들을 위한 교육은 명백히 진일보하였지만, 기숙학교들 중 많은 수가 분명한 목표를 가진 교육기관에서 단순한 보호시설로 점차 변화했다. 너무도 많은 경우에, 장애를 가진 사람들은 고아, 고령자, 노약자 그리고 빈자들과 함께 돌봄시설에 격리되었고, 최악의 경우에는 교도소 같은 공공 수용시설에 격리 조치되었다(Baynton 2010; Braddock and Parish 2001; Hermann 1998).

이러한 역사에서 정신질환자를 위해 특수하게 제도화된 시설들도 한 역할을 수행했다. 당시 전형적으로 보호수용소(asylum)라는 이름으로 불린 미국 최초의 정신병원은 버지니아 주에 1773년 설립되었는데, 1840년대에 이르러서야 급속도로 확장되었다. 이는 어느 정도는 사회개혁가였던 도로시아 딕스(Dorothea Dix)의 운동 때문이었는데, 그는 정신질환을 가진 사람들에 대한 치료법을 발전시키기 위해 노력했다. 의사이기도 했던, 초기 보호시설의 관리자들은 정신질환이 치료될 수 있으며 환자들도 결국에는 자신들이 살던 공동체로 돌아갈 수 있다고 믿었다. 그러나 보호시설들은 곧 수용된 사람들로 심각할 정도로 넘쳐나게 되었고, "정신질환을 가진 사람들이 야기한다고 알려진 위협으로부터 사회를 보호하기 위해 설계된 구금식 배치에 경도되어", 치료를 위한 노력은 폐기되었다(Braddock and Parish 2001: 34; Rothman 1990; Scull 1991).

이런 보호시설들의 관리자들은 "미국 내에서 지적장애인들을 위한 분리된 시설의 필요성을 주장한 첫 번째 사람들에도 속했으며," 1846년에 하우는 매사추세츠 주의회로부터 국가 전체의 지적장애인 분포에 대한 연구 책임자로 지목되었다(Braddock and Parish 2001: 36). 몇 년 후, 허비 윌버(Hervey Wilbur)는 뉴욕 주에 있는 도시 시라큐스에 지적장애인들을 위한 첫 번째 시설을 열었다. 처음에는 지적장애인이 자신의 지역사회로 복귀하는 것을 준비하기 위한 교육과 훈련 프로그램을 제공할 의도로 시작되었지만, 이런 시설들은 정신질환자를 위한 시설과 마찬가지로 평생 동안의 보호간호를 제공하는 시설들로 변모해 갔다(p. 37).

나아가 장애에 대한 사회적인 시각은 당대의 광범위한 인종주의에도 영향을 받았다. 한 예로, 1840년대 미국의 인구조사에 따르면 노예가 아닌 자유로운 흑인들의 정신질환 발병률은 노예보다 11배, 백인들보다는 6배나 많다고 잘못 보고되었고, 이런 통계들은 노예제를 정당화하는 데 사용되었다(Gilman 1985). 부통령으로서 노예제를 유지하는 주들을 열렬히 옹호했던 존 캘빈(John Calvin)은 다음과 같이 썼다.

인구조사를 비롯해 여러 권위 있는 문서들은, 두 인종 간의 관계를 이전과 달리 변화시킨 주들의 모든 경우에, 아프리카계 사람들의 상황이 나아지기커녕 오히려 나빠졌다는 사실을 보여 준다. 그들은 변함없이 악덕과 가난에 빠지고, 귀먹고, 눈이 멀고, 미치고, 우둔해져 이에 따른 신체적이고 정신적인 고통을 겪는데, 이는 전례가 없을 정도다. 반면, 백인과 흑인의 관계를 과거 그대로 유지하는 다른 주들에서 아프리카계 사람들은 인구 수, 안락함, 지성 그리고 도덕 등 모든 면이 현저히 개선되었다(Gilman 1985: 137에서 인용).

이와 같은 흐름 속에서, 장애의 역사에서 두드러지는 퇴보가 일어나는데 이는 바로 19세기 후반과 20세기 초반 등장한 **우생학 운동**이었다. 우생학(Eugenics)은 "태생이 좋은" 혹은 "좋은 유전자"를 의미하는 말로서, "좋은 유전자"를 가졌다고 여겨지는 부모들의 출산과 양육을 장려하거나 "나쁜 유전자"를 가졌다고 생각되는 부모들의 출산과 양육은 억제하는 방법으로, 전체 인구의 유전적 구성을 통제하기 위한 공적 개입을 지지하는 사회철학의 한 부류였다. 미국 우생학 정책의 첫 번째 목표는 유럽에서 이주하는 이민자들이었는데, 미국 정부는 제1차 세계대전 발발 전까지 이들을 대상으로 입국심사장에서 IQ 검사를 강제했다. 검사를 받은 이민자들 중 일부는 지적장애 징후가 있다는 이유로 입국을 거부당한 채 본국으로 강제 송환되었다. 우생학에 동조하는 몇몇 의사들은 장애나 선천적 결함을 가진 아이들의 구명 치료를 거부하여 이들의 죽음을 앞당겼다. 지적장애인에 대해 수용시설에서 행해진 비자발적 불임수술은 여러 주들에서 만연했고, **버크 대 벨**(Buck vs. Bell) 판결에서 미 연방대법원은 이런 조치들이 헌법에 위반되지 않는다고 판단했다. 20세기 중반까지 매우 광범위하게 수행되었고 일부는 그 이후까지도 이어졌던 불임수술을 통해 약 65,000명의 사람들이 강제로 생식기능을 잃었다(Braddock and Parish 2001: Davis 1995, 2002; Snyder and Mitchell 2006).[10]

---

10) 노스캐롤라이나 주에서는 1974년까지 강제 불임수술이 존재했다. 2012년 1월 현재, 노스캐롤라이나 주정부는 1,500-2,000명의 강제 불임수술 희생자가 아직 생존

　　장애인을 표적으로 삼은 우생학 운동은 나치 독일에서 가장 극단적인 형태로 치달았다. 수만 명의 장애인들이 강제 불임수술을 받았고, 25만 명이 의료기관의 절대적인 협력하에서 가스로 살해당했다. 나치는 미국의 불임수술 정책을 자신들을 정당화하기 위해 인용했다. "우리 인종 위생주의자들(racial hygienists)이 추구하는 것이 완전히 새롭거나 듣도 보도 못한 일은 아니다. 최고 수준의 문명을 이룬 미국에서도 우리가 추구하는 일이 오래전에 도입되어 실험을 거쳤다."(Rubenstein and Roth 1987: 141에서 인용; Berger 2012 참조)

　　장애의 역사에서 또 다른 퇴보 사례는, 이른바 **프릭쇼**(freak show)에서 찾을 수 있다. 프릭쇼는 19세기 유럽에서 전성기를 맞았고, 미국에서는 1940년대까지 지속되었다. 프릭쇼에서는 대중의 재미를 위해 장애가 있거나 기형인 사람들을 비롯해 특이한 존재들—팔이나 다리가 없고, 난쟁이이거나 거인, 샴쌍둥이, 수염을 기른 여성뿐만 아니라 백인이 아닌 부족의 "식인자" 그리고 "야만인", 칼을 삼키는 사람, 뱀 마술사, 온몸에 문신을 한 사람—을 전시했다. 이러한 "전시는 서커스, 축제, 전시회에서 가장 인기가 높았고," 일부는 박물관의 형식을 취하기도 했다(Braddock and Parish 2001: 37). 이런 쇼들의 "인기물"들은 엔터테이먼트 사업자

하는 것으로 추정했다. 희생자 중 한 명인 일레인 리딕(Elaine Riddick)은 14세 때 강제 불임수술을 당했다. 가난한 흑인 알코올중독자 부모의 딸로 태어났던 리딕은 "이웃에 사는 한 남성에게 강간을 당한 후 임신했다."(Zucchino 2012: B1) 사회복지사는 그녀를 노스캐롤라이나 주 우생위원회(Eugenics Board)로 보냈고, 위원회는 그녀가 "정신박약"이며 "문란할"수밖에 없는 상황이라고 결론 내렸다. 글을 읽을 수 없던 그녀의 할머니가 동의서에 표시를 했고, 리딕이 아들을 출산한 지 단 몇 시간 만에 의사들은 그녀의 난관을 절제한 후 지졌다. 그녀는 이 사실을 알지 못했다. 리딕은 몇 년 후 이 사실을 이렇게 회상했다. "그들은 돼지를 도살하듯이 나를 대했어요. 나는 그저 강간을 당한 소녀였지만, 주정부는 나를 철저하게 다시 강간했습니다."(p. B1)

들에게 팔리기도 했고, 이들은 "이렇게 구매한 사람들이 살아 있는 동안 이들을 전시할 수 있는 권리를 획득"했다(p. 38). 프릭쇼의 운영자들은 쇼를 통해 "전시된 사람들의 저 멀고, 야만적인 고향"에 대한 이국적인 이야기들을 꾸며내기도 했다(p. 38). 하나의 사회적 제도로서의 프릭쇼는, 이를 구경하는 사람들이 스스로의 정상성과 우월성을 확인하고 장애를 궁극적인 일탈의 형태로 인식하게 하는 데 일조했다(Bogdan 1988; Davis 2002; Thomson 1997).

재활과 개혁

우생학이나 프릭쇼 같은 퇴행적인 관행에도 불구하고, 장애인들을 위한 점진적인 진보는 19세기와 20세기 전반기 미국 내 **진보운동**과 함께 계속되었다. 진보주의자들은 개인, 기업 및 정부 모두가 개인화, 도시화 과정 초기 단계에 수반된 불평등과 부정의를 개선할 공동 책임이 있다고 믿었다. 이러한 맥락에서 공공 의료 정책, 식품과 일터에서의 안전 규제, 산재보험, 아동노동보호법령, 참전 상이군인을 위한 지원의 확대 같은 개혁이 있었다(Hickel 2001; Scotch 2001b). 또한 이 시기에 장애인들을 위한 재활 이데올로기가 세를 얻었는데, 재활 옹호자들 간에도 이견이 존재했다. 의료적 모델의 선구자들이었던 **의료적 재활론자**들은 개인들이 바뀌어야 할 필요가 있다고 믿었지만, 사회적 모델의 선구자들인 **사회적 재활론자**들은 사회가 변화할 필요가 있다고 믿었다(Byrom 2001).

브래드 바이롬(Brad Byrom 2001)에 따르면, 초기 재활운동(rehabilitation movement)을 이끈 개혁가들은, 처음에는 주로 절단이나 마비와 같이 **불구자**(cripples)로 불리는 사람들의 운동장애 문제에 관심을 가졌다. 당시 불구라는 용어는 특정 신체 상태를 묘사하는 의미만이 아니라 경제적으로 의존적인 상태도 의미했다. 경제적 의존 상태를 비판하고, 이를 극복하기 원했다는 점에서 재활론자들은 수십 년 후 등장하게 되는 자립생활운동(1장 참조)의 선구자였다고 할 수 있다. 이에 대해 바이롬은 다음과 같이 말한다.

> 일을 통해서 사람들은 국가의 복지에 기여하고 어린아이들의 본보기가 되며, "독립성"이라고 하는 미국인으로서의 가장 소중한 면모의 상징이 된다. 일을 하지 않을 때, 사람들은 다른 사람의 노동에 기생하는 존재가 된다. …… 재활론자들에게 의존적인 불구자들은 미국적 시민성의 대척점을 상징하는 존재들이었고, 기회의 땅이라는 미국적 정체성에 도전하는 자들이었다. 이러한 상황은 개혁될 필요가 있었다 (2001: 135).

시혜의 대상 집단(a sympathetic constituency)으로서, 불구 아동들의 재활은 이 운동의 주요한 목표였으며, **병원 특수학교**(hospital-school)라는 제도가 개혁의 메커니즘이었다. 1890년에서 1924년 사이에 70여 개의 학교들이 문을 열었다. 병원 특수학교의 상당수는 남자아이들을 위해 설립되었지만, 점차 여자아이들도 흡수되었다. 이 시대에 일할 것이 기대되는 사람들은 남자들이었다. 그러나 장애인의 경우 여성이 결혼에 적합하지 않다고 여겨졌으므로 일자리를 찾을 필요가 있었다 (Byrom 2001).

병원 특수학교의 전례는 "상해 및 장애를 입은 사람들을 위한 뉴욕 병원"(New York Hospital for the Ruptured and Crippled, NYHRC)으로, 1863년에 설립된 이 기관은 장애아동들의 문제를 다루는 첫 번째 시설이었다. 초대 원장이었던 제임스 나이트(James Knight) 박사의 주도하에, NYHRC의 "학생이자 환자인 거주인들은 비장애인들의 기준에 맞출 수 있도록 장애가 있는 팔다리를 교정하고 감싸 주는 보조기기를 착용하고, 식이요법, 신체운동뿐 아니라 도덕교육, 학문교육, 직업교육까지 받았다."(Byrom 2001: 136) 나이트는 그 당시에 시행되던 위험하고 효과가 증명되지 않은 외과적 처치에 비판적이었다. 그러나 19세기 말에 이르면, 마취나 X-선 촬영 같은 의료 테크놀로지가 발전하여 한때 "뼈를 톱질하는 사람"(sawbones)이라고 비하되었던 정형외과 의사들이 새로운 존경을 얻기 시작했다. 제1차 세계대전 때는 유명한 병원 특수학교 소속 정형외과 의사들을 포함하여 일군의 미국 의사들이 유럽의 전투 지역을 방문했고, 그곳에서 "상처난 근육, 뼈, 힘줄을 고치는 혁신적인 방법"을 개발했다. 덕분에 전쟁이 끝난 후 정형외과 의사들은 특히 많은 존경을 받았다(p. 149).

제1차 세계대전은 상이군인들이 사회복지 급여의 수혜를 위한 시혜 대상 집단으로 자리매김하는 전환기였으며, 의사들이 이러한 급여 대상자들을 선별하는 문지기 역할을 했다. 연방정부는 1914년 「**전쟁위험보험법**」(The War Risk Insurance Act)을 제정했고, 혁신주의 시대의 산재보험 개혁에 발맞추어[11] 1917년 법률을 개정했다. 전쟁 후 첫 5년간 약 930,000명에 달하는 참전군인들이 이러한 급여에 지원했다. 당시 절단이나 시각장애는 가장 일반적인 전시 부상으로 여겨졌지만, 급여 요청자의 거의 절반이 결핵, 심장질환, 후에 외상 후 스트레스 장애[12]라고 불리게 되는 신경성 질환을 앓고 있었다. 반면, 절단장애를 입은 급여 청구자는 5,000명도 되지 않았고, 시각장애의 경우는 200명 미만이었다. 1922년

---

11) 이런 개혁의 일환으로, 연합군 모집을 위해 남북 전쟁 기간 동안 운영된 바 있었던 군인연금제도가 도입되었다. "군에 입대하여 전사한 경우 그 아내들이 연금을 수령하고, 부상당한 군인의 경우에는 평생 동안 재정 지원을 받을 수 있음을 확고히 했다."(Johnson 2011: 1; Linker 2011)

12) "외상 후 스트레스 장애"라는 용어는 1970년대 중반에 이르러 처음으로 명명되었다.

설치된 국가보훈처(Veteran Bureau) 소속의 의사들은 해당 질환이 군복
무로 인한 것인지를 판정해야 했고, 1924년 6월까지 판정한 급여 청구들
가운데 절반 정도가 거절되었다. 1925년 6월부터 1926년 6월 사이에 판
정된 모든 급여 청구 가운데 거의 4분의 3이 급여 지급 불가 판정을 받았
다. 특히, 흑인 참전군인들의 요청이 거절되는 경우가 많았는데, 흑인들
이 선천적으로 결핵에 걸릴 위험이 높고 개인 위생 수준이 낮다는 이유
였다. 이는 임상적으로 검증된 바 없는 가설에 기초한 것이었다(Hickel
2001).

「전쟁위험법」과 더불어 국회는 1917년과 1920년 장애가 있는 참전
군인들의 노동 능력 향상을 돕는 직업훈련과 재활 프로그램을 지원하는
법률안을 통과시켰다. 1920년 **세계대전 참전 미국 상이군인회**(Disabled
American Veterans of the World War)가 설립되었는데, 이는 참전군
인들에게 상담 서비스를 제공하거나, 지원 정책을 관할하는 정부 부처와
의 협상을 지원하는 권익 옹호 단체였다. 초기 상이군인들의 권리운동
은 일반적인 장애인 시민들과의 관련성을 부정하려 하기도 했으나, 1946
년 설립된 **미국 신체마비 참전군인회**(Paralyzed Veterans of America)
는 장애가 있는 일반 시민들과 상이군인 사이의 밀접한 관계를 인정했
다. 이들은 상이군인들이 받는 서비스를 장애를 가진 일반 시민은 받을
수 없다는 사실을 알게 되면서 두 집단이 다르게 대우받는다는 사실을
인지했다. 또한 이들은 상이군인을 위한 복지 프로그램의 인종 편향성
에 대해서도 저항하면서 "척수장애는 모두에게 동일하다."고 지적했다
(Fleischer and Zames 2001: 173에서 인용).

20세기 중반에 이르면 다른 일군의 조직들이 출현하게 되는데, 이
조직들은 장애인의 권익을 옹호하는 여러 사람들의 이해관계를 대변하
였다(Braddock and Parish 2001; Fleischer and Zames 2001; Scotch
2001a, 2001b; <표 3-1> 참조). 예를 들면, 지적장애 아동의 부모들은

지역사회와 시설 모두에서 자녀들이 더 나은 치료를 받을 수 있도록 하기 위한 옹호 단체를 설립했다(Carey 2009). 1946년에 「**정신보건법**」(National Mental Health Act)도 제정되었고 이 법에 의해 국립정신보건원(National Institute of Mental Health)이 설립되었다. 1950년대 후반까지 모든 주들은 "최소 일정 수 이상의 지역사회 기반의 정신보건 서비스를 갖추게 되었는데, 이것은 부분적으로 정신보건원의 영향 아래 구축되었다."(Braddock and Parish 2001: 44) 특수교육개혁가들과 마찬가지로, 지역사회 기반의 정신보건 서비스 제공자들은 서비스의 수혜 요건뿐 아니라 시민권과 도덕적 가치에 대한 평가 척도를 변화시키려 노력했다. 경제적인 생산성과 독립성에 대한 잠재력을 평가하는 것에서, 인격적인 성장 잠재력을 평가하는 것으로 나아가고자 하였다.

프랭클린 델러노 루스벨트의 공헌

1장에서도 언급하였듯이, 많은 사람들은 프랭클린 델러노 루스벨트(1882-1945)를 미국 역사에서 가장 위대한 대통령 중 하나라고 생각한다. 그러나 그는 대중이 자신을 미국과 세계의 지도자로서 너무 나약하다고 여기지 않도록 소아마비 증상과 휠체어 사용을 숨겨야만 했다. 대중에게 모습을 드러내는 동안 루스벨트는 "몸을 들어 올려 서 있는 자세를 유지할 때 다리를 바닥에 고정시킬 수 있도록 보조기구의 사용법을 터득하려 고된 훈련을 했다. 이를 통해 주위 사람을 팔로 지탱하고, 아주 힘겹게 마치 걷는 것처럼 다리를 앞뒤로 움직일 수도 있었다."(Holland 2006: 520) 그러나 그는 사적인 시간에는 휠체어에 의존해 움직였다.

루스벨트는 부유한 가정에서 자랐고 아이비리그의 학교를 다녔다. 39세에 소아마비에 걸리기 전까지 그는 우드로 윌슨(Woodrow Wilson)

〈표 3-1〉 주목할 만한 장애인 권익 옹호 단체(1880-1950년)

단체	설립 연도
전국농인연합(National Association for the Deaf)	1880
세계대전 참전 미국 상이군인회 (Disabled American Veterans of the World War)	1920
미국 맹인재단(American Foundation of the Blind)	1921
전국 부활절 씰 협회(National Easter Seal Society)	1922
마치 오브 다임스(March of Dimes, 역자주: 소아마비의 예방 등 신생아나 임산부의 건강증진을 위해 활동하는 비영리재단으로 루스벨트 대통령의 주도로 설립됨)	1937
전국소아마비연맹(National Federation for Infantile Paralysis)	1937
전국맹인연맹(National Federation of the Blind)	1940
미국 신체마비참전군인회(Paralyzed Veterans of America)	1946
뇌성마비협회연합(United Cerebral Palsy Association)	1949
정신지체시민연합(Association of Retarded Citizens)	1950

대통령 정부의 미해군성 차관으로 일했고, 1920년 대통령 선거에서는 민주당의 부통령 후보로 선출되었으나 공화당에 패배하였다. 1928년에는 뉴욕 주의 주지사가 되었다. 마비 증상이 시작되자 루스벨트는 그의 상태[13]를 치료할 방법을 찾았다. 그는 루이스 요세프(Lewis Joseph)라는 한 장애인 남성이 "조지아 주의 도시인 웜스프링스(Wram Springs)에 있는 한 온천의…… 광천수 속에서 여름을 보낸 후 다리 기능이 향상되는"(Holland 2006: 517) 경험을 했다고 주장함을 알게 되었다. 1924년 루스

---

13) 조너스 소크(Jonas Salk)는 1955년에 첫 번째로 소아마비를 성공적으로 예방할 수 있는 백신을 발명했다. 이는 장애의 주된 원인이었던 소아마비를 효과적으로 제거했다.

벨트는 온천에 처음 방문하였고, (일 년 내내 같은 온도를 유지하고 높은 밀도로 인해 부력이 높은) 따뜻한 광천수 덕분에 "이전보다 긴 시간 근육을 움직이고 늘리는 일이 가능"함을 알게 된다(p. 517).

치료에 대한 희망을 점차 포기하기는 했지만, 루스벨트는 웜스프링스가 마비 증상을 갖고 생활하는 사람들이 건강과 삶의 질을 향상시키는 데 도움이 되는 환경일 수 있다고 믿게 된다. 그는 자기 재산의 3분의 2를 투입하여, 웜스프링스의 자산을 사들이고 "새로운 재활적 공동체를 위한 자신의 비전"(Holland 2006: 517)을 추진한다. **웜스프링스 수(水)치료센터**(Warm Springs Hydrotherapeutic Center)의 첫 안내 책자에는 루스벨트의 서명과 함께 다음과 같은 글이 있다.

> 웜스프링스의 수치료센터를 병원이나 요양원으로 만들고자 하는 의도도 의향도 없다. 이곳은 환자들이 가능한 한 정상적인 삶을 영위하면서도, 동시에 지금 시점에서 과학적으로 확인된 최고의 치료를 받을 수 있는 장소가 되어야 한다.
>
> 이와 같은 특별한 치료법들에는 집단적인 치료를 통한 심리적 효과, 같은 목표를 추구하는 일군의 사람들에 의한 자극, 서로 간에 더 열심히, 더 잘 해내자고 하는 격려들도 포함되어야 한다.
>
> 의학의 발전과 예방적 처치를 위한 충분한 지원에도 불구하고, 미국에서 부분적으로 또는 전적으로 신체적 장애를 가진 30만 명 이상의 사람들이 쓸모 있고 활동적인 시민으로서의 자격을 회복하는 데 거의 대부분 성공하지 못한다.
>
> 아이든 어른이든, 대부분의 신체장애인들은 관심을 기울일 가치가 있는 사람들이다. 이들에게 관심을 기울이는 일은 경제적 측면에서 타당하고, 인간적인 면에서는 바람직하다. 더불어 다른 어떤 단체나 기관들도 현재 적절히 도움을 주지 못하는 영역으로 도움의 손길을 뻗치

는 것이다. 우리에게는 선구자들이 필요하다(Holland 2006: 518에서
인용).

이와 같은 주장을 펼치면서 루스벨트는 웜스프링스를 자립생활운동
의 또 다른 선구자로 만들어 갔다. 대중교통과 건물들에 휠체어가 접근
할 수 없던 시절에, 웜스프링스에서는 휠체어 접근이 가능하도록 설계된
환경들이 구축되었다. 1931년 『메이콘 텔레그래프』(Macon Telegraph)
에 실린 한 기사는 다음과 같이 보도한다.

> 웜스프링스에서는 모든 것에 [접근 가능하다]. 호텔에는 경사로가 있
> 어 편리하고, 주택들에서 단차나 문턱을 보기 어렵다. …… "이론상일
> 뿐인 모두를 위한 공공건물을 설계할 때 건축가들은 상황을 더 어렵게
> 만듭니다." 웜스프링스의 한 여성이 말했다. "워싱턴의 우체국, 법원,
> 기차역, 교회, 거대한 연방정부 소속 건물들을 보세요! 모든 건물들에
> 는 매끈하고 가파른 계단들이 문 앞에 놓여 있어요. 뉴욕의 콜롬비아
> 대학교 도서관 입구는 난간이 없고 단단한 계단들로 가득합니다. 안전
> 을 생각하면 저는 8번가에 있는 우체국 건물로 들어설 수조차 없지요.
> 이는 맨해튼에 사는 수많은 소아마비 장애인들도 다르지 않습니다. 입
> 구를 아름답게 디자인하면서 접근의 편리함은 희생시키는 셈이에요."
> (Holland 2006: 518에서 인용)

이처럼, 루스벨트는 장애를 가진 사람들과 여타의 도움이 필요한 사
람들이 직면한 문제들을 바라보는 특별한 감수성을 불러일으켰다. 또한
대공황의 시기를 대통령으로서 보내면서 사회개혁 프로그램을 도입하였
는데, 여기에는 1935년 「사회보장법」(Social Security Act, SSA)이 포함
되었다. 이 법은 시각장애인과 장애아동을 지원했고 실직자, 고령자, 남

추가탐구

Box 3.2 시설수용화를 넘어서: 탈시설수용화의 대두

정신질환과 지적장애를 가진 사람들의 시설수용화는 20세기 전반기 내내 약화되지 않고 계속되었다. 과잉 수용과 함께, 시설에 거주하는 사람들은 많은 물리적·감정적 학대를 당하였고, 흔히 "치료"라고 불리던 것들은 재활이나 교육의 장이 아니라 "병에 걸린 동물을 돌보는 병원"에 가까웠다(Switzky et al. 1988: 28). 정신질환을 가진 사람들을 위한 전기충격 치료는 1930년대 흔한 일이고 이후 수십 년 동안 지속되었다. 광범위하게 이루어지진 않았으나 1950년대에 환자의 뇌엽 절제술이 시행되었다. 1947년과 1973년 사이에는 매사추세츠 주와 뉴욕 주의 시설에서 지적장애인들에게 방사능이 첨가된 음식을 실험하거나 B형 간염 바이러스에 노출시키는 불법적인 연구들이 수행되었다(Braddock and Parish 2001; Carey 2009; Morono 1999; Rothman and Rothman 1984).

1950년대까지 시설 내의 끔찍한 환경이 대중에게 노출되었고, 항정신병 약물이 도입되었으며, 국립정신보건원(NIMH)의 설립과 함께 지역사회 중심의 치료에 대한 지원이 늘어나는 등 여러 요인들이 정신질환을 가진 사람들의 치료 시에 수행되던 이와 같은 관행을 감소시켰다(Braddock and Parish 2001). 1960년 존 케네디(John Kennedy) 대통령의 당선은 이러한 추세를 강화시켰고, "미국 지적장애인 서비스의 근대기가 시작되었다." (Braddock and Parish 2001: 46) 케네디 대통령의 여동생인 로즈(Rose)는 지적장애 때문에 뇌엽절제술을 받고 시설에 수용되어 있었는데(Leamer 1994), 케네디는 "정신지체인의 문제를 해결하기 위한 집중적인 연구"를 촉구했다(Braddock and Parish 2001: 46에서 직접인용). 그는 정신지체에 관한 대통령 자문회의(President's Panel on Mental Retardation)를 만들었고, 이 회의는 "시설의 상당 부분을 축소하고 지역사회 서비스를

> **Box 3.2 시설수용화를 넘어서: 탈시설수용화의 대두 (계속)**
>
> 확대할 것을 요구하였다. …… 케네디는 1963년 전국의 지역사회 기반 센터의 발전을 촉구하는 「**지역사회 정신보건센터 법**」(Community Mental Health Centers Act of 1963) 제정을 공식 승인하기도 했다."(p. 46)
>
> 　　따라서 **탈시설수용화**의 시대-시설에 구금된 사람들을 지역사회로 이동시키고, 이러한 시설을 전부 혹은 부분적으로 폐쇄하는 정책-가 시작되었다. 시설에 수용된 정신질환자의 수는 1955년 55만 8천 명 이상, 지적장애인은 1967년 19만 4천 명 이상으로 그 정점을 찍었다가 감소하기 시작한다(Braddock and Parish 2001; Torrey 1997). 그러나 탈시설수용화에 문제가 없는 것은 아니었으며 항상 지역사회 기반 치료의 약속이 뒤따르는 것도 아니었다. 전반적으로 지적장애를 가진 사람들은 지역사회 서비스를 받고 자신들에게 필요한 프로그램을 지지하는 데 있어 정신장애인들보다 더 잘 해낸다. 반면, 정신장애인들은 적절하지 못한 치료를 받거나, 노숙자가 되거나 하는 중대한 문제를 겪게 된다. 최근 정신의학 치료를 받지 않고 지역사회에 거주하는 중증 정신질환자는 220만 명에 달하며, 성인 노숙자 전체 인구의 1/3 혹은 1/2 정도가 이들로 구성된다. 종종 이들은 일탈적인 행동으로 사법 당국과 만나고 이후 형벌체계 속에 수감된다. 미국 구치소에 구금된 사람의 7%, 교도소에 수감된 사람의 16%가 정신질환을 가진 것으로 진단받은 적이 있다(Arons 2000; Braddock and Parish 2001; Lamb and Bachrach 2001; Torrey 1997).

편을 잃은 여성, 극빈층 아동에게도 보조금을 지급했다. 1940년대에 이 프로그램의 지원 범위는 확대되었고, 직업재활이 필요한 성인장애인은 물론 집에서만 생활하는 중증장애인도 지원 대상에 포함되었다. 1956년에는 법률 개정을 통해 연방차원의 현금 급여 프로그램인 **사회보장 장애**

〈표 3-2〉 주목할 만한 연방 차원의 장애 입법(1968-1988년)

법률	제정 연도
「건축물 편의법」(Archiectural Barriers Act)	1968
「도시 대중교통 지원법」(Urban Transportation Assistance Act)	1970
「재활법」(Rehabilitation Act)	1973
「장애아동교육법」(Education of All Handicapped Children Act)	1975
「발달장애인 지원 및 권리 보장법」(Developmental Disabilities Assistance and Bill of Right Act)	1975
「시설수용자 권리보장법」(Civil Rights of Institutionalized Persons Act)	1980
「장애인전화통신법」(Telephone Communication for the Disabled Act)	1982
「노인 및 장애인 선거편의를 위한 법률」(Voting Accessibility for the Elderly and Handicapped Act)	1986
「항공기 편의법」(Air carrier Access Act)	1986
「정신질환자 보호 및 권익옹호에 관한 법률」(Protection and Advocacy for Mentally Ill Individuals Act)	1986
「공정주택조정법」(Fair Housing Amendments Act)	1988
「보청기 호환성 인증제도에 관한 법률」(Hearing Aid Compatibility Act)	1988
「전화통신 편의증진법」(Telecommunications Accessibility Enhancement Act)	1988

Sources: Jaeger(2012: 40); Switzer(2003: 93).

연금(Social Security Disability Insurance)이 도입되었는데, 이는 장기간의 장애를 입은 노동자들을 위한 것이었다. 또한 1972년에는 소득부조 프로그램(Supplemental Security Income Program)이 추가되어, 소득이 매우 적은 장애인의 경우에는 그의 근로 경력 유무와 상관없이 연방 차원에서 개인에게 현금 급여를 지급하였다. 이에 해당하는 개인들은 또한 메디케이드(Medicaid, 저소득층 의료보험제도)를 받을 자격도 얻었는데, 이 제도는 1965년 시작되었고 연방 차원에서 소득이 낮은 개인과 가족을 지원하였다(Braddock and Parish 2001; Scotch 2001a, 2001b; Switzer 2003).

「미국장애인법」의 정치학

1장에서 우리는 현대 장애인 권리운동의 역사를 얼마간 살펴보면서, 에드 로버츠(Ed Roberts)와 캘리포니아 주 버클리의 자립생활운동의 역할에 주목하였다. 또한 1973년 「재활법」과 그 기금 및 세부 규정들을 둘러싼 논쟁들이 전국적 단위에서 장애 유형을 가로지르는 장애운동을 낳았는데, 다양한 집단들이 협력한 이 운동은 사회변혁을 목표로 했으며 결국 1990년 「미국장애인법」(ADA)의 제정으로 이어졌음을 검토하였다.[14]

「재활법」과 더불어, 1990년 이전에 다른 연방 차원의 법률안들이 통과되어 「미국장애인법」의 전기를 마련했다(<표 3-2> 참조). 우리는 이 법령들 각각을 살펴보기보다는 「미국장애인법」의 법안을 둘러싼 정치과정에 초점을 맞추려 한다. 장애의 역사에서 흥미진진한 장면이 이 과정에 포함되어 있다.

「미국장애인법」의 첫 번째 버전은, 로널드 레이건(Ronald Reagan) 대통령의 공화당에 속한 한 조직에 의해 1988년 제출됐다. 레이건 대통령은 이 조직을 잘 알려지진 않은 전미 장애인평의회(National Council

---

14) 1988년, 그 시기의 또 다른 주목할 만한 투쟁은, 농인과 청력손상이 있는 학생들을 위한 학교인 갈루뎃 대학교에서 일어났다. 그 투쟁은 1864년 설립 이후 단한 번도 농인이 총장을 맡은 적 없었던 대학 측에 대한 불만을 주요 문제로 삼았다. 결국 I. 킹 조던(I. King Jordan)이 총장으로 임명되었다(Fleisher and Zames 2001).

on Handicapped, NCH)로 명명했는데, 이 기구는 미교육부 산하 자문위원회로 1978년 설립된 것이었다. 광범위한 시민권을 담은 법률안은 로버트 버그도르프 주니어(Robert Burgdorf Jr.) 검사에 의해 초안이 마련되었는데, 그는 (소아마비로 인한) 오른팔 마비를 숨긴 채로 삶의 대부분을 살아온 사람이었고 이로 인해 채용 과정에서 거부당한 적도 있었다. 또 다른 NCH 구성원으로는 저스틴 다트 주니어(Justin Dart Jr.)가 있었는데, (그 또한 소아마비로 인해서) 하반신 마비로 휠체어를 이용하는 사람이었으며, 마찬가지로 차별을 겪어 왔던 사람이었다(Fleishcher and Zames 2001; Shapiro 1993; Switzer 2003).

버그도로프-다트(Burgdorf-Dart) 「미국장애인법」 법률안은 1988년의 마지막 날 거의 아무런 관심도 받지 못한 채 국회에 상정되었다. 레이건도 이 법률안의 존재조차 알지 못했던 것이 확실하다. 미디어는 전혀 관심을 갖지 않았다. 1989년 조지 H. W. 부시(George H. W. Bush)가 대통령에 취임한 이후, 장애운동가 패트리샤 라이트(Patrisha Wright)가 이 법안의 재상정을 주도했다. 라이트는 정형외과 의사였으며 퇴행성 안구 질환으로 복시(複視) 현상을 겪었다. 그녀는 결국 캘리포니아의 한 보호시설에서 일하게 되었고, 지적장애인과 뇌성마비 장애인을 위한 자립생활운동에 참여하게 되었다(Shapiro 1993; Switzer 2003).

민주당 상원의원인 아이오와 주의 톰 하킨(Tom Harkin), 매사추세츠 주의 에드워드 케네디(Edward Kennedy)와 함께 활동하면서, 라이트는 정치적으로 수용될 수 있는 형태로 「미국장애인법」의 수정안을 작성했다. 원안에서는 모든 공공 건물과 (연방 소유나 연방 차원에서 임대한 건물만이 아닌) 민간 소유 건물, 대중교통 시스템 전체, 식당, 영화관 등등이 2년 내에 장애인이 접근 가능하도록 할 의무를 부과하고 있었다. 심지어 2층에 있는 소규모 자영업자들도 접근성을 보장했어야 했다. 수정된 법률안은 신축 건물에 대해서만, 오래된 건물의 경우 주요 부분을 개축한 경우에만 접근성을 보장하도록 했다. 또한 원안에서는 장애인들이 고용 영역에서 차별을 겪을 경우 직접 징벌적 손해배상을 청구할 수 있는 근거 규정을 두고 있었으나, 수정안에서는 이를 삭제했다. 나아가 수정안은 접근성 확보를 위한 개선이 어렵지 않고 합리적인 비용으로 가능할 때에만 의무 사항이 되도록 했다. 소규모 사업자는 수백 달러, 대규모 사업자의 경우 수천 달러 가량을 각 사업체의 자산 규모에 따라 사용하도록 규정했다. 그러나 법은 정확한 금액을 규정하지는 않았다. 이는 문제가 되는 경우 사회통념에 따라서, 결국은 법원의 판단에 따라 사업체의 의무가 결정됨을 의미했다(Shapiro 1993; Switzer 2003).

많은 사업자들, 특히 소규모 사업자들은 법이 지나치게 모호하여 잠재적으로 많은 비용을 유발할 수 있다고 불평했지만, 다른 한쪽에서는 이미 장애를 가진 사람들을 새로운 노동력이자 소비자로 바라보고 있었다. 게다가 당파를 초월하여 지지받는 이 시민권 법안에 반대하는 편견 가득한 사람으로 보이기를 원하지 않았다. 중요한 다른 요소는, 양 정당에 영향력 있는 정치인들이 개인적으로 장애와 관련된 경험을 모두 가지고 있었다는 점이었다. 하킨 상원의원은 그의 형제가 청각장애인이었으며, 케네디 상원의원도 누이가 지적장애인이었다. 공화당 소속으로 코네티컷 주의 상원의원인 로웰 위커(Lowell Weicker)의 아들은 다운증후군이었고, 같은 공화당 소속의 유타 주 상원의원 오린 해치(Orin Hatch)의 처남은 소아마비를 가져 밤마다 철제 호흡 보조기에서 잠을 잤다. 공화당 상원 지도부였던 캔자스 주의 밥 돌(Bob Dole) 의원은 제2차 세계대전에 참전했다가 오른팔에 마비가 생겼다. 조지 H. W. 부시 대통령 자신도 세 살배기 딸을 백혈병으로 잃었고, 그의 아들 닐(Neil)은 중증 학습장애가 있었으며, 막내 아들 마빈(Marvin)은 결장 제거술을 받아 인공항문을 달게 되었다. 그는 미국 크론병 및 결장염 재단(Crohn's and Colitis Foundation of America)의 대변인이기도 했다. 부시가 잘 따르던 그의 삼촌은 의사로서의 경력이 최절정에 있던 시기에 소아마비에 걸렸다 (Shapiro 1993).

그러나 부시 대통령은 장애인 권리운동 진영의 대통령 역할로는 어울리지 않아 보였다. 1982년 부통령으로서의 그는 확실히 반대편에 서 있는 듯 보였다. 레이건-부시 행정부는 정부 규제 완화를 추구했고, 부통령으로서 부시의 첫 번째 과제도 "규제 완화를 위한 태스크 포스팀"의 창설을 주도하는 것이었다. 우선, 그는 1970년 통과되어 유지되던 장애인에 대한 각종 지원과 관련된 제도들 일부를 해체하려 했다. 그러나 장애인들과 그 부모들은 힘들게 싸워 얻은 것을 지키기 위해 전국적인 시위를 벌였다. 부시 부통령은 이들이 레이건 정부에 문제를 일으킬 수 있음을 깨달았고 집단 대표들과의 만남에 나섰다. 그는 특히 근이영양증에 걸려 전동휠체어를 이용하던 이반 켐프(Evan Kemp)를 만났는데, 그는 랄프 네이더(Ralph Nader)의 기금 지원을 받던 장애인 권리 센터의 장이었다.[15] 켐프는 일종의 보수주의적 논리로 부시를 납득시켰다. 그는 장애인들은 자립을 원하며, 복지 시스템에서 빠져나와 일자리를 얻기를 원하고 있다, 장애인들은 정부로부터 제공되는 복지가 아닌 개인적인 책임과 역량강화를 추구한다고 주장했다. 켐프의 논변은 부시가 장애인 권리운동 진영으로 전환되는 데 영향을 미쳤다. 1988년 공화당 전당대회에서 부시 후보는 장애인들을 마땅히 자신이 대변해야 할 정치적 세력이라고 승인한 첫 번째 대통령 후보자가 되었으며, 이 주제를 선거 유세에서 제기했다.

다양한 유형의 손상을 가진 사람들을 대표하는 180여 개의 전국적

---

15) 켐프는, 제리 루이스(Jerry Lewis)의 근이영양증을 위한 텔레비전 모금 프로그램을 통해 지원을 받으면서 "제리의 첫 번째 아이"로 불렸다. 켐프는 1989년 H. W. 부시 대통령에 의해 미연방 고용평등기회위원회(Equal Employment Opportunity Commission)의 위원장으로 임명되었다.

인 장애인 단체들이 「미국장애인법」을 지지했다. 유일한 반대는 "시각장애인 전국연맹"이었는데, 이들은 정안인들(시각장애가 없는 사람들)이 시각장애인을 열등하다고 판단할 수 있는 어떤 특별한 도움도 거부했다. 법안은 상원과 하원에서 압도적 다수로 통과되었고 부시 대통령이 서명함으로써 법률이 되었다(Shapiro 1993).

「미국장애인법」의 법률적 여파

「미국장애인법」의 규정들은 공적이고 사적인 영역 모두에 효력을 미쳤다. 우선 모든 정부기관들은 그 규모에 상관없이 장애를 가진 사람들에게 다음과 같은 의무가 있었다.

모든 프로그램, 서비스, 활동에서 비롯되는 이익들에 대한 평등한 기회를 제공해야 한다. 이는 공적인 회의, 여가 서비스, 교통, 보건, 투표, 그 밖의 다른 프로그램들을 포함한다. 평등한 기회를 보장하기 위해서, [정부기관들은] 건물들을 신축하거나 오래된 건축물을 개수·보수할 때 특수한 건설 표준을 따라야 한다. 어떤 건물이나 서비스가 접근 가능한 형태로 제공될 수 없다면 그 활동은 재조정되어야만 한다. …… 단지 그와 같이 조정했을 때 근본적으로 그 서비스나 프로그램, 제공된 활동의 본질을 대체하게 되는 경우나, 그 결과가 과도한 재정적·행정적 부담을 초래하는 경우에만 예외가 인정될 수 있다(Switzer 2003: 113).

유사한 규정들이 모든 공공 편의 시설과 서비스에도 적용되었는데, 여기에는 사설 단체나 개인들이 운영하는 레스토랑, 호텔, 소매점,

영화관, 스포츠 경기장, 사립학교, 어린이집도 모두 포함되었다. 나아가 15인 이상을 고용한 민간 사업주들은 장애로 인한 어려움을 제외하면 자격을 갖춘 개인에게 "합당한 조정"을 제공할 의무를 졌다. 이 의무는 "과도한 부담"을 입증해야만 면제될 수 있었다(Fleischer and Zames 2001; Scotch 2001b; Switzer 2003).

그러나 앞선 장애 관련 법률들이 그러했듯이, 「미국장애인법」은 그 해석과 적용에 관한 논란들로 곤욕을 치렀다. 특히 "합리적 편의"와 "과도한 부담" 같은 모호한 문구들 때문이었다. 상당수의 사건들은 법무부 수준에서 결정되어 왔고, 그중 대부분은 합의로 종결되었다. 1998년 7월까지 약 500여 개의 사건들이 항소법원 단계까지 갔다. 일부 법원들은 「미국장애인법」을 적용한 결정을 내린 반면, 일부는 그러지 않았다(Colker 2005; Mezey 2005; Switzer 2003)(<표 3-3> 참조).[16]

이러한 사례들 가운데 연방대법원에서 「미국장애인법」의 적용을 받아들인 판례로는 **브래그던 대 애보트**(Bragdon v. Abbott 1998), **옴스테드 대 L. C. 및 E. W.**(Olmstead v. L. C. and E. W. 1999)가 있다. 브래그던 판례는 에이즈에 감염된 한 여성이 치과의사에게 치료를 거부당한 사안이었다. 연방대법원은 이 여성이 「미국장애인법」의 보호를 받는다고 판시했다. 옴스테드 판례에서는 정신장애를 가진 두 여성의 손을 들어주었다. 이 여성들은 주립 병원에 자의로 입원하였고 정신과에 수용되었으나, 지역사회에 기반을 둔 치료 프로그램을 받고 싶다는 요청은 거부당했다. 이에 대해 연방대법원은 "자격을 갖춘 장애인들의 필요에 부합하며, 최대한 통합된 환경에서" 치료를 받을 권리에 관한 「미국장애인법」 규정은

---

16) 이곳에서 모든 판결들을 검토하는 것은 나의 의도가 아니며, 다수의 판결 가운데 연방대법원까지 올라갔던 주목할 만한 몇몇 판결들만을 언급하고자 한다. 추가적인 논의는 Bagenstos(2009), Colker(2005), Mezey(2005) 그리고 Switzer(2003)를 참조하시오.

이 사례에서도 적용될 수 있다고 하면서, 다만 이 권리는 잠정적이며 주정부의 예산 상황과의 균형이 요구된다고 덧붙였다(Colker 2005: 130; Mezey 2005; Switzer 2003).

　「미국장애인법」의 적용 여부를 제한한 판례 가운데는 **서튼 대 유나이티드 에어라인**(Sutton v. United Airline 1999)이 있다. 이 판례에서는, 안경이나 렌즈를 통해 시력 교정이 가능했던 쌍둥이 시각장애인 자매가 "항공기 조종사가 되기 위해 지원했으나 탈락했다. 이들은 자신들이 장애로 인한 차별을 받았다고 주장했다."(Switzer 2003: 140) 연방대법원은 "개인이 가진 조건이 삶의 활동을 실질적으로 제한하지 않거나(않고) 그 상태가 용이하게 교정될 수 있다면, 이는 「미국장애인법」에 규정된 장애에 해당하지 않는다."(Fleischer and Zames 2001: 103; Bagenstos 2009 참조)면서 자매의 주장을 기각했다.

　2001년 **가레트 대 앨라배마**(Garrett v. Alabama) 판례에서는, 앨라배마 대학병원 산부인과의 신생아 담당 책임자였던 간호사 패트리샤 가레트(Patricia Garrett)의 청구가 다루어졌다. 그녀는 유방암 수술과 방사선 치료, 화학요법을 받은 이후 그 직책을 박탈당했다. 가레트는 「가족 및 질병휴가 법」(Family and Medical Leave Act)에 따라 4개월을 휴직하고 일터로 돌아왔는데, 대학은 그녀를 더 낮은 임금을 받는 직무인 간호사 매니저로 강등시켰다. 연방대법원은 금전적 손해배상을 받을 자격이 있다는 그녀의 청구를 기각했다. 윌리엄 렌퀴스트(William Rehnquist) 대법관은 5 대 4로 결정된 판결의 다수 의견에서, "그 개인에 대한 행위가 합리적인 이상, 「헌법」은 장애인을 위한 특별한 편의"를 주정부가 제공할 의무를 부여하지는 않는다고 논거를 제시했다(Coker 2005: 134에서 인용). 소수 의견을 낸 대법관들은 앨라배마 대학교의 결정이 실제로 합리적인지 여부에 의문을 제기한 반면, 렌퀴스트는 공적 영역에서 (사적 영역과는 반대로) 장애를 가진 사람들을 불합리하게 차별해 온 역사

〈표 3-3〉 주목할 만한 미 연방대법원 판결들(1998 - 2004년)

판결	ADA 적용인정(+)/ADA 배제(-)
Bragdon v. Abbott (1998)	+
Olmstead v. L.C. and E.W. (1999)	+
Sutton v. United Airlines (1999)	-
Garrett v. Alabama (2001)	-
Toyota Motor Mfg. v. Williams (2002)	-
Tennessee v. Lane (2004)	+/-

를 뒷받침하는 증거가 불충분하다고 (부정확하게도) 주장했다(Colker 2005; Switzer 2003).

그다음 해인 2002년 **토요타 자동차 Mfg 대 윌리엄스**(Toyota Motor Mfg. v. Williams) 판례에서 연방대법원은 「미국장애인법」이 손목터널 증후군(carpal tunnel syndrome, CTS)에는 적용되지 않는다고 판시했다. 이 판례에서 CTS를 앓으며 자동차 조립 라인에서 근무하던 엘라 윌리엄스(Ella Williams)라는 노동자는 압축공기용 공구를 사용하며 반복적인 동작을 하는 행위가 고통스러운 근육손상을 일으켰다고 주장했다. 이에 토요타는 일시적으로 그녀를 차체의 페인트 상태를 검사하는 일로 재배치했고, 그러자 CTS가 완화되었다. 그러나 그녀가 손을 사용하는 다른 작업을 요구받고 이를 수행하자 다시 통증이 도졌다. 그러나 토요타는 검사 직무로 그녀를 재배치하지 않았다(Bagenstos 2009; Colker 2005).

이후인 2004년에는, **테네시 대 레인**(Tennessee v. Lane) 판례에서 연방대법원은 장애를 가진 원고 쪽에 유리한 판결을 하면서도 동시에 본격적으로 「미국장애인법」을 좁게 적용하기 시작했다. 1996년 9월, 원고인 조지 레인(George Lane)은 형사 기소되어 포크 카운티 법정에 출두하라는 명령을 받았다. 휠체어를 사용하며 걷거나 계단을 오를 수는 없었던 레인은, 법원에 엘리베이터가 없어 2층에서 열린 형사 절차에 출석하기 위해 계단을 기어서 올라야만 했다. 10월, 다시 법정에 소환된 레인은 이번에는 접근 가능한 법정에서 절차를 진행해 달라고 요청하였다. 포크 카운티 법원은 이러한 편의 제공을 거부하였고, 계단에서 레인을 들어 올려 줄 인력을 제공하였다. 레인은 이러한 서비스는 위험할 수 있다며 거절했고, 판사 앞에 출두하지 못해 체포되었다. 그런 후 레인은 「미국장애인법」 위반으로 소를 제기했다(Colker 2005).

가레트 판결에서와는 반대되는 5 대 4의 결정으로, 연방대법원은 레인의 손을 들어주었다. 그러나 그 결정문의 표현들은 장애운동가들에게 몇 가지 우려를 남겼다. 다수 의견에서 존 폴 스티븐스(John Paul Stevens) 대법관은 "이 사건은 하키 링크 또는 투표소에조차 합당한 접근성을 보장하지 못하고 있는 경우에, 개인들이 정부를 상대로 이에 대한 손해배상을 청구하도록 의회가 유효하게 규정할 수 있는지 여부를 다루는 판례가 아니다. 이 사례는 의회가 법원의 재판을 받을 권리라는 헌법적 권리를 강제할…… 권한을 가지고 있는지 여부에 관한 것이다."(Colker 2005: 142에서 인용)고 설시했다. 이에 대하여 루스 콜커(Ruth Colker)는 다음과 같이 결론 내린다.

레인 판결은…… 아마도 투표에 관한 사안들을 제외하면…… 다른 「미국장애인법」 판례들에 별다른 함의를 갖지 않을 것이다. 주석에서는, 일부 장애인들이 투표에 접근 불가능하다는 점에 관한 증거를 언급하고 있으며, "투표소에조차"라는 문구는 법원에 대한 접근처럼 투표에 대한 권리가 적절하게 보호받아야 하는 근본적인 권리임을 드러내고 있다. …… 그러나 다른 영역들이 보호받을 수 있는지는 불분명하다. 여타의 중요한 정부의 서비스들에는 고등교육, 보건 그리고 (교도소나 병원에서의) 수용도 포함된다. 차별을 당했다고 주장하는 장애인들이 이러한 영역들에서 정부를 상대로 금전적인 손해배상을 구하는 주장을 끌어낼 수 있는지는 명확하지 않다. 옴스테드 판결 자체만으로는, 레인 판결의 결론을 저지할 수 있는지가 분명치 않다(2005: 142). (역자주: 옴스테드 판결은 「미국장애인법」이 지역사회에서 통합되고 적절한 치료를 받도록 명령하고 있음을 전제로, 정부의 정신장애인에 대한 "수용" 행위가 「미국장애인법」에 부합하지 않을 수 있음을 선언하였다. 그럼에도 레인 판결은 투표소나 법원에서 재판을 받을 권리와 같은 "근본적인 권리들"이 아니라면 「미국장애인법」이 적용되지 않을 수 있다는 취지로 판단하고 있기 때문에, 옴스테드 판결에도 불구하고 「미국장애인법」은 레인 판결에서처럼 매우 협소한 적용 범위만을 갖게 될 수 있음을 필자는 우려하고 있는 것이다.)

더구나 레인 판결의 협애성은, 소수 의견을 낸 네 명의 법관들이 「미국장애인법」이 법원에 대하여 접근성 확보를 위한 편의제공 의무를 부여하고 있다고 기꺼이 승인조차 하지 않았다는 사실에서 절정을 이룬다. 렌퀴스트 대법관이 판결문에 썼듯이, "적법 절차에 대한 위반은 오직 어느 한 인간이 실제로 주어진 사법 절차에 접근할 헌법적 권리를 부정당했을 때에만 발생한다. 우리는 결코, 한 인간이 어떤 외부적 도움도 없이 법정에 진입할 수 있어야 한다는 헌법적 권리를 가진다고는 선언한 바 없다."(Colker 2005: 142에서 인용) 전체적으로 볼 때, 콜커는 「미국장애인법」에 관한 법원의 판단이 때로는 장애인 원고들을 향해, 때로는 피고들을 향해 흔들리는 추와 같이 작동한다고 묘사한다. 장애에 관한 법률의 미래를 무수한 의문 속에 남겨 둔 채로.[17]

---

17) 「미국장애인법」의 적용 범위를 축소하는 판결들에 대한 대응으로, 미국 의회는

요약

이 장에서 우리는 문명 이전, 고대, 중세 사회로부터 19세기와 20세기의 미국에 이르기까지, 장애를 가진 사람들이 어떠한 처우 속에서 살아왔는지를 살펴보았다. 역사적으로, 장애를 가진 사람들에 대한 태도는 몇몇 예외를 제외하면, 장애를 학대나 착취, 신체적 처벌 그리고 죽음에 종속시키는 신화들에 뒤덮여 있었다. 반면, 수 세기 동안의 진보는 더 선량한 접근방식을 드러내는데, 이는 장애인을 자비롭고 선한 의지의 대상으로, 자신의 집에서 인간적인 대우를 받으며 생활할 가치가 있는 존재로 위치시켰다. 그렇지만 이러한 진보는 우생학이나 프릭쇼, 집단적 보호시설에서의 장애인 학대와 같은 퇴보적인 실천으로 인해 약화되었다.

19세기까지, 전문 교사들이 적절한 교습 방식을 두고 충돌하기는 했으나, 장애를 가진 청년들도 교육이 가능하고 교육받을 가치를 가진 존

「미국장애인법」의 본래 취지를 분명히 하기 위해 2008년 「미국장애인법」 개정안을 통과시켰다. 장애(disability)는 일상생활의 주요한 부분에 대한 "실질적인 제한"을 일으키는 신체적 · 인지적 손상(impairment)으로 정의되었으나, 보조기구, 활동지원(auxiliary aids), 의료적 처치 및 의료 지원(시력 교정을 위한 안경 종류는 제외)과 같이 장애를 완화시키는 수단들은 장애가 해당 법에 적용되는지 여부를 판단하는 데 관련이 없음을 규정했다(Bagenstos 2009; Baker 2011).

더 최근에는, 호산나타보 복음주의 루터 교회 및 학교 대 고용기회평등위원회 (Hossnna -Tabor Evangelical Lutheran Church and. School v. Equal Employment Opportunity Commission 2011) 사례에서, 연방대법원은 기면증(narcolepsy)에 시달리던 루터교 학교의 교사가 해고를 당했어도, 전 고용주를 상대로 「미국장애인법」에 따른 차별을 이유로 하는 소를 제기할 자격은 없다고 판단했다. 교사였던 셰릴 페리시(Cheryl Perich)는 주로 세속 과목들을 가르쳤으나 하루에 45분가량은 종교에 대해서도 가르쳤다. 그녀는 교회에서 "형식상" 교사였지만 "목사"로 간주되었다. 그녀의 청구를 기각함으로써 연방대법원은 「미국장애인법」에 대하여 교회가 갖는 "목사직의 예외성"을 보호하고자 했다.

재라는 믿음에 기반하여 농인이나 시각장애인 학생을 위한 기숙형 특수학교가 설립되었다. 20세기가 되면, 신체장애를 가진 사람들이 재활 서비스를 받아야만 한다는 시각이 유력하게 떠올랐다. 이른바 "불구 아동들"을 위한 병원 특수학교의 증가는 좋은 의도에서 시도된 개혁의 산물이다. 상이군인들의 경우에도, 장애인을 위한 공적 기금 프로그램을 확장시키는 데 기여할 만큼, 같은 입장에 놓인 지지 세력이었다. 그리고 프랭클린 델러노 루스벨트는 웜스프링스의 수치료 센터를 후원하고, 장애를 가진 사람들에게 혜택을 주는 사회개혁을 지원하면서, 부침 속에서 전개되던 진보의 행진에 한 걸음을 보탰다.

이 장은 그 외에도 1990년 「미국장애인법」의 통과를 이끌어 낸 이해관계의 집합들과 정치적 기류에 초점을 맞췄다. 또한 「미국장애인법」의 해석과 적용에 영향을 미친 미국 연방대법원의 핵심적인 결정들도 살펴보았다. 몇몇은 장애를 가진 원고들의 편에 섰지만, 어떤 것은 그렇지 않았다. 장애법의 미래는 의문 속에 남겨져 있다.

4
가족과 아동기

:

자녀의 장애와 처음으로 대면하는 부모
규준을 향한 갈망
아동의 관점
가족 삶에 미치는 영향
특수교육의 딜레마
요 약

4
가족과 아동기

삶의 경로는 각 개인이 시간의 흐름에 따라 맡게 되는 연령별 사회적 역할과 사건에 의해 규정된다(Elder, Johnson, and Crosnoe 2004). 삶의 경로를 따라 장애라는 주제를 고찰할 때는 로라 마샥(Laura Marshak), 밀턴 셀리그먼(Milton Seligman), 프란 프레잔트(Fran Prezant)가 말했듯이 "개인이 속한 체계 중 가장 원초적이고 강력한 체계"(1999: 2)인 가족을 먼저 살펴보는 것이 적절할 것이다. 이 장에서는 부모와 가족 관계라는 맥락에서 아동기 장애의 의미를 생각해 보고, 특수교육 서비스와 관련된 논란을 고찰하고자 한다. 다음 장에서는 청소년기 및 성인기에 관련된 쟁점을 살펴볼 것이다.

이 문제를 논의하기 전에, 선천적으로 장애를 가지고 태어났거나 후천적으로 장애를 갖게 된 가족 구성원에 대해 여러 개인과 가족들이 보이는 반응 방식이 매우 다양하다는 점에 주목할 필요가 있다. 장애에 대한 반응은 장애의 특성뿐 아니라 가족의 재정 자원, 장애에 대해 이전에 가지고 있던 신념 등과 관련되어 있다. 사라 라이언(Sara Ryan)과 캐서린 런스윅-콜(Katherine Runswick-Cole)이 제안했듯이, 장애아 가족을

"(다른 가족과 전혀 다른) 하나의 분리된 현상"으로 보는 것은 지혜롭지 못한 시각이다. 가족이라는 것은 매우 가변적이어서 장애아동 가족들 간에 공유하는 특성이 장애아동과 비장애아동의 가족 간에 공유하는 특성과 크게 다를 바가 없기 때문이다(2008: 202). 따라서 아동기 장애와 관련된 가족의 경험을 일반화할 때는 매우 유의해야 한다.

우리는 또한 장애에 수반되는 신체적 · 감각적 · 인지적 손상이 매우 광범위하고, 그러한 손상의 정도 역시 경도(mild)에서 중도(severe)에 이르기까지 다양할 뿐 아니라 많은 아동들이 두 가지 이상의 장애를 가지고 있음을 명심해야 한다. 장애아동의 어머니에 대한 한 연구에서 게일 하이디 랜즈만(Gail Heidi Landsman 2009)은, 중복장애를 가졌거나 두 영역 이상에서 심각한 발달지체를 보이는 자녀를 둔 어머니가 전체 연구 참여자의 40% 이상임을 발견하였다. 이러한 현상은 이 연구에만 국한된 것이 아니다. 모든 아동의 약 10%는 생애 초기에 어떤 형태로든 장애나 만성질환을 가지고 있으며(Naseef 2001), 모든 가족 중 4%는 최소한 한 가지의 장애를 가진 5-15세의 아동과 함께 살고 있다(Wang 2005). 여기에 신생아 집중치료 기술의 발달과 적극적인 의료 개입 덕분에 뇌성마비(출산 전, 출산 중 또는 출산 직후의 뇌손상으로 유발되는 비퇴행성 장애)[1] 등 여러 취약 조건에 놓인 조산아들의 생존율이 높아지면서 장애 아동의 출현율은 꾸준히 증가하고 있다(Landsman 2009; Lorenz et al. 1998).[2]

---

1) 뇌성마비(cerebral palsy)는 일반적인 진단 용어지만, 뇌성마비의 손상 범위는 매우 다양하다. 뇌성마비를 가진 사람들 중에는 하체만 손상을 가진 사람, 상체만 손상을 가진 사람 또는 사지의 움직임이 모두 어려운 사람들이 있다. 어떤 사람들은 지적장애를 동시에 가지고 있으며, 어떤 사람들은 지적인 어려움이 없다. 어떤 사람들은 말을 할 수 있고, 어떤 사람들은 말을 하지 못한다(Berger and Feucht 2011).
2) 장애인의 20%가 19세 이전에 장애를 갖게 된 것으로 집계된 1986년과 달리,

이러한 상황이 가능해진 것은 의학 분야가 발전했을 뿐 아니라 장애 영아에 대한 사회적 태도가 변했기 때문임을 이해할 필요가 있다. 1980년 대 초에 널리 알려진 두 사례는 이러한 변화의 주요 전환점이라 할 수 있 다. 먼저 1982년에 인디애나 주에서 다운증후군과 식도 폐색을 갖고 태 어난 한 남아의 부모가 의사의 조언에 따라 식도 폐색에 대한 처치를 하 지 않기로 결정했다. 아기는 그로부터 6일 후 사망했다. 그다음 해에는 뉴욕주에서 이분척추증과 수두증을 갖고 태어난 한 여아의 부모가 의사 로부터 "수술을 하지 않으면 아기가 곧 죽게 됩니다."(Asch 2001; 303)[3] 라는 말을 듣고도 수술을 거부하였다. 그 여아는, 사망하지는 않았지 만 심각한 지체장애와 지적장애를 가지고 살아가게 되었다(New York Times 1992). 애드리엔 애쉬(Adrienne Asch)는 이러한 사례들에서 의 료적 개입을 보류하는 시점에 통용되는 논리를 다음과 같이 설명하였다.

육체적 고통, 손상 자체뿐 아니라 그 손상을 치료하는 과정에서 겪 을 수 있는 고통의 감소, 어떤 처치를 하든지에 관계없이 얼마 살지 못 할 뿐 아니라 고통스럽고 불행할 아동의 삶을 공학 기술로 유지하고 있다는 양심의 가책, 효과 없는 의료 절차를 견뎌 낸 후 자녀가 서서히 죽어 가는 것을 지켜봐야 하는 부모의 괴로움, 기대하고 바라던 건강 한 자녀 대신 평생 장애를 안고 살아가야 하는 자녀를 양육하는 부모

2004년에 실시된 전국 규모의 설문조사 결과 장애인의 30%가 19세 이전에 장애 를 갖게 된 것으로 나타났다(National Organization on Disability/Harris Poll 2004).

3) 이분척추증이란 척추(spinal column)가 불완전하게 닫혀 있는 상태를 말하 며 임신 첫 달에 발생한다. 수두증이란 두개강(cranial cavity)에 뇌척수액 (cerebrospinal fluid)이 과도하게 많은 것을 말한다. 다른 장애와 마찬가지로, 이분척추증이나 수두증으로 인한 신체적 또는 인지적 손상의 정도는 매우 다양 하다.

의 절망, 그러한 처치에 드는 수만 달러의 비용을 다른 곳에 더 잘 쓸 수 있다는 생각(2001: 303-304).

Baby Doe와 Baby Jane Doe로 알려진 앞의 두 사례는 장애 인권 단체의 격렬한 항의를 포함한 법적, 정치적 논란을 불러일으켰다. 장애 인권 단체들은 장애영아에게 도움이 될 수 있는 처치를 유보하는 것은 장애인의 삶을 무가치하게 여기는 의료 전문가들의 차별적 시각을 보여주는 예라고 주장했다. 실제로 그간의 연구들은 의료 전문가들이 장애인 본인에 비해 장애인 삶의 질을 유의하게 낮게 평가한다는 것을 보여주었다(Gerhart et al. 1994; Gill 2000; Longmore 2003; 8장 참조). 낙태 반대론자들의 지지에 힘입어 로널드 레이건 정부는 「**Baby Doe 법**」(Baby Doe Amendments)이라고 알려진 「**아동학대 예방 및 치료법 개정안**」(Child Abuse Amendments)을 1984년에 통과시켰는데, 이 법은 "의료적 처치를 하더라도 사망 가능성이 큰 경우가 아닌 한 모든 신생아에게"(Asch 2003: 304) 의료적 처치를 하도록 요구하였다. 그러나 1986년 미국 대법원은, 연방 정부가 부모의 결정을 무효화할 권리나 심각한 결함을 가지고 태어난 영아에 대해 의료적 처치를 요구할 권리가 없다는 이유로 이 법을 위헌이라고 판결하였다(New York Times 1992). 그럼에도 불구하고, 이 쟁점에 집중되었던 관심은 사회의 태도에 큰 영향을 주었다. 이런 성격의 판례들 대부분은 다운증후군이나 이분척추증과 같이 명백하게 판별 가능한 장애를 가진 신생아에 대한 것은 아니었지만(판례들 대부분은 성공적으로 처치를 하면 생명은 구할 수 있지만 장애를 갖게 될 수 있는 조산아와 저체중아에 대한 것이었음), 오늘날 미국의 신생아들은 모든 "의료적 처치"의 수혜자인 셈이다(Asch 2001: 305).

자녀의 장애와 처음으로 대면하는 부모

　　우리는 먼저 예비 부모들이 자녀의 장애 가능성을 어떤 방식으로 알게 되는지 살펴보려 한다. 최근에는 임산부들이 태아가 "정상"인지를 알기 위해 산전 검사(산모혈청태아단백 검사라고 알려진 혈액 검사와 초음파가 가장 일반적임)를 받는 것이 일반적이기 때문에, 아기가 태어나기 전에 장애 여부를 알게 되기도 한다(Landsman 2009). 문제가 발견될 경우, 그 정보가 임신을 유지할지의 여부를 결정하는 데 사용되리라는 것은 쉽게 짐작할 수 있다. 산전 검사는 또한 부모가 "산모로 인해 태아에게 문제가 생길 위험을 없애기 위해 할 수 있는 모든 것을 했다고 자신과 타인에게 장담"(Marshak, Seligman, and Prezant 1999: 44; Brown & Press 1995)하게 해 주는 수단이기도 하다.

　　젊은 산모들에 비해 다운증후군 자녀를 출산할 가능성이 높다고 알려진 30대 중반 이상의 여성들은 태아가 다운증후군의 특징인 염색체 이상을 가지고 있는지 알아보기 위해 양수 검사를 하는 것이 일반적이다(Box 4.1 참조). 다운증후군은 800건의 정상 출산(역자주: 사산을 제외한다는 의미) 중 1건의 비율로 발생하는데, 다운증후군 아기의 4분의 3이 35세 이하의 산모에게서 태어나긴 하지만(대부분의 아기는 젊은 산모에게서 태어나기 때문에), 비율로 볼 때는 젊은 산모에 비해 나이가 많은 산모에게 다운증후군 아기가 태어날 가능성이 높다(Zuckoff 2002).

　　2장에서 언급했듯이 다운증후군 아기가 태어날 것을 알게 된 산모의 약 90% 정도가 낙태를 선택하며(Zuckoff 2002), 장애아를 낳은 다수의 산모들이 장애아인지 미리 알았다면 낙태를 했을 거라고 말한다(Landsman 2009). 랜즈만에 의하면, 장애아 출산을 예방하려는 선택적 낙태의 적용에 대한 장애인권운동가들의 염려에도 불구하고(2장, 8장 참

추가 탐구

Box 4.1 다운증후군

다운증후군의 발견은 영국 의사 존 랭던 다운(John Langdon Down 1828-1896)의 업적이다. 다운은 얼스우드(Earlswood) 지적장애인 수용시설의 의료 책임자로 일하는 동안, 지적장애인(그 당시에는 이 용어가 사용되지 않음)의 분류에 관심을 갖게 되었다(1장의 각주 10 참조). 그 시기는 19세기 중반으로, 전문가들은 지적장애를 *idiocy*(가장 심한 지적장애), *imbecility*(중간 정도의 지적장애), *feeble-mindedness*(가장 경한 지적장애)의 세 가지 유형으로 분류하였다. 다운은 이러한 분류가 너무 단순화된 것이며, 자신이 맡고 있는 여러 환자들의 다양성을 적절하게 설명하지 못한다고 생각했다(Wright 2004; Zuckoff 2002).

다운은 자신이 돌보고 있는 환자 중 idiocy와 imbecility에 해당하는 사람들을 에티오피아인 유형, 말레이인 유형, 몽골리아인 유형으로 분류한 후 이 각각의 다양한 신체적 특징을 묘사하였다. 이 중 몽골리아인 유형이 현재 다운증후군으로 알려진 사람들의 특징에 대한 최초의 임상적 기술이다. "얼굴이 납작하고 넓으며 안면의 굴곡이 없다. …… 혀가 길고 두꺼우며 울퉁불퉁하다. 코는 작다. 피부는 약간 칙칙한 노란 빛을 띠고, 탄력이 부족하며, 몸에 비해 머리가 커 보인다."(Zuckoff 2002: 33)

1930년대에 들어와 과학자들은 다운증후군이 염색체 이상과 관계된 것이 아닐까 하는 의심을 갖기 시작했으며, 이 가설은 1959년에 명백히 증명되었다. 일반적으로 한 인간은 부모로부터 동일한 수의 염색체를 물려받아 23쌍의 염색체, 즉 46개의 염색체로 이루어진 유전자 구성을 가지고 있다. 다운증후군을 가진 사람은 47번째 염색체를 하나 더 가지고 있는데, 대부분의 경우 어머니로부터 물려받은 것이다. 수정된 난자 세포가 복제될 때, 문제의 염색체도 자기복제를 하게 된다. 이러한 사례의 90% 이상은 유

Box 4.1 다운증후군 (계속)

산으로 이어진다. 나머지10%의 아기가 다운증후군을 가지고 태어나는 것이다. 과학자들은 여전히 여분의 염색체가 이러한 장애를 야기하는 이유에 대해 확실한 결론을 내리지 못하고 있다.

　　다운증후군을 가진 사람들은 지적장애라는 특징을 갖게 되는데, 장애의 정도는 사람마다 상당히 다양하다. 비장애인의 지능지수 평균을 100이라 할 때, 다운증후군을 가진 사람들 대부분은 40-70 정도의 지능지수를 보인다. 소수의 사람들만이 40-70 범위보다 낮거나 높은 지능을 보인다. 다운증후군 아동의 40% 정도는 심장의 문제도 가지고 있으며, 거의 모든 다운증후군 아동은 이완 관절(loose joints)과 근긴장 저하(low muscle tone)를 보인다. 갑상선과 소화기관 장애, 백혈병, 알츠하이머 유사 증상도 일반인보다 자주 발생한다. 1960년대까지도 다운증후군을 가진 사람들의 평균 수명은 2세였다. 오늘날에는 다운증후군을 가진 백인의 평균 수명이 50세에 이른다. 그러나 아프리카계 미국인의 평균 수명은 25세에 불과하다. 이러한 인종 간 차이는 "사회경제적 지위, 교육, 지역사회의 지원, 심각한 합병증에 대한 의료적 처치 또는 수술"에서의 차이 탓이라 할 수 있다 (Zuckoff 2002: 36).

조), "더 넓은 사회는 선천적 기형의 예방이라는 윤리적으로 덜 모호한 가치에 따라 그 절차(역자주: 낙태를 말함)를 승인한 것이다. …… 대부분의 산모들은 완벽하게 '정상적'인 아이를 갖는 것이 가능하다고 가정하게 되었으며, '장애는 사회적으로 무가치한 출산의 결과라는 문화적으로 주입된 가정'을 내면화하게 되었다."(2009: 3, 41, 44)

　　대부분의 경우, 부모들은 자녀가 태어나기 전까지는 뭔가 잘못되었다는 것을 발견하지 못한다. 아기가 태어났을 때, 의료진이 확실한 설명을 해 주기 전인데도 뭔가가 잘못되었음을 부모가 감지할 때도 있으며, 의료진 역시 본의 아니게 단서를 제공하기도 한다(Marshak, Seligman, and Prezant 1999). 한 어머니는 다음과 같이 회상한다. "지금도 기억해요. 아기가 태어났을 때 의사가 아무 말도 하지 않았어요. 잠시 후 그는 '아들입니다.'라고 망설이는 어투로 얘기했어요. 나는 곧 물었죠. '아기는 다 괜찮은 거죠?' 의사가 말했어요. '손가락 10개, 발가락 10개는 맞아요.' 마음속 한 구석에 뭔가 잘못되었다는 생각이 들었어요."(Darling 1979: 129)

베티 아델슨(Betty Adelson 2005)의 왜소증 연구는 산모들의 출산 직후 경험에 대한 기록을 제공한다. 다음은 그중 한 예다.

그 산모는 꼬박 12시간을 기다려서야 겨우 자신이 낳은 아들을 볼 수 있었다. 하루 종일, 간호사들은 그녀를 피했고 심지어 환자용 변기조차 체크해 주지 않았다. 무엇이 잘못되었는지 정확히 알고 싶다는 그녀의 요구에 대해 "가서 알아볼게요."라고 말한 간호사는 다시 돌아오지 않았다. 산모의 남편이 그날 밤 당직 의사에게 전화를 한 후에야 비로소 소아과 의사가 나타났다(p. 159).

또 다른 산모는 자신의 느낌을 다음과 같이 묘사하였다.

산부인과 의사가 먼저 왔는데 어쩔 줄 몰라 하면서 몇 마디만 남기고 갔어요. "아기는 키가 좀 작을 거예요. 하지만 괜찮을 겁니다." 우리 딸이 왜소증이라는 말은 하지 않았어요. 조금 후 소아과 의사가 왔어요. 그는 지금까지 한 번도 왜소증 아동을 본 적이 없다고 했어요. 그는 매우 무뚝뚝하고 사무적이었어요. 그는 "따님은 왜소증입니다. 연골무형성증(achondroplasia)이라는 유전적 질환이지요. 4피트(역

자주: 약 122cm) 이상 자라지 않을 것이고, 이러이러한 여러 문제가 있을 거예요. 그러나 아마 큰 문제는 없을 겁니다." 그는 마지못해 숙제를 하는 사람 같았죠. 다음 날 아침 그는 의대 교재로 보이는 의학책 한 권을 가지고 왔어요. 어느 한 페이지를 펼쳐서 보여 주며 "이것이 따님의 미래 모습입니다."라고 말했어요. 거기에는 얼굴과 눈을 모자이크 처리한 나체의 왜소증 여성 사진이 있었죠. 사진 속 그녀의 물갈퀴 같은 손가락과 굽은 등이 눈에 띄었어요. 솔직히 그 사진은 보는 것만으로도 충격이었어요(p. 159).

한때 의료진은 부모에게 아기의 장애에 대해 고지하는 것을 유보하였는데, 이는 의료진도 아기가 어떻게 될지 확신할 수 없었고 더 많은 정보를 알게 될 때까지 신중함을 유지하는 것이 현명했기 때문이다. 또한, 다운증후군과 달리, 뇌성마비(cerebral palsy), 근이영양증(muscular dystrophy), 자폐증(autism)과 같은 장애들은 출산과 동시에 판별하는 일이 매우 드물었다(Hedderly, Baird, and McConachie 2003; Landsman 2009). 학습장애의 경우, 아동이 초등학교에 입학할 때까지 그 특성이 나타나지 않을 수도 있다. 일부 학습장애는 높은 수준의 읽기, 쓰기, 수학 기술이 요구되는 고학년에 이르러서야 드러나기 때문에 초등학교 입학 후에도 장애를 발견하고 진단하는 데 상당한 시간이 걸리기도 한다(Kirk 2002; Marshak, Seligman, and Prezant 1999). 콜린 옹-딘(Colin Ong-Dean 2006)은 장애아 부모와의 면담에 기반을 둔 연구에서 장애 진단 연령의 중앙값(median)은 5세 정도인 데 반해, 학습장애 진단 연령의 중앙값은 7.5세임을 발견하였다.

아페르(Apert) 증후군이라 불리는 유전성 질환을 가지고 태어난 나다니엘 맥더모트(Nathaniel McDermott)의 경우, 출산 직후 장애 상태가 명백했다(McDermott 2000). 1906년 프랑스 내과의사인 유진 아페르

(Eugene Apert)에 의해 처음 발견된 이 증후군은 두개골 내 본 플레이트 (bone plate)의 융합증과 손발의 합지증(역자주: 손가락이나 발가락이 붙어 있는 상태)을 포함하는 두개골과 손발의 기형을 특징으로 한다. 나다니엘의 어머니인 지니(Jeanne)는 아들이 신체적으로 다르게 태어났음을 발견한 후 자신이 보인 첫 반응을 다음과 같이 묘사한다.

> 의사는 1분 전에 태어난 아기를 내 팔에 조심스럽게 놓아 주었고, 남편은 우리 둘을 꼭 껴안아 주었어요. 큰 충격 때문인지 내가 아기의 손을 만지는 순간 사방이 너무나 고요해졌어요. 아기의 손은 마치 통장갑(mittens) 같았어요! 작은 엄지는 분리되어 있었지만, 분홍빛 피부가 나머지 손가락들을 한꺼번에 둘러싸서 작은 분홍 컵을 이루고 있었죠.
> 불현듯 '이건 별일 아니야.'라는 생각이 스치고 지나갔어요. 남편은 아기 눈 주변의 움푹 파인 곳이 마치 꽉 끼는 모자의 밴드가 자국을 남긴 것 같다고 느끼며 길게 튀어나온 아기의 머리를 부드럽게 토닥였지요. …… 나는 한숨을 쉬며 "내가 상상했던 그 아기가 아니야."라고 말했어요(pp. 8, 18).

랜즈만은 "아기의 탄생에 축하를 보내는 일반적인 반응과 대조적이게도, 장애아를 출산한 산모의 주변인들은 축하해 줄 아기가 존재하지 않는 것처럼 산모를 대하는 경우가 많다."(2009: 57)라고 말했다. 한 엄마는 이렇게 말했다. "사람들이 찾아왔고, 나는 누군가가 축하한다고 말해 주기를 간절히 바랐던 것이 기억나네요. 하지만 나는 방에 혼자 남겨졌어요. 꽃을 보낸 사람들도 있었지만, 아무도 뭐라 말해야 할지, 무엇을 해야 할지 몰랐어요. 그 상황이 너무 비극적이었기 때문에 내 기분은 정말 끔찍했어요."(p. 49) 또 다른 어머니는 "딸이 태어나고 사람들이 뭔가가 잘못되었다는 것을 알게 된 후, 모든 축하는 사라져 버렸어요. 아무런 축하도 받지 못했지요. 마치 출산한 적이 없는 것처럼 되어 버렸어요."
(p. 57)라고 회상했다. 또 다른 어머니는 "아무도 아기의 사진을 보고 싶
어 하지 않았어요. …… 아무도 감탄하고 기뻐해 주지 않았어요."(p. 59)
라고 말했다.

　　에밀리 라프(Emily Rapp 2007)의 전기에는, 그녀의 어머니가 에밀
리를 병원에서 출산한 후에 간호사가 보인 반응을 회상하는 대목이 있
다. 에밀리는 선천적인 골 조직 장애의 결과로 한쪽 다리가 다른 쪽에 비
해 눈에 띄게 짧은 채로 태어났는데, 이 장애로 인해 결국에는 왼쪽 다리
를 무릎 바로 윗부분까지 절단해야 했다. "간호사는 내 어머니가 머지않
아 익숙해질 바로 그 표정으로 어머니를 쳐다보았다고 한다. 후에 나 역
시 그 표정이 무엇인지 잘 알게 되었다. 동정과 슬픔에 친절이 섞인 그
표정…… 간호사는 '하느님이 어떻게 인도하실지 우리는 잘 모르지요.
우리는 그분의 계획을 알 수 없어요.'라고 어머니에게 말했다."(p. 11)

　　많은 어머니들은 "주변인들(낯선 사람이든 친구든 친척이든 간에)이
종종 장애아동의 가치에 대해 공공연하게 의문을 제기할 뿐 아니라 이
러한 저가치화를 확장하여 장애아를 돌보느라 시간과 에너지를 소모하
는 것이 과연 현명한 일인가를 질문한다."고 토로한다(Landsman 2009:
75). 랜즈만이 면담한 어머니 중 한 명은 이런 말도 들었다고 한다. "이제
당신이 결정해야 할 때입니다. 라이언(Ryan)을 키우며 당신의 인생 전체
를 침몰시킬지, 아니면 많은 아이들을 기르며 정상적인 가족환경을 만들
어 갈지."(p. 75)

　　자녀가 장애를 가졌다는 것을 처음 알게 된 많은 어머니들은 스스로
를 비난하는 반응을 보인다. 종교적 성향이 강한 여성들은 신의 징벌이
라고 생각하기도 한다. 라프의 어머니는 "오, 주님, 제 탓입니다."라고 거
듭하여 외치곤 했다. 라프의 어머니는 "아버지의 죄로 인해(어머니의 죄
로도 추론 가능한) 아들(그녀의 경우 딸)이 벌을 받는다."는 성경 구절을

기억해 냈다(Rapp 2007: 10; Darling 1979; Marshak, Seligman, and Prezant 1999). 반면, 다른 여성들은 그녀들이 어떤 면에서 매우 특별하기 때문에 신이 그녀들을 장애아의 어머니로 부르셨다는 이야기를 듣게 되는데, 어떤 어머니들은 이 말을 고맙게 여기고 어떤 어머니들은 이 말에 화를 낸다. 한 어머니는 랜즈만에게 이렇게 말했다. "사촌언니와 이야기를 하는 중에 언니가 이렇게 말했어요. '메리(Mary)야, 특별한 사람들만이 특별한 아이를 갖는 축복을 누리는데, 그것을 감당하는 사람도 있고 감당하지 못하는 사람도 있어. 네가 감당할 수 있을 것을 아시고 하느님이 너를 택하신 거라는 믿음이 내게 있어.' 나의 친척이 그렇게 말하는 것을 듣고 내 마음이 행복해졌어요."(2009: 78)

또 다른 어머니는 이런 말을 들었다. "하느님은 아이를 돌볼 충분한 사랑이 없는 부모에게는 절대 아이를 주시지 않고, 아픈 아이를 돌볼 수 없는 부모에게는 아픈 아이를 주시지 않아요. 문제를 가진 아기들에게는 이들을 위하고 사랑하고 도울 특별한 부모가 필요하지요."(p. 81) 반면, 어떤 어머니들은 이런 말을 달가워하지 않는다.

그건 정말 엉터리 같은 말이죠. 그들은 제가 인내심 또는 이러저러한 덕목이 있어서라고 말해요. 저는 아무 선택권이 없어요. 그게 다죠. 아기를 포기하거나(즉, 시설로 보내거나) 또는 직접 키우는 것, 둘 중 하나를 택해야 하고 중간은 없어요. 나는 직접 키우기로 했어요(p. 79).

그런 얘기를 많이 들었어요. 나는 우리가 다른 부모와 뭔가 다른 특별한 부모라고 생각하지 않아요. 그저 주어진 상황을 감당할 뿐이죠. 아시다시피, 감당하지 않으면 무너지니까요(p. 80).

이런 일은 특별한 사람들에게만 주어진다고 사람들이 말할 때 저는

화가 나요. 물론 장애 자녀의 존재는 저를 변화시키지요. 하지만 우리
는 특별한 부모가 아니고 그냥 이런 일을 겪게 된 보통 사람일 뿐이에
요. 우리는 최선을 다하고 있고 결국에는 특별한 부모가 될지도 몰라
요. 그러나 지금은 그저 우리에게 주어진 상황에서 최선을 다하려고
애쓰는 평범한 사람에 불과해요(p. 82).

　"자녀의 장애에 대한 부모의 적응은 그 자녀가 계획되고 바라던 자
녀였는지의 여부와 관련이 있다."(Marshak, Sligman, and Prezant
1999: 55)는 것이 연구를 통해 밝혀졌다. 자녀를 기다렸던 부모들은 그렇
지 않은 부모들과는 달리, 자녀가 장애를 가지고 태어났을 때 불공평함
을 더 많이 느끼는 것 같다(Siegal 1996). 또한 젊은 부부일수록 나이 든
부부에 비해 새로운 상황에 잘 적응하는데, 이는 "생활방식의 우선순위
가 아직 고착되지 않았고 앞으로 아이를 더 낳을 수 있으며 신체적 에너
지가 더 많기 때문이다."(Marshak, Sligman, and Prezant 1999: 55) 그
러나 심각한 장애를 가진 아기를 출산한 어머니들은 경도 장애나 비장
애 자녀를 출산한 어머니에 비해 출산 후 불임수술을 받을 가능성이 큰
데, 이는 다른 자녀(장애아든 비장애아든)를 돌볼 시간과 자원이 부족하
거나 또 장애아를 낳으면 어쩌나 하는 걱정 때문이다(Park, Hogan, and
Goldscheider 2003).
　랜즈만의 연구에 참여한 어머니들은, 좋은 의료적 처치를 받고 출
산 전과 출산 중에 책임 있게 행동하면 불행한 출산을 예방할 수 있을 줄
알았는데 그렇게 되는 건 아니라는 것을 느꼈으며, 동시에 건강한 아기
는 자신들의 바른 선택(역자주: 건강한 아기를 위한 어머니들의 노력)에
대해 당연히 주어져야 했던 정당한 결과이자 권리라고 생각하고 있었다
(2009: 37). 한 어머니는 이렇게 말했다. "나는 이런 일이 일어날 거라고
는 생각해 본 적이 없어요. 왜 나죠? 왜 내 아이죠? 나는 담배를 피운 적

도, 술을 마신 적도 없어요. 나는 잘못한 일이 없어요. 임신 4주부터 정기 검진을 했어요. 이런 일은 일어날 수가 없다고요!"(p. 30) 다른 어머니는 다음과 같이 말했다.

열심히 노력하고, 잘 먹고, 열심히 운동하고, 건강한 아기를 낳기 위해 할 수 있는 모든 일을 했다는 생각이 당신을 괴롭히죠. 세상에는 즉석요리를 먹고 담배를 피우며 마약을 하는 부모에게 태어난 수백 명의 아이들이 있어요. 이 아기들은 장애를 갖고 태어나지 않은 것 같아요. 열심히 노력했는데 이렇게 문제를 가진 아이를 낳게 된 것에 대해 분노가 솟구치죠(pp. 30-31).

한편, 다른 여성들은 "출산이나 그 이후의 건강관리"를 제대로 해주지 못했다는 이유로 의료진을 비난하는데, 이 여성들은 의료진을 "건강한 태아 발달을 위해 그간 해 온 모든 노력을 무너뜨린"(pp. 39-40) 사람들로 묘사한다.

일반적으로, 아버지들은 자녀가 장애를 가졌다는 소식을 접했을 때 어머니들보다 좀 더 자신을 억누르고 덜 감정적인데, 이는 전통적인 성역할의 사회화에 따른 반응이다. 아버지들은 남자란 모름지기 무엇이든 잘 "고쳐야" 한다고 생각하는 경향이 있는데, 이 상황에서는 어떻게 할 수가 없기 때문에 스스로 무능하다고 느낄 수 있다. 어머니들은 자녀 양육의 책임을 감당할 수 있을지에 대해 더 많이 염려하는 반면, 아버지들은 자녀(특히 아들)가 장차 사회적으로 적절한 행동을 하고 스포츠에 참여하며 직업적 성공을 누릴 수 있을지에 대해 더 많이 걱정한다(Lamb and Meyer 1991; Marshak, Seligman and Prezant 1999; Meyer 1995; Naseef 2001).

부모들은 죄책감(guilt), 부인(denial), 분노(anger) 그리고 슬픔

(grief)을 포함한 일련의 감정을 경험하는데 이 중 마지막에 나오는 슬픔은 "가족 중 누군가와 사별했을 때와 유사한 애도기"(Marshak, Seligman, and Prezant 1999: 32; Meyer 1995; Naseef 2001)를 거치는 것이다. 아기를 기다리는 대부분의 부모는 자녀에 대한 많은 희망과 꿈을 가지고 있지만, 장애아의 부모는 이 중 일부를 포기해야 한다. 그러나 오랜 기간 부모가 경험하는 슬픔은 "지속적이라기보다는 간헐적일" 가능성이 크며, "슬픔의 정도"는 개별 부모의 대처 방식, 자녀의 발달 지표 성취 여부, 변화하는 삶의 경험에 따라 다를 수 있다(Marshak, Seligman, and Prezant 1999: 48; Graungaard, Andersen, and Skov 2011; Ytterhus, Wendelborg, and Lundeby 2008).

규준을 향한 갈망

현대 사회에서 부모, 교사 및 의사가 아동에 대해 갖고 있는 인식과 아동의 성취에 대한 이들의 기대에는 의료적 모델이 작용하고 있다. 의료적 모델에서는 장애를 규준(norm)에서 벗어난 손상(impairments)이라는 개별 아동의 속성으로 규정하며 이를 진단과 치료의 대상으로 본다(2장 참조). 레너드 데이비스(Lennard Davis 1995)는 "평균"이나 "규준"이라는 개념의 출현을 19세기 중반까지 거슬러 올라가며 고찰하였는데, 그는 이 개념들을 "이상적인 것"(ideal)과 비교하였다. 데이비드는 비너스의 나체를 예로 들면서 역사적으로 이상적인 몸이라는 것은 상상으로만 가능한 형태로서 신과 관계가 있으며 실제 세상에서는 볼 수 없는 것이라고 주장하였다. 랜즈만이 설명한 것처럼, "이상적인 몸의 개념을 가진 문화에서는 어떤 사람의 몸도 이상적인 몸에 미치지 못한다. 또한 이상적인 몸과 똑같아져야 한다는 요구도 없을 것이다."(2009: 71)

데이비스는 '평균적 인간'이라는 개념이 "한 국가 안에 존재하는 모든 인간적 속성의 평균"으로 공식화된 것은 프랑스의 통계학자 아돌프 케틀레(Adolph Quetelet 1796−1874)에서 비롯되었다고 말하는데, 역설적으로 이 개념은 "일종의 이상적 상태이자 간절히 되고자 하는 상태"(1995: 26-27)가 되어 버렸다. 오늘날에는 아동이 신체, 인지, 사회 영역의 발달규준에서 얼마나 벗어나 있는지 측정하는, 즉 아동이 발달지표를 어느 정도까지 성취했는지를 평가하는 소아과 검진과 표준화된 검사를 통해 이 상태를 확인한다. 예를 들어, 영유아는 특정 시기에 이르면 "뒤집기, 기기, 걷기, 말하기를 할 것이라는 기대를 받는다."(Leiter 2007: 1631)

의사들은 모든 아동이 자기 나름의 속도로 발달한다는 것을 알기 때문에 성급한 결론을 내리거나 실수를 하지 않으려고 아동이 다소 늦은 발달을 보이더라도 "좀 더 기다리며 지켜보자."는 입장을 취한다(Naseef 2001). 예를 들면, 어떤 부모는 발달지체(developmental delay)가 지적 장애의 전조가 아니기를 바라는 마음으로 장애 진단을 거부하겠지만, 또 다른 부모들은 가능한 한 빨리 진단을 받고 필요한 서비스의 수혜자가 되어 재활 치료를 시작하고 싶어 할 수 있다(Hogan 2012; Landsman 2009; Leiter 2007; Naseef 2001). 한 어머니는 이렇게 말했다. "의사들은 문제가 매우 명확해질 때까지는 말을 안 해 주는 경향이 있는 것 같아요. 그러나 결국에는 '맞아요. 뇌성마비입니다.'라고 말하죠. 나는 뭔가가 잘못 되었다면 차라리 빨리 아는 게 나을 것 같아요."(Garth and Aroni 2003: 569) 또한 부모의 불안은 "의사가 자신이 염려하고 의심하는 바를 일상적인 용어 대신 전문용어를 쓰며 설명할 때 가중된다."(Naseef 2001: 227) 어떤 부모들은 "의사 쇼핑"을 하기도 하는데, 의사 쇼핑은 부모들을 잘못된 치료법으로 인도하기도 한다. 그러나 명확한 진단을 내리고 최선의 치료를 제시할 수 있는 전문가를 만나기 위해 의사

쇼핑이 필요할 때도 있다(Marshak, Seligman, and Prezant 1999: 49). 옹-딘(Ong-Dean 2009)의 연구에 참여한 거의 모든 부모들은 자녀의 상태를 이해하기 위해 일정 정도의 "초보자 훈련"을 스스로 했다고 말했다(Lupton 1997 참조). 이 부모들 중 반 정도는 특정 장애 관련 단체가 주관하는 둘 이상의 모임에 참여했을 뿐 아니라 20편 이상의 기사와 두 권 이상의 책을 읽었다고 한다.

　　많은 발달문제가 복합적이기 때문에 다학문적 전문가 팀에 의한 평가가 필요하지만, 충분한 의료보험을 갖지 못한 가족들은 이러한 의료적 자원에 접근하기 어렵다. 또한 부모들은 "우리 딸이 언제쯤 걷게 될까요?" "우리 아들이 다른 아이들을 따라잡을 정도로 공부할 수 있을까요?" "크면 나아지는 건가요?"와 같이 의사들이 할 수 없는 예측을 해 달라고 요구한다(Landsman 2009: 64). 반면, 많은 부모들은 과도하게 부정적인 예측을 들었지만 결국 그 예측대로 되지는 않았다고 보고했다(Hogan 2012; Naseef 2001).

　　1975년 미국 국회는 「**전장애아교육법**」(Education for All Handi-capped Children Act)을 통과시켰다. 1990년 이 법이 개정되면서 법의 이름도 「**장애인교육법**」(Individuals with Disabilities Education Act)으로 변경되었는데, 이 법은 장애아동에 대한 무상의 공교육, 적절한 편의 제공, 특수교육 서비스를 보장하고 있다(Fleischer and Zames 2001; Marshak, Seligman, and Prezant 1999). 「전장애아교육법」의 1986년 개정에서는 **조기개입 프로그램**(Early Intervention Program)이 도입되어 발달장애를 가진 것으로 판명된 3세 이하의 아동에게 서비스를 제공하게 되었다. 현재, 아동이 "(i) 적절한 진단 도구와 절차로 검사를 실시한 결과, 인지발달, 신체발달, 의사소통발달, 적응행동발달 중 하나 이상에서 지체를 보이거나 (ii) 발달지체가 초래될 가능성이 큰 신체적 또는 지적 상태라고 진단받은" 경우, 조기개입 프로그램을 제공받을 수 있다

추가 탐구

Box 4.2 자폐증의 출현율은 증가하고 있는가?

1장에서 우리는 1990년대에 이르러서야 자폐증이 여러 상태의 스펙트럼으로 이루어져 있다는 생각이 보편화되었음을 언급하였다. 그 이후 자폐증 사례의 보고가 계속 늘어나고 있는데, 그 이유는 명확하지 않다(King and Bearman 2011). 자폐증은 유전적 요소와 관련되어 있어 보이나 환경적 문제도 영향을 미친다. 2000년대에는 한 자폐아 부모 단체가 아동기의 예방접종 백신에 포함된 수은 성분이 자폐증을 야기한다고 주장했는데, 이 주장의 배경이 된 연구는 조작까지는 아니더라도 믿을 만한 근거를 갖고 있지 못하다는 것이 그 얼마 후에 밝혀졌다(Langan 2011; Offit 2008). 이 단체는 "여배우이자 임신과 출산에 관한 유명한 책을 쓴 저자"인 제니 맥카시(Jenny McCarthy)의 노력으로 많은 관심을 받았다. 그녀는 2007년에 『Louder Than Words: A Mother's Journey into Healing Autism』이라는 책을 출간하기도 했다(Langan 2011: 198).

자폐증 출현율의 증가는 의료 전문가들이 아동의 증상을 자폐증으로 진단하는 경향이 높아진 것과도 관련이 있는데, 일부 학자들은 이 현상을 **진단 대체 효과**(diagnostic substitution effect)라고 부른다(Bishop et al. 2008; Coo et al. 2008; King and Bearman 2009, 2011; Shattuck 2006). 자폐증 출현율의 증가는 "지적장애 및 기타 발달장애의 출현율 감소와 시기를 같이하고 있음"(King and Bearman 2011: 324)이 여러 연구에서 밝혀졌다. 예를 들면, 마리사 킹(Marissa King)과 피터 비어먼(Peter Bearman)(2009)이 캘리포니아 주의 상황을 연구한 결과, 자폐로 판별된 사례의 4분의 1 정도가 진단 대체 효과로 인한 것이었다. 여러 연구들은 자폐 진단의 증가가 "선별을 위한 자원, 서비스의 이용 가능성, 교육비 수준, 학교 기반 건강 센터의 수, 지역사회 내 소아과 의사의 수 등을 포함하

Box 4.2 자폐증의 출현율은 증가하고 있는가? (계속)

는 지역사회 자원"과 관련되어 있음을 발견했다(King and Bearman 2011: 324; Barbaresi et al. 2005; Mandell and Palmer 2005; Palmer et al. 2005).

(Leiter 2007: 1634에서 인용).

어떤 부모들은 자신의 아이가 도움이 필요하다는 것을 직관적으로 깨닫고 유아기 서비스를 받을 수 있는 자격을 갖고 싶어 하는 반면, 다른 부모들은 자녀가 발달지체나 장애라는 표찰(label)을 갖게 되는 것을 주저한다(Leiter 2008; Ryan and Runswick-Cole 2008). 자녀가 자라서 공립학교에 다니기 시작하면 표찰을 갖지 않은 아이들이 가진 문제가 교사와 다른 교직원들에 의해 드러나게 된다. 이 시점에서 부모는 자녀가 특수교육 서비스에 의해 더 좋아질 수 있을지 또는 그렇지 않을지에 대한 복잡한 감정을 갖게 된다. 부모들은 자녀에게 도움이 필요하다고 생각하면서도 혹시나 표찰 때문에 교사의 기대가 낮아지는 것은 아닌지, 자녀가 학교 친구들의 놀림을 받게 되는 것은 아닌지 걱정한다(Connor and Ferri 2007; Marshak, Seligman, and Prezant 1999). 반면, 지적으로는 우수하지만 다양한 학습장애나 주의력 결핍 및 과잉행동 문제를 가진 자녀를 둔 부모는 학교가 자신의 자녀에게 특수교육 서비스를 권하려 하지 않음을 발견한다. 한 어머니는 다음과 같이 말했다.

유아원의 모든 선생님들은 우리 딸이 심각한 문제를 가진 아이라기보다는 "자유로운 영혼"을 가진 아이라고 말했어요. 단 한 명의 교육실습생만이 초등학교에 들어가면 어려움이 있을 것 같다고 말했지요.

······ 우리는 너무 일찍 아이에 대한 부정적 기대를 주변에 심어 주지 말고 좀 더 기다리며 지켜보기로 했어요. 어떻게 보면 많은 교사들 중에 오직 1명만 문제를 눈치챈 정도였으니까요. 딸아이는 곧 적응할 것이고, 초등학교 입학 직전의 여름방학 동안 많이 좋아질 거라고 생각했지요. ······ 그러나 초등학교 1학년이 된 지 3개월 만에, 딸아이는 모든 것에서 뒤처지고, 과제에 집중을 하지 못하며, "교사의 말을 따르지 않습니다!"라는 메모가 학부모 전달사항 칸에 빨간 펜으로 적혀 있는 읽기 활동지를 가지고 집에 오곤 했지요. 우리는 딸아이가 학교 기반의 지원이 꼭 필요하다는 결론에 이르렀지만, 학교의 평가 전문가는 딸아이의 검사점수가 너무 높아서 서비스를 받을 정도의 문제를 가졌다고 보기가 어렵다고 말했어요(Marshak, Seligman, and Prezant 1999: 68).

다른 부모들은 자녀가 학교의 표준적 기대에 이르도록 준비시키기 위해 가정에서 자녀와 많은 노력을 했지만 여전히 자녀의 부족한 점이 너무 많다고 말했다. 한 부모는 다음과 같이 말했다.

아이에게 공을 던지고 받는 것을 여러 해 동안 가르치지요. 결국 아이가 제대로 그걸 해내고 부모는 황홀해합니다. 우리 아이가 집중해서 연습을 하면 새로운 걸 배울 수도 있고 발전하기도 하는구나 하는 기쁨과 만족의 순간이지요. 그러나 우리 아이가 공을 던지고 받는 단순한 과제를 능숙하게 하는 데 여러 해를 보내는 동안 우리 아이 또래의 다른 아이들은 야구, 농구, 축구 등등을 배웠으리라는 것을 불현듯 깨달으면서 그 기쁨이 식어 버려요(Marshak, Seligman, and Prezant 1999: 71).

아동의 관점

지금까지 우리는 아동기 장애에 대한 부모의 관점을 집중적으로 살펴보았다. 그러나 아동 스스로의 관점은 어떨까? 장애아동을 대상으로 장애에 대한 관점을 고찰한 연구는 드물기 때문에 여기서 우리는 성인이 자신의 어린 시절을 회상하여 말한 것에 의존할 수밖에 없다(Garth and Aroni 2003). 아동과의 면담을 실시한 소수의 연구 중 하나로, 클레어 코너스(Clare Connors)와 키르스텐 스토커(Kirsten Stalker 2007)의 연구에서는 7-15세 아이들에게 자신의 경험을 여러 측면에서 이야기하게 했다. 자신의 장애에 대한 정보를 주로 어디서 얻었는지 물었을 때, 아이들은 모두 부모라고 답했는데, 부모들의 설명 방식은 다음 셋 중 하나였다. "'너는 특별한 아이란다.' '장애는 우리 가족을 향한 하느님 계획의 일부란다.' 또는 '아기를 낳을 즈음에 사고나 병이 있었단다.'"(p. 24) 그러나 가족 내에서 장애에 대한 토론은 거의 없었고 많은 아이들이 장애에 대해 가족들이 전혀 이야기를 하지 않았다고 했다. 일부 가족은 그 주제를 회피하려는 경향이 있는 것 같았다.

코너스와 스토커는 또한 대부분의 아이들이 "여러 번의 입원, 수술, 정기적인 통원 예약"을 거치면서도 자신이 처한 상황에 대한 "실제적·실용적 태도"를 갖추었음을 발견했다. 어떤 아이도 자신의 상황을 "비극"으로 보지 않았으며, 어떤 아이들은 이를 "별일 아닌 것"이라고 말했다(2007: 24-25). 한편, 연구에 참여한 아이들은 다른 아이들의 무자비함을 경험한 것으로 나타났는데, 거의 반 정도의 아이들이 따돌림을 당하고 있었다. 한 소년은 거의 매일 학교에서 "놀림을 받는다."고 하였다(p. 28).

잦은 입원과 치료 과정 또한 아동기를 회고한 기록에 포함된 주요 주제다. 앞서 우리는 1974년에 선천적인 골 조직 장애를 가지고 태어났

추가 탐구

Box 4.3 학습장애

1960년대 초 처음으로 명확한 개념을 갖게 된 "학습장애"라는 용어는 "보고 들은 것을 해석하거나 정보를 뇌의 여러 부위에 연결하는 인간의 능력"(National Institute of Mental Heath, NIMH 1993: 4)에 영향을 미치는 다양한 상태에 대한 상위 범주로 사용되었다. 이러한 어려움은 소근육 기술(예를 들면, 오리기와 쓰기에 필요한 기술)과 대근육 기술(예를 들면, 협응이 잘 되는 움직임에 필요한 기술)뿐 아니라 읽기, 쓰기, 수학 영역의 능력을 손상시키는 "말하기, 쓰기, 협응(coordination), 자기통제, 집중에서의 특정 문제"로 나타날 수 있다(1993: 4). 주의력 결핍, 과잉행동, 자폐증에서 비롯된 학습 문제는 학습장애와 동시에 발생할 수는 있지만, 동일한 것은 아니다. 학습장애는 지적장애와도 같지 않다. 일부 학습장애는 가계를 따라 나타나는 경향이 있다는 점에서 유전적 요인과 관련된 것으로 보인다. 그러나 납과 같은 환경적 독성 물질이나 산모가 섭취한 술과 약물 같은 출생 전의 독성 물질 노출도 영향을 미친다(Engel and Munger 2003; Heward 2008; NIMH 1993). 현재 모든 공립학교 학생의 4.3%에 해당하는 학생, 즉 특수교육 서비스를 받는 학생의 절반에 가까운 학생들이 최소한 한 가지 유형의 학습장애를 가진 것으로 진단받았는데, 이로써 학습장애는 단일 장애 유형 중에서 미국 아동들에게 가장 많이 발생하는 장애가 되었다(Danforth 2009; Dillon 2007; National Center for Edcuation Statistics 2011).

고 이 장애로 인해 왼쪽 다리를 무릎 바로 윗부분까지 절단해야 했던 에밀리 라프를 소개했다. 입원과 치료 과정은 그녀가 4세가 되기 몇 달 전

한쪽 발에 대해 시작된 이래, 점진적으로 진행되었다. 8세가 될 때까지 그녀는 수십 번의 수술을 받았다.[4] 라프는 자신의 첫 수술에 대해 이렇게 회상한다.

> 나는 상황이 얼마나 심각한지 또는 어떤 위험이 있는지를 제대로 이해한 적이 없다. …… 그 나이에는 뭐든 변화될 수 있다고 느껴지고, 세상에 고치지 못할 것은 없다고 믿는 법이다. 내가 기억하는 것은 아침에 간호사들이 오기 전에 엄마가 보조침대에서 잠들어 있던 모습이다. 사람들은 나에게 친절했다. 내 옆방에 입원한 암에 걸린 아기는 머리숱이 적어 천사 같은 머리 모양을 하고 있었다. 나는 그 아기를 걱정해 주는 걸 좋아했다. 암은 내가 그 당시 가진 문제나 그 이후에 가지게 될 문제보다 훨씬 나쁜 것이다. 그때 나는 암에 걸리면 죽을 수도 있다는 말을 들었다(2007: 27).

에밀리는 환상통(phantom pain)의 경험을 기억하고 있는데, 환상통은 뇌가 이미 절단된 팔다리에 잘못된 신호를 보내는 데서 야기되는 것이다. 통증이 오면 에밀리의 어머니는 "몇 시간 동안 발의 '유령'을 문질러 주곤 했다."(p. 27) 그녀는 또한 여러 해 동안 다음과 같은 끔찍한 악몽을 반복적으로 꾸었다. "여러 사람이 들어갈 수 있을 만큼 커다란 초록색 금속통에 절단된 팔다리들이 담겨 있었어요. 이전에 만난 적이 없는 간호사와 의사들이 새로 잘라 낸 신체 부위를 던져 넣고 있었죠. …… 통 안에는 절단된 맨발과 맨손, 다리 전체와 팔 전체가 더미를 이루며 핏물 속을 떠다녔어요."(p. 28) 에밀리는 또한 깁스를 했을 때의 불편함, 즉

---

4) 라프는 여섯 살 때, 마치 오브 다임즈(March of Dimes, 역자주: 소아마비 구제 모금 단체)의 포스터에 나온 아이로 이미 유명했다. 그녀의 이야기는 5장에서 더 자세히 다룰 것이다.

여름에 얼마나 더웠는지 그리고 어떤 냄새가 났는지를 떠올렸다. 더구나 운동과 물리치료를 받아야 했고, "다리가 어떻게 된 거니?"라고 묻는 친구들에게 설명을 해야 했다(p. 31).

> 몇 주 동안, 잠깐씩 붕대를 풀어놓을 때면 다리를 잘라 낸 부분이 빨간색인데다 뒤틀려 있어서 마치 야구 방망이를 자른 후 피에 담가 둔 것처럼 보였다. 피부에서는 고약한 냄새가 나고 안쪽 뼈는 국수 면발 같았다. …… 이것이 내 몸에 대한 첫 기억이다. 이것은 사라지지 않고 계속되는 몸에 대한 기억이다. 나는 내게 주어진 이 짧은 다리(절단 후 남은 부분)와 내가 엉덩이와 옆구리의 근육을 움직이는 방식 그리고 양반다리로 바닥에 앉기 위해 그 짧은 다리가 마치 유연한 긴 관이라도 되는 듯이 접어서 오른 다리 위에 놓는 방식을 나 자신과 연결시켰다. 그것이 내 몸이니까. 그렇게 어린 나이에 나는 내 몸을 있는 그대로 받아들였다. 그러나 동시에 더 잘 움직일 수 있기를, 정말 **움직이게** 되기를 간절히 바랐다(p. 37).

에밀리 라프와 비슷하게 다이앤 드브리스(Diane DeVries 1950년생)는 사지의 기형을 가지고 태어났다. 그러나 다이앤은 하체가 전혀 없이 "양쪽 팔이 모두 팔꿈치 윗부분까지만 있는" 상태였다(Frank 1988: 98). 그녀는 5세 때 보조기를 맞추었고 나중에는 "의수로 짚고 다니는 목발에 의해 작동하는 세 바퀴 스쿠터"를 사용하기 시작했다.

> 12세에 전동휠체어를 사용하기 시작했는데 세 바퀴 스쿠터보다는 다이앤에게 훨씬 더 정상처럼 느껴졌을 거예요. 같은 시기에 다이앤이 의수의 사용을 거부했는데요, 요즘 들어 의수가 자신을 "어린 프랭키" (프랑켄슈타인 괴물)처럼 보이게 했다는 말을 하네요. 그 시기 다이앤

은 팔꿈치 윗부분까지만 있는 팔에서 뼈가 돌출되어 자라는 것을 막기 위해 수많은 수술을 받았어요. 다이앤은 우수한 기능을 가진 의족 사용을 배우고 싶어 했지만, 그것은 임상적으로 불가능한 일이었어요. 고등학교에 다니는 동안 다이앤은, 기능은 없는 미용 목적의 의족을 하고 다녔죠. 보조기 없이도 다이앤은 짧은 팔과 뺨 사이에 펜을 끼워 글씨를 쓸 수 있고 팔에 밴드를 감고 거기에 장애인용 포크를 끼워 혼자 식사도 할 수 있어요. 그 외에도 유리컵을 들거나 버튼식 전화를 사용할 수도 있고 손잡이를 돌려 문을 열 수도 있으며 전동 휠체어의 레버를 작동시킬 수도 있어요(pp. 98-99).

최근 다이앤은 보조기는 단순히 미용을 위한 것일 뿐, 그것이 없이도 보조기를 사용할 때와 같거나 더 나은 기능을 자신이 가지고 있다고 생각한다. 때때로 보조기는 짧은 팔의 피부를 계속 스치면서 상처를 남기기 때문에 착용하는 것이 고통스럽다. 다이앤은 자신이 어렸을 때, 자신의 다리가 없는 것에 대해 아버지가 했던 자연스러운 설명에 동의했던 것을 기억한다. "이건 그냥 어쩌다 보니 일어난 일이란다."(Frank, 1988: 103) 자신이 타인과 다르다는 자각을 한 것이 몇 살 때였냐는 질문에 그녀는 "어느 날 갑자기 장애를 입은 게 아니니까. …… 나는 내가 다르다는 걸 바로 자각했어요." 가족 이외의 사람들이 자신을 쳐다보는 것을 의식했는지 물었을 때, 그녀는 "늘 알았죠. 내 몸이 특이했기 때문에 늘 그랬어요." 시선을 받을 때 기분이 어땠는지 물어보자 다이앤은 "하루 안에도 나를 슬프고 화나게 만드는 그런 일이 얼마든지 생길 수 있죠. 아무 사건 없이 다른 사람의 시선에 시달리지 않고 몇 주간 잘 지낼 때도 있어요. 하지만 문제는 항상 생길 수 있죠."(p. 103)[5]

다이앤 드브리스처럼 매트 글로와키(Matt Glowacki 1973년생)도 보조기 착용이 자신에게 맞지 않다는 결론을 내렸다. 매트는 팔은 정상이었지만 다리가 없이 태어났다. 성인이 되었을 때 그의 하체는 골반 아래로 13-14인치 정도 자랐다. 매트의 부모는 매트가 태어났을 때 의사들이 향후 발생 가능한 여러 합병증 때문에 매트가 과연 생존할 수 있을지조차 확신하지 못했다고 매트에게 말했다. 자신의 이야기를 풀어 놓으면서 매트는 부모의 반응을 대충 얼버무리는 대신 자기 집의 접근성에 관련된 실제적 문제에 초점을 두었다. 매트의 가족은 3층짜리 집을 새로 지었는데 이를 팔려고도 잠시 생각했지만, 매트가 혼자 계단 오르내리기를 배우게 하기로 결정했다. 그는 몸을 끌어당길 때 쓰라고 아버지가 계단 옆에 설치해 준 손잡이를 이용하여 "어깨로 몸을 굴려서 계단을 오르내렸죠."라고 회상하였다(Berger 2009b: 64).

매트의 또래들이 걷기 시작할 즈음, 매트는 바닥을 기어서 돌아다녔다. 그의 부모는 통카 트럭을 사 주었는데 그는 거기에 누워 손으로 땅을 밀어 움직였다. 그 후에는 스케이트보드를 탔다. 얼마간 그는 의족도 시도했지만 부자연스럽다며 싫어했다. 그럼에도 불구하고 그는 9년 동안 보조기를 썼다 말았다 했다. 9학년이 되었을 때 그는 휠체어를 자신의 보조 도구 목록에 추가하였다(Berger 2009b).

매트는 자신이 어릴 때 통용되던 생각은 절단 수술을 받은 사람이나 팔다리가 없는 사람은 다른 사람과 똑같아 보이도록 보조기를 착용해야 한다는 것이었다고 말했다. 실제로 의사들은 매트에게 "정상적"으로 자라기 위해서는 다른 아이들과 키가 비슷해야 한다고 말했다. 매트는 무릎까지 보존이 된 절단장애인에게는 보조기가 유익하다고 생각한다. 그 경우에는 의족을 하고 걷는 것이나 의족 없이 걷는 것이나 비슷할 수 있다. 그러나 매트의 다리는 너무 짧기 때문에 다리가 보조기를 조종하는 효과적인 레버의 역할을 할 수 없다. 그가 보조기를 사용하려면 목발을

---

5) 드브리스의 삶에 대한 좀 더 자세한 이야기는 Frank(2000)를 참조하시오.

짚고 걸어야 하는데, 그렇게 되면 그가 현재 사용하는 휠체어에 비해 걸음이 매우 느려진다. 매트는 보조기가 외모를 위해 쓰는 가발과 같은 것이며 자기 같은 사람들에게 기능적인 것은 아니라고 생각한다(Berger 2009b).

많은 다른 장애아동처럼 에이미 블레일(Amy Bleile 1977년생)은 어릴 때 여러 번의 수술을 받았다. 예정일보다 4개월 일찍 태어났고 2파운드(역자주: 0.9킬로그램)가 약간 넘는 몸무게로 겨우 살아난 그녀는 어머니에게 들은 말을 떠올리며 말했다. "모든 사람이 제가 죽을 거라고 생각했대요."(Berger 2009b: 77) 얼마 후 에이미의 어머니는 딸이 연령에 맞는 발달 규준에 이르지 못하고 있음을 깨닫고, 뭔가 잘못된 것이 아닐까 하는 의혹을 품게 되었다. 의사들은 에이미의 발달지체는 조산 때문임을 납득시키려 했다. 그러나 2세 때 그녀는 뇌성마비 진단을 받았다.

생애 첫 몇 년 동안, 에이미는 정기적으로 6주씩 입원했던 병원에 설치된 유아원에 등록하여 물리치료와 작업치료를 받았다. 이 유아원의 스태프들이 부모가 함께 있으면 방해가 된다고 하여 에이미는 부모 없이 이 시간을 보냈다. 에이미의 어머니는 딸의 편에서 딸을 옹호하는 애정 깊은 부모였지만, 에이미의 아버지는 달랐다. 그는 알코올중독이었고 에이미의 장애를 전혀 수용하지 못하고 정서적 학대를 하는 남자였다. 그는 에이미가 단지 게으른 것이며 에이미에게 필요한 것은 엄격한 사랑이라고 생각했다. 에이미의 부모는 결국 이혼했고, 에이미와 남동생, 여동생, 에이미의 어머니는 극심한 재정난에 시달리곤 했다. 그럼에도 불구하고 에이미는 상황이 나빠진 고등학교 시절(5장 참조) 전까지는 자신의 초기 학교 경험이 그런대로 괜찮았다고 생각했다. 그러나 에이미에게 필요한 편의시설이 마련된 학교에 가기 위해 형제자매들과 같은 학교에 다니지 못하고 버스 통학을 해야 했다. 학창 시절에 여러 번의 입원도 했었는데, 이로 인해 교육이 자주 중단되었다(Berger 2009b).

지금까지 우리는 출산 전, 출산 중, 출산 직후에 발생한 **선천적 장애**(congenital disability)를 가진 사람들에 대해 이야기했다. 이와는 대조적으로, 제레미 레이드(Jeremy Lade)는 8세 때 교통사고로 **후천적 장애**(acquired disability)를 입게 되었다. 1989년 여름 가족여행에서 레이드 가족은 자신들의 차보다 앞서 가다가 방향을 바꾸던 트럭에 부딪혔다. 제레미는 안전벨트를 하고 있었지만, 안전벨트가 그의 몸통보다 너무 높은 곳에 위치해 있었다. 후일 레이드 가족은 그것이 차의 설계 결함이라는 것을 알게 되었다. 제레미는 두 차가 충돌할 때 앞으로 튀어나가면서 몸이 반으로 접혔고 척추 뼈 하나가 산산조각이 났다. 척추 뼈 조각이 척수를 관통하면서 몸이 마비되었다. 제레미는 "다리에 아무 느낌이 없었어요. 나는 그걸 바로 알 수 있었죠."(Berger 2009b: 84)라고 회상했다.

제레미보다 키가 2인치(역자주: 5센티미터) 정도 커서 이런 운명을 피했던 그의 형은 등뼈가 부러졌지만 몇 달 동안 허리 보조기를 착용하고 재활치료를 받은 끝에 완전히 회복되었다. 그의 어머니는 손목이 부러져 깁스를 했고 얼굴에 많은 상처가 났다. 그의 아버지는 이마에 경미한 상처를 입었다. 그 시절을 돌아보며 제레미는 이렇게 말했다. "구급대원들이 모두 내 눈에 대해서만 걱정하는 것이 좀 우습기도 했어요." 그의 눈 부위에는 상처가 나서 피가 흐르고 있었으며, 결국 두 바늘을 꿰맸다. 구급대원들은 계속 외쳤다고 한다. "이 아이의 눈을 빨리 치료해야 해! 이 아이의 눈을 빨리 치료해야 해!"(Berger 2009b: 84)

제레미가 병원으로 옮겨진 후 의사들은 내부 출혈이 없는지 확인하기 위해 시험적 수술(exploratory surgery)을 했는데 다행히 내부 출혈은 없었다. 그 후 10-12일 동안의 기억은 희미하다고 한다. "나는 무슨 일이 돌아가는지 잘 몰랐어요. 사람들이 몰려왔다 몰려갔어요. 모든 것이 이해되기까지는 시간이 걸렸지요."(Berger 2009b: 84) 제레미는 어머니가 이 일로 너무나 마음 아파했고 아버지 또한 그러했다고 회상했다.

"그러나 두 분은 제 앞에서는 매우 강하셨고 그것이 저를 강하게 만들었어요." 결국 제레미는 이 고난을 "내가 극복해야 하는 장애물"로 바라보게 되었다. 힘든 일이 생길 때면 그는 "나는 극복할 수 있어."라고 다짐하곤 한다(p. 84).

제레미는 처음에 3주 정도 입원하여 물리치료를 받고 휠체어 사용법을 배웠는데, 그 당시의 휠체어는 지금 그가 사용하는 운동용이 아니라 "다소 오래된 접이식 휠체어"였다(Berger 2009b: 85). 그의 부모는 또한 휠체어가 다닐 수 있게 집을 개조해야 했다. 평균적 수입을 가진 가정으로서는 상당한 비용을 들여 레이드 가족은 휠체어 경사로를 설치하고 휠체어가 드나들 수 있게 대문을 넓혔다.

그때까지 제레미는 위스콘신 주 북부의 작은 도시에서 휠체어 탄 사람을 본 적조차 없었으며, 휠체어로 이동하기를 배우는 것은 "투쟁의 연속"이었다고 한다(Berger 2009b: 85). 그 도시에는 도로의 턱을 낮추는 연석 처리를 한 곳이 없었기 때문에 그의 아버지는 휠체어로 도로의 턱을 어떻게 뛰어 오르고 내리는지를 가르쳤는데, 이것은 "뒤통수에 많은 혹을 생기게 한 고통스러운 과정"이었다. 어머니는 그를 다소 응석받이로 키웠지만, 아버지는 제레미가 모든 일을 스스로 해낼 수 있어야 한다는 자각하에 응석을 받아 주지 않았다. 그가 다닌 초등학교는 휠체어가 접근할 수 없었기 때문에 제레미는 다른 학교로 전학하여 새로운 친구를 사귀어야 했는데 이는 그 나이의 누구에게나 힘든 일이었다. 그러나 제레미는 이 경험 덕분에 "유치원 시절부터 알아 왔던 친구 집단과만 놀았다면"(p. 85) 가질 수 없었던 외향적 성격을 더 많이 가지게 되었다고 생각하고 있다.[6]

---

6) 레이드는 결국 세계적인 패럴림픽 휠체어 농구 선수가 되었다.

가족 삶에 미치는 영향

20세기 중반까지 부모들은 장애 자녀를 시설에 수용하라는 말을 일상적으로 들었고, 가정에서 자녀를 돌보기로 한 부모들은 그렇게 하는 것이 아동에게 매우 중요한 치료와 교육 서비스 기회를 박탈하는 것이라는 말을 들어야 했다. 그러나 1960년대와 1970년대에 이르면, 당시 활성화되기 시작한 장애인 자립생활운동의 당연한 결과로, 가족이 가정에서도 장애아를 잘 돌보게 하기 위해 지역사회에서 제공받을 수 있는 서비스를 확대하기 위한 노력이 장애 성인, 부모, 전문가들의 연대 조직에 의해 시작된다(Calton 2010; Landsman 2009; Leiter 2004). 랜즈만의 연구에서는 "장애 자녀를 가정에서 기르는 대신 다른 대안을 택하는 여성들도 있음"을 언급했지만, 이 연구에 참여한 모든 어머니들은 "자녀를 집이 아닌 다른 곳에 맡기는 선택과 관련하여 정보를 찾아본 적이 없으며 모두가 가정에서 장애 자녀를 키우고 계속 데리고 있으려고 계획하고 있었다."(2009: 7) 로버트 나세프(Robert Naseef)는 부모들이 "상황의 심각성이나 장애 자녀의 존재가 가족 구성원 각각에게 미치는 영향이 어떨지에 관계없이 부모가 장애 자녀를 직접 돌봐야 한다는 기대를 일상적으로 받게 되면서"(2001: 247) 최근의 경향이 오히려 다른 방향으로 기울고 있음을 발견하였다. 여전히 많은 장애아동들이 입양기관에 보내지며, 미국 내 5-15세의 입양아 중 12% 정도가 최소한 하나의 장애를 가지고 있는데, 이들 중에는 다운증후군 아동의 20%에 해당하는 아이들이 포함되어 있다. 이 아이들 대부분은 다운증후군 진단을 받은 즉시 부모에게 버림을 받는다. 입양되기 전까지 이 아이들은 위탁가정에서 생활하게 되는데, 일부 위탁부모들은 이런 일을 하는 중에 장애아 여러 명을 입양하기도 한다(Glidden 2006).

장애아 양육에 대한 가족 관련 문헌의 대부분은 가족의 삶에 지속되는 스트레스에 초점을 두고 있는데, 특히 시간과 재정 자원에 대한 요구가 가장 크다(Calton 2010; Naseef 2001; Neff 2010). 마샥(Marshak)과 그 동료들이 발견했듯이 장애아 양육과 관련된 "돌봄의 만성성"(chronicity of care)은 장애아 가족을 갑작스러운 위기에 처한 가족과 구별되게 하는 핵심 요소다(1999: 25).

> 어떤 가족은 오랜 세월 동안 주 7일 하루 24시간 장애아이를 돌본다. 스트레스가 극심하고 온 가족은 신체적·심리적으로 소진된다. 재정난에 대한 걱정도 있을 수 있고, 가족 전체가 위험에 놓일 가능성도 있다. 가족이 어려움을 경험하는 정도는 가족이 삶의 상황을 어떻게 이해하는지, 가족 구성원들이 서로를 얼마나 지지하는지, 가족 바깥의 사회적 지지가 얼마나 이용 가능한지, 돈에 대한 걱정이나 다른 가족 문제가 있는지 등에 따라 달라진다(p. 25).

가장 완성도 높은 연구 중 하나인 데니스 호건(Dennis Hogan 2012)의 연구에서 그는 6개 이상의 미국 전역을 대상으로 한 설문에서 자료를 수집하고 24명의 장애아 어머니를 면담하였다. 그는 장애아동의 부모가 다른 부모보다 이혼할 가능성이 높음을 발견했는데, 그중 상당수가 재정적 문제와 육아-직장 간 균형 잡기의 어려움 때문이었다. 아버지에 비해 어머니들은 급여를 받는 일에 종사하는 경우가 적었고, 혼자 아이를 키우는 어머니는 가계를 꾸려 나가면서 자녀가 필요로 하는 돌봄을 제공하느라 힘겨운 시간을 보내고 있었다. 호건은 또한 장애아동의 3분의 1 정도가 한부모와 살고 있으며, 장애아를 키우는 가족의 3분의 1 정도가 빈곤층임을 발견했다. 또 다른 연구에서는 장애아 가족 중 빈곤층이 차지하는 비율이 가장 높은 집단이 아프리카계 미국인이고 그다음으로 히스패닉계, 아메리카 원주민, 태평양 섬 주민, 아시아계 미국인인 것으로 나타났다. 빈곤율이 가장 낮은 집단은 백인이었다(Wang 2005).

이러한 여러 어려움에도 불구하고 많은 가족들은 놀라울 정도의 적응력과 회복력을 보인다. 우리가 주장하였듯이 이러한 가족의 대응 능력은 부모들이 지지적 관계망에 들어가 있는지의 여부에 달려 있다. 장애아 이외의 다른 자녀들도 주요 요소다. 이들은 장애아 돌보는 일을 많이 돕게 되는데, 만약 장애를 가진 형제가 없었다면 그렇게 많이 관여하지는 않았을 것이다. 그러나 여기에는 위험이 있다. 장애아를 돌보기 위해 가족의 모든 자원을 끌어 모으면서, 자신의 삶은 대기 상태로 두어야 하는 것에 대해 비장애 형제들이 분노를 느낄 수 있다(그리고 이런 감정을 가졌다는 것에 대한 죄책감도 느낀다). 이들은 자신의 감정에 대해 부모와 이야기를 주고받기 어려워하는데, 심지어 성에 대해 이야기하는 것보다 더 어려워한다. 그러나 의사소통의 통로가 열려 있는 가정이라면, 이 문제는 해결 가능하다. 때로는 장애 자녀를 가정에서 키우는 것이 가족의 결속을 다지게 해 주며, 결국 비장애 형제들은 자기중심적으로 살아온 사람들보다 훨씬 따뜻한 사람으로 자란다(Grossman 1972; Marshak, Seligman, and Prezant 1999; Meyer 1995; Naseef 2001).

조부모의 지원, 특히 육아를 도와줄 수 있는 능력 또한 중요하다. 장애아를 수용하지 않는 조부모는 스트레스의 근원이 될 수도 있다. 반면, 어떤 조부모는 "한 걸음 떨어져 있기 때문에" 장애를 좀 더 잘 받아들이지만 지속적으로 양육에 참여하지는 않는다(Marshak, Seligman, and Prezant 1999: 65).

친지와 친구의 지원 역시 아동기 장애와 관련하여 가족이 성공적 경험을 하는 데 중요하다. 에릭 바버(Eric Barber)는 심각한 척추측만증, 즉 척추의 비정상적인 굴곡 상태를 가진 채 1970년에 태어났다. 그가 3세가 되었을 때, 생명을 위협하는 합병증 때문에 수술을 하게 되었는데, 그 수술의 결과로 마비가 와서 이동을 위해서는 휠체어를 사용하게 되었다. 그러나 그는 어린 시절, 자신의 상태를 받아들이는 것이 그리 어렵지 않았다고 한다. 그에게는 이런 일이 그리 대단한 일이 아니었다. 그는 자신이 그런 태도를 가질 수 있었던 것은 가족과 친척들이 자신을 대한 방식 덕분이라고 말했다.[7] 에릭은 정기적으로 십여 명 이상의 사촌들과 어울려 놀았고, 그중 누구도 그를 과잉보호하지 않았다. 그는 사촌들 덕분에 운동을 좋아하게 되었는데, 이에 대한 그의 표현은 다음과 같다. "스포츠와 사랑에 **빠졌어요**. 사촌들은 자기들이 무얼 하든 저를 늘 끼워 줬거든요."(Berger 2009b: 52)[8] 에릭은 휠체어를 탄 채로 사촌들과 레슬링을 하고 사촌들이 야구를 할 때는 투수나 외야수를 맡았으며, 사촌들이 미식축구를 할 때는 패스패턴(pass pattern)을 구사하거나 쿼터백을 맡았다. 그는 심지어 휠체어에 앉은 채 태클을 당하기도 했다! "사촌들은 나를 장애인으로 생각하지 않은 것 같아요." 그는 사촌들이 자기와 노는 것에 대해 뭔가 훌륭한 일을 하고 있다고 생각하고 있었는지를 궁금해했다. "하지만 사촌들은 운동을 할 때 저를 동등한 선수로 대해 주었어요.

---

7) 프리디 사무엘(Preethy Samuel), 카렌 홉든(Karen Hobden)과 바바라 르로이(Barbara LeRoy)(2011)는 인종/민족적 소수에 속하는 가족들이 백인 가족들에 비해 지역사회 지원과 같은 가족 외의 도움을 잘 구하지 않는다는 것을 발견했다. 이들은 오히려 바버(Barber)의 "아프리카계 미국인 연대"와 같은 확장된 친족 관계망에서 얻을 수 있는 지원에 의존하는 경향이 있다. 사무엘과 동료들은 또한 "소수집단에 속하는 가족들은 장애 관련 차별에 좀 더 흥분하는 경향이 있는데, 이는 이들이 인종 관련 맥락에서 차별에 노출되어 보았기 때문"(pp. 72-73)이라고 추측한다.

8) 레이드처럼 바버도 세계적인 패럴림픽 휠체어 농구 선수가 되었다. 바버는 16세 때 <NBC Sports Fantasy>라는 리얼리티 TV 프로그램에서 마이클 조던(Michael Jordan)과 휠체어 농구 시합을 하기도 했다. 조던이 최선을 다해 경기를 했음에도 불구하고 바버는 20:14로 조던을 이겼는데, 시카고 시에서 자라면서 조던을 우상으로 삼았던 아프리카계 미국인 소년 바버에게 이것은 매우 중요한 경험이었다. 이 경기에 대한 기록을 살펴보려면 Berger(2009b)를 참고하시오.

장애를 가진 사촌으로 대하지 않았죠."(p. 52)

이러한 가족 내 지지체계 외에, 부모들은 자녀에게 필요한 자원에 접근하기 위해 자녀의 옹호자가 될 필요가 있음을 발견하는데, 특히 학교와 관련하여 그러하다. 이러한 옹호의 필요성은 때로 정치적인 운동에 참여해야 할 정도가 되기도 한다(Darling 1988; Naseef 2001; Ryan and Runswick-Cole 2008). 이러한 옹호 활동의 연장으로 부모는 일상적 상호작용의 매개자 역할도 한다. 예를 들면, 빌 로크(Bill Rocque 2010)는 자폐아 어머니를 대상으로 한 연구에서 자녀의 특이한 행동을 타인에게 설명해 줄 필요가 있다고 느끼는 어머니들의 이야기를 들었다. 한 어머니는 그에게 자신의 아들을 눈에 띄게 불쾌한 표정으로 바라보는 병원의 접수 담당자에게 아들이 저렇게 큰 소리로 우는 것은 "버릇없는 아이"라서가 아니라 자폐증 때문임을 설명해야 했던 일을 말해 주었다. 몇몇 어머니들 또한 자녀의 존재를 불편해하는 이웃의 마음을 누그러뜨리려고 먼저 적극적으로 다가갔던 이야기를 해 주었다. "저는 이렇게 말하곤 해요. '얘가 트레버(Trevor)예요. 자폐증을 가지고 있죠. 이 말은 당신의 차 뒷좌석이나 차 지붕 위에서 이 아이를 보게 되실 수도 있다는 뜻이에요.' 저는 이런 일을 명랑하게 하려고 노력해요. 누군가가 불편하게 느낄 수 있는 일을 미리 예측해서 그것을 극복하게 돕는 거죠."(p. 494) 또 다른 어머니는 이렇게 말했다.

나는 테일러(Taylor)를 데리고 건너가서 나를 소개했어요. …… 테일러가 자리를 비웠을 때 나는 말했어요. "그런데 우리 아이는 고기능 자폐랍니다. 그래서 얘가 하는 일이 좀 이상해 보이실 거예요. 미리 알고 계시면 좋을 것 같아서 말씀드려요." 다들 완벽하게 이해하지는 못하기 때문에 그 이상으로 많이 말하진 않아요. 그저 간단한 설명을 해둠으로써, 우리 애가 무엇을 하든 그들이 "얘가 뭔가 잘못 되었나요?"

라는 말을 하지 않게 하려는 거죠(p. 492).

이러한 매개 노력에도 불구하고, 어떤 부모들은 자신이 점차 이웃과 오래된 친구들로부터 소외되어 감을 깨닫는다. 다음은 여러 다른 연구에서 면담에 참여한 부모들의 이야기로, 이러한 소외의 경험을 잘 보여 준다.

친구들이 변한 것을 깨달았어요. 어쩌면 문제를 가진 아이들에 대해 친구들이 말하는 것을 내가 듣기 싫어한다는 걸 깨달은 것일 수도 있어요. 나는 더 이상 그들을 만나지 않아요. 사람들이 아들 녀석의 행동을 이해하지 못하는 것이 명백할 때는 그냥 집에 있는 게 나아요 (Marshak, Seligman, and Prezant 1999: 83).

대부분의 사람들은 이런 식이에요. "리사(Lisa)를 집에 두고 오면 좋겠어요. 꼭 데려와야 한다면 어쩔 수 없지만, 데려오지 않으면 더 좋겠어요." 친구들은 기본적으로 저와 함께 뭔가를 하고 싶어 하지 않아요. 번거롭고 부산해지는 게 싫은 거죠. …… "우리 아이는 아니야. 네 아이잖아. 네 문제야. 내 문제가 아니어서 얼마나 감사한지……." (Green et al. 2011: 145)

브랜든(Brandon)이 태어나기 전에 친하게 지내던 모든 친구들이 사라져 버렸어요. 나의 가장 친한 친구인 몰리(Molly)도 더 이상 전화를 하지 않아요. 그녀는 내가 자기랑 보낼 시간이 없다고 했어요. 친구들은 왜 내가 이 아이를 데리고 다니는지 이해를 못해요. 그들은 내 아이의 행동이나 외모를 감당하지 못하는 거죠(Hogan 2012: 50).

장애아 부모가 직면하는 어려움에도 불구하고, 많은 가족들은 장애아를 돌보는 것이 예기치 못한 보람을 주는 긍정적인 경험임을 알게 된다. 도널드 메이어(Donald Meyer)의 명문집 『비범한 아버지들: 장애아 양육에 대한 숙고』(Uncommon Fathers: Reflections on Raising a Child with a Disability 1995)에 등장하는 아버지들은, 장애라는 주제나 이 책에서 지금까지 논의한 여러 쟁점에 대해 거창한 인식을 갖고 있진 않지만 장애 자녀를 갖게 된 것이 개인적 성장의 기회라고 묘사하고 있다. 한 아버지는 다음과 같이 말했다.

> 나는 내 관심사만 쫓던 이기적 상태를 넘어서려고 노력하면서 개인적으로 성장했음을 깨달았어요. 나는 우리 사회에 존재하는 불행에 아주 민감해졌어요. 측은히 여기는 마음도 커졌고요. 이것은 인생이라는 여정의 일부예요. 앤디(Andy)가 내 삶에 들어오지 않았더라면 내가 이런 경지에 이르지 못했을 거예요. 앤디의 형에게도 선한 사람이 될 씨앗이 이미 뿌려진 것 같아요.
>
> 나는 다른 가족들이 장애라는 삶의 무게를 견뎌 내는 강인함과 긍지를 볼 때마다 겸손해져요. 어떤 가족들은 상상하기도 어려울 만큼 힘겨운 상황에 시달리고 있죠. 하지만 매일 매일 이 가족들은 장애를 가진 자녀와 그 형제자매가 충만하고 당당한 삶을 영위하게 하려고 희생과 노력을 아끼지 않아요. 그건 정말 강하고 용감한 투쟁이에요. 드러나지 않은 영웅들이 정말 많아요(pp. 23-24).

다른 아버지는 자신의 감정을 이렇게 표현했다. "제시카(Jessica)는 저에게 진정한 사랑이 무엇인지 가르쳐 주었어요. 사랑의 기쁨은 그 자체로 보상이 되지요.…… 삶은 우리가 최선을 다해 소중하게 여기고 돌보아야 할 귀한 선물이에요. 제시카는 저에게 질적인 인생과 그렇지 않은 인생이 따로 있는 게 아니라는 것을 알려 주었어요. 인생 그 자체가

질(quality)이라는 것을요."(p. 203)

　　장애아 어머니에 관한 연구에서 랜즈만(Landsman 2009)은 이와 비슷한 이야기를 들었다. 어머니들은 개인적 성장에 대해 이야기했고, 자신의 자녀가 부모에게 사랑이라는 선물을 주었다고 표현했다. 한 어머니가 말했듯이 그중 가장 소중한 선물은 조건 없는 사랑이라는 선물이었다. 한 어머니는 이렇게 설명했다.

> 오래전 나는 하느님께 조건 없는 사랑을 가르쳐 달라고 기도한 적이 있어요. 하느님이 내 머리를 조건 없는 사랑으로 꽉 채워 주셨으면 좋겠다고 생각했죠. 화나는 순간을 버텨 내거나 그로 인해 내가 소진될 필요가 없게요. 나는 성취나 그 외의 여러 가지에 대한 기대 없이 한 사람을 사랑한다는 게 어떤 것인지 알고 싶었어요. 그로부터 6개월 후 우리는 라이언(Ryan)의 장애를 알게 되었어요. 이 상황은 그 점에서 매우 귀중하지요.…… 내가 하고 있는 건 조건부 사랑임을 깨닫게 되었어요. 라이언이 없었다면 이런 일에 관심을 기울일 일도 없었을 거예요(p. 150).

또 다른 어머니는 이렇게 표현했다.

> 이런 말을 했던 게 생각나네요. 혼자 있을 때 기도하면서요. "조건 없는 사랑이 뭔지 정말 알고 싶어." 그때까지 내가 가진 관계는 이런 것이었어요. 그들이 좋은 사람이면, 그들이 나를 사랑하면, 그들이 내게 카드를 주면, 그들이 무엇을 해 주면 나도 그들을 사랑하는 그런 관계요. 나는 조건 없는 사랑의 진정한 의미를 알고 싶었어요. 아, 그런데 함부로 그런 기도를 하는 게 아니었어요. 정말 조건 없는 사랑을 해야 할 상황이 되었으니까요(pp. 150-151).

특수교육의 딜레마

1975년 「전장애아교육법」이 통과되기 전에는 400만에 달하는 미국의 장애아동들이 특수교육 서비스를 받지 못했으며, 100만 명의 아이들은 "아예 학교를 다니지 못했다."(Connor and Ferri 2007: 03). 그러나 「전장애아교육법」의 통과로 장애아들은 적절한 편의 제공과 서비스를 동반하는 무상의 공교육을 받게 되었을 뿐 아니라 "최소제한"적인 교육 환경에 배치되었다. 그러나 "최소제한"이라는 용어는 계속 논란의 대상이었고, 오랫동안 장애아동들이 분리된 환경(기숙 프로그램, 특수학교, 일반 공립학교의 지하층이나 본 건물과 분리된 트레일러 시설에 있는 특수학급 등)에 고립되는 상황이 지속되었다(Marshak, Seligman, and Prezant 1999). 장애아동이 일반학급에 통합될 수 있도록 보조공학과 보조교사를 포함한 모든 필요한 지원을 학교가 제공해야 한다고 요구한 최소제한 명령이 강행되는 데는 1979년부터 1994년 사이에 있었던 일련의 소송과 항소심 판결이 필요했다(Fleischer and Zames 2001). 그러나 자폐 청소년과 관련된 주요 연방 항소심 판례인 **하트만**(Hartmann) **대 로우다운**(Loudown) **카운티 교육부 소송**(1997)에서 법원은 "(a) 장애학생이 그러한 배치에서 유익을 얻지 못할 때, (b) 분리된 환경에서 얻을 수 있는 유익이 통합 환경에서 얻을 수 있는 최소한의 유익보다 훨씬 클 때, (c) 학생이 교실에서 계속 파괴적인 행동을 보일 때, 통합이 의무사항은 아니다."라고 판결했다(Connor and Ferri 2007: 68).[9]

특수교육 서비스를 받으려면 교사, 학교 심리학자, 물리치료사, 언

---

9) 마그렛 윈저(Margret Winzer)와 카즈 마주렉(Kaz Mazurek)은 21세기 초 미국

어치료사 등과 같은 학교 전문가로 이루어진 팀(학생의 장애 특성에 따라 팀 구성은 조금씩 다르지만)의 평가를 받아야 한다. 평가에는 "감각과 운동 기능, 지적 능력, 학업 성취, 의사소통 기술, 사회정서 상태"에 대한 평가뿐 아니라 "공식적 검사, 관찰, 가족력"이 포함될 수 있다(Marshak, Seligman, and Prezant 1999: 199). 의사와 같은 외부 전문가의 소견서도 평가에 포함될 수 있다.

앞서 말했듯이 어떤 부모들은 특수교육 서비스를 받고 싶어 하지만, 다른 부모들은 특수교육 대상이라는 표찰이 자녀에게 나쁜 영향을 미칠까 봐 염려한다. 이러한 딜레마에 대해 느끼는 양가감정은 공식적 표찰을 받은 인구 내에 인종적 불균형이 있음을 보여 주는 문서화된 증거로 인해 더욱 복잡해진다. 즉, 지적장애라는 표찰을 받은 아프리카계 미국인의 수는 백인의 3배에 이르고, 정서장애의 경우 2배, 학습장애의 경우 거의 1.5배에 달한다(Parrish 2002).[10] 저소득층 계급 가정의 아이들은 상류층 계급 가정의 아이들보다 학습장애로 진단될 가능성이 크며, 남자아이들이 여자아이들보다 장애로 진단받을 가능성이 크다(Carrier 1986; Coutinho and Oswald 2005; Shifrer, Muller, and Callahan 2010).[11]

그러나 이러한 불균형이 생긴 이유는 제대로 알려져 있지 않다. 다

교실의 일반적 상태를 다음과 같이 묘사한다. "일반학급의 가장 큰 변화는 경도장애(학습장애, 말과 언어장애, 정형외과적 장애 그리고 기타 건강 문제) 영역에서 일어났지만, 다른 장애 영역에서도 덜 제한적인 환경(less restrictive settings)에 장애학생을 배치하려는 경향이 나타났다."(2000: xii)

10) 1970년대와 1980년대의 일부 연구들은 히스패닉계 학생들이 오진으로 인해 지적장애라는 공식적 표찰을 받은 학생 중 지나치게 높은 비율을 차지하고 있다고 지적한 바 있는데, 이 비율은 해가 가면서 점차 낮아지고 있다(Ong-Dean 2009). 그러나 영어가 모국어가 아닌 소수집단 학생들이 잘못된 진단을 받을 위험은 여전히 남아 있다(Artiles et al. 2005; Shifrer, Muller, and Callahan 2010).

11) 크리스틴 앤더슨(Kristen Anderson 1997)에 의하면, 여학생들은 비교적 "착하게" 행동하기 때문에 학교 관리자의 감시망을 피하게 된다고 한다.

라 쉬프러(Dara Shifrer), 찬드라 멀러(Chandra Muller) 및 레베카 캘러핸 (Rebecca Callahan)(2010)은 학습장애에 관한 그들의 연구에서 인종에 따른 불균형이 사회경제적 지위로 인한 것임을 발견했다. 그러나 가난하고 인종적으로 소수인 사람들을 위태롭게 하는 것이 인종차별 때문인지 아동발달에 영향을 미치는 환경적 요인(예: 가족 자원 부족, 영양부족과 건강 문제, 재정 지원이 부족한 학교 재학)에 의한 실제 장애 때문인지는 명확하지 않다(Shonkoff and Phillips 2000). 다소 역설적이게도, 1960년대에 학습장애라는 개념이 처음 알려지게 되었을 때, 자녀가 지적장애로 고려되는 대신 학습장애로 진단되어 특수교육 서비스를 받게 되는 데 관심을 보인 것은 상위 계층의 부모들이었다(Carrier 1986). 그러나 시간이 흐르고 학습장애 개념이 보편화되면서 앞에서 설명한 것과 같은 불균형 현상이 학습장애 영역에서도 나타나기 시작했다(Ong-Dean 2006).[12]

이러한 통계적 불균형에도 불구하고, 특수교육 대상으로 선정된 아동을 위해서는 "아동의 현재 수행 수준에 대한 기술" "아동이 이번 학년에 추구하게 될 연간 목표(annual goals)와 단기 목표(short-term objectives)······ 아동에게 제공되어야 하는 서비스와 특별한 교수 및 이것을 아동에게 제공할 방법", 아동이 일반교육 환경에서 보내게 될 시간 수, 아동의 진보를 평가할 기준과 평가 방법 등을 포함하는 **개별화 교육계획**(Individualized Educational Plan, IEP)을 작성하게 된다(Marshak, Seligman, and Prezant 1999: 119). 법에 의하면 부모는 IEP를 논의하기 위해 열리는 회의에 참여할 권리를 갖는데, 전국 규모의 한 설문 조사에서는 장애아 부모의 86-93%가 이번 해 또는 직전 해에 IEP 회의

---

12) 학습장애의 개념이 발전되어 온 역사적 기록을 살펴보려면, Carrier(1986)와 Danforth(2009)를 참고하시오.

에 참여한 적이 있는 것으로 나타났다(Special Education Elementary Longitudinal Study 2005).[13] 25,000달러 이하의 수입을 가진 가정은 그 이상의 수입을 가진 가정에 비해 IEP 회의의 출석률이 다소 낮았고, 아프리카계 미국인과 히스패닉 가정 역시 백인 가정에 비해 출석률이 낮았지만, 그 차이는 크지 않았다.

부모와 학교의 의견이 같을 때, IEP 회의는 평온하게 진행되는 경향이 있다. 그러나 의견 차이가 있을 때는 상당한 긴장이 발생될 수 있다. 부모는 종종 회의 분위기에 압도되어, 자녀의 진단이 잘못 되었거나 자녀가 참여할 프로그램에 문제가 있다고 생각할 때조차 교직원의 권위에 도전하기를 주저한다. 부모들은 자신에게 말할 기회가 주어지긴 하지만 "학교 전문가들의 모호한 기술적 보고서 앞에서 자신의 의견은 그리 적절하지 않은 것 같다."(Ong-Dean 2009: 28)고 느끼며 자신을 형식상 참석자라고 생각하곤 한다. 교육자들은 부모의 지지와 참여를 환영하지만 동시에 부모들이 "자신의 판단과 진단을 신뢰"해 주기를 기대한다(Lareau and Horvat 1999: 42). 따라서 전문직에 종사하거나 비교적 특권 계층에 속하는 부모들이 시스템과 협상을 잘해서 자녀에게 필요한 것을 얻어 내는 데 더 성공적인 것은 그리 놀라운 일이 아니다. 그러나 이런 부모들에게도 이 과정은 꽤 곤혹스럽다(Hogan 2012; Leiter 2012).

그럼에도 불구하고 특수교육 옹호자들은 적절한 진단과 지원이 있으면 장애아동들이 또래를 따라잡고 학교와 이후 직업에서 성공하는 데 도움이 될 대안적 학습전략을 익힐 수 있다고 믿는다(Kemp, Smith, and Segal 2012; Kirk 2002; NIMH 1993). 그러나 이것이 분리된 환경과 통합환경 중 어디에서 가장 잘 성취될지에 대해서는 상당한 이견이 존재한다

---

13) 학생들 역시 이러한 회의에 참석할 수 있으며, 학생의 참석 가능성은 학생이 나이가 들어 감에 따라 높아진다.

(Connor and Ferri 2007).[14] 비평가들은 분리된 환경에서의 특수교육이 학생에 대한 기대를 낮추고 결국 장애인을 주류 사회에서 제외시키게 될 것이라고 믿는다. 렌 바턴(Len Barton)과 펠리시티 암스트롱(Felicity Armstrong)에 의하면 "'특별한' 교사교육 과정을 거친 '특별한' 교사들이 가르치는 '특별한' 학생들을 위한 분리 상태에서의 교육과 서비스 제공은 통합적인 사회와 교육 체계의 실현에 반하는 가치, 태도, 실천을 정당화하는 데 기여해 왔다."(2001: 707; Lipsky and Gartner 1997 참조) 특별히 학습장애에 대해 글을 쓴 스캇 댄포스(Scot Danforth)는 특수교육 비평가들의 시각을 다음과 같이 요약했다.

> 지난 30년간, 미국 공립학교는 학습장애라는 범주를 많은 전문용어들로 위장하면서 공립학교의 교수적 문제와 조직적 결함을 개별 학생의 탓으로 돌리기 위한 권위주의적 방식으로 잘못 사용해 왔다. 학습장애라는 진단은 아동에게 유익한 치료와 지원의 통로 역할을 하는 대신, 낮은 학업 기대, 유색인종과 저소득층 가정 학생들의 과잉 판별, 낮은 고등학교 졸업률을 특징으로 하는 분리된 교실이나 학교에 아동을 배치하는 낙인의 증표가 되었다(2009: 15).

데이비드 코너(David Connor)와 베스 페리(Beth Ferri)(2008)는 신문에 게재된 "편집자에게 보내는 독자의 편지"를 바탕으로 한 연구에서 특수교육에서의 통합과 분리에 대한 광범위한 대중의 찬반 의견을 수집하였다. 자폐아를 둔 한 어머니는 이렇게 말하면서 통합을 지지했다. "우리는 마크(Mark)가 이 사회의 구성원이 되기를 바라요. 마크는 (일반학

---

14) 비교 관점에서 교육정책에 대한 논의를 살펴보려면 Barton and Armstrong (2001)을 참고하시오.

급에 배치된) 지난 3년간 많은 기술을 배웠는데요, 학교가 권하는 대로 다른 4명의 자폐아이들과 한 학급을 이루게 되면 그 기술들은 모두 사라질 거예요."(Connor and Ferri 2007: 68) 다른 한 어머니는 자신의 아들이 일반학급에 배치된 이후 "같은 학년의 다른 아이들만큼 지적으로 유능하지는 않지만, 서서히 자존감이 향상되었고 학교에 가기를 좋아하게 되었어요."(p. 66)라고 말했다. 한편 또 다른 어머니는 한때 자신의 아들에게는 제한된 미래가 있을 뿐이라고 생각했지만 통합을 하게 되면서 "그룹홈이나 보호 작업환경이 필요 없는 자기충족적인 젊은이"(p. 66)가 되었다고 말했다. 한 미술교사는 통합의 유익을 이렇게 표현했다. "우리 아이들(학생들)은 장애인에 대해 아이답게 인식하고 있어요. 그리 무서워하지 않죠. 우리 어른들은 일단 좀 거리를 두잖아요. 이것이 바로 모두를 위한 통합의 유익인 것 같아요."(p. 66)

　　동시에 통합교사는 장애아를 가르칠 준비가 너무나 부족하다고 느끼며, 어떤 부모는 통합정책이 특수교육을 절실히 필요로 하는 학생들을 위한 자금을 흡수해 버려서 "장애아를 위해 마련된 서비스의 좋은 점을 서서히 없애 버리는" 결과가 초래될까 봐 걱정하기도 한다(Connor and Ferri 2007: 64). 한 여성은 이렇게 말했다. "특수교육 속성 과정을 겨우 수강한 교사가 가르치는 과밀 학급에 중도장애 학생을 통합하겠다는 계획은 불합리해요."(p. 72) 통합에 냉소적이었던 한 교사는 이렇게 덧붙였다. "우리들 대부분은 통합을 학교 분위기를 공유하자는 것으로 이해해요. 하지만 특수교육 대상 아동을 위한 교육적 가치와는 정말 아무 상관이 없어요. 이것은 교육계획이 아니고 공간 활용 계획일 뿐이에요."(p. 72) 이에 더하여 통합에 반대하는 사람들은 통합 정책이 인도주의적 동기에서 나온 것이 아니라 비용을 조절하려는 의도에서 비롯된 것이라고 믿는다.[15]

　　또한 코너와 페리는 일부 부모들이 자신의 자녀가 통합학급에 적응할 능력이 있는지에 대해 걱정한다는 것을 발견했다. 한 부모가 말한 것처럼, 통합은 "장애아를 제대로 발전할 수 없게 하는 환경, 어쩌면 오히려 퇴보하게 하는 환경에 던져 넣는 거예요. 동시에 학급의 다른 모든 아이들이 중요한 수업 시간을 뺏기게 돼요."(2007: 67) 같은 맥락에서 마샥(Marshak)과 그 동료들이 면담했던 한 부모는 다음과 같이 말했다.

> 통합학급의 진도를 따라가자니 우리 아이의 숙제가 하루에 5시간 분량이 넘어요. 5시간 내내 고문이죠. 더구나 학교에서 하루 종일을 보내고 좌절, 실망, 피로를 느끼며 집에 돌아온 후에 이 숙제를 하게 돼요. 우리 아이가 학교에서 돌아오자마자 자기 전까지 숙제를 하는 동안 다른 아이들은 밖에서 놀거나, 친구와 여러 가지 활동을 하거나, 동아리에 가입하거나, 또는 그냥 쉬어요. 우리 아이가 유일하게 쉬는 시간은 저녁식사 시간이죠(Marshak, Seligman, and Prezant 1999: 74).

더구나 농인과 맹인 공동체의 많은 사람들은 특수학교나 기숙제 학교에서의 분리된 교육이 통합보다 좋다고 믿는다.[16] 예를 들면, 레아 하거 코헨(Leah Hager Cohen)은 "모든 학생이 서로 대화할 수 있고 모든 정보가 시각적으로 제공되며 교사들이 수화를 하고 성인이 된 농인들이

---

15) 통합을 지지하는 사람들의 주장에 의하면, 교사와 학교 관리자들이 통합에 반대하는 이유 중 하나는 장애학생들 때문에 교원 평가와 학교 평가에 반영되는 학생 성취도 검사의 평균 점수가 하락할까 봐 걱정이 되어서다.

16) 다양한 장애를 가진 학생들을 위한 특별한 기숙학교들이 존재한다. 요세프 라운트리 재단(Joseph Rowntree Foundation)의 연구에 의하면, 기숙학교가 대부분의 부모에게 그리 선호되는 옵션은 아니지만, 기숙제가 아닌 지역 학교에서 부정적인 경험을 하게 된 부모들은 기숙학교를 찾는다고 한다. 집에 대한 향수병이 공통된 문제이긴 하나, 어떤 장애학생들은 자립심을 키우고 자기와 비슷한 아이들을 사귈 기회를 갖게 되어 좋다고 말하기도 한다.

역할 모델이 되어 주는"(1994a: 11A) 환경이 농학생에게 가장 유익하다고 생각한다. 그녀는 통합에 대해 이렇게 말한다. "많은 농인들에게 통합은, 가장 좋게 말해도 불쾌한 것이고 가장 나쁘게 말하자면 극단적 차별이에요. 농인의 역사는 '우리는 여러분을 건청인처럼 만들 수 있습니다. 우리는 당신을 더 정상으로 만들 수 있어요.'라는 식의 강제적인 동화(assimilation)의 역사지요."(p. 11A; 3장 참조)

이와 유사하게 법적으로 맹인인 그녀는 이것을 전맹과 저시력 사이의 "경계선"에 살고 있다고 묘사한다.[17] 베스 오만스키(Beth Omansky 2011) 역시 맹학생의 분리교육을 옹호한다. 그녀는 다음과 같이 썼다.

> 우리 부모님은 제가 최대한 "정상적"이 되기를 바라셨어요. 그래서 저를 일반 공립학교 체제에 두기로 결정하셨죠. 부모님은 맹학생만을 위한 학교에 다니는 것보다 이것이 저의 전반적 발달에 좋을 것이라고 믿으셨어요. 저를 위한 부모님의 바람은 고귀했지만(저는 부모님이 저에게 최선의 것을 주려고 하셨음을 확신해요), 겉으로만 정상으로 보이는 교육 환경을 위해 맹인에게 필요한 기술을 배울 수 있는 교육 환경을 버린 셈이 되었어요(2011: 76).

오만스키는 자신과 같이 전맹과 저시력의 경계선에 있는 맹인들이 그 경계선 중 보이는 쪽에 남아 있어야 한다고 강요받는 것을 안타까워한다. 그러한 강요의 결과로, 맹인들은 점자를 배우기보다 잔존 시력을 사용하라는 격려를 받는데, 이는 맹학생의 읽기 기술 발달을 방해하고 맹학생들을 건시인 친구들에게 뒤처지게 만든다. 토마스 헤이르

---

17) 법적 맹(legal blindness)의 정의와 추가적 고려사항에 대해서는 6장을 참고하시오.

(Thomas Hehir 2002)가 관찰한 것처럼, 장애를 경시하고 "장애학생도 비장애학생과 똑같은 방식으로 공부하는 것이 좋다."고 가정하는 비장애 중심의 관점이 특수교육을 포함한 교육계 전체에 퍼져 있다.

코너와 페리는 많은 부모들이 특수교육 서비스 없이는 자녀의 요구가 충족되지 않을 것이라고 믿지만, "특수교육의 모순은 이것이 유익하기도 하고 해롭기도 하다는 것이다."(2007: 74)라고 결론짓는다. 마그렛 윈저(Margret Winzer 2000)는 "모든 학생에게 맞는 단 하나"의 접근을 취하지 않도록 학생에게 광범위한 서비스를 제공하는 것이 최선의 전략이라고 믿는다. "아동이 일반학급에서 교육을 받든, 보충적인 도움을 받기 위해 잠시 교실에서 나가 있든, 특수학급에서 공부하든, 심지어 분리된 환경에서 공부하든, 이 모든 것은 개별적으로 결정되어야 하며"(p. 20) 이러한 결정은 아동이 성공적으로 배우고 장차 적극적이고 생산적인 사회의 일원이 되도록 준비시키는 데 가장 도움이 되는 환경은 어디인가에 따라 이루어져야 한다.

요 약

이 장과 다음 장은 부모-자녀 관계와 가족관계라는 맥락에서 아동기 장애를 생애주기별로 조명하고 있다. 이 장에서 우리는 먼저 자녀의 장애를 알게 된 부모의 초기 반응과 경험을 살펴보았다. 부모는 자신의 정서적 문제를 다루어야 할 뿐 아니라 거북해하거나 실망을 주는 타인의 반응에도 대처해야 한다. 다음으로 우리는 정상발달 규준에 미치지 못한 자녀가 진단을 받고 서비스를 제공받는 과정에 참여하는 부모의 어려움과 혼란스러움을 생각해 보았다. 우리는 또한 성인 장애인들의 아동기에 대한 회고 기록을 통해 장애에 대한 아동 자신의 관점도 고찰하였는데,

선천적인 장애와 후천적인 장애 사례를 모두 살펴보았다. 다음으로는 아동기 장애가 부모, 형제자매, 친척을 포함한 가족 전체의 삶(부담, 적응, 삶을 긍정하는 경험 등)에 미치는 실제적·정서적 영향을 들여다보았다. 마지막으로, 우리는 장애아동의 통합 교육을 포함하여 특수교육 서비스와 정책의 딜레마들을 고찰하였다.

5
청소년기와 성인기

·

청소년기의 시련과 고난
성인기로의 전환
직업의 세계
성적 및 정서적 친밀감
건강관리와 활동 보조
요 약

5
청소년기와 성인기

앞 장에서는 부모와 가족 관계 그리고 특수교육 서비스에 관련된 논란의 맥락에서 아동기 장애를 살펴보았다. 이 장에서는 청소년기와 성인기라는 생애단계에서 장애에 관한 논의를 이어 가고자 한다. 이를 위해 우리는 또래들과의 관계, 교육 시스템, 직업의 세계, 성적·정서적 친밀함, 건강관리, 유급 활동 보조 수급과 관련된 쟁점을 고려할 것이다.

청소년기의 시련과 고난

청소년기를 뚜렷이 구분되는 인생의 한 단계로 인식하게 된 것은 산업화와 도시화가 급속하게 진행되던 19세기 후반의 일이다(Eisenstadt 1956; England 1967). 같은 시기에 등장한 의무교육법의 출현으로 학령기 청소년들은 하루 중 많은 시간을 부모와 분리된 채 교육기관에서 보내기 시작했다. 그 당시의 사회에서는 이러한 분리를 통해 또래 간 상호작용의 빈도와 강도가 증가하였으며, 또래들은 서로를 통해 사회적 승인을 받고 자신의 가치를 확인하였다(Berger 2009a; Schwartz and Merten 1967).

잘 알려진 바와 같이 청소년기는 모든 젊은이들에게 질풍노도의 시기지만, 장애를 가진 십 대들은 청소년들이 경험하는 일반적인 어려움보다 더 많은 것을 겪는다. 십 대의 반항이라는 전통적인 역학조차 장애 청소년과 관련해서는 더 복잡해진다. 한 소년은 이를 다음과 같이 설명하였다. "저에게 가장 어려운 일 중 하나는 이거예요. …… 저도 다른 십 대처럼 부모님께 도전하고 반항하고 싶었어요. 하지만 신체적으로 부모님께 모든 것을 의존하고 있기 때문에 독립을 요구하고 싶은 저의 바람은 좌절될 수밖에 없었죠."(Marshak, Seligman, and Prezant 1999: 123)

아동들은 초등학교 때부터 이미 다른 아이들과 자신을 분리하는 젠더 중심의 파벌을 만들기 시작한다. 중학생이 되면 이러한 파벌이 더욱 뚜렷해지고 공고해지므로, 사회적 지위를 인정받기 위해 서로 경쟁하는 십 대들은 낮은 지위를 가진 것으로 인식되는 친구들에게 더욱 무신경해진다(Berger 2009a; Milner 2004). 예를 들면, 점심시간의 좌석 배치는 그 집단에 누가 포함되고 누가 배제되는지를 결정하는 공적 경쟁의 장이다. 한 장애학생은 이 경험을 다음과 같이 회상하였다. "식탁에 빈자리가 있길래 여기 앉아도 되느냐고 물었어요. 아이들은 그 자리에 앉을 사람이 있어서 안 된다고 하더군요. 한 아이는 저에게 침을 뱉고 저를 밀면서 저랑 같이 식탁에 앉고 싶지 않다고 말했어요."(Marshak, Seligman, and Prezant 1999: 70) 그러나 많은 경우 장애학생들은 적대적으로 대접받기보다는 불쌍히 여김을 받는다. 그러나 이 역시 장애학생을 존중하는 처사는 아니다.

4장에 등장했던 에밀리 라프(Emily Rapp)의 경우 청소년기에 친구가 없었던 것은 아니었다. 그러나 그녀는 겉으로는 쾌활하고 사교적으로 보이지만 내적으로는 자신의 다리가 없다는 사실 때문에 괴로워하는 "분열적 인생"을 살고 있다고 느꼈다(2007: 117). 그녀는 자신의 의족을 항상 무엇인가로 가린 채 남에게 보여 주지 않으려 했다. 반바지를 절대 입지 않으려 했기 때문에 참기 어려운 한여름 더위에도 "긴 바지나 청바지를 입고 땀으로 푹 젖는 편을 택했다."(p. 130) 그러나 그녀가 16세였던 어느 여름 밤, 그녀는 친구들의 압력을 이기지 못하고 미니스커트를 입기로 하고, 비슷한 미니스커트를 입은 두 명의 여자 친구와 외출을 하게 되었다. 그녀는 그 순간을 다음과 같이 회상한다.

> 내키지 않는 것을 하기로 동의한 후, 나는 별로 재밌지 않은 농담에도 마구 웃었다. 나는 그때 막 16세가 되었고, 내가 인생에서 다른 그 무엇보다 갈구했던 것은 아름다움이었다. 나는 영리함이나 성공 또는 선함 같은 것에는 신경을 쓰지 않았다. 사실 나는 그런 여러 미덕을 갖추기 전에 필요한 전제조건이 아름다움이라고 믿었다.
>
> 내가 미니스커트를 입은 건 친구들처럼 옷을 입으면 친구들처럼(즉, 햇볕에 알맞게 탄 유연한 다리를 가진 맵시 있고 예쁜 친구들처럼) 될 거라는 생각이 어느 정도 있었기 때문이었다. 인기 있고, 자신감 넘치며, 누구나 동경하는…… 나는 나 자신을 이런 존재로, 지금과는 다른 마술 같은 인생으로 바꿀 수 있으리라고 생각했다(p. 128).

우리는 2장에서 사회적으로 바람직한 신체의 구성요소를 표준화하는 것은 장애를 가진 신체의 저가치화를 초래한다는 "외모의 정치학"과 이에 대한 페미니즘의 분석을 설명했다. 10대 소녀들이 자신의 몸을 표준과는 거리가 멀다고 느끼는 것은 당연한 일이지만, 몸으로 인한 자존감의 위협은 장애 청소년들에게 훨씬 더 크게 다가온다. 에밀리가 회상하듯이, "몸에 대한 것을 빼고 나면 소녀에게 무엇이 남겠는가?"(p. 143) 에밀리는 알맞게 그을려 구릿빛을 띠는 친구들의 다리와 그녀의 의족이 너무나도 어울리지 않음을 느꼈다. 그녀는 친구 멜리사(Melissa)를 이렇게 회상한다.

나는 멜리사의 긴 다리를 부러운 눈으로 쳐다보았다. 완벽하게 균형 잡히고 늘씬하게 잘 빠진 종아리, 양 무릎 뒤편의 부드럽게 들어간 곳, 게다가 햇볕에 타서 알맞은 구릿빛을 띠기까지 한 그 다리…… 이렇게 완벽하게 구성된 몸이 그저 당연한 것일 뿐이라니. 그 옆의 나는 뚱뚱하고 핏기 없는 흰 허벅지 아래 나무로 된 다리를 딛고 서 있었다. 나는 멜리사처럼 되기를 간절히 원했다. 쿠키 박스에 손을 뻗어 쿠키를 하나씩 꺼내 먹으며, 손가락에 줄을 감아 뱅뱅 돌리면서 남자친구와 이야기를 나누는 그런 소녀가 되기를…… 거기에 부유한 가정, 건강하게 그을린 탄탄하고 아름다운 육체, 그리고 원활한 신진대사의 축복까지 받아서 쿠키를 그렇게 먹어도 전혀 살이 찌지 않는 소녀. 나는 멜리사와 거의 똑같은 복제품으로 나를 위조하고 있었다. 나는 그녀가 소유한 것, 그녀의 신체와 그녀의 인생을 모두 갖고 싶었다. 아침에 일어나 집을 나서기 위해 내가 해야 할 일이 너무나 많았기 때문에 그러지 않아도 되는 그녀가 부러웠다. 내가 외출을 한 번 하려고 의족을 끼려면, 우선 천으로 된 양말을 의족에 두르고, 가랑이에 염증이 생기거나 허리띠의 심한 마찰로 엉덩이에 상처가 생기지 않도록 두꺼운 버팀용 속옷을 입어야 한다. 그러고 나서 아래쪽 벨트를 채워 이것을 배꼽 왼편에 두고, 의족을 왼쪽 또는 오른쪽으로 돌려서 알맞은 자리에 끼워 넣은 후, 드디어 바지나 청바지를 입는다(pp. 138-139).

더구나 이 자리에는 남자아이들도 있었는데, 에밀리는 자신이 남자아이들의 관심과 사랑을 절대 받을 수 없을 것이라고 생각했다. 에밀리는 이렇게 생각했다. "약간의 긴장이 포함된 순수한 용기를 가지고 남자

아이들 근처를 맴도는 내 친구들과는 달리, 나는 남자아이들로부터 도망쳐야 할 거야. 미니스커트를 입든 입지 않든 누군가 내 다리를, 내 몸에서 의족을 떼어 낸 상태로 보고 싶어 하는 날이 올 거야."(p. 142)

　　역시 4장에서 소개했던 에이미 블레일(Amy Bleile)은 고등학교에 들어가기 전까지는 학교나 친구와 관련된 문제가 없었다고 한다. 그때까지 그녀는 A나 B의 성적을 유지했고, 뇌성마비와 관련된 유일한 문제는 그녀의 지능이 아니라 신체적 이동에 대한 것이었다. 그러나 고등학교에 입학한 그녀는 자신이 일반학급에서 공부할 수 있음을 증명하기 위해 다른 학생들에게는 요구되지 않았던 일련의 시험을 치러야 했다. 고등학교 입학 후 수업이 시작된 첫날, 보조기를 착용하고 보행기를 밀면서 영어 수업이 있는 교실로 들어오는 에이미에게 교사가 말했다. "얘야, 교실을 잘못 찾은 것 같다." 에이미는 자신의 수업 시간표를 다시 확인한 후 말했다. "이 교실 맞는데요." 교사는 "특수학급은 이 복도 끝에 있어."라고 하며 에이미를 잡아끌었다. 에이미는 "죄송하지만, 저는 특수학급에서 공부하지 않아요. 이 교실에서 공부하기로 되어 있어요." 일이 이쯤 되자 교사는 기분이 매우 나빠졌고, 에이미를 자신의 교실에 두고 싶어 하지 않았다. 그는 단호하게 다시 한 번 말했다. "특수학급은 이 복도 끝이라고 내가 분명히 말했다!"(Berger 2009b: 78).

　　이것은 아이오와(Iowa) 주의 더뷰크(Dubuque)에 위치한 한 고등학교에서 에이미와 그녀의 어머니가 싸워야 했던 많은 전투 중 하나일 뿐이었다. 에이미는 학교에서 보내는 시간의 반 정도는 보행기를, 나머지 반은 휠체어를 이용했다. 학교는 휠체어가 화재를 유발할 수 있다는 이유를 들며, 교칙에 의거하여 휠체어를 사용하지 않는 동안에는 청소도구함에 넣어 두라고 명령했다. 청소도구함은 이미 많은 물건들로 꽉 차 있었기 때문에 휠체어를 꺼내거나 집어넣는 데 시간이 많이 걸렸고, 이에 따라 에이미가 휠체어에서 내리거나 휠체어를 다시 타는 일이 더 힘들어졌다. 한번은 청소도구함 안에 있던 사다리가 머리 위로 떨어지는 바람에 그녀가 몇 분간 땅바닥에 쓰러진 적도 있었다. 또한 청소도구함에서는 청소 용매 냄새가 많이 났는데, 이 때문에 공기가 나빠서 에이미의 호흡에 해로울 정도였다.

에이미는 학교 관리자들의 또 다른 괴롭힘도 감내해야 했다. 매 학년 초, 에이미는 뇌성마비가 전염병이 아니라는 주치의 소견서를 받아 보건교사에게 제출하라는 요구를 받았다. 그녀는 또한 하루 중 정해진 시간에만 화장실에 가는 것이 허락되었으며, 교사들은 그녀가 화장실에 오래 머무르지 못하도록 시간을 재곤 했다. 한번은 그녀가 이 규칙을 어겨서 교장실에 불려갔는데, 교장은 그녀에게 연필을 던지며 "이런 한심한 절름발이 같으니!"라고 말했다. 화장실에 갈 때마다 에이미를 도와주던 아프리카계 미국인 친구도 함께 교장실에 불려갔는데, 교장은 그 친구를 "검둥이"라고 불렀다. 소방 훈련을 할 때는 아무도 에이미의 휠체어를 밀어 주려 하지 않기 때문에 에이미는 건물 안에 머물러 있어야 했다. 나중에 에이미의 친구가 휠체어를 밀어 에이미도 소방 훈련 시 밖으로 나올 수 있었는데, 소방 훈련을 감독하는 교사 중 하나가 화를 내며 그 친구에게 에이미를 다시 건물 안에 두고 오라고 명령했다.

그뿐 아니라 에이미는 다른 학생들에게도 잘못된 대우를 받았는데, 그럼에도 불구하고 그 학생들은 학교로부터 아무런 징계를 받지 않았다. 학생들은 그저 재미로 그녀를 복도에 여러 번 넘어뜨렸다. 심지어 한 학생은 그녀의 점심에 쥐약을 넣었고, 또 다른 학생은 그녀의 발을 밟아 부러지게 하기도 했다. 1990년대에 이런 일이 여전히 일어나고 있었다는 것이 참으로 믿기 어렵지만, 이것은 명백히 더뷰크 지역사회의 낙후된 단면이 자기와 "다른"(different) 사람들에 대한 태도를 통해 드러난 것이라 할 수 있다. 결국 에이미의 어머니는 더뷰크 인권위원회에 제소했고, 위원회는 30건이 넘는 법규 위반으로 학교를 소환했다.

추가 탐구

Box 5.1 장애인에 대한 증오 범죄

1990년대 초반, 아프리카계 미국인, 일본계 미국인, 유대인 그리고 동성애 집단의 연합은 증오 범죄에 대한 법률 제정 옹호 운동을 시작했다. 이 법은 증오 범죄를 명백한 범죄 행위의 한 범주로 보고, 이를 행한 사람에게 강화된 형량을 부과하는 것을 골자로 하고 있었다. 얼마 지나지 않아 이 법의 적용을 받는 소수자 집단에 장애인이 추가되었다. 타인에 대한 증오는 대부분의 범죄에 동기를 제공하지만, **증오 범죄**의 뚜렷한 특징은 가해자가 다른 집단의 구성원에 대해 편견이나 선입견을 가지고 있다는 점이다. 많은 경우 증오 범죄의 목적은 단순히 한 개인을 괴롭히는 것이 아니라 피해자가 속한 집단 전체에 메시지를 보내는 것이다. 가해자의 관점에서 보면, 피해자는 고정되어 있는 것이 아니라 교체가 가능한데, 이는 소수자 집단의 특징에 맞기만 하면 누구라도 가해 대상이 될 수 있고, 피해자들이 가해자 및 유사한 특성을 공유하는 이들에게 공포감과 취약성을 느끼게 할 수 있기 때문이다(Jocobs and Potter 1998; Sherry 2010).

현 「연방법」에 의하면, 연방수사국(FBI)은 미국 내 증오 범죄 사건을 종합하여 보고할 의무가 있다. 장애인에 대한 편견 외에, 인종과 민족에 대한 편견, 종교에 대한 편견, 성 정체성에 대한 편견으로 인한 증오 범죄가 보고되고 있으며, 이 중 장애로 인한 것은 전체의 1%가 채 되지 않는다(Sherry 2010). FBI는 장애 증오 범죄를 **정신장애에 대한 편견**과 **신체장애에 대한 편견**의 두 범주로 나눈다. 1997년에서 2007년 사이에 발생한 장애 증오 범죄에 관한 연구에서 마크 세리(Mark Sherry 2010)는 그중 62%가 정신장애에 대한 편견, 38%가 신체장애에 대한 편견에 의한 것임을 발견했다. 또한, 전체의 45%는 단순 폭력이었고, 13%는 심각한 폭력이었으며, 38%는 위협적인 말이나 행동으로 상대방이 신체적 상해의 공포에 빠지

Box 5.1 장애인에 대한 증오 범죄 (계속)

게 하는 협박의 형태로 나타났다.

셰리(2010)는 장애 증오 범죄가 심각할 정도로 축소보고 되고 있음을 지적했다. 이는 너무나 많은 경우에 장애인을 괴롭히는 사람들이 장애인을 돌보는 책임을 가진 사람들이기 때문이다(예를 들면, 장애인을 성적 학대한 보호자의 경우). 더구나 장애인은 증오 범죄로 분류되지 않는 따돌림과 폭력 범죄(가정폭력 포함)의 피해자인 경우도 많은데, 증오 범죄가 아닌 다른 범죄에 의해 피해자가 되는 비율 역시 비장애인에 비해 훨씬 높다 (Hogan 2012; Shakespeare, Gillespie-Sells, and Davies 1996; Sobsey 1994; Thiara, Hague, and Mullender 2011).

셰리(2010)는 그의 연구에서 인터넷에 올라와 있는 장애인에 대한 비난을 검토하였다. 그는 이렇게 썼다. "장애인에 대한 적대감을 담고 있는 웹사이트가 흔치 않아 찾기 어려울 거라고 믿을 수 있다면 얼마나 좋을까." 그러나 현실은 절대 그렇지 않았다(p. 33). 장애인 비하 웹사이트의 공통된 주제 중 하나는 장애인이 "살 가치가 없다."는 것이었다(p. 35). 셰리는 이에 대한 예시로 어떤 사람들이 장애인에 대해 품고 있는 증오를 잘 보여 주는 "불구자들, 저능아들 그리고 그 외의 구제불능들"이라는 제목의 한 인터넷 기사를 소개했다. "쓸모가 없으며 자기연민에 빠진 불구자들과 주변을 성가시게 하는 저능아들 모두 정말 무가치한 사람들이다. 우리의 소중한 자원을 낭비하고, 성실한 미국 시민인 우리를 화나게 하는 이 사람들이 왜 이 사회에 공존해야 하는가? 나는 지체장애인을 증오한다. 그리고 건물에서 가장 가까운 곳에 있는 장애인 주차장과 그들의 불완전한 팔다리도⋯⋯ 나는 지적장애인들도 매우 혐오한다. 말은 어눌한데다 침을 흘리고, 갑자기 와서 때리기까지 하는 행동은 나를 한없이 화나게 한다. 나는 또한 스페셜 올림픽이 지긋지긋하다. 도무지 이 운동 경기는 무슨 명목으로 하는 걸까? 이 한심한 불구자와 저능아들⋯⋯ 나는 이들이 다 싫다."(pp. 34-35)

학교 밖에서도 에이미와 그녀의 아프리카계 미국인 친구는 두 남학생 윌리엄(William)과 다니엘 맥더모트(Daniel McDermott)가 이끄는 증오 범죄(hate crime)의 희생자였다. 맥더모트 폭력단(이것은 에이미와 그녀의 친구들이 붙인 이름이다)은 에이미와 친구들에게 침을 뱉고 총을 겨누었으며, 차를 운전하여 에이미와 친구들을 치려고 했을 뿐 아니라 에이미와 친구들이 사는 집의 잔디밭에서 십자가를 불태우기도 했다. 에이미의 친구 중 하나는 야구 방망이로 맞아서 거의 죽을 뻔했다. 에이미의 어머니가 관할 지역 경찰에게 전화를 했더니 경찰은 이렇게 말했다. "왜 따님이 검둥이 아이들과 돌아다니게 놓아두는 건가요?" 결국 연방 당국이 사태를 파악하게 되었을 때, 에이미는 미국 내 증오 범죄에 대한 첫 번째 성공적인 기소 사건 중 하나의 증인이 되었다(Berger 2009b: 79).

에밀리 라프와과 에이미 블레일 모두 선천적 장애를 가진 반면, 2장에서 소개했던 멜빈 주에트(Melvin Juette 1969년생)는 16세 때 폭력 조직 내의 분쟁에서 발생한 총기사고로 인해 후천적으로 장애를 갖게 되었다. 그 이전까지 멜빈은 시카고 아프리카계 미국인들로 구성된 도시 폭력 조직의 열성적 멤버였다. 사고로 인해 그는 허리 아래가 모두 마비되었다.[1] 광범위한 물리치료를 받고 새로운 휠체어에 적응하는 등 시카고 재활센터에서의 오랜 회복 기간을 거친 후, 멜빈은 원래 다니던 고등학교를 떠나 장애학생을 위한 시립학교로 전학을 했는데, 그 학교에는 인지장애와 신체장애를 가진 학생들이 모두 재학 중이었다. 멜빈은 "허공만 쳐다보거나 뭔가를 배울 수 있을 것 같지 않은" 학생들과 같은 반에 배치되었을 때 "지적장애를 가진 사람처럼 취급당하는 것 같아" 화가 났

---

[1]　멜빈의 몸에 들어간 총알은 그의 미골에 박혀 등뼈 주변의 신경을 손상시켰다. 의료진은 그 총알을 꺼내지 않기로 결정했는데, 이는 총알을 제거하다가 손상이 더 커질 수 있기 때문이었다.

다고 말했다(Juette and Berger 1008: 77). 또한 전학 간 그 고등학교의 상담교사는 그에게 이렇게 말했다. "대학은 갈 필요 없어. 실망만 하게 될 거야. 사회보장제도 덕분에 주어지는 혜택들을 잘 챙기면서 정부가 너를 책임지게 하는 게 나을 걸."(p. 82)

멜빈은 이 상담교사의 충고를 받아들이지 않고 결국 대학에 진학하여 졸업했다. 그 과정에서 그가 재미를 붙이게 된 휠체어 농구는 인생의 동력이 되어 주었고 새로운 친구들을 만나게 해 주었으며, 장애에도 불구하고 힘차게 신체활동을 할 수 있게 해 주었다. 그는 시카고 재활센터에 머물 때 처음으로 스포츠를 소개받던 순간을 아직도 잊지 못한다. 치료적 여가 코디네이터(therapeutic recreation coordinator)는 그에게 경기용 휠체어를 대여해 주면서 시카고 재활센터의 후원을 받는 지역사회 대표팀의 회원들을 소개해 주었다. 멜빈은 이렇게 회상한다. "시카고 재활센터에서 만났던 다른 많은 젊은이들과 달리 대표팀의 회원들은 생기가 넘쳤어요. 그 사람들과 함께 있기만 해도 기분이 좋았어요. 장애 때문에 신체적으로 활발하게 사는 삶을 포기할 필요가 없음을 몸소 보여 주는 친구들을 갖게 되어 정말 좋았죠."(Juette and Berger 2008: 75)[2]

멜빈은 계속 노력하여 패럴림픽 휠체어 스포츠 선수가 되었다. 또한 그에게 농구는 남성다움을 인정받지 못하는 장애 청년에 대한 사회의 평가절하에서 벗어나게 해 주는 한 방법이었다(Gerschick and Miller 1995; Ostrander 2008). 폭력 조직에 있을 때 멜빈은 이 세상이 어떻게 돌아가는지를 아는 사람이라는 인정을 받았다. 그는 거칠고 민첩했으며, 싸움을 잘했고, 또래들의 대장이었다. 폭력 조직원으로서의 삶은 자기효능감과 남성으로서의 능력을 키워 주었다. 장애를 갖게 된 후 멜빈은 거리에서 배운 생존방식을 농구장으로 옮겨올 수 있음을 발견했다. 농구장

---

2) 휠체어 스포츠에 대해서는 6장에서 더 자세히 논의할 것이다.

추가 탐구

Box 5.2 아프리카계 미국인과 폭행에 의한 척수손상

　　비율상으로 볼 때 아프리카계 미국인의 장애 발생률이 다른 인종과 민족 집단에 비해 높은데, 이 현상은 도심부의 폭력, 미국 내 존재하는 총체적인 의료 불평등을 포함하여 삶의 빈곤에서 오는 개인적, 사회적 위험과 밀접한 상관관계가 있다(Fujiura, Yamaki, and Czechowicz 1998; Smedley, Stith, and Nelson 2003; Waldrop and Stern 2003). 또한 범죄에 의한 살인은 15-24세의 아프리카계 미국인 남성의 대표적인 사망원인이다. 폭행에 의한(주로 총기 관련) 척수손상은 전체 척수손상 사건의 두 번째 원인이며(첫 번째 원인은 자동차 사고임), 도심부에서 발생한 모든 척수손상 사건의 반 이상이 이에 해당된다(Hernandez 2005; Ostrander 2008).

　　불시에 장애를 갖게 된 여느 다른 인종과 민족 집단의 사람들처럼, 아프리카계 미국인 남성 역시 변화된 몸에 적응하느라 많은 어려움을 겪는다(6장 참조). 그러나 도심부 아프리카계 미국인과 장애에 대한 연구에서 패트릭 데브리거(Patrick Devlieger)와 게리 알브레히트(Gary Albrecht)(2000)는 흑인들이 백인들에 비해 장애 문화라는 개념이나 장애인권운동에 잘 동화되지 못함을 발견하였다. 폭력 조직에 의해 척수손상을 입은 아프리카계 남성들 중, 장애 문화나 장애 인권에 동화가 좀 더 잘 되는 이들은 가족이나 폭력 조직 친구들로부터 멀어진 후 폭력 조직을 넘어서는 대안적 삶의 내러티브를 가능케 한 재활병원 환경에 잘 적응한 사람들이었다(Devlieger, Albrecht, and Hertz 2007). 이 중 어떤 이들은 죽음의 문턱까지 갔던 이 경험이 자신에게 "경종을 울려" 주었으며, 인생을 전환시킬 또 한 번의 기회를 주었다고 생각하고 있었다(Devlieger, Albrecht, and Hertz 2007; Hernandez 2005). 멜빈 주에트(Melvin Juette)가 말했듯이,

---

Box 5.2 아프리카계 미국인과 폭행에 의한 척수손상 (계속)

장애를 갖게 된 것은 그에게 일어난 "최악이자 최선의 사건"이었다. 그가 만약 총에 맞지 않았다면, 적이든 동지든 관계없이 "폭력 조직의 많은 패거리들처럼 교도소에 수감되었거나 살해당했을" 것이기 때문이다(Juette and Berger 2008: 3). 또 다른 젊은이는 이렇게 말했다. "저에게는 사형 선고를 기다리는 친구들이 있어요. 이중생활을 하는 친구들과 이미 사망한 친구들, 그리고 휠체어를 타게 된 많은 친구들…… 교도소에 있는 친구는 다 의미 없다고 할 거예요. 휠체어에 앉아 있는 친구들도 다 헛된 일이라고 할 거고요. 만약 내가 장애를 입지 않았다면 이미 죽었거나 교도소에서 시간을 죽이고 있겠지요. 장애를 입게 된 건 아주 나쁜 일이자 좋은 일이었어요. 불행을 가장한 축복이라고나 할까요."(Devlieger, Albrecht, and Hertz 2007: 1953). 또 다른 청년은 이렇게 표현했다. "장애를 갖게 된 후 나는 인생을 달리 보게 되었어요. 생산적인 사람이 되고자 했고, 뭔가 긍정적인 일을 하려고 했어요. 매 순간 나는 휠체어를 탄 사람들을 대표할 뿐 아니라 장애를 가진 모든 사람들을 대표하고 싶었어요. 일을 해내는 데는 여러 길이 있다는 걸 다른 사람들이 알게 해 주고 싶었죠. 어떤 사람들은 제가 이런 깨달음을 얻으려고 총에 맞은 것 같다고 말하기도 해요. 저는 정말 그렇다고 답하죠. 장애로 인해 인생의 속도를 좀 늦추게 된 데는 이유가 있다고 생각해요. 저는 인생을 다시 보게 된 것 같아요. 저는 죽지도 않았고, 이전의 그 삶으로 돌아갈 필요도 없어요."(p. 1954)

에서 그는 여전히 거칠고, 강하며, 경쟁적이고, 단호할 수 있었으며, 자신의 몸이 남성미 가득하고 "타인에게 행사할 활력"을 가진 존재임을 경험할 수 있었다(Shilling 2003: 115). 동시에 멜빈의 공감 능력과 타인에 대한 배려심도 커졌다. 그가 어려운 형편의 청소년들에게 긍정적인 역할

모델로 활약하게 됨에 따라 그가 새로이 갖게 된 신체상은 남자다운 자기효능감을 성취하는 새로운 길을 열어 주었다.

멜빈과 비슷하게 매트 샌포드(Matt Sanford 1965년생) 역시 후천적으로 장애를 갖게 되었다. 그는 14세 때의 교통사고로 척수가 손상되어 가슴 이하가 모두 마비되었다.[3] 멜빈과 달리 매트는 긴 회복 기간을 보낸 후 자신이 사고 이전에 다녔던 미네소타 주 덜루스(Duluth)의 중학교로 돌아왔다. 7학년 대부분의 수업을 놓치긴 했지만, 8학년 진급이 허락되어 친구들과 같은 학년으로 올라갈 수 있었다. 매트는 영리한 아이였고, 제대로 진도를 따라잡는 데 약 1년이 걸리긴 했지만 "잃어버린 시간을 보충"할 능력을 가지고 있었다(Sanford 2006: 132).

원래 인기가 많았던 매트는 학교를 떠났다가 돌아온 후에도 이전 친구들과 변함없는 관계를 유지했다. 차이가 있다면 이전에는 걸어 다녔던 장소를 이제는 바퀴를 굴려서 가고, "화장실 변기 대신 다리에 부착된 비닐주머니에 소변을 보는" 것뿐이었다. 그는 "우리는 떼 지어 몰려다녔다. 덜루스의 가파른 언덕을 올라갈 때면 내 친구들은 번갈아 휠체어를 밀어주었고 내리막에서는 휠체어 뒤에 서로 올라서려고 실랑이를 벌이곤 했다."(pp. 132-133) 매트는 친한 친구들을 많이 가진 것도 정말 행복한 일이지만, 사고로 인해 외모가 그리 많이 손상되지 않은 것이 정말 다행이라고 생각하고 있었다.

그냥 보기에 나는 보통 아이들과 똑같아 보였고 다만 휠체어에 앉아 있을 뿐이었다. 이것이 인기를 더 많이 얻게 해 주었다. 휠체어가 복도에 서 있는 아이들의 뒤꿈치를 치는 사고가 있긴 했지만, 그것을 제외하면 나는 아이들에게 흉측한 존재가 아니었다. 대부분의 경우, 주변

---

3) 그 사고로 매트의 아버지와 누나는 사망했다.

사람들은 내 곁에 있는 것을 불편하게 여기지 않았다.

나에게 유리하게 작용한 또 다른 점은 (사고 전에) 내가 나름 유명 인사였다는 점이다. 7학년으로 공부한 시간은 채 석 달이 되지 않았지만, 그동안 친구가 많이 생겼다. 학생회장으로 선출되기도 했고, 학교 대표 소프트볼팀과 농구팀 모두에 뽑힌 유일한 7학년 학생이기도 했다. 친구들은 "끔찍한 교통사고"를 당한 그 아이가 돌아오기를 기다렸고 받아들일 준비가 되어 있었다(pp. 132-133).

그러나 학교의 물리적 장벽에 적응하는 것은 또 다른 일이었다. 교실은 3층에 있는데 엘리베이터가 없어서 매트의 친구나 보조교사가 휠체어를 뒤로 기울여 앞바퀴를 든 채 계단을 하나씩 오르내려야 했다.

교실에서도 상황은 그리 나을 게 없었다. 휠체어를 이용하는 학생에게 맞는 책걸상 세트가 하나도 없었던 것이다. 학교 관리자는 휠체어 바퀴를 아래로 넣고 필기 공간을 가질 수 있는 책상 2개를 찾아냈다. 나는 그 책상이 가장 요긴할 두 과목으로 대수와 영어를 골랐다. 각 교실의 앞쪽 구석에 놓인 그 특별한 책상에 앉을 때마다 내가 너무 튀어 보일 것 같다는 느낌을 갖지 않으려 애썼다. 그 외의 수업에서는 무릎에 노트를 놓고 필기를 했다.

학교 화장실 중 휠체어 사용자에게 맞는 것은 하나도 없었다.

그래서 내가 가장 스트레스를 느끼는 문제, 즉 대소변을 조절하는 일이 더 복잡해졌다. 나는 아직 하반신 마비에 익숙해지지 못했고, 내 몸의 새로운 리듬을 찾지 못했다. 그 결과로, 많은 배변 실수를 했다. 시도 때도 없이 다리 사이에 커다랗게 젖은 부분을 보게 되었고, 더 끔찍했던 건, 나도 모르게 옷에 대변을 본 걸 알아챘을 때였다. 이런 사고가 너무나 자주 일어나서 엄마는 항상 대기 상태셨다. 엄마가 어디에 있든 나는 엄마를 찾아내야 했고, 엄마는 바로 와서 나를 집으로 데려가 씻기고 옷을 갈아입힌 후 다시 학교에 데려다 주셨다(p. 143).

고등학교와 그 이후 대학에 다닐 때 매트에게는 "한결같은 여자친구"가 있었는데, 너무나 한결같은 친구였다. 지금 와서 생각해 보면, 여자친구가 전혀 없는 것보다는 그게 훨씬 나았다(p. 144). 처음에 그는 마비 때문에 성관계에 문제가 생길까 봐 두려웠다. 그러나 그는 다른 방식으로 자신의 매력을 검증받겠다고 결심했다.

나는 여자아이들과의 관계를 좀 더 성숙하고 의미 있게 만들어 보려고 노력했다. 나는 대부분의 십 대들에 비해 경청하고 배려하고 공유하고 웃는 것을 더 잘했다. 여자친구가 될 가능성이 있는 여자아이들을 볼 때 예쁜 외모뿐 아니라 깊이가 있는 사람인지를 선택적이고 직관적으로 살펴보았다. 이런저런 우여곡절을 거쳐 결국 나는 휠체어를 탄 소년과 데이트를 할 준비가 전혀 되어 있지 않았던 한 소녀를 따라다니게 되었는데, 내 접근의 문제점은 내 또래 아이들에 비해 너무 진지한 관계를 추구했다는 것이다. 결국 나는 고등학교 시절에 누려야 할 재미를 꽤 놓친 것 같다.

나는 이 시기에 성적으로도 활발했다. 아주 엄청난 섹스라고 할 수는 없겠지만, 십 대 청소년으로 그 이상인 아이도 별로 없을 것이다. 다소 서툴기도 했고, 내가 가진 특이함에 대해 파트너와 많은 대화를 하지 않을 수 없었다. 이 나이의 아이들뿐 아니라 누구라도 섹스에 대해 이야기하는 것은 어렵다. 그러나 하는 수 없이 나누게 된 이 대화는 나의 섹슈얼리티에 새로운 발판을 놓아 주었다. 내게 섹스는 욕망에 차서 남몰래 하는 그 무엇이 아니라, 미리 계획하고 생각하고 논의해야 하는 것이었다. 몇 번에 불과한 초기 경험만으로 나는 평생 마음에 담아 둘 어떤 것을 배우게 되었는데, 그중 하나는 성적 표현이 육체뿐 아니라 친밀함을 함께 탐색하는 과정이라는 점이다. 내 척수손상이 초래한 결과 중 하나는 성기의 결합으로 이루어지는 섹스의 핵심 역할을 덜 강조하게 되었다는 점이다. 나는 여전히 그것을 할 수 있고, 또 즐기지만, 성적 친밀함에는 두 다리 사이의 육체적 감각이 폭발하는 것보다 훨씬 더 많은 것이 있음을 배웠다. 만약 내 몸이 마비되지 않았더라면 이것을 지금처럼 깊이 있게 알지는 못했을 것이다(pp. 144-145).[4]

추가 탐구

Box 5.3 장애와 청소년 교정 체계

여러 연구들은 미국 내에서 소년범 판결을 받고 청소년 교정 체계(Juvenile Justice System, JJS)에 감금되는 청소년들 중 학습장애와 정서장애를 가진 청소년들이 지나치게 높은 비율을 차지한다고 지적한다. JJS에 감금된 장애 청소년의 숫자를 알아보는 연구들은 각기 다양한 결과를 제시하는데, 이는 각 연구마다 장애를 정의하는 기준이 다르기 때문이다. 킴벌리 모리스(Kimberly Morris)와 리처드 모리스(Richard Morris)(2006)의 문헌연구에 의하면, 장애진단을 받고 JJS에 있는 청소년의 비율이 연구에 따라 작게는 28%에서 많게는 58%에 이른다고 한다. 이 문헌연구는 또한 JJS에 있는 장애 청소년 중에는 학습장애를 가진 청소년이 가장 많고

---

4) 마비로 인해 생식기에 아무 감각을 느끼지 못하는 남성이어도 반사에 의한 발기는 가능하다(Hockenberry 1995).

Box 5.3 장애와 청소년 교정 체계 (계속)

그다음으로 정서장애, 지적장애 청소년이 많음을 발견하였다. 크리스토퍼 말렛(Christopher Mallett 2013)의 문헌연구는, 청소년이 비행을 저지를 "위험에 놓이게" 하는 장애 관련 요소가 아동기 학대나 정신건강 문제와 같은 다른 위험 요인들과 높은 상관관계를 갖기 때문에 JJS에 감금되는 청소년의 수를 설명하려면 이러한 여러 요인들을 함께 고려해야 한다고 제언한다.

　　모리스(Morris)와 모리스(Morris)(2006)는 JJS에 있는 장애 청소년의 비율이 지나치게 높은 이유를 설명하는 3개의 가설을 찾아내었다. 첫째, **학교실패 가설**에서는 학생이 장애로 인해 학교에서 실패하게 됨에 따라, 거절당한 느낌, 좌절감, 낮은 자존감을 갖게 되어 비행에 관여한다고 본다. 둘째, **민감성 가설**에서는 학교에서의 실패가 하나의 요소이기는 하지만 학교 실패 자체가 비행으로 이어지는 것은 아니며, 신경학적·지적 손상으로 인해 판단력이 부족하고 과잉행동 충동성이 높은 탓에 비행에 관여한다고 본다. 셋째, **차별대우 가설**에서는 장애 청소년이 비장애 청소년에 비해 비행을 더 많이 하는 것이 아니라 학교, 법의 집행, 공공기관 등이 장애 청소년을 더 엄하게 다루기 때문에 JJS 처분을 더 많이 받게 된다고 본다. 모리스와 모리스는 현재까지의 연구들이 상반된 결과를 제시하고 있기 때문에 장애 청소년의 비행에 관련이 있는 요소와 장애 청소년의 비행을 막을 수 있는 요소를 구분하기 위해 더 많은 후속연구가 필요하다고 주장하며 논문을 맺고 있다. 이들은 또한 JJS의 관할과 감독을 받고 있는 장애 청소년을 위한 교육 서비스와 정신건강 서비스가 지속적으로 필요함을 강조하였다.

성인기로의 전환

청소년기와 성인기는 명확히 구분되는 상태가 아니라 사회적으로 구성된 개념이라고 이해하는 것이 최선이다. 따라서 이 두 시기 간의 전환은 애매한 면이 있다. 한 개인이 법적으로 성년이 되어도(미국의 경우, 일반적으로 18세) 많은 이들이 고등학교를 졸업한 후 오랜 기간 교육을 받기 때문에 부모에게 의존하는 상황이 지속되곤 한다.[5] 최근에는 성인기로의 완벽한 전환이 과거보다 더 오래 걸려서 20대를 훌쩍 넘긴다. 수 캐이턴(Sue Caton)과 캐럴린 케이건(Carolyn Kagan)(2007)은 일반적으로 거쳐야 하는 인생 사건들의 "전형적인" 순서를 제시하기가 갈수록 어려워지고 있다고 주장한다. 예를 들면, 많은 20대들이 처음으로 집을 떠났다가 다시 부모의 집으로 들어오고 나가기를 반복하고, 대학을 가기 전에 일정 기간 취업을 하기도 하며, 직장과 대학을 동시에 다니기도 하고, 결혼 전에 아이를 낳기도 하며, 아이를 키우면서 학교를 다니기도 한다.

성인기로 전환하는 장애인이 직면해야 하는 특별한 어려움들은 바로 이런 맥락에서 고려되어야 한다. 1973년 「재활법」(Rehabilitation Act)의 규정을 확장한 1992년 「재활법」 개정안에 따라 이 법의 수혜자격을 가진 사람들은 진로상담, 직업훈련, 배치 서비스, 이동 서비스, 장비와 공학보조도구, 보장구를 제공받을 분명한 권리가 있다(Butterworth and Kiernan 1996). 그러나 많은 경우 장애인과 그 가족은 이런 서비스를 찾고, 신청하고, 활용하는 것이 어렵다고 말한다. 고등학교 전환 경험에 대한 연구를 수행한 발레리 라이터(Valerie Leiter 2012)의 연구 참여자 중

---

5) 비장애 청소년의 89%, 경도장애 청소년의 79%가 고등학교를 졸업하는 데 비해, 중도장애 청소년의 65%만이 고등학교를 졸업한다(Hogan 2012).

한 명은 고등학교 상담교사로부터 받은 도움이 부족했다는 점에 대해 특히 비판적이었는데, 고등학교에서의 마지막 학년 동안 상담교사와 한 번이라도 대화를 해 본 학생이 전체의 25%도 되지 않는다고 하였다.[6] 대학에 진학한 장애학생들의 경우, 고등학교 시절에 받았던 교육 서비스가 더 이상 제공되지 않고 대학 내 시설에 대한 물리적 접근이 불가능한 것으로 나타났다. 졸업 후 바로 취업을 하려던 학생들도 유사한 장벽에 부딪혔는데, 이 직장들은 장애인의 고용에 거는 기대가 비장애인의 고용에 거는 기대에 비해 훨씬 낮았다.[7] 이처럼 모든 청소년에게 공통적으로 나타나고 있는 전환기의 장기화는 장애인에게 더욱 극명하게 나타난다. 더구나 장애 정도가 심한 젊은이들은 독립적 주거생활, 결혼, 자신의 가정 꾸리기 등을 할 수 있는 가능성이 매우 낮다(Caton and Kagan 2007; Marshak, Seligman, and Prezant 1999; Wedgwood 2011).

　대학에 재학 중인 장애학생은 미국 내 학부생의 11% 이상을 차지하는데(National Center for Education Statistics 2009), 이들 중 자립생활을 위해 활동 보조인을 활용하는 학생들은 독특한 일련의 어려움을 겪게 된다. 니키 웨지우드(Nikki Wedgwood 2011)의 연구에서 생애사가 소개되었던 엘라(Ella)의 예를 살펴보자. 엘라는 팔다리가 없이 태어났는데, 오로지 다리 한쪽에만 일부분이 남아 있었다. 그녀는 활동 보조인의

---

6) 별로 놀라운 일은 아니지만, 사립고등학교를 다니는 특권층의 학생들과 가족들은 이보다 훨씬 긍정적인 경험을 보고한다.

7) 노동시장에서 성공적으로 살아남기가 어려운 장애인들에게는 유급 보호고용(sheltered employment)도 하나의 선택이 될 수 있다. 보호고용은 책임을 줄여 주고 작업 속도를 늦춰 주며 노동시간을 단축하는 등과 같이 좀 더 장애인을 보호하는 환경을 제공한다. 보호고용은 사설기관, 비영리 기관, 자원봉사단체 등에 의해 운영될 수 있으며, 세차, 청소 서비스, 요식 서비스 등의 상업이나 도급 기업을 포함할 수도 있다. 보호고용은 또한 참여자(장애인)가 정규직이 되는 데 필요한 기술을 배우는 장으로도 활용될 수 있다(Krapa 2006).

도움을 받아 자립생활을 하고 있었다. 그러나 대학을 다니는 동안, 약속 시간에 나타나지 않거나 자신을 적절하게 돌보지 않는 활동 보조인들 때문에 매우 고생을 했다(일례로, 하루에 화장실을 딱 세 번만 데려간 활동 보조인 때문에 그녀는 요로감염에 걸렸다). 이 문제를 해결하기 위해 엘라는 새로운 활동 보조인 중개 기관을 찾았지만, 여전히 문제는 발생했다. 사실 엘라가 대학에 계속 다닐 수 있었던 것은 남동생 댄(Dan)이 같은 학교에 다니고 있었고, 엘라의 바로 위층에 살고 있었던 덕분이었다. 엘라는 활동 보조인이 자신을 "침대에서 일어나도록 도와야 할 아침 시간에 나타나지 않을 때", 댄의 도움을 받아야 했다고 말했다(p. 444). "제가 화장실에 가야 하는 등의 상황이 발생했을 때 댄은 저를 옮겨 주었어요. 리프트가 고장나면 저를 들어서 옮겨 준다든지 하는 식으로요." 엘라는 자신이 중증 장애인들의 선구자라 생각하며 스스로 자랑스러웠고, 인생에서 이루고 싶은 것이 정말 많았다고 말했다. 그러나 지금의 그녀는 이렇게 생각한다. "선구자는 무슨 놈의 선구자! 모두 턱없는 소리야!"(p. 444)

한편, 또 다른 장애 대학생들은 좀 더 긍정적인 경험을 보고한다. 에이미 블레일(Amy Bleile)이 고등학교 졸업을 준비할 때 상담교사는 그녀에게 "한계를 배울 줄도 알아야 한다."며, 장애가 있으니 고등학교 졸업 후의 옵션으로 대학을 고려하지 말라고 했다(Berger 2009b: 79). 그러나 에이미는 이 충고를 무시하고 인근에 있는 더뷰크의 클라크 대학교(Clark College)에 등록했으며, 첫 학기를 매우 잘 해냈다. 그 즈음 에이미는 위스콘신 주에서 온 한 학생을 수업에서 만났는데 그 학생은 위스콘신 대학교 화이트워터 캠퍼스(University of Wisconsin-Whitewater, UWW)에 대해 이야기해 주었다. 그 친구는 화이트워터 캠퍼스가 위스콘신 대학교의 여러 캠퍼스 중에서도 장애학생을 위한 서비스 제공을 특별한 미션으로 삼는 접근성이 완벽한 대학임을 알려 주었다. 이 캠퍼스는 물리적 접근성도 훌륭하지만, 장애학생지원센터를 설치하여 학업과 진로 상담, 수업 보조, 이동 지원, 정보와 지역사회 기관과의 연계, 여가와 스포츠 기회를 포함한 다양한 특별 서비스를 제공한다고 하였다. 이 센터는 한 해에 700여 명의 장애학생(총 재학생의 6% 정도)에게 서비스를 제공하고 있었다(Berger 2009b).

　　UWW 캠퍼스에 도착한 에이미는 이렇게 많은 장애학생이 존재하는 환경에서 지내게 된 것에 감격했다. 과거의 자신과는 달리 이제 더 이상 "혼자"가 아니라는 것은 매우 신나는 경험이었다. 그러나 그녀는 재학 중인 장애학생들이 다양한 여러 개의 집단으로 나뉘어 있다는 데 다시 한번 놀랐다. 그녀는 휠체어 농구를 배워 여성 아마추어팀으로도 활동하고, 남성팀에서 활약하는 선수들과도 친해졌다. UWW의 남성 휠체어 농구 프로그램은 미국 내 최고 프로그램 중 하나이며, 미국뿐 아니라 전 세계로부터 장래가 촉망되는 정예 선수들이 와서 각자의 국가대표팀에 뽑히기 위해 기량을 갈고 닦는 곳이었다. 에이미는 어떤 남자 선수들이 전동 휠체어를 사용하는 심한 장애를 가진 학생에 대해 비난하는 투로 말하는 것을 듣고 깜짝 놀랐다. 에이미는 UWW에 오기 전에는 전동 휠체어를 사용하지 않았지만, UWW 캠퍼스에 도착한 이후로는 전동 휠체어를 사용했다. 에이미는 이에 대해 다음과 같이 말한다.

> 캠퍼스가 정말 컸어요. 여기서는 수동 휠체어를 밀고 다니는 게 불가능했죠. 여러 선수들이 저에게 이런 말을 했어요. "네가 아니었다면, 전동 휠체어를 타는 사람들을 계속 오해하고 살았을 거야." 그들은 우리(전동 휠체어 사용자)가 게을러서 편하게 살려고 전동 휠체어를 사용한다고 생각했지만, 사실 전동 휠체어는 자립생활의 핵심이에요. 또 다른 사람들은 이렇게 말했어요. "운동선수들은 모두 다 무식한 줄 알았어." 그 사람들은 저와 관계를 맺고 싶어 하지 않았어요. 아마도 제가 장애인이 아닌 것처럼 보이려 애쓴다고 느꼈기 때문인 것

같아요. 또 제가 운동을 한다는 이유로 다른 장애인들에게 우월감을 갖고 있다고 생각한 것 같아요. 그러나 몇몇 운동선수들을 만나 본 후 그들은 이렇게 말했어요. "운동선수들도 정말 좋은 사람들인 걸 알게 됐어. 정말 열심히 사는 사람들이네."(Berger 2009b: 81)

에이미는 "양쪽이 모두 서로에 대해 고정관념과 잘못된 생각을 가지고 있는데, 용감하게 나서서 대화를 이끌어 갈 누군가가 없다면 이것은 정말 큰 문제가 될 수 있다."는 믿음하에 자신을 "중도"(the middle ground)에 서 있는 사람으로 보게 되었다(Berger 2009b: 81-82). 그러나 에이미는 휠체어를 사용하는 여성과 데이트하기를 거부하는 남자 선수들을 만난 적이 있는데, 그 남자들은 자신들이 휠체어를 사용하는 여성에게 "너무 과분"하다고 느끼는 것처럼 보였다.

(제가 휠체어를 사용하기 때문에) 저랑 데이트를 하지 않겠다는 남자들이 있어요. 참 웃기죠. 여기서 운동선수로 뛰던 친구가 하나 있는데, 그는 휠체어를 탄 여자와는 절대 데이트하지 않겠다던 사람이었어요. 그 사람과 제가 친구가 된 후 그가 제게 말했어요. "네 덕분에 생각이 바뀌었어." 그 사람은 작년에 휠체어를 탄 여성과 결혼했어요. 그가 말했죠. "에이미, 바른 길을 알려 줘서 고마워."(Berger 2009b: 82)

로널드 버거(Ronald Berger 2009b)는 장애를 가진 일부 성인 남성들이 장애를 가진 여성과 거리를 두는 것은 사회적 낙인을 가진 자신의 상태를 거부하려는 것이라고 보았다. 이렇게 함으로써 장애를 가진 남성에게 부재할 것으로 여겨지는 남성적인 힘과 특권을 유지할 수 있으리라고 생각하는 것이다. 반면에 이 문제에 대해 다른 관점을 가진 남학생들도 있다. 예를 들면, 휠체어를 사용하는 존 프레이저(Jon Fraser) 역시 휠체어를 사용하는 여성과 데이트하기를 주저하지만, 그 이유는 두 사람이 모두 장애를 가지고 있고 특히 둘 중 어느 한 사람의 장애가 더 심할 경우 관계가 힘들어질 수 있다고 생각해서다. "저는 걷거나 기는 것조차 할 수 없는 여성과 데이트를 한 적이 있어요. 그녀는 자신의 휠체어에 앉거나 휠체어에서 나오는 것도 어려워했죠. 저 역시 휠체어를 타고 있으니 제가 그녀를 위해 해 줄 수 있는 게 많지 않더라고요. 저로서는 신체적으로 문제가 없는 사람과 함께 있는 편이 훨씬 나을 수밖에 없지요." (Berger 2009b: 138)[8] 4장에 등장했던 매트 글로와키(Matt Glowacki)도 바깥세상이 휠체어를 이용하는 두 남녀가 데이트하는 것을 허락지 않는다고 푸념한다. "둘만 있을 때는 대부분의 경우 별 문제가 없어요. 그러나 공공장소에 나가면 사람들은 저희를 쳐다볼 뿐 아니라 믿을 수 없을 정도로 어리석은 행동을 하죠. 한번은 식당에서 한 남자가 저희에게 와서 이렇게 말했어요. '당신들 여기서 뭐 하는 거요? 휠체어를 서로 이렇게 부딪히면서 섹스라도 하려고요?' 저는 매일 끔찍할 정도로 인내심을 발휘하며 살아야 해요. 저와 저의 연애가 이런 시련을 겪어야 할 이유가 없어요."(p. 138)

매트 역시 신체적 장애가 없는 여성과 데이트하는 것이 어떤 느낌인지에 대한 의견을 제시한다. "연인 사이에서 장애가 문제가 될 것인지 아닌지는 공공장소에 나갔을 때 쉽게 알 수 있어요." 매트는 지금 자신이 사귀는 여자친구가 공공장소에서의 상황에 익숙해지는 데는 시간이 꽤

---

8) 휠체어를 사용하는 또 다른 남성은 두 장애인이 직면하는 현실적 장벽에 대해 다음과 같이 말했다. "외식을 하러 나가려면, 두 대의 택시를 예약해야 하겠지요. 휴가를 떠나는 일은 완전히 악몽이에요. 일단 휠체어가 들어갈 수 있는 샤워실을 갖춘 숙소를 찾아야 하는데 이건 거의 불가능이죠. 더구나 두 명의 활동보조인을 데리고 가는 비용을 생각해 보세요……."(Shakespeare, Gillespie-Sells, and Davies 1996: 94)

걸렸다고 말했다. 그러나 "그녀는 결국 신경을 안 쓰게 되었어요. 사실
신경을 써도 별로 달라지는 게 없다는 걸 깨달은 거죠." 그러나 매트는
"정말 따뜻하고 자비로운 여성이라야 저 사람(역자주: 휠체어를 탄 저 남
자)을 사랑한다고 말할 수 있다."(p. 138)는 점을 부인하지 않았다.

직업의 세계

앞서 우리는 장애인이 빈곤층과 미취업층에서 다수를 차지한다는
것과 미국 장애인의 취업률이 일반 성인 취업률에 비해 40% 이상 낮다
는 점을 언급했다(2장 참조). 일반적으로, 유색인종에 속하는 장애인과
여성 장애인의 경제적 전망은 더욱 냉혹하다. 취업을 한 경우에도 장애
인은 "임금이 낮은 서비스 직종에 다수가 종사하고, 소수만이 보수가 높
은 관리직과 전문직에서 일한다."(Wilson-Kovacs et al. 2008: 705)

연구들은 고용주들이 자격을 갖춘 장애인이라 해도 채용하기를 주
저하는 몇 가지 이유를 제시하였는데, 이러한 이유들은 장애인의 자격
사항보다는 장애인에 대한 고용주의 인식과 관련이 있었다. 예를 들면,
고용주들은 장애를 가진 사원들이 높은 수준의 직업 생산성을 유지할 수
있을지 확신하지 못하고, 비장애인 못지않은 직업윤리와 승진에 대한 의
지가 있는지를 의문스러워하는 경향이 있다. 고용주들은 또한 장애인 근
로자들이 "결근을 자주 하고 사람들과 잘 어울리지 못할 것"이라고 생각
하며, 건강 보험과 접근성을 갖춘 작업 환경 제공에 드는 비용을 걱정한
다(Wilson-Kovacs et al. 2008: 706; Baker 2011; Cunningham, James,
and Dibben 2004; Stevens 2002).

아주 어렸을 때 소아마비를 앓았던 사라 레인(Sara Lane)은 대학에
서 언론학을 전공했는데, 그녀를 가르친 교수들 중 일부는 휠체어에 의

존해야 하는 그녀의 처지를 고려할 때 방송 리포터가 되기는 어렵다고 판단하고 "그녀가 별로 하고 싶지 않았던 사무직인 편집자"로 자리를 잡으라고 권했다(Engel and Munber 2003: 23). 사라는 대학 졸업 후 얼마간 편집자로 일했지만, 결국은 리포터가 되려 했던 자신의 꿈도 이룰 수 있었다. 다년간 그녀가 만난 고용주들 중 일부는, 접근 가능한 화장실과 별도의 주차 공간과 같이 그녀가 필요로 하는 편의시설을 제공하는 데 매우 협조적이었지만, 어떤 고용주들은 그렇지 않았다. 후자의 경우에도 사라는 「미국장애인법」(Americans with Disabilities Act, ADA)으로 보장되는 법적 권리의 주장을 망설였는데, 그렇게 하면 그녀가 "정상적인" 전문직 여성이 아니라 의존적인 사람이라는 인상을 심게 되어 결국 승진과 출세의 기회를 잃을 것 같아서였다.

비슷한 사례로, 스키 사고로 마비장애를 갖게 된 시드 테글러(Sid Tegler) 역시 자신이 고도로 숙련되어 있었던 직업인 세무사로서의 고용 가능성에 회의적인 사람들을 만났는데, 이는 세무사 일을 하다 보면 실제 현장에 나가 고객을 만나야 하거나 그 시설을 조사해야 할 수도 있기 때문이었다. 그를 면접한 한 고용주는 시드의 조직 적응 가능성과 장애를 가진 세무사에게 보일 고객의 반응을 걱정하기도 했다. 시드는 결국 이런 편견 가득한 태도에 구애받지 않으려고 혼자 개업을 하기로 했다 (Engel and Munger 2003).

사라나 시드와는 달리, 짐 바거스(Jim Vargas)의 학습장애는 고용주들의 눈에 바로 보이는 것은 아니었다. 그러나 이러한 비가시성은 공인 자격증을 가진 물리치료사로서의 그의 일에 특별한 어려움을 야기했다. 고객에게 물리치료를 하는 것은 짐에게 아무 문제가 되지 않았으나, 물리치료사가 작성해야 하는 서류 작업을 제대로 하는 것은 그에게 매우 어려운 일이었고, 그는 이 서류를 완성하기 위해 보수 없이 추가 근무를 해야 했다. 학습장애에 대한 조정이 모두 가능했던 대학에서의 경험과 달리, 짐은 고용주에게 자신의 장애를 드러내고 싶지 않았다. 그는 「미국장애인법」에 보장된 조정(그의 경우에는 속기사와 속기 장비의 지원)을 받을 권리가 있었지만, 이를 요구하기를 주저했다.[9] 그러나 장애에 대해 함구하는 것은 고용주로 하여금 그가 유능한 물리치료사가 되기에는 전문성이나 적성 또는 지적 능력이 부족하다고 생각하게 만들 위험이 있다. 짐은 자신의 학습장애를 숨기는 방식으로 이 딜레마를 풀어 보려 했고, 역설적이게도 결국에는 "그가 필요로 했던 조정이 없이도 일을 해낼 수 있다는 것"을 입증해 보였다(Engel and Munger 2003: 128).

파멜라 리드 깁슨(Pamela Reed Gibson)과 아만다 린드버그(Amanda Lindberg)(2007)는 대기 중에 있는 소량의 자극적 물질에도 화학적 과민성을 보이는 고용인들이 직면하는 문제들을 연구하였다. 이들의 과민성은 경미한 정도부터 생명을 위협하는 정도까지의 다양한 알레르기 반응을 유발하며, "호흡계, 소화계, 신경계, 내분비계, 근골격계, 또는 심혈관계"를 포함하는 신체 체계에 영향을 준다(p. 719). 깁슨과 린드버그는 고용주로부터 이러한 과민성에 대한 편의 제공을 거부당한 사람들을 면담하였는데, 그들이 당한 거부 중 일부는 명백한 「미국장애인법」 위반이었다. 화학 회사에서 일했던 여성은 "화학 회사에서 월급을 받는 사람이 화학물질로 인해 몸이 아프다니, 일종의 이해관계 충돌이

---

9) 법적 맹인이지만 약간의 잔존 시력을 가진 베스 오만스키(Beth Omansky 2011)는 파이 가게에 취직하려고 지원을 할 때 자신의 장애에 대해 말하지 말라는 재활상담사의 권유를 받았다고 말했다. 채용이 확정된 후 그녀는 고용주에게 자신의 시각장애에 대해 말하고 두 가지의 편의 제공(메뉴를 확대 출력해 주기, 정확하게 재료를 계량하고 온도를 조정할 수 있도록 재활상담사가 만들어 줄 점자 표시를 파이 굽는 도구들에 부착하게 해 주기)을 요청했다. 그녀의 고용주는 처음 제시한 급여에서 시간당 50센트씩 삭감한 후에야 이 요청을 수락했다. 오만스키는 이것이 그녀의 법적 권리에 반하는 것이라고 생각했지만, 급여 삭감을 받아들였다. 그곳에서 일한 1년 반 동안, 그녀와 비장애인 동료들의 급여 격차는 계속되었다.

군요(역자주: 화학 회사 덕분에 생계를 유지하는 것이니 화학물질로 인해 아프다는 불평을 해서는 안 된다는 의미임)."라는 말을 듣기까지 했다 (p. 726). 종교단체에서 일했던 다른 여성은 "몸이 아픈 것은 부정적인 생각을 해서이며, 기운을 내기만 하면 증상이 사라질 것이라는 목사의 타이름을 들었다."(p. 726) 화학적 민감성을 가진 근로자들은 "경멸하는 눈짓, 지긋지긋해하는 표정, 언어 폭력, 과도한 향수 사용, 출입문 주위에 향수 분사, 화학물질이 정말 그 사람을 아프게 하는지를 알아보려는 다양한 방식의 시험, 마스크를 쓰는 것에 대한 비웃음, 배척"(p. 717)을 포함한 일련의 모욕을 당해야 했다. 보건업에 종사했던 한 사람은 의료기관장이었던 의사로부터 정신병이 있는 것 같다는 말까지 들었다. 또 다른 근로자는 관리자가 실제로 자신의 얼굴에 스프레이 세제를 뿌린 적도 있다고 하였다.

로버트 윌튼(Robert Wilton 2008)은 서비스 분야 종사자에 대한 연구에서 유사한 문제를 논의하였다. 만성적 허리통증을 가진 한 근로자는 판매직의 특성상 하루 종일 서서 일해야 하는데, 자신에게는 그것이 매우 어려운 일이며 손님이 없을 때만이라도 가끔씩 앉아야 하나 실제로는 주변에 상급자가 없을 때만 앉을 수 있다고 말했다. 겉으로 보기에는 괜찮아 보이지만 규칙적으로 휴식을 취해야 하는 몸 상태를 가진 또 다른 근로자는 동료들로부터 자신의 장애가 정말인지에 대한 의심을 받기도 했다. 그녀는 이렇게 말했다. "사람들은 제가 게으르다고 생각해요. '당신이 어떻게 장애인인 거죠?' 저는 계속 저 자신을 방어해야 해요."(p. 369) 청각장애를 가진 근로자들 역시, 상급자나 동료들이 말하는 것을 알아듣지 못해서 다시 한 번 말해 달라고 부탁할 때 "당신이 못 알아듣는 게 우리 잘못은 아니잖아요."라거나 "아이고, 이 사태를 어떡해야 할까요."(p. 369) 등과 같이 불쾌해하는 반응을 경험한다고 한다.

말라 나래인(Mala Naraine)과 피터 린제이(Peter Lindsay)(2011)도

시각장애를 가진 근로자에 대한 연구에서 이들의 직업적 성공을 방해하는 사회적 고립을 기록하고 있다. 고용주가 편의시설을 갖춘 작업 환경을 마련해 준 경우에도 시각장애를 가진 근로자들은 다른 근로자들과 관계를 맺는 것, 퇴근 후에 어울리는 것, 직장 문화에 적응하는 데 도움이 될 업무 관련 사교 행사에 참여하는 것 등에 어려움을 가지는 경우가 많았다. 한 여성은 자신의 직장은 접근 가능(accessible)한 반면, 포틀럭 파티(역자주: 참여자들이 각기 음식을 가지고 오는 만찬)와 같은 근로자들의 사교 모임은 접근 불가능(inaccessible)이라고 말했다. 또 다른 여성은 행사장에 걸어 들어가도 사람들의 얼굴을 알아볼 수 없으므로 직장 동료들에게 있으나 마나 한 존재가 되어 버린다고 말했다. 또 다른 여성은 자신이 몸짓 언어를 보고 해석하지 못하기 때문에 종종 사회적 상황을 오해한다고 말했다. 그녀는 한 모임에서 어떤 사람에게 이야기를 하다가 그 사람이 이미 떠난 뒤인데도 혼자 이야기를 계속하고 있었던 적도 있다고 하였다.

마지막으로, 다나 윌슨-코박스(Dana Wilson-Kovacs)와 동료들(2008)은 전문직에 종사하는 장애인에 대한 연구에서 자신의 직업세계에서 승진과 출세를 추구하는 이들을 가로막는 방해물을 조명하였다. 전문직 장애인들에게 기회가 제한되는 방식 중 하나는 고용주가 난이도가 높은 작업을 배정하지 않음으로써 장애인이 자신의 숙련된 능력을 보여 줄 기회를 갖지 못하는 것이다(Jones 1997 참조). 전문직에 종사하는 한 장애인은 이렇게 말했다. "당신에게 최첨단의 것이 주어질 가능성은 그리 높지 않아요. 그래서 당신은 더 뻗어 나갈 수가 없죠. 그러다 보면 당신은 새로운 것을 배우기가 어렵지요."(p. 709) 또 다른 장애인은 이렇게 말했다. "저는 제 능력에 부칠 정도로 압박을 받거나 모든 것을 망칠 정도의 위험 수준을 가진 일을 해 본 적이 없는 것 같아요."(p. 709) 윌슨-코박스와 동료들은 "자신의 가능성을 깨닫는다 함은 일단 누군가가 자신의 가능성을 알아본다는 것을 의미한다."(p. 710)고 말했다. 고용주가 장애를 가진 근로자에게 낮은 기대를 갖고 있을 때, 이 기대는 자성 예언이 되어 버린다. 한 장애인은 이렇게 말했다. "그 건물에 휠체어를 타고 들어갔다는 사실만으로 당신의 참여가 보장되는 것은 아닙니다."(p. 712)

성적 및 정서적 친밀감

앞서 청소년기와 성인기 전환에 대한 논의에서 데이트와 성에 대한 약간의 쟁점을 미리 다루었다. 이 절에서는 성과 정서적 친밀감의 문제를 좀 더 깊이 생각해 보자. 비장애인은 종종 장애인의 성에 관해 궁금해한다.

<오프라 윈프리 쇼>에 소개된 한 이야기에 대해 존 호켄베리(John Hockenberry 1995)가 관찰한 바를 떠올려 보자. 사고로 인해 장애를 입게 된 남편을 둔 아내에게 윈프리는 이렇게 질문했다. "남편이 그건 할수 있나요?"(2장 참조) 그러나 많은 경우에, 일반인들은 장애인이 무성적(無性的)이라고 보는 경향이 있으며, 비장애인이 장애인을 성적 파트너로 선택하는 것을 잘 상상하지 못한다. 원래는 비장애인이었지만 나중에 장애를 갖게된 배우자의 곁을 비장애인 배우자가 지키는 것과 비장애인이 장애인과 새로이 친밀한 관계를 맺는 것은 완전히 다른 문제다 (Hockenberry 1995; Rainey 2011; Shakespeare, Gillespie-Sells, and Davies 1996).

이러한 사회적 태도를 이미 내면화하고 있는 장애인들은 자신의 신체상으로 인해 자주 고민하며, 과연 다른 사람들이 자신을 성적으로 매력 있는 파트너로 봐 줄지 의심한다(Mairs 1996; Rapp 2007). 비장애인들도 물론 이런 고민을 한다. 그런 이유로, "가질 수 없지만 사회적으로

선호되는" 표준 이미지로 자신의 몸을 개조하는 성형수술에 대한 관심이
높은 것이다(2장 참조). 그러나 표준이 널리 신봉되는 상황은 장애인들에
게 특별한 어려움을 준다. 제인 엘더 보글(Jane Elder Bogle)과 수잔 샤울
(Susan Shaul)은 이렇게 말했다. "외부 세계로부터 늘 부정적인 메시지
를 받을 경우, 자신의 몸이 자칫하면 원수처럼 느껴지게 됩니다. 우리들
대부분은 바깥에 나가려면 교정기, 목발, 휠체어, 도뇨관과 같은 몇몇 기
기에 의존해야 합니다. 이런 기기들은 따뜻하고 안아 주고 싶고 사랑스러
운 '성적으로 선호되는 사람'의 이미지와 어울리지 않지요."(1981: 92)

　　앞서 데이트에 대한 논의에서도 살펴보았듯이 비장애 여성이 장애
남성과 데이트를 하는 것이 그 반대의 경우보다는 일반적인데, 이는 전
통적으로 여성이 사회화 과정에서 좀 더 돌보는 성향을 많이 갖게 된 결
과인 듯하다(Rainey 2011; Shakespeare, Gillespie-Sells, and Davies
1996).[10] 이분척추를 가진 한 여성은 자신이 아는 한 남성 장애인과 관련
하여 이렇게 말했다. "저는 사람들과 열띤 토론을 해 본 적이 있어요. '휠
체어를 이용하는 사람과는 데이트를 하지 않겠다니, 어떻게 그런 말을 할
수 있을까요? 그 남자는 저를 좋아하면서도 제가 휠체어에 앉아 있기 때
문에 데이트를 하지 않으려 했어요.' 남자들은 자신의 여자에게 정말 높
은 기준을 적용해요. 자신의 여자가 완벽하기를 바라죠. 얼굴도 예뻐야 하
고 몸매도 좋아야 하고요."(Berger 2009b: 93) 다른 여성 장애인도 비슷한
이야기를 했다. "저는 종종 남자와 사귀려는 여성 장애인들이 매우 불리
한 위치에 있다는 걸 느껴요. 남자들은 외모 증후군에 빠져 있기 때문이
죠. 여자들은 별로 그렇지 않아요. 저는 남자를 외모로 고르지는 않아요.

10) 커플 중 한 편이 장애를 입기 전에 이미 관계가 형성된 경우, "남성이 장애를 입
　게 되었을 때는 관계가 유지될 가능성이 큰 반면, 여성이 장애를 입게 되었을 때
　는 파트너에게 버림받을 가능성이 크다."(Shakespeare, Gillespie-Sells, and
　Davies 1996: 95)

파트너 찾기의 세계에서는 장애를 가진 남성이 훨씬 유리해요."(Chapkis 1986: 151)[11] 동성애자인 한 남성 장애인은 다음과 같이 말했다.

> 그것(외모)은 저에게 영향을 미쳐요. 남자인 제가 남자와 데이트를 하는 것이 정치적으로 옳으냐 아니냐 하는 것은 여기서 중요한 게 아니에요. 예전에 저는 거의 매번 소위 비장애인과 파트너가 되었어요. 장애인과 파트너가 된 적도 있지만, 정말 가끔이었어요. 저는 아름다운 신체상이라는 것이 우리 모두에게 영향을 주었다고 생각해요. 저는 여전히 잘 생기고 키 188cm인 사람과 짝이 되고 싶어요. 물론 꼭 188cm여야 하는 건 아니지만, 착하고 잘 생기고 대머리가 아니면 좋겠어요(Shakespeare, Gillespie-Sells, and Davies 1996: 72).

그러나 장애를 가진 성적 파트너를 거부하는 것이 꼭 남자들만은 아니다. 레즈비언인 한 장애인은 다음과 같이 말했다.

> 장애를 가진 저는 클럽에서 생색내기용으로 활용되지요(역자주: 장애를 가진 레즈비언도 입장할 수 있는 클럽임을 보여 주기 위해 자신의 출입에 선심을 쓴다는 뜻). 파티에서 제가 소파나 의자에 앉아 있으면 사람들이 말을 걸지만, 제가 휠체어에 옮겨 앉으려는 순간 다들 떠나죠. 한번은 한 여성이 저에게 전화번호를 주면서 저녁을 먹으러 집에 오라고 간곡히 초대했어요. 저는 "생각해 볼게요."라고 했죠. 그후 제가 휠체어 타는 것을 보더니 그녀는 실망스러운 얼굴로 말했어요.

---

11) 그러나 또 다른 여성은 장애인 공동체 안에 존재하는 규준적 위계에 대해 지적한다. "아름다운 것과 추한 것"에 대한 이 위계에서는 "휠체어에 앉아 있지만 완벽한 외모를 가진 사람이 가장 우위에 있다."(Chapkis 1986: 19)

추가 탐구

Box 5.4 지체장애를 가진 어머니들

장애인들이 종종 무성적 존재로 고려되는 것과 비슷한 이치로, 일반인들은 장애인들이 부모로서의 책임감과 기쁨을 포기해야 한다고 생각한다(Shakespeare, Gillespie-Sells, and Davies 1996). 특히 아이의 어머니가 장애를 가지고 있을 때는 더욱 그러하다. 그러나 헤더 쿠타이(Heather Kuttai 2010)와 같은 많은 여성 장애인들은 임신과 출산으로 인해 더욱 여성스럽고 성적이며 완전해졌다고 말한다. "많은 여성들이 경험하는 어떤 것을 저도 경험하게 되었기 때문에 임신은 제가 진정한 '여성'이라고 느끼게 해 주었어요. 저는 제 몸이 임신 이전보다 좀 더 많은 사회적 가치를 '입증하고' 있다고 느꼈어요. 저는 또 긍정적인 여성성을 강하게 느꼈고 완전히 새로운 성적 감각을 경험했어요."(p. 70) 동시에 쿠타이는 자신을 인정하지 않는 시선을 감내하고, 접근성을 갖추지 못한 의료 시설을 이용하느라 고생했으며, "하반신이 마비된 몸이 임신으로 인해 어떤 영향을 받는지에 대한 관심"이 전혀 없는 산부인과 의사를 겪어야 했다(p. 67; Collins 1999; Lipson and Rogers 2000; Prilleltensky 2003).

지체장애를 가진 어머니들에 대한 문헌 연구에서 오라 프리렐텐스키(Ora Prilleltensky 2004)는 여러 연구들의 가장 보편적인 주제는 자녀의 복지에 대한 우려임을 발견했다. 연구들은 부모를 돌보는 책임 때문에 갖게 되는 벅찬 부담감이 자녀들에게 미치는 부정적 결과를 강조하고 있는데, 때로는 자녀가 부모 역할을 하고 부모가 자녀처럼 돌봄을 받는 역할의 역전(reversal of roles)이 일어난다고 한다. 동시에 저자는 이러한 부정적인 영향이 그리 심각하게 나타나지 않거나 오히려 긍정적인 영향이 나타난 가족들의 경우, 가족 상황을 숙고하고 자녀에게 지나친 부담을 지우지 않는 동시에 적절한 조정 능력을 가졌다는 특징이 있음을 발견하였다.

Box 5.4 지체장애를 가진 어머니들 (계속)

이 주제와 관련하여 수행한 또 다른 연구에서 프리렐텐스키는 지체장애 어머니의 자녀들이 "발달단계에 어울리지 않는 과도한 책임감" 때문에 힘들어한다는 증거를 찾지 못했으며, 부모들이 "자녀들을 돌봄의 부담으로부터 보호하기 위해" 노력하고 있음을 발견했다(2004: 219). 동시에 저자는 "어쩔 수 없이 부모 곁에서 돌봄을 제공해야 하는 청소년과 또래에 비해 집안일을 좀 더 많이 돕는 청소년"을 구분하였다(pp. 219-220). 이 연구에는 빨래를 돕는 7세 소녀의 사례가 나오는데, 이 경우 역시 "어머니의 장애와 관련이 되었다기보다는 자녀의 자립심과 자기효능감(self-efficacy)을 키우려고 시작된 것이었다."(p. 214) 이런 아이들의 경우, 부모를 돌보는 일을 하게 되더라도 역할의 역전은 일어나지 않았다.

전통적인 양육을 제공할 수 없는 지체장애 어머니들은 자녀를 지원할 다른 방법을 찾아냈다. 낸시 메어스(Nancy Mairs)는 자신의 회고록에서 이렇게 설명하고 있다. "따뜻한 돌봄의 전통적 형태에 대한 대안을 찾으려 노력했다. 나는 대부분의 신체적 움직임이 불가능했기 때문에 내 노력은 대부분 지적이고 정서적인 형태로 나타났다. 나는 좀 더 친밀하고 참을성 있게 듣는 부모가 되려 했고, 아이에게 정보를 제공하고 상담해 주고 용기를 주는 데 많은 시간을 할애했다."(1996: 83) 프리렐텐스키의 연구에 등장하는 또 다른 어머니도 비슷한 말을 했다. "저는 아이들이 어릴 때부터 엄마 말만 잘 들으면 엄마가 안전하게 지켜 줄 거라고 가르쳤어요. 예를 들면, 화재경보가 울렸을 때 엄마가 시키는 대로만 하면 안전할 것이고 불에 타서 죽거나 하는 일은 없을 거라고요. 저는 아이들이 아빠와 집에 있을 때는 느끼지 않을 자신의 안전에 대한 불안을 엄마하고만 집에 있게 되었다고 해서 느끼는 일이 없기를 바랐어요. 물론 제가 할 수 없는 일도 있지만, 아이들은 어떻게든 제가 일을 처리해 낼 것임을 알아요. 저는 누구에게 도움을 요청할지 또는 무엇을 해야 할지 알고 있고, 아이들도 직접 도움 요청이나 대처 행동을 하도록 가르치지요."(2004: 213)

"다시 생각해 보니 제가 다음 몇 주간 매우 바쁘네요."(Shakespeare, Gillespie-Sells, and Davies 1996: 162)

또 다른 레즈비언 장애인은 자신의 경험을 다음과 같이 설명했다.

신체가 건강하고 백인이며 중류층인 레즈비언과 게이 커뮤니티의 대다수에게 평등(equality)은 그리 최신 이슈가 아니에요. 그들에게 장애는 독립된 섹슈얼리티를 갖거나 표현하지 못하게 하는 방해물일 뿐이죠. 따라서 우리(장애를 가진 동성애자)는 "적절한" 레즈비언과 게이로 인정받지 못해요. 우리 대부분은 레즈비언이나 게이답게 보이거나 행동하거나 움직이거나 소통하지 못하니까요. 이 커뮤니티에서 우리는 아웃사이더이고 모두가 우리에게 이것을 확실하게 깨닫게 해 줘요. 보호해 주려 하거나 무심한 척해 주려는 노력으로 포장되어 그런 메시지가 드러나지 않을 수는 있지만, 우리는 우리의 부재로 인한 공간이 무엇을 의미하는지 정확히 알아요(Hearn 1991: 34).

이러한 고백들에도 불구하고, 섹슈얼리티를 부정하는 사회의 태도에 도전하는 많은 장애인들이 있다. 2장에서 우리는 "친절하고 명랑하며 활기차고, 약간은 대담하고 진취적인"(Zitzelsberger 2005: 396) 인상을 주는 자신감 넘치는 표정을 지어 안면장애를 보상하려는 여성을 언급하였다. 이와 비슷하게 또 다른 여성은 "자신의 삶을 잘 관리하고 있거나 자기주장이 분명한 이미지로 보이려고" 노력한다고 말했다(Shakespeare, Gillespie-Sells, and Davies 1996: 78). 한 남성은 이렇게 말했다. "개인적으로 저는 제 몸이 부끄럽지 않아요. 제 몸이 다르다는 사실에 이미 적응을 했고 제가 장애인이라는 사실에 자부심도 느껴요. 제 몸 덕분에 하게 된 많은 경험들은 그것이 부정적인 것이었든 긍정적인 것이었든 저를 변화시켰고 새로운 관점을 갖게 했으며 인생에 대해 특별한 생각을 하게 해 주었어요. 이 모든 것은 제가 다른 사람에게도 선물할 수 있는 긍정적인 그 무엇임을 인정합니다."(Shakespeare, Gillespie-Sells, and Davies 1996: 78-79)

이 장 초반에 나온 매트 샌포드의 예에서와 같이 신체적 마비가 있는 장애인들은 정서적이고 신체적인 친밀함을 나누는 다른 방법을 탐색함으로써 자신의 "섹슈얼리티를 새로운 기초 위에 놓으려" 노력한다 (2006: 144). 밀턴 다이아몬드(Milton Diamond)는 "성적 표현과 성적 만족의 유일하고도 만족스러운 수단은 미끄러운 질에 발기한 페니스를 삽입하는 것"(1984: 99)이라는 성에 대한 편협한 시각 없이도 장애인들이 잘 살 수 있다고 믿는다. 이러한 편협한 시각은 다음에 제시한 미리엄 코프먼(Miriam Kaufman), 코리 실버버그(Cory Silverberg)와 프란 오데트(Fran Odette)의 노골적인 서술에 잘 나타나 있다.

> 매년 개봉되는 수천 개의 주류 포르노 영화(또는 성관계 장면이 포함된 일반 영화)를 보면, 영화에서 섹스가 어떻게 그려지도록 기대되는지를 어느 정도 알 수 있다. "리얼한" 섹스는 입맞춤과 같은 가벼운 것에서 시작하여 점차 "진짜" 삽입으로 진행된다. (영화에서는) 하룻밤에도 다양한 체위로 섹스를 할 수 있어야 한다. 성적인 모든 행동은 삽입이라는 목표를 향해 진행되며 그 외의 어떤 것도 그것만큼 중요하지는 않다. 따라서 "전희"는 주요 행사의 서곡에 불과하다. 오럴 섹스도 자극적이기는 하지만, "진짜" 삽입만큼 중요하지는 않다(2003: 3-4).

다이아몬드는 장애인이든 비장애인이든 생식기가 아닌 다른 신체 부위들(입, 손, 발, 신체 모든 부위)이 접촉에 민감해지면 "그런 행위들 없이도 성적 만족이 가능하며, 심지어 더 만족스러울 수도 있다."고 주장한다(1984: 100; Rainey 2011; Shapiro 1993; Zola 1982).

장애인과 그 장애인을 파트타임으로 돌보는 비장애인 파트너 간의 친밀한 관계에 대한 연구에서 사라 스미스 레이니(Sarah Smith Rainey 2011)는 일반인들이 오해하는 바와 달리 장애를 가진 파트너에 대한 돌봄을 부담이 아닌 성적 기쁨이자 사랑의 표현으로 보는 커플들을 인터뷰했다.[12] 예를 들면, 파트너의 목욕을 돕는 일과는 정서적 친밀감과 성적 쾌락의 기회가 될 수 있다(Kondracke 2001). 낸시 메어스(Nancy Mairs)는 그녀의 장애가 활동 보조라는 규칙적인 기회를 통해 남편과 자신을 묶어 주지 않았더라면, "우리 두 몸은 이 활동에서 저 활동으로 각자 이리저리 뛰어다니느라 하루를 보낸 후, 밤에 잘 시간이 되어서야 만났을 거예요."(1996: 54)라고 말했다. 또 다른 남성은 이렇게 표현했다. "돌봄이 친밀함을 더해 주는 순간들이 있어요. 성적인 친밀함뿐 아니라 그냥 일상적인 친밀함까지요. 사실, 우리가 가까이서 함께했던 우리만의 순간들 덕분에 우리가 더욱 친밀해졌다고 생각해요."(Rainey 2011: 150)

건강관리와 활동 보조

사회의 다른 사람들과 마찬가지로 장애인들도 건강관리가 필요하다. 장애인들 대부분은 건강한 편이지만, 비장애인에 비해 장애인의 건강관리 요구가 좀 더 높은 편이다. 일례로, 장애인들은 자신의 장애가 갖

---

12) 레이니는 돌봄을 무급 착취나 저임금 노동으로 보는 페미니스트들의 비판(Glenn 2010; Kittay and Feder 2002; Meyer 2000)은 돌보는 사람과 돌봄을 받는 사람 간의 상호 신체성(intercorporeality) 경험과 관련된 "돌봄의 즐거움"을 놓치고 있다고 보았다. 버거와 포이히트(Berger and Feucht 2011)도 장애아를 돌보는 부모에 대해 비슷한 점을 지적했다.

는 특별함을 능숙하게 다룰 수 있는 전문가를 만나야 하고, 자신이 원할 경우 기능 증진을 위한 의료적 처치도 받아야 한다. 더구나 2장에서 살펴본 바와 같이, 지체장애인들은 장애로 야기되는 부수적 문제들 때문에 다음과 같은 만성적 건강 문제를 일찍부터 경험하게 될 수도 있다. 즉, 심혈관 건강과 체중 관리를 위해 요구되는 유산소 운동의 부족에서 오는 관상동맥성 심장 질환과 성인 당뇨, 정형외과적 건강과 근육 건강에서 야기되는 관절염과 골다공증, 신경성 방광으로 인한 신장병 등이다. 또 정신장애가 있는 사람들은 약물치료를 계속 필요로 할 것이다(DeJong and Basnett 2011; Heller and Marks 2006; Pope and Tarlov 1991). 장애인들은 또한 휠체어(수동과 자동), 보조 장구와 보철, 음성합성장치, 리프트가 달린 밴, 손으로 조작하는 차량제어장치 등의 보조공학 도구뿐 아니라 보조 서비스 동물(주로 개)을 필요로 하기도 한다(Litvak and Enders 2001).[13)]

수백만 명의 사람들이 보험을 들지 못하고 있거나 충분한 보험을 갖고 있지 못한 미국에서 장애인, 비장애인 할 것 없이 이와 같은 범위의 건강관리 요구를 충족시키기는 어렵다. 장애인들은 저소득층을 위한 메디케이드(Medicaid)나 고령자를 위한 메디케어(Medicare)의 혜택을 받지만, 이러한 정부 지원 프로그램의 수혜자격을 유지하려면 급여를 통한 수입이 정해진 수준을 넘으면 안 된다. 또한 계속되는 물리치료, 지속적인 전문가 처치, 장기간 입원이나 최신의 보조공학 상품 구입 등은 보험으로 충당되지 않을 수도 있다(Baker 2011; Fleischer and Zames 2001; Kohrman and Kohrman 2006; Litvak and Enders 2001). 2장에서 말

---

13) 장애와 컴퓨터 공학에 관련된 쟁점은 8장에서 논의할 것이다. 장애인의 건강관리를 지원하는 것과 관련하여, 시장 메커니즘과 비시장 메커니즘의 역할에 대한 비교 분석을 살펴보려면 Albrecht and Bury(2001), DeJong and Basnett(2001)를 참고하시오.

했듯이 장애인이 필요한 자원을 구할 수 있는 재정 능력을 가졌는지의 여부는 삶의 질에 명백한 영향을 미친다.

자립생활운동의 확산과 함께, 장애인들은 자립생활의 정의를 보조를 받아 또는 보조 없이 성취할 수 있는 삶의 질 측면에서 정의하는 동시에 (1장 참조), 시설이 아닌 지역사회에서 자립생활을 해야 하는 근거를 발전시켰다. 가족과 함께 살면서 필요로 하는 돌봄의 80퍼센트 정도를 가정에서 해결하는 장애인을 제외하면, 중증장애인이 삶의 질을 실현할 수 있게 해 줄 활동 보조(personal assistance)를 위한 재정지원 문제는 매우 중요하다(Heller and Marks 2006).[14]

1965년 연방정부의 메디케이드 프로그램은 각 주(state)가 요양원 장기 입원을 포함하여 저소득층의 의료지원책을 수립하도록 보조금을 지급하는 안을 통과시켰다. 1981년 **가정 및 지역사회 기반 서비스** 면제 프로그램(Home and Community-Based Services waiver program, 역자주: 여기서 '면제'란 서비스를 면제한다는 의미가 아니라 서비스 수혜 자격 조건을 면제한다는 의미임. 일반적으로 메디케이드는 소득이 극히 제한된 빈곤층에게만 수혜 자격을 주는데, 장애인의 경우 소득에 따른 제한을 두지 않고 메디케이드 자격을 주는 제도를 말함)이 만들어짐

---

14) 장애인의 기대수명이 늘어남에 따라 장애를 가진 가족 구성원이 자신을 돌봐 줄 가족 구성원보다 오래 살 가능성이 높아졌으며, 장애아의 부모는 "성인이 된 자녀의 노화뿐 아니라 자기 자신의 노화를 다루어야 하는" 이중고에 시달리게 되었다(Heller and Marks 2006: 74). 그룹홈, 특히 지적장애와 정신질환을 가진 사람들을 위한 그룹홈은 또 다른 지역사회 기반의 거주 옵션이다. 15명 이내의 사람들이 함께 사는 이 주거 형태는 아파트일 수도 있고 단독주택일 수도 있다. 어떤 사람들은 함께 살면서 돌봄을 제공하고, 어떤 사람들은 교대로 출퇴근하며 돌봄을 제공한다. 어떤 이들은 집안일의 일차적 책임을 그룹홈에 사는 거주자들이 맡아야 한다고 생각하나, 어떤 이들은 직원들이 집안일을 해 주어도 된다고 생각한다(McDonald 2006).

에 따라 각 주는 가정에서의 돌봄 비용이 요양원에서의 돌봄 비용을 초
과하지 않는 한, 서비스를 가정에서 제공하는 옵션도 갖게 되었다. 그러
나 이 면제 프로그램이 권리가 아닌 옵션인 한, 가정 기반 서비스는 지
역에 따라 천차만별일 것이고 많은 가난한 장애인들은 활동 보조 서비
스를 가정에서 받을 기회를 갖지 못한 채 시설에서 살 수밖에 없다. 현
재 메디케이드 자금의 25%만이 지역사회 기반의 돌봄에 할애되고 있다
(Hayashi 2005; Heller and Marks 2006).

　가정에 머물 수 없는 중증장애 성인이 일상적 요구를 해결하기 위해
유급 활동 보조인에게 의존하는 경험은 잠재적인 딜레마로 가득한데, 그
중에서도 인간의 가장 사적인 신체 작용(즉, 먹는 것, 옷을 입고 벗는 것,
화장실에 가고 목욕하는 것 등)에 대한 프라이버시의 부재가 가장 큰 문
제다.[15] 미셸 메이어(Michelle Meyer), 미셸 도넬리(Michelle Donelly)와
패트리샤 위러쿤(Patricia Weerakoon)(2007)은 가정에서 활동 보조를 받
는 장애인을 대상으로 실시한 면담에서 돌봄을 받는 장애인이 자율성과
통제권을 유지하는 것이 중요함을 발견했는데, 이는 활동 보조인이 장애
인의 선택과 선호를 기꺼이 존중하고 따를 것을 요구한다. 돌봄을 받는
장애인이 활동 보조인을 처음 만났을 때 기본적인 규칙을 설정함으로써
예방적이고 자기주장이 명확한 태도를 취하는 것 역시 중요하다(Karner
1998 참조). 한 남성은 다음과 같이 설명한다.

　　돌봄을 제공하러 우리 집에 오는 사람들은 돌봄이 자신이 할 일이고

---

15) 당연히 요양원 거주자들도 이러한 프라이버시의 부재를 경험한다(Hayashi
2005). 그러나 존 포이히트(Jon Feucht)는 가정에서 살든 시설에서 살든 프라이
버시가 아니라 존엄성이 더 문제라고 생각한다. 그는 이렇게 말한다. "장애를 가
졌다는 사실이 존엄성을 낮추는 건 아니지요. 존엄성은 다른 사람들이 장애인을
어떻게 대하느냐에 달려 있어요."(Berger and Feucht 2011: 83)

자신이 그 일을 어떻게 하는지 알고 있는데 왜 제가 항상 그들에게 할 일을 말해 주는 걸까 하는 의문을 가질 수 있기 때문에, 그들 앞에서 강한 태도를 취하는 것이 쉽지 않습니다. 그래서 저는 그들에게 제가 이런 상황이고 그들이 저의 손을 대신하는 것이라고 설명합니다. 제가 불평이나 비난을 하려는 게 아니라는 점만 그분들이 이해하고 나면, 저는 이 방식이 가장 좋습니다. 저는 제가 돌봄의 모든 과정에 실제로 참여한다는 점을 설명합니다(역자주: 수동적으로 돌봄을 받는 것이 아니라 모든 과정이 자신의 선택과 주도로 이루어져야 함을 설명한다는 뜻)(Meyer, Donelly, and Weerakoon 2007: 599).

면담 참여자 중 일부는 이 과정을 활동 보조인 "훈련"의 측면에서 설명하였다. 한 여성은 욕창의 방지를 위해 "침대 시트에 주름진 곳이 없는지" 확인하는 등의 세부사항에 주의를 기울여야 함을 강조했다(Meyer, Donelly, and Weerakoon 2007: 600). 그녀는 또한 "수건으로 좀 더 꼼꼼하게 닦아 주세요."(p. 600) 하는 식으로 자신을 씻기고 닦는 방법을 자세히 알려 주었다. 또 다른 여성은 자신의 활동 보조인들이 사적인 신체 부위 씻기기와 같이 위생과 관련된 특정 업무를 잘하지 못하는 경우가 있다고 말했다. "어떤 활동 보조인들은 온몸을 고루 잘 씻어 주지만, 어떤 분들은 확실히 좀 더 주저하는 경향이 있지요. 저는 제 역할이 '거기를 좀 더 씻어 주세요. 목욕 수건에서 냄새가 나지 않도록 잘 헹궈 주세요. 앞쪽을 먼저 하시고 뒤쪽을 해 주세요.'하는 식으로 편하게 알려드리는 거라고 생각해요. 저는 이런 말을 해 드려야만 하고, 실제 그렇게 말하고 있어요."(p. 600) 이와 유사하게 또 다른 면담 참여자는 활동 보조인에게 소변 주머니를 비우는 것에 대해 자주 상기시켜야 한다고 말했다.

활동 보조인들이 자주 잊어버리는 것은 아니지만, 진짜 잊어버리는

추가 탐구

Box 5.5 장애와 알츠하이머의 회색 지대

1장에서 우리는 누구나 나이가 많이 들면 죽기 전에 장애를 경험할 수 있다고 말했다. 사람들의 평균 수명이 길어짐에 따라 우리는 제프리 카후나(Jeffrey Kahuna), 에바 카후나(Eva Kahuna)와 로렌 러브그린(Loren Lovegreen)(2011)이 명명한 "장애의 회색지대" 과정을 목격하고 있다. 이 인구층은 일반적으로 "은퇴한 상태이고 다시 노동인구에 합류하지는 않겠지만, 사회관계를 유지하고 자신의 지역사회에서 독립적으로 살아가기를 바란다."(p. 1) 동시에 이 집단은 스스로를 장애인이라기보다는 노인이라고 규정한다(Darling and Heckert 2010). 상황이 이러하다 보니 장애인권 운동에서는 장애인 커뮤니티의 권리를 옹호할 때 이 집단의 필요를 간과하는 경향이 있다(Jönson and Larsson 2009). 그러나 이 집단은 미국에서 장애를 가졌다고 보고되는 인구의 1/3을 차지하고, 65세 이상의 인구 중 반을 차지하며, 80세 이상의 인구 중 70퍼센트를 차지한다(Moore 2009; Pincus 2011; Box 1.1 참조).

노인을 약화시키는 여러 조건 중에서도 알츠하이머병(Alzheimer's disease, AD)은 가장 많은 관심을 받아 왔으며, AD 환자의 돌봄 부담을 관리하는 일은 가족과 사회 전체에 심각한 도전이 되고 있다. AD는 회복이 어려운 병으로, 심혈관 질환, 뇌혈관 질환, 암에 이어 미국 노인들의 사망 원인 중 네 번째다. AD의 원인은 아직 명확하게 밝혀지지 않았지만, 유전적 요소, 환경적 요소, 생활방식 요소들이 모두 영향을 미치는 것으로 보인다(Cabin 2010; National Institute of Aging 2011).

AD를 발견한 사람은 독일의 정신과 의사이자 신경병리학자인 알로이스 알츠하이머(Alois Alzheimer)로 그는 1906년에 이 병에 대해 기술하였다. 51세의 여성을 부검한 후 그는 "대뇌피질 영역의 위축과 손상, 대뇌

Box 5.5 장애와 알츠하이머의 회색 지대 (계속)

피질 신경원섬유의 뭉침과 뒤틀림"을 발견했다(Holstein 1997: 1). 이 것들은 현재 아밀로이드 반(amyloid plaques)과 신경원섬유엉킴 (neurofibrillary tangles)으로 알려져 있는데, 이것들은 점진적으로 뇌의 특정 부위에 있는 세포에 붙어 그 세포를 파괴시키고 "기억손상, 말과 언어 이해문제, 판단력 손상"을 포함하는 인지적 증상, "성격 변화, 과민성, 불안, 우울, 망상, 환각, 공격성, 배회"를 포함하는 행동 증상을 야기한다(Cabin 2010: 2). AD는 또한 "먹기, 입기, 씻기, 배변, 걷기, 차림새 단정하게 하기, 취침하기와 아침에 일어나기, 음식 준비, 쇼핑, 집 안과 밖에서 이동하기, 돈 관리하기, 전화나 컴퓨터 사용하기에서의 어려움"(2010: 2; National Institute of Aging 2011 참조)을 포함하는 기능적 손상을 동반한다.

알츠하이머는 자신이 노인성 치매(senile dementia)라고 흔히 알려진 질병의 범위를 넘어서는 새로운 질병을 발견했다고 생각하지는 않았으며, 1970년대에 이르러서야 AD가 치매의 특별한 범주 중 하나라는 것에 대한 의료계의 합의가 이루어지기 시작했다(ten Have and Purtilo 2004). 여전히 AD와 치매를 구별하는 진단 기준은 명확하지 않으며, 치매는 AD를 포함한 넓은 진단 범주로 고려되는 동시에, 인지 손상과 관련된 AD 및 기타 진단의 증상을 뜻하는 말로도 쓰인다. 그럼에도 불구하고 연구자들은 AD가 미국 치매 사례의 50-70퍼센트를 차지하는 것으로 산정하고 있다. AD는 나이가 들어 감에 따라 계속 진행되며, 65세 이상 인구의 10퍼센트, 85세 이상 인구의 50퍼센트에게서 그 증상이 나타나고 있다(Cabin 2010; National Institute of Aging 2011). 부검으로 확인된 AD 환자 중 100명을 무작위 표집하여 연구한 조스트(B. C. Jost)와 그로스버그(G. T. Grossberg) (1995)에 의하면, 이들이 AD 진단을 받은 평균연령은 74.7세, 시설에 수용된 평균연령은 77.6세였다. 또한 증상이 시작된 때와 사망 사이의 기간은 평균 32.1개월이었다.

일이 일어나긴 해요. 밤에는 소변 주머니를 야간용 병에 연결해 두어야 소변이 넘치지 않는데요, 만약 야간용 병에 연결하는 것을 잊으면 소변 주머니가 넘쳐 물바다가 되죠. 활동 보조인들이 연결을 잊어버려서 몇 번 그런 사건이 있었어요. 그래서 저는 잊지 말고 물어봐야 해요. "야간용 병에 연결하셨어요?" 그러면 그들은 "어머, 상기시켜 줘서 고마워요.", "네, 지금 막 하려던 참이에요." 또는 "네, 벌써 해 두었어요."라고 대답하죠(p. 601).

일부 면담 참여자들은 무엇을 해야 할지 계속 상기시키면 일부 활동 보조인들은 자신의 능력을 의심받는 것으로 생각하여 방어적이 된다고 말했다. 한 장애인은 이렇게 설명했다. "저는 매일, 하루 종일 설명을 반복해요. 뭔가 빠뜨려 문제가 생기면 저 자신을 원망하게 되니까요. 대부분의 활동 보조인들은 그것을 별로 개의치 않아요. 한 분은 제가 자기를 우둔하다고 생각하는 걸로 여기긴 했어요. 저는 절대 그렇게 생각하지 않아요. 제가 하루 종일 설명을 반복하는 건 저 자신의 습관일 뿐이에요. 마치 이를 닦고 머리를 빗고 눈물을 닦는 것과 같은 거죠."(p. 602)

면담 참여자들은 또한 전문적인 훈련을 받지 않은 보조인들이 자신들의 요구사항에 좀 더 수용적이기 때문에 이들을 더 선호한다고 말했다(Morris 1993 참조).

저는 거부감을 걱정하지 않고 해야 할 일을 말해 줄 수 있는 비전문가 활동 보조인을 관리하는 게 더 좋아요. 저를 돌보는 데 필요한 것을 가장 잘 알고 있는 건 저 자신이니까요. 제가 가장 끔찍해하는 것은 "관장기구를 그렇게 쓰면 안 돼요. 저는 이렇게 배웠어요."라고 말하는 젊은 신참 간호사예요. 저는 이렇게 말하죠. "당신이 어떻게 배웠든 저는 관심이 없어요. 이것이 저에게 맞는 방법이에요. 당신이 배운 그 시스템을 적용할 수 있는 다른 분들이 있겠지만, 저는 10년간 이렇게 해 왔어요." 저는 정말 불가피하거나 저에 대한 돌봄을 개선시켜야 할 특별한 기회가 아니면 새로운 시도를 좋아하지 않아요. 전문적 훈련을 받지 않은 분들은 일반적으로 제가 원하는 방식으로 하는 것에 좀 더 수용적이지요(pp. 603-604).

또 다른 한 여성은 전문적으로 훈련받은 활동 보조인에 대해 이렇게 말했다. "도대체 무슨 훈련을 어떻게 받았는지 모르겠어요. 우리 집에 와서는 어찌 그리 헤매시는지…… 특히 지금 막 훈련 과정을 마친 신규일 때는요. 저는 차라리 쇼핑몰에서 아무나 데려다가 그 사람을 훈련시키는 게 쉬울 것 같아요. 장애와 관련된 경험이 하나도 없는 사람이요. 저는 1주일이면 아무 경력이 없는 사람이 제대로 일하게 할 수 있어요."(p. 604). 또 다른 남성은 이렇게 말한다.

활동 보조라는 산업의 전문화(professionalization)와 관련하여 제가 걱정하는 바는 이 일을 하려면 특정 자격증을 취득해야 한다는 방향으로 가고 있다는 거예요. 모든 사람이 각기 다른데도 활동 보조인들은 자신이 다 안다고 생각하게 될 거예요. 이분들에게 활동 보조를 하는 상세한 방법을 가르치기 전에, 다른 모든 사람과 마찬가지로 장애인들도 각기 다른 한 개인임을 인식하게 해야 해요. 장애인들은 교재에 나오는 활동 보조 방식으로 도울 수 없는 개별적 요구를 가지고 있어요(p. 604).

그러나 효과적인 활동 보조의 궁극적인 핵심은 개방적인 의사소통을 지속하는 두 사람(즉, 돌보는 사람과 돌봄을 받는 사람)이 상호 신뢰를 쌓는 것이다.

요 약

이 장에서는 앞 장에 이어 청소년기와 성인기를 중심으로 생애주기에 따른 장애 이슈를 살펴보았다. 우리는 먼저 장애 청소년의 긍정적 또는 부정적인 또래 관계를 고찰하였고, 물리적 접근성 및 교사나 다른 학교 관리자들과의 문제를 포함한 학교 경험을 살펴보았다. 그다음으로 우리는 대학 진학과 데이트라는 도전을 포함한 성인기 전환에 대해 알아보았고, 고용주와 직장 동료와의 관계 문제뿐 아니라 직장 접근성 장벽과 편의 제공에 대한 저항을 포함한 성인 장애인의 직업 경험에 대해 생각해 보았다. 우리는 또한 성인의 섹슈얼리티와 정서적 친밀함에 대해 논의하였고, 마지막으로 건강관리 이슈와 가정에서 자립생활을 하기 위해 유급 활동 보조를 필요로 하는 중증 성인 장애인의 경험과 관련된 딜레마를 살펴보았다.

6
장애라는 신체적 경험

:

보거나 듣지 않고 세계를 지각하기

수화의 현상학

운동기능에 손상을 가진 채 물리적 환경을 헤쳐 가기

척수손상에서의 회복

장애인 스포츠와 스포츠 정신

요약

6
장애라는 신체적 경험

이 책의 초반부에서 우리는 현상학적 관점을 소개했다. 이 관점은 체화된(embodied) 존재로서의 인간이 가진 삶의 경험들, 또는 토빈 시버스(Tobin Siebers 2008)가 복합적인 체화라고 부른 그러한 요소들을 장애학의 중심주제로 삼는다(2장 참조). 이 관점은 손상(impairment, 신체적·감각적·인지적 기능의 생리적 손실)과 장애(disability, 개인적이고 사회적 차원에서의 필수적 과업들을 손상 또는 그에 대한 사회적 대응 방식 때문에 수행할 수 없는 상태)의 구분을 더 복잡하게 만든다(1장 참조). 이런 가운데 손상과 장애는, "내부와 외부 현상의 충돌"이라기보다는, 완전하게 통합되어 체화된 전체로서 상호 침투하는 것으로 이해된다(Hughes and Paterson 1997: 337).

이 장에서 우리는 몸의 현상학을, 더 정확히는 생리학적 손상을 가지고 살아가는 사람들의 관점에서 장애의 신체적 경험에 대해 탐구해 본다. 또 장애가 없는 사람들을 중심으로 구축된 비장애인 중심의 사회에서 장애인으로서 살아간다는 것이 어떤 것인지를 가능한 수준에서 최대한 이해해 볼 것이다. 우리는 시각과 소리를 이용하지 않고 세계를 인식하는 사람들의 방식을 살펴보는 것으로 시작하여 수화의 현상학으로 이동한 후, 손상으로 인해 움직임에 어려움이 있는 사람들이 물리적 환경 속을 헤쳐 나가는 방식에 대한 탐구로 나아갈 것이다. 또한 우리는 척수 손상을 갓 입은 이후의 재활치료 경험도 살펴보고, 장애인 스포츠와 스포츠 정신을 검토하는 것으로 이 장을 마무리하려 한다.

보거나 듣지 않고 세계를 지각하기

시각손상을 입은 사람들 모두가 시력을 완전히 잃는 것은 아니다. 청각손상을 입은 사람들 모두가 완전히 듣지 못하는 것도 아니다. 여타의 손상이 그렇듯, 시각과 청각 손상도 다양한 정도들로 이어진 연속선상에 존재한다. 이 점을 염두에 두면서 우리는 헬렌 켈러의 사례로 시작하려 한다. 그녀는 실제로 시각과 청각을 완전히 상실한 현상학적 세계에서 살았다. 헬렌 켈러는 『내가 사는 세계』(World I Live In 1908)라는 책에서 자신의 주관적인 인식 경험을 묘사하는데, 여기서 그녀는 다음과 같이 쓴다. "맹인 아이에게 어둠은 다정하다. 그 안에서 아이는 어떤 특별하고 두려운 것도 발견하지 않는다. 이 세계는 그에게 친숙하다. 이곳저곳을 더듬고, 걸음을 멈칫거리고, 타인에게 의지하는 것조차 어색하지 않다. …… 타인의 경험 폭 안에서 자신의 삶을 가늠하지 않는 한, 그는 영원히 어둠 안에서 살아가는 일이 무엇인지를 깨닫지 못한다." (Hermann 1998: 156에서 인용)

생의 후반기까지 시력을 잃지 않았던 사람들의 증언은, 완전히 시력을 잃은 사람들이 실제로 검은(blackness) 세계에 사는 것이 아니라 무채색의 세계에서 살고 있음을 드러낸다.[1] 그렇지만 앤 설리번의 효과적인 교습법(Box 3.1. 참조)과 헬렌 켈러가 가진 자연계에 대한 날카로운

추가 탐구

Box 6.1 템플 그랜딘

템플 그랜딘(Temple Grandin)은 동물심리학 및 가축에 대한 인도주의적인 사육 방법을 발전시키는 데 기여하여 명성을 얻었으며, 당대의 자폐성 장애를 가진 인물 가운데 가장 유명할 것이다. 그녀는 총 여섯 권의 책을 출간 했는데 자서전인 『그림으로 생각하기』(Thinking in Picture)가 1995년 발행된 첫 번째 책이며 2006년에는 개정판이 나왔다. 한편 그녀는 선도적인 축산업 설비 디자이너가 되었다. 〈템플 그랜딘〉은 그녀의 삶을 다룬 영화로, 배우 클레어 데인즈(Claire Danes)가 템플 그랜딘 역을 맡았으며 2010년 개봉했다.

그녀의 자서전 제목이 암시하는 것처럼 그랜딘은 그림을 통해 생각한다. 그녀에게 말은 제2의 언어로서, 누군가 그녀에게 말을 걸어오면 그 말들은 곧 그림으로 번역된다(2006: 3). 그녀는 또 정보처리를 위한 주요 방식으로서 시각적 사고는 자폐인들에게 놀라운 능력을 이끌어 내는데, 직소 퍼즐을 풀어내고, 주변 지리를 파악하고, 또는 "한눈에 엄청난 양의 정보를"(p. 10) 기억하도록 한다고 말한다. 그랜딘은 세부적인 것은 무시하고 전체적인 맥락에 집중하게 하는 정상 두뇌와, 맥락 대신 세부적인 사항에 집중하는 자폐적인(autisitic) 뇌의 차이점에 대해 서술하기도 했다.

그랜딘은 자신의 마음이 "마치 그림에만 접근하도록 설정된 인터넷 검색엔진처럼" 작동한다고 묘사하면서 "내 두뇌 속에 있는 인터넷 세계에 더 많은 그림을 저장해 둘수록 새로운 상황에 대처할 수 있는 모형들을 더 많이 보유하게 된다."(p. 31)고 한다. 그녀는 더 많은 정보들을 얻고 이 정

---

1) 한 남성은 자신의 상태가 "런던의 안개 속으로" 걸어 들어가는 듯하다고 묘사한다(Hermann 1998: 162에서 인용).

Box 6.1 템플 그랜딘 (계속)

보들을 "각각의 하위 범주들을 가진 더욱더 많은 범주들 속에 배치시켜" 그녀가 필요할 때 접근 가능하도록 함으로써, 자신의 인지 능력을 확장하고 부족한 부분은 보완하는 법을 배울 수 있었다(p. 31).

그랜딘은 또한 자폐아동이 나타내는 발달단계에서의 외적인 특징 (developmental appearance)을 이해할 수 있는 통찰을 제공한다. "아기가 자폐증일 수도 있다는 사실을 처음으로 알 수 있는 징후는, 아기를 잡거나 안았을 때 아기의 몸이 뻣뻣해지고 저항하는 것이다. 이런 아기는 누군가가 만지는 데 아주 예민하게 반응을 해서 몸을 빼거나 소리를 지른다. 더 뚜렷한 증상은…… 보통 12개월에서 24개월 사이에 나타난다. …… 어린아이들에서 나타나는 가장 일반적인 증상은 말을 하지 않거나 표준적이지 않은 말을 함, 눈을 마주치지 않음, 짜증을 자주 냄, 접촉에 예민함, 소리를 전혀 듣지 못하는 것처럼 보임, 혼자 있는 것을 좋아함, 몸 흔들기 등의 주기적이고 전형적인 행동, 무관심, 부모나 형제들과의 친밀감 부족이다. 장난감을 가지고 부적절하게 노는 행동도 또 다른 징후다. 자폐증을 가진 아기는 장난감 자동차를 바닥에서 굴리며 노는 대신, 자동차의 바퀴를 한참 동안 돌리면서 오랜 시간을 보내기도 한다."(p. 35)

그녀는 다음과 같이 말한다. "나는 두 살 때 전형적인 자폐증상을 보였다. 말이 없고, 눈을 마주치지 않으려 하며, 짜증을 부리고, 귀가 들리지 않는 것처럼 보이며, 사람에 관심을 갖지 않고 텅 빈 공간을 끝없이 응시했다. 엄마는 나를 신경과 의사에게 데려갔는데 의사는 청력 검사를 해 보고 내가 청각장애가 아니라는 점을 알게 되자 "뇌손상"이라는 표찰을 내게 붙였다. …… 세 살이 되었을 때 말을 하지 못해 느꼈던 좌절감이 기억난다. 이 때문에 엄청나게 짜증을 부렸다. 사람들이 나에게 뭐라고 하는지 이해할 수 있었지만 말을 입 밖으로 내보낼 수 없었다. 말을 더듬는 사람처럼 첫마디를 내뱉기가 어려웠다."(pp. 33-34)

Box 6.1 템플 그랜딘 (계속)

그랜딘은 또한 이렇게 덧붙인다. "자폐증의 당혹스러운 점 중 하나는 어느 아기가 고기능 자폐인이 될지 여부를 예측하기가 거의 불가능하다는 데 있다.

두세 살 무렵의 증상이 얼마나 심각한가는 예후와 무관할 때가 많다. …… 나는 어머니, 학교 선생님들, 가정교사들이 사회적 상호작용이나 놀이를 하도록 격려할 때 잘 반응했다는 점에서는 운이 좋은 편이다. 나는 물건들을 흔들거나 돌리면서 나 자신을 달래던 세계 속으로 빠져들 수 없었다. 내가 공상에 빠질 때 어머니는 나를 현실로 불러들였다. …… 자폐증을 가진 어린 아이들의 거의 절반은, 조심스럽게 외부세계로 주의를 돌리도록 하는 프로그램에 잘 반응한다. 이 프로그램들은 아이들이 선생님을 바라보고 상호작용하도록 지속적으로 격려한다."(p. 43)

인식 덕분에, 그녀는 색깔에 상징적인 의미를 부여할 수 있었다.

나는 색에 관한 많은 이야기를 나누었고 많은 것들을 읽었다. 이 때문에 내 의지와 무관하게 그것들에 어떤 의미를 부여하게 됐다. 마치 모든 사람들이 희망, 관념론, 유일신교, 지성과 같은 추상적 용어에 의미를 부여하는 일과 같았다. 이러한 용어들은 눈에 보이는 대상을 이용해서는 온전히 표현될 수 없지만, 형태가 없는 개념들과, 이 용어들이 연상시키는 외적인 사물들 사이의 유비를 통해 이해되고는 한다. …… 나는 연상 능력을 통해 흰색을 고귀하고 순수하다고, 녹색은 활기차며, 붉은 색은 사랑이나 부끄러움 또는 강인함을 나타낸다고 묘사했다(p. 157).

시각과 청각이 모두 없는 상황에서, 헬렌은 그녀 주위의 진동을 지각하는 날카로운 감각을 발전시켰다. "내 몸의 모든 원자들은 일종의 진동계다." 그녀는 이렇게 썼다. "나는 일상에서의 무수한 지식들을 집 안에서 매일같이 느껴지는 미세한 충격과 흔들림에서 얻었다."(Hermann 1998: 157에서 인용) 계단이나 바닥을 걷는 누군가의 걸음걸이에서 그녀는 어른과 아이, 남자와 여자의 차이를 감지할 수 있었다. 집 주위를 날아가는 비행기, 각기 다른 목공 도구가 일으키는 진동의 차이, 책이 바닥으로 떨어질 때 나는 "쿵"하는 진동 그리고 그녀의 책상 위로 종이들이 펄럭거리는 것을 정확히 알 수 있었다.

음악을 들을 때 헬렌은 어떤 곡을 다른 곡과 구별할 수는 없었지만, 오르간에 의한 공기의 떨림을 귀로 감지할 수 있었다. 그녀는 자신이 가장 좋아했던 악기인 오르간에 대해서, "나는 그 악기가 정말 좋다. 그것은 바다 속의 다이아페이슨(diapasons) 음색을 낚아채고는, 밀려드는 파도 속에 다시 흘려보낸다."고 썼다(Hermann 1998: 158에서 인용). "음들은 위아래로 파도치고, 높은 곳을 향해 오르기를 반복하고, 좌우로 흔들리며 어떤 때는 크고 깊게, 어떤 때에는 높고 거세게, 그러다 어느덧 부드럽고도 장엄해진다. 만일 음악이 눈에 보이는 것이라면 나는 음들 사이에 흩뿌려져 있다. 그 속에서 마주치는 가벼운 떨림들을 이용해, 오르간의 음들이 향하는 곳을 가리킬 수 있었을 것이다. 오르간이 만들어내는 음악은 느낀다는 행위를 활홀경으로 가득 채운다."(p. 158) 바이올린은 헬렌이 즐기던 또 다른 악기였다. 그것은 "주인의 가장 사소한 요청에도 응답했기에, 마치 아름답게 살아있는 것처럼 보였다. 각 음들의 차이는 피아노보다 더 섬세하다."(pp. 158-159) 헬렌은 피아노를 직접 만지기를 가장 좋아했다. "피아노 덮개에 손을 얹고 있으면 미세한 떨림이 느껴지고, 멜로디는 다시 들려오는 듯하다. 그러고는 이어지는 고요함도 느낄 수 있다."(p. 159) 생의 후반기에는 특별히 제작된 스피커에 손가락을 대고서 라디오를 통해 콘서트를 즐겼다. 그렇게 악기들의 유형도 구별할 수 있었다. 헬렌은 재즈를 좋아하지 않았지만, "얼마간 재즈를 계속 들을 때면, 어딘가로 달아나고 싶은 격렬한 충동이 생긴다."라고 말했다 (p. 160).

물론 헬렌은 촉각을 이용해 주위 환경을 헤쳐 나갔고, 누군가의 얼굴과 손을 만져 봄으로써 그 사람에 대한 많은 것을 알 수 있다고 생각했다. 그러나 그녀는 예민한 후각도 가지고 있었고 꽃의 종류, 여성과 남성, 어떤 사람의 특징이나 독특한 면을 구분해 낼 수 있었다.

> 나무, 철, 페인트, 약품 냄새는 옷에 스며들어 그 옷을 입고 일하는 사람들에서 느껴진다. 그래서 나는 철공소에서 일하는 사람과 목수를 구분할 줄 알며, 석공예를 하는 사람과 약사를 구별할 수 있다. 누군가 한 곳에서 다른 곳으로 재빨리 지나쳐 가도 나는 그가 부엌, 정원, 병실 같은 곳에 있었는지에 대한 후각적 인상을 받는다. …… 사람들의 냄새는 손이나 얼굴만큼이나 다양하고 또 그만큼 각각을 식별하는 것이 가능하다. 내가 좋아하는 사람들의 그 사랑스러운 향기는 고유하며 절대로 다른 이의 것으로 착각할 수 없기에, 무엇으로도 그 향기들을 없앨 수는 없다. 만일 가까운 친구를 오랜 시간이 흐른 후 만나게 되더라도, 나는 금세 그의 향기를 알아차릴 수 있을 것이다(Hermann 1998: 161에서 인용).

무엇보다도, 헬렌은 세계에 대한 그녀의 감각을 자신의 상상력으로 강력하게 확장했다. 그녀는 "상상력이 없다면 내 세계는 얼마나 빈곤했을까! 그랬다면 나의 정원은 여러 냄새와 모양으로 이루어진 막대기들이 널브러진, 그저 지구상의 조용한 일부였을 것이다. 그러나 내 마음의 눈이 정원의 아름다움에 열려 있을 때, 단단한 토양은 발 아래에서 빛나고,

울타리는 나뭇잎을 터뜨리며, 장미나무는 그 향기를 사방에 흩뿌린다."
(pp. 161-162)라고 말했다.[2]

 헬렌 켈러와는 달리 대부분의 **법적 맹**(legally blind)들은 시력을 완전히 손실하지 않는다. 의료적 척도에 따를 때, **법적 맹의 상태**(legal blindness)는 렌즈로 최대한 교정한 시력이 6/60 또는 그 이하(완전한 시력을 가진 사람이 60미터 거리에서 볼 수 있는 사물을 6미터에서 볼 수 있는 시력)이거나 20도 이하의 주변시야를 말한다. 4장에서 소개했던 베스 오만스키(Beth Omansky 2011)는 법적 맹인으로서의 경험을 완전히 보이지도, 완전히 안 보이지도 않는, 맹(盲)의 경계에서의 삶으로 묘사한다. 그녀는 삶에서 스스로를 어느 한쪽에 속하도록 규정하라는 압력을 받곤 하는데, 그러다 장애로 인해 필요한 편의들을 받지 못할 때에는, 두 경계의 틈새에 빠져 있는 자신을 발견하고는 한다.

 시각손상이 가진 특성상, 법적 맹인들이 실제로 볼 수 있는 영역은 천차만별이다. 오만스키는 다음과 같이 주장한다. "법적 맹인 친구, 동료들과 아무리 많은 시간을 함께 보내도 그들이 실제로 어느 만큼 볼 수 있는지 가늠할 수도, 정확히 짐작할 수도 없다. 나는 딱 한 번 나와 같은 질병으로 시각손상을 입은 사람을 만난 적이 있는데, 자신이 보는 사물에 대한 그녀의 묘사가 나와는 완전히 달랐다. 질병의 진행 단계가 달랐기 때문이다."(2011: 154) 더구나 개개인은 환경상의 사소한 차이에 따라서 시각기능에 상당한 차이를 보일 수 있다. 오만스키가 인터뷰한 래리(Larry)라는 이름의 한 남성은, 자신의 시력이 날씨의 미세한 차이에 따라서도 변한다고 말한다. 비오는 날은 흐린 날과는 다른 영향을 미치고,

---

2) 연구 결과, 선천적 시각장애인들은 물론이고, 5세 이전에 시력을 잃은 사람들도 꿈속에서 시각적 경험을 하지 않는다고 한다. 5-7세의 아동들은 시각적으로 꿈을 꾸는 능력에 있어 다양한 차이를 보인다. 그러나 7세 이후에 시력을 잃었을 경우, "실제로 보는 일과 꿈 꾸는 일은 거의 구별되지 않는다."(Kirtley 1975: 308)

안개가 낀 날은 구름 낀 날과는 다르다.[3) 래리는 화창한 날씨를 그다지 좋아하지 않는다. 특히 햇볕이 뜨는 날 눈까지 내린다면 가장 힘들다. 레이저 시술을 받을 때 생긴 상처로 인해 밝고 눈부시는 것에 고통스러울 만큼 민감하게 반응하기 때문이다. 래리의 설명에 따르면, "시각장애를 가지게 되면…… 어느 하나 전과 같은 시나리오나 상황으로 진행되는 것이 없다. 부엌칼 따위를 사용할 때도, 이전에 있던 장소에서 5인치만 벗어나 있거나, 조명의 밝기가 전만큼 밝지 않다면…… 토마토 대신 당근을 썰게 될지 모른다."(p. 157)

조지나 클리게(Georgina Kleege 1999)의 경우를 보자. 그녀는 노화에 따라 시력에 손상을 입었다.[4) 클리게는 주변부 시각을 잃지 않았지만, 시야의 중심부에 맹점이 있다. 그림을 바라볼 때면 보통 캔버스의 가장자리만 파악할 수 있지만, 그녀는 캔버스에서 얼굴을 몇 인치씩 옮기면서 "그림의 질감, 깊이, 빛깔의 세밀한 부분을 볼 수 있다."(p. 94) 물론 이는 그녀가 작품을 전체적으로는 볼 수 없음을 의미한다. 그녀는 다음과 같이 말한다.

작품 전체를 총체적으로 받아들이기 위해서, 나는 눈 속의 커다란 맹점을 이동시키며 주변부 시야 속으로 그림의 각기 다른 영역들이 들어오게 한다. 이런 식으로 그림 전체를 체계적으로 스캔한다. 나의 뇌가 서서히 형태를 파악하고, 장면 하나하나를 모은다. 그렇게 내 마음이 윤곽을 그리고, 지도를 만들어 낸다. "왼쪽으로는 과일바구니가 놓

---

3) 점차 시력이 사라지는 경험을 한 남성은 "진행성 현상학적 경험"이라 묘사한다 (Omansky 2011: 159).

4) 미국 노인들의 시각장애를 야기하는 주요 원인인 황반변성(macular degeneration)은, 망막 중심부의 황반 세포를 파괴하는 질병이다. 황반은 시야의 중심부에서 사물의 세부적인 사항들을 지각하는 부위다.

인 탁자가 있다. 오른쪽에는 바다가 보이는 창문이 있다."는 식이다 (pp. 93-94).

클리게는 각기 다른 질감들을 구별하는 데 어려움이 있다. 그녀는 곧은 선들을 인지할 수 없어서, 단단한 물체들은 "녹아 버리거나 흐물흐물해지고, 실체 없는 그림자나 빛의 부분들은 단단하고 형체를 가진 것처럼 보이기도 한다."(p. 101) 그녀는 자신이 보는 것이 곧 시각을 가진 다른 모든 사람들이 보는 것이라고 생각하는 대신, 상상력을 이용해 앞에 있는 대상을 감지해야 한다는 사실을 깨달았다.

거리를 걸을 때 클리게는 자신의 "발을 볼 수 없고, 그 바로 앞의 사물도 알아볼 수 없다." 그래서 주변시야를 활용해 "바로 앞의 장애물이나 가고 있는 방향을 대략적으로 감지해야 한다."(1999: 104) 많은 경우 그녀는 어떤 사물이 특정한 장소에 있으리라는 예측에 의존하므로, 만약 어떤 상황에 맞지 않는 사물이 등장한다면 인지하기가 어려워진다. 한번은 집 근처 인도에서 갑작스럽게 너구리와 마주친 일이 있었다. 그것이 무엇인지는 이 상황을 지켜보던 이웃을 통해서야 알 수 있었는데, 그녀는 "흐릿하고 쥐색을 띠는, 납작하고 둥그런 덩어리만을 보았을 뿐이었다. 고양이라고 하기에는 크기가 너무 컸고 그 모습이 개와 같지도 않았다."(p. 106) 그녀는 식료품점에서 "치리오와 위티스 같은 시리얼 상표를 구별할 수도 있지만, 이는 그저 뿌옇고 흐릿한 물건들 중 하나는 노랗고, 다른 하나는 주황색이기 때문에 가능한 것이다."(p. 107)

시각장애인들은 기억을 활용해 주위 환경에 적응하고 다치지 않도록 몸을 보호한다고 말한다(Kleege 1999; Kuusisto 1998). 이들은 한 장소에서 다른 장소까지 몇 걸음인지를 기억한다. 이들은 표지판에 적힌 길의 이름을 읽을 수 없기에, 땅의 높낮이, 주변 경관, 주변 건축물들의 특성에 의존해 버스 정류장과 길이 굽어지는 지점을 기억한다. 작은 글씨로 새겨진 정보들을 읽는 데 어려움이 있으므로 "전화번호와 신용카드 정보, 회원증의 고유 번호를 암기하려 애쓴다."(Omansky 2011: 160) 패스트푸드점에서는 메뉴들을 모두 외워 두는데, 메뉴판이 카운터 뒤 높은 벽 위에 걸려 있고, 시각장애인이 읽기 어려운 작은 크기의 폰트로 쓰여 있기 때문이다. 그러나 조명이 어두컴컴한 레스토랑, 바(bar), 나이트 클럽 같은 환경들에서는 기억을 활용하는 것으로는 대처하기 어렵고, 특히 칵테일 파티가 있다면 이는 "사회적 죽음"과 다름없다. 이런 환경에서 시각손상을 입은 사람들은 "방을 둘러보고 사람들의 얼굴을 확인한 후 말을 걸기 위해 다가서는 일이 불가능하기 때문이다."(p. 138)[5]

오만스키(Omansky 2011)는 야외에 설치된 원형극장에서 있었던 일에 대해 들려준다. 그녀는 무대에서 가까운 접근 가능한 좌석을 사전에 요청했다. 극장 측에서는 그녀의 요청에 맞는 좌석은 휠체어 이용자들을 위한 관람구역밖에 없다며 그곳으로 안내했다. 해당 좌석은 객석 중간 정도에 있어 무대에서 떨어진 구역에 있었지만, 어쨌든 그녀는 그곳에 앉았다. 그러자 휠체어를 이용하는 몇몇 장애인들이 해당 좌석이 그녀를 위해 준비된 것이 아니라며, 다른 자리로 옮겨야 한다고 주장했다. 영화관이나 콘서트홀에서도 "장애인용"으로 배정된 좌석들은 휠체어 이용자들을 위한 것이고, 그마저도 대개는 복도의 끝에 배치되어 있거나 무대에서 멀찌감치 떨어진 곳에 있어서, 시각장애인 관객에게는 아무런 쓸모가 없다.

마지막으로, 오만스키는 경계성 시각장애의 현상학이 고통을 수반하는 삶을 포함할 수 있음에 주목한다(Kleege 1999; Kuusisto 1998 참조). 몇몇 법적 맹인들은 만성적인 목의 통증이나 특정 자세로 인한 허리

---

5) 스티븐 쿠시스토(Stephen Kuusisto 1998)는 사람들이 자신이 시각장애가 있기 때문에 듣지도 못할 것이라 생각하고는, 자신 앞에서 큰 소리를 지르곤 한다고 쓰고 있다.

추가탐구

Box 6.2 존 내시

2001년 아카데미상 수상작이자 실비아 나자르(Sylvia Nasar)의 베스트셀러 소설을 원작으로 한 영화 〈뷰티플 마인드〉(A Beautiful Mind)에서는, 노벨상 수상자 존 내시(John Nash)의 삶을 영상에 담았다. 내시는 1928년 태어났으며 뛰어난 수학자였고, 사람들은 그를 천재라 불렀다. 순수수학과 응용수학 두 분야에서 모두 활약했고, 경제학, 컴퓨터 공학, 게임 이론을 비롯한 여러 학문 분야에 중대한 영향을 끼칠 이론들을 발견했다. 그는 괴짜이자 오만한 지식인으로, 자신만의 독창적인 사고에 집착하는 고독한 사색가로 알려져 있었다. 그는 서른한 살에 조현병(정신분열증) 진단을 받았다.

미국 전체 인구의 약 1퍼센트 정도가 경험하는 정신질환인 조현병의 증상들은, 보통 16세에서 30세 사이에 나타난다(National Institute of Mental Health, NIMH 2012). 망상적이고 편집증적 증상을 보였던 내시는 사악한 음모를 조심하라는 목소리를 들었다. 나자르의 묘사에 의하면(1998), 내시는 다른 은하계에 살고 있는 사람들과, 아마도 외국 정부들이 『뉴욕타임즈』에 암호화된 메시지를 통해 자신과 의사소통을 하고 있다고 믿었으며, 그 메시지들은 자신만이 해독할 수 있다고 생각했다. 그의 행동은 점점 괴상해졌고, 망상은 더욱 거창해졌으며 피해의식은 커졌다. …… 매 순간 짜증을 냈고 지나치게 민감하다가는, 곧 기이할 정도로 움츠러들었다. 그 무렵 그는 강제로 정신병원에 입원되었다(pp. 248, 258).

조현병의 원인은 잘 알려져 있지 않으나 가족력의 영향을 받으며 유전적 요소를 포함한다(내시의 아들도 조현병을 앓고 있다). 과학자들은 모종의 화학적 불균형이 뇌의 해당 부위에 대한 신경전달물질을 과잉자극하기 때문에 발생한다고 믿고 있다. 조현병 때문에 타인에게 위해를 가할 가능성은 낮지만, 조현병을 가진 사람들의 약 10%가 스스

Box 6.2 존 내시 (계속)

로 목숨을 끊는다. 역설적이게도 치료과정이 성공적일 때 자살률이 극적으로 치솟는데, "아마도 치료에 의해 망상이 사라진 자리에, 매우 고통스러운 감정을 포함하는 다른 느낌들이 들어서기 때문으로 보인다."(Nasar 1998: 308; NIMH 2012)

조현병 진단을 받고 난 후 십여 년간 내시는 정신병원에 입원과 퇴원을 반복하는 시간을 보냈다. 병원에서 그는 항정신병약을 투여받았고 인슐린 쇼크요법도 받았다. 근래에는 많은 사람들이 지역사회 내에서 적절한 약물치료를 받으며 자신의 상태를 관리하고 생활하는 법을 배울 수 있다. 그러나 대부분의 사람들이 증세를 통제하기 위해 약물치료를 지속해야 할 필요가 있음에도, 내시는 순전히 의지력으로 버텼다. 그는 "꿈속에 있는 듯한 상태가 지속되었고⋯⋯ 망상에 지배당했으며, 연구를 할 수도 없었다. ⋯⋯ 사람들과의 접촉도 위축되었다. 이러한 것들을 이성의 무능으로 규정했다."고 한다. 내시는 "끊임없이, 의식적으로 노력해야 한다는 의미에서⋯⋯ 다이어트에서의 합리성에 비유했다. 살을 빼기 위해 의식적으로 지방질과 당분을 기피하듯이, 생각을 다스리고⋯⋯ [망상적] 관념을 자각하려 애쓰고, 그것들을 뿌리치려 노력해야 한다는 점에서 그렇다."(Nasar 1998: 351) 이런 식으로, 내시는 약물 없이 그의 질병과 함께 살아가는 법을 익혔다. 그러나 그는 질환이 발병하기 전 그에게 노벨상을 안겨 준 연구들을 성취했던 때와는 지적으로 결코 같을 수 없었다. 조현병에 걸리기 쉬운 기질은 수학자로서의 내시가 가진 탁월함과 창조성에 깊이 관련되어 있었겠지만, 그 질병이 완전히 발현되자 그의 가장 중요한 경력은 그것으로 끝나게 되었다.

통증으로 고통을 겪는다. 이런 통증들은 제한된 시력을 최대한으로 활용

할 수 있도록 시선의 위치를 잡는 과정에서 발생한다. 오만스키는 "책이나 잡지를 얼굴에서 2인치 떨어지게 집어 들고 몇 분 이상 있으면, 팔과 팔뚝의 감각이 마비되고…… 그럴 때면 팔을 흔들어 감각을 되찾아야 한다."(pp. 163-164)고 말한다.

수화의 현상학

법적 맹(legally blind)과는 달리 법적 농(legally deaf)이라는 것은 없다. 물론 귀의 어느 부위가 손상을 입었는지에 따라 소리를 얼마나 들을 수 있는지도 다르므로, 청력손상들 사이에는 정도의 차이가 존재한다. 『음악이 없는 춤』(Dancing Without Music)이라는 책에서 베럴 리프 벤들리(Beryl Lieff Benderly 1990)는 이러한 차이를 나타내는 청력의 두 요소로서 세기(intensity)와 주파수(frequency)에 주목한다. 세기는 음파가 귀에 닿도록 하는 에너지 흐름의 총량이다. 이는 소리의 크기를 결정한다. 주파수는 파동의 모양과 관련이 있다. 파동의 모양이란 "파동이 큰지 작은지, 둘쭉날쭉한지 잔잔한지, 여럿인지 하나인지를 말한다." 이것이 소리가 고르거나 뭉개지는(distorted) 정도를 결정한다(1990: 28). 리처드 로젠탈(Richard Rosenthal 1978)은 이 두 요소를 라디오를 듣는 것에 비유한다. 세기가 작은 소리는 볼륨을 낮춘 채로 라디오를 듣는 것과 유사하게 들리며, 들쭉날쭉한 주파수의 소리는 라디오의 주파수를 잘못 맞췄을 때처럼, 잘 알아들을 수 없고 뭉툭하게 들린다.

앞서 역사적 관점에서 장애를 둘러싼 논쟁을 살펴보면서(3장 참조), 우리는 농인에 대한 언어교육을 둘러싸고 구화법 지지자와 수화법 지지자들 사이의 갈등을 확인할 수 있었다. 구화법 지지자들은 농인들이 교육받고 사회적으로 수용되기 위해서 말을 통한 의사소통이 필수적이라고 믿었지만, 수화법 지지자들은 자연적 언어인 수화를 통해 농인들을 교육하는 방식이 더 낫다고 믿었다. 우리는 또 미국수화(ASL)가, 고유한 구문과 약어, 몸짓을 이용한 표현들을 가지고 진화해 온 언어인 프랑스 수화로부터 왔다는 점도 보았다. 이 언어가 현대 미국 농문화의 공용어가 되었다(2장 참조).

벤들리는 수화가 "인간의 몸을 이용해 인간의 눈으로 메시지를 전송할 수 있도록 특수하게 구축된 상징적 의사소통 매체"(1990: 168)라고 하면서, 수화의 현상학에 대한 유용한 기술방식을 제안하고 있다. 그녀는 "ASL은 음성언어가 소리를 활용하는 방식대로 공간을 이용하는데 공간에 형상을 새겨 넣어 메시지를 전달한다."(p. 175)라고 말한다. 영어는 선형적인 반면, 수화는 삼차원적이다. 수화가 형성되는 몸의 위치, 양손의 모습과 움직임, 몸과의 관계에서 양손의 자세, 두 손이 유사하게 움직이거나 다르게 움직이는지 여부, 이런 요소들이 여러 방식으로 조합되어 전 세계의 어떤 구어들에 못지않게 복잡한 언어를 구성한다. "수화를 영어로 통역하면 수화 구문에 담긴 숨은 뜻과 함축들이 더해진 의미를 표현하지 못하는데" 다른 음성언어를 통역할 때 이상으로 그러하다. 수화의 구문에는 통역과정에서 잃게 될 수 있는 고유한 의미의 뉘앙스가 포함되어 있다(p. 178).

수년에 걸쳐, 농인 교사들은 수화법 대 구화법이라는 접근 방식의 대안들을 발전시켜 왔다. 그중 하나는 **영어 수화**(signed English)의 사용이다. 이는 본질적으로 영어의 구조와 구문을 수화로 표현하는 것으로서, ASL과 (음성언어로서의) 영어를 연결하는 가교라 할 수 있다. 그러나 농문화의 지지자들은, 영어수화를 ASL에 대한 제2언어로 가르치는 일과, ASL의 체계 속에서 언어적으로 사고하는 법을 익히기 전에 영어의 체계 속에서 언어적으로 사고할 것을 아이들에게 먼저 요구하는 일은 완전히 다르다고 생각한다(Deaf Linx 2012; Edwards 2001; Fleischer and

Zames 2001).

또 다른 접근은 이른바 **단서언어**(cued speech)로서, 농인들이 영어 사용자의 말을 시각적으로 해석하도록 돕는 것을 목적으로 한다. 단서언어는 1960년대에 R. 오린 코네트(R. Orin Cornett)에 의해 발전했으며, 입술 읽기의 한 변형이라고 할 수 있다. 코네트는 대화 상황에서 입술 읽기가 가진 문제는 "다수의 입모양이 한 가지 이상의 음을 나타낼 수 있다는 점이라고 생각했다. 표현하려는 말을 이미 알고 있지 않는 한, 입술을 읽는 사람은 시각적으로는 동일하면서 발화자의 발음은 여러 개의 가능성을 갖는 경우, 그 순간에 발화된 내용이 그중 무엇인지를 구별할 방법이 없다."(Benderly 1990: 192) 이 문제를 해결하기 위해서 "코네트는 얼굴과 관련지어 만들어 내는 네 가지 자세와, 각각의 어느 자세에서든 취할 수 있는 여덟 가지 손 모양으로 된 하나의 체계를 개발했다. 이것들 자체만으로는 소리를 나타낼 수 없지만, 발화자의 입술에서 얻어진 정보와 결합되었을 때 의미를 갖게 된다."(p. 192)

마지막으로, **총체적 의사소통**(total communication)이라 불리는 방법이 있다. 이는 다양한 수단들로부터 의사소통 기술을 빌리는 절충식 접근으로서, 각각의 기술을 동시에 활용하기도 한다. 잔존 청력이 남아 있는 사람들의 경우 또는 후천적으로 청각 손실을 겪은 사람의 경우에는 말로써 소통하는 방법이 의사소통의 일부로 융합된다. 그러나 말할 나위도 없이, ASL이 아닌 다른 소통 수단을 농인의 주요 언어로 삼는 어떠한 접근도, 미국 내 농문화를 활력 있게 지속하고자 노력하는 사람들에 의해 격렬한 반대에 부딪혔다(Benderly 1990; Deaf Linx 2012; Fleischer and Zames 2001).

운동기능에 손상을 가진 채 물리적 환경을 헤쳐 가기

운동기능에 손상을 가진 사람들에 대한 연구에서 헤더 리돌포(Heather Ridolfo)와 브라이언 워드(Brian Ward)(2013)는, 장애가 없는 사람들을 위해 설계된 비장애 중심적 세계에서의 움직임이라는 현상학적 경험을 조명했다.[6] 이 연구에서 인터뷰에 참여한 대부분의 사람들은, 일상생활을 수행하기 위해 다른 사람들의 도움을 받거나, 그들의 집을 접근 가능하도록 개조했다. 예를 들면, 경사로, 계단의 난간, 자동문, 낮은 부엌 찬장을 설치하거나, 높은 변기 시트, 변기의 옆이나 욕조, 샤워기에 손잡이를 부착하는 등과 같은 욕실 개조가 그것이다. 그러나 많은 이들이 자기 집을 소유하지 못했거나 개조비용을 지불할 수 없어서, 비장애인들이 당연하게 수행하는 기초적인 일상적 과업들을 해내는 데 큰 어려움을 겪고 있었다. 54세의 한 여성은 신체의 여러 부위가 쇠약해지는 증상(multiple debilitating conditions)을 겪고 있지만, 욕실에 손잡이가 없었다. 그녀는 "변기에서 세면기로 이동하기라는 도전"을 다음과 같이 묘사한다. "벽에 붙어 있는 세면기를 잡아당기다 촤아악! 물이 솟아올라요. 급히 배관공을 불러야 했지요. 그가 와 선반을 설치하고, 새로운 세면기를 달고, 벽을 고치고…… 전체를 보수했어요. 그렇지만 여전히 저는 일어설 때 한 손으로 변기의 뚜껑 위를 짚은 후, 가볍게 세면기

---

6) 이들의 연구에는 30명이 참가했으며 참가자들의 연령은 18-67세였다. 이 연구에 포함된 운동성의 기준은 지팡이, 목발, 워커, 스쿠터나 휠체어 같은 보조기구의 사용 또는 1/4마일 또는 열 발자국을 쉬지 않고 걷기, 문고리를 잡기 위해 손을 뻗기, 목욕, 용변 처리, 음식 준비, 가사, 선반 위의 물건을 꺼내기와 같은 기능적 활동에 어려움을 겪는 경우였다. 이들의 연구를 담은 책은 이 글을 쓰는 현재 "인쇄 단계"에 있으며, 따라서 인용된 페이지 번호는 초벌 원고의 3장에 해당하는 부분이다.

를 잡고 일어 서야 합니다. 세면기를 잡아 당기면 안 돼요. 그저 몸의 균
형을 잡는 데만 활용하고 체중은 변기 위에 실은 채, 몸을 일으켜 세우는
거예요."(p. 63) 이런 식으로 욕실에서 몸을 운용하는 시도에 대해, 두 명
의 다른 참가자들은 다음과 같이 묘사한다.

저는 벽에 고정된 수건걸이에 매달린 후 팔을 뻗어서 세면기를 붙잡
아요. 왼쪽 발을 먼저 욕조에 넣고, 욕조 가장자리에 그냥 앉거나 샤워
의자에 앉은 후 몸을 씻지요(p. 64).

한 번인가 두 번 넘어진 적이 있어요. 한번은 [샤워하려다 그랬는
데], 그때 욕실로 다리를 절며 들어가다 샤워실 안으로 쓰러졌어요. 균
형을 잃은 것 같더니 곧 "꽈당"하고 쓰러졌지요. 그대로 뒷통수로……
아마 한동안 정신을 잃었던 것 같아요(p. 65).

리돌포와 워드의 연구에 참여한 보고자들 중 부엌을 개조할 여력이
있는 경우는 거의 없어서, 선반에 둔 물건들이 손에 닿지 않아도 별 수 없
었다. 어떤 이들은 필요한 것을 꺼내려면 조리대 위로 올라가야 한다고
진술하기도 하며, 선반을 바닥에 낮게 설치한 이들조차 몸을 굽혀 물건들
을 잡는 데는 어려움을 겪는다. 휠체어를 탄 채로 부엌 싱크대에 닿지 않
아 어려움을 겪는 경우들도 있다. 휠체어를 이용하는 한 남성은 스토브에
올려놓은 냄비를 들여다볼 수 없어 스토브에서 냄비를 내려놓고 요리의
상태를 확인해야 한다고 말했다. 이 때문에 화상을 입을 위험도 있다.[7]

---

7) 존 호켄베리(John Hockenberry)는 그의 회고록(1995)에서, 하반신이 마비된 지
     얼마 되지 않았을 때, 세라믹 냄비를 다리 위에 올려두었다가 화상을 입은 사고
     를 묘사했다. 냄비는 손으로 잡을 수 있을 만큼 식은 상태였지만 바닥은 여전히

　　리돌포와 워드의 연구에 참여한, 걷는 데 주로 어려움이 있는 사람들의 보고에 의하면 집에 들어가는 일은 가장 일반적인 문제다. 특히 임대주택에 사는 사람에게 심각하다. 참여자들은 현관문을 열고 닫을 때, 특히 장을 보고 돌아와 짐을 들고 있을 때의 어려움을 이야기했다. 집 안의 문을 통과할 때의 어려움을 보고한 사람들도 있다. 예컨대, 욕실로 진입하기 위해 휠체어에서 내려야 할 때가 그렇다고 한다. 어떤 이들은 지하나 2층처럼 집의 일부 층은 완전히 이용하기를 포기해야 한다. 한 여성은 2층으로 가기 위해 계단을 기어서 올라야 한다고 보고한다.

　　가족 공동체 밖으로 나온다고 상황이 나아지는 건 아니다. 울퉁불퉁한 인도, 길에 패인 구멍들, 가파른 경사로는 물론, 인도로 오르기 위해 턱이 제거된 부분(curb cut)은 아예 없거나 불충분하며, 도로 표면은 미끄럽다. 이런 모든 것들이 이동에 장벽이 된다. 지상의 자연적인 굴곡에 의해 형성되는 언덕은 가장 일반적으로 언급되는 어려움이다. 리돌프와 워드가 언급했듯이, "의족을 차고 있거나 무릎에 손상이 있는 응답자들에게는, 오르막을 걸어 오르기 위해 무릎을 구부리기가 어렵거나 아예 불가능한 일일 수 있다. 다른 경우, 피로나 통증, 균형잡기의 어려움 때문에 오르막을 오르거나 내려오는 일이 커다란 도전이 된다. 휠체어를 이용하는 사람들은 그저 혼자 힘으로 휠체어를 언덕이나 가파른 경사로에서 밀어 올리는 일 자체가 큰 도전이다."(2013: 72) 퇴행성 관절염과 추간판 팽륜(burging disk)을 앓고 있는 59세의 여성은 버스정류장까지 언덕을 걸어 오르는 것이 "최악이다. 꼬박 하루가 걸리는 일 같다."라고 말한다(p. 72).

　　뜨거웠는데, 그가 냄비 속의 재료들을 2분 정도 젓는 동안 다리는 아무런 감각도 느낄 수 없었다. 바짓가랑이 한쪽으로 "무엇인가 심각한 일이 벌어졌음을 암시하는 액체의 흐릿한 윤곽을" 볼 때까지, 그는 아무것도 알지 못했다. 다리가 경련을 일으키고 있음을 깨닫고 바지를 내리자, "피부는 가죽만 남은 채 푹 패여 함몰돼 있었고", 3도 화상을 의미하는 "하얀 진물 속으로 다리털들이 녹아들어 가" 있었다.

다른 한 여성은 울퉁불퉁한 인도에 무릎이 틀어질까 두려워 도로를 통해 이동할 수밖에 없다고 한다. 휠체어를 이용하는 한 남성은 인도에 진입하는 턱 때문에, 어쩔 수 없이 차도로 내려갈 수밖에 없다고 한다.[8]

리돌포와 워드의 연구 참여자들은 또한 느린 속도에 인내심을 갖지 못하는 사람들과 관련하여 생기는 사회적 장벽들을 보여 준다. 지팡이를 사용하는 한 남성은 사람들이 "이봐요, 길 좀 막지 말고 비켜요!"라고 외치는 일이 흔하다고 한다(2013: 74). 사람들은 아무런 관심이 없다. 이런 상황에 대해 이 남성은 다음과 같이 설명한다. "누군가 휴대폰으로 전화 통화를 하며 걸어오면, 멈춰 서서 지팡이를 내보이며 그들을 툭 건드려야 해요. …… 그러고는 '이보세요. 앞을 보고 좀 주의해 주세요.'라는 듯 행동해야 하지요. 사람들은 뒤에서 우리를 그냥 밀치고 지나가거나, 앞에서는 길을 막고 그저 서 있기도 합니다. 그렇기에 우리 뒤에서는 답답해하고, 우리 앞에 있을 때는 우리가 마치 그곳에 없는 사람인듯 신경도 쓰지 않아요."(p. 74) 또 다른 한 남성은 자신이 지팡이를 사용하는 이유 중 하나는 자신이 다른 사람들처럼 빨리 이동할 수 없음을 전달하기 위해서라고 한다.

> 지팡이가 없다면 사람들은 제가 느리게 움직인다는 점을 알아채지 못해요. …… 지팡이는 일종의 경고도구입니다. …… 빨리 움직이지 않으면 신호가 바뀌기 전에 넓은 도로를 횡단하지 못할 경우가 종종 있는데…… 저는 자동차 운전자들이나 다른 사람들에게 경고하기 위해서라도 지팡이를 사용하는 겁니다. …… 몸집이 커서 사람들은 저를 보고는

---

8) 호켄베리(1995)는 휠체어를 타고 도로를 횡단하다 버스에 치여 거의 죽을 뻔했던 사고를 묘사하고 있다. 급히 우회전 하던 버스 운전사는 그를 볼 수 없었다. 그는 버스 타이어가 그의 휠체어를 덮치기 직전에 휠체어에서 뛰어내려 아슬아슬하게 죽음을 모면했다.

왜 빨리 움직이지 못하는지를 이해하지 못하거든요(pp. 74-75).

　　리돌프와 워드 연구에 참여한 사람들은 휠체어가 탑승 가능한 콜택시 서비스를 이용하기 편리해졌고, 이를 주요 교통수단으로 삼는 경우가 많다고 보고한다. 이들은 또한 최근 들어 많은 버스들이 저상버스이거나 휠체어리프트가 설치되어 있는 점, 교통 약자(노인이나 장애인) 우대석이 있는 점, 버스정류장이 집에서 가까운 점도 다행스럽게 생각한다. 그와 동시에, 이러한 두 종류의 교통수단(콜택시와 버스)도 문제가 없는 것은 아니다. 콜택시는 너무 일찍 오거나 너무 늦게 온다. 연구 참여자들은 콜택시를 이용하는 일은 "골칫거리"이기 일쑤이며, 이를 적절한 시간에 이용할 수 있을지 여부는 "운에 달린 문제"라고 한다. 그래서 콜택시는 이들이 의지하는 "최후의 교통수단"이라고 말한다(2013: 77).

　　버스나 지하철을 이용하는 사람들도 다른 승객들, 특히 우대석을 양보하지 않으려 하는 비장애인 승객들과 도움을 주지 않으려는 버스 운전사들 때문에 문제를 겪는다고 보고한다. 비장애인 승객들은 장애인들이 실제 장애가 있는 게 맞는지 의문을 제기하기도 한다. 의족을 찼지만 바지로 이를 가리는 한 여성은 우대석에서 일어나 달라는 요청을 여러 번 받았다고 한다. 지하철역의 엘리베이터에서 어려움을 겪는다는 보고도 있다. 한 남성은 지하철역 엘리베이터가 수리 중인 경우가 하도 잦아서 휠체어로 에스컬레이터를 이용하는 법을 배웠다. 또 다른 참가자들은 엘리베이터를 이용하기 위해 비장애인들과 경쟁해야 한다고 보고한다. 한 여성은 "가끔은 엘리베이터를 하염없이 기다립니다. 6명 정도가 타고 있다면, 어떤 때는 10대들이, 때로는 계단을 올라가기 싫은 직장인들이 타고 있어요. …… 사람들은 역의 에스컬레이터가 고장나면 엘리베이터를 이용하는데, 이럴 때는 휠체어를 이용하는 사람에게 양보하지 않습니다."(2013: 79)

　　연구 참여자들 중 자가 운전으로 이동하는 사람들은 접근 가능한 주차장을 찾는 데 어려움을 겪었다. 윤활낭염[bursitis, 역자주: 관절 사이의 윤활액을 싸고 있는 윤활낭에 염증이 생기는 질병(네이버 지식백과에서 인용)]과 류머티스성 관절염, 당뇨로 인한 신경장애를 가진 한 48세 여성은 공영 차고지에 있는 자신의 주차 구역에서 목적지까지 이동하기 위해 걷는 일이 너무나 힘든 나머지 네 번이나 쉬어야 한다고 말한다. 차에서 내리고 타는 일에 어려움을 겪는다고 응답한 사람들도 있다. 특히 차체가 낮은 경우 어려움이 많았다. 목적지에 도착하더라도 건물에 진입하는 일이 쉽지 않다. 목발을 이용하는 한 여성은 건물 입구의 문이 너무 빨리 닫히므로 팔로 문을 잡아야 하지만, 그렇게 할 수 없어 어려움을 겪는다고 한다. 팔에 힘이 약하거나, 문을 밀어 열고, 잡고, 조절하는 능력이 없는 사람들도 있다. 일단 건물 안으로 들어가도 엘리베이터가 없거나 화장실 접근이 불가능할 수도 있다. 운동성 장애를 가진 사람들이 주변 환경을 헤쳐 나가는 일의 현상학을 드러내는 경험들이란 이러한 것이다.

척수손상에서의 회복

　　존 호켄베리(John Hockenberry 1995)는 19세 때 교통사고를 당해 척수손상을 입었다. 젖꼭지 아래로 감각을 완전히 잃었지만, 그는 아무것도 느끼지 못하는 상태를 감각의 부재가 아니라 "특수한 감각"(p. 42)이라고 묘사한다. 그는 "영(0)은 모든 수에 의미를 부여한다."면서, "무감각은 육신의 플레이스홀더(placeholder)다(역자주: 영어 문장의 가주어 it과 같은 것으로, 무언가를 위해 존재해야 하지만 그 자체로는 의미를 갖지 않는 것). 의식과 몸이 나누어지는 경계이며, 생명이 삶을 그저 담고 있는 죽은 용기(容器)가 되는 경계다."(p. 42)고 쓴다. 또한 그는 다음과 같이 덧붙인다. "몸은 당신이 무엇을 느낄 수 있건 없건 당신의 몸이다. 감각 손실이 당신에게 항상 익숙했던, 살과 물로 이루어진 그 오랜 주머니와 는 다른 존재로 당신을 만들었다고 믿을 만한 실제적인 이유는 없다. 주 머니는 가득 찰 수도, 텅 빌 수도 있다. 삶은 계속될 뿐이다."(p. 98)

척수손상(spinal cord injury)의 특성을 더 잘 이해하기 위해서는 우 선 척추(column)에 대해 언급할 필요가 있겠다. 꼭대기부터 아래쪽 끝 까지 등뼈는 다섯 부분으로 구성되어 있다. 경추(목), 흉추(가슴), 요추(등 아래), 천골(엉덩이) 그리고 미골(尾骨, 꼬리뼈) 부위다. 경추부(C)는 7개 의 척추뼈로 이루어져 있고, C1에서 시작해서 C7로 끝난다. 흉추부(T)는 T1에서 시작해 T12로, 요추부(L)는 L1에서 L5로 내려온다. 요추 아래 영 역은 5개의 척추뼈가 연합되어 천골부를, 4개의 척추뼈가 연합되어 미 골부를 이룬다. 통상 손상의 단계가 더 높을수록 움직이는 기능이나 감 각 손실이 더 크다. 그러나 경우에 따라 편차는 다양하다. 압력을 느끼 지만 온도를 느끼지 못하는 사람도 있고, 온도는 느끼지만 압력을 느끼 지 못하는 사람도 있다. 감각은 있지만 움직임은 전혀 통제하지 못하는 경우도 있다(Hockenberry 1995). 2장과 5장에서 소개했던 멜빈 주에트 (Melvin Juette) 같은 사람도 있다. 그는 스스로 "불완전한" 척수손상이 라고 묘사한 상태에 있는데, 척수가 완전히 손상되지 않았고 엉덩이 근 육을 사용하며 엉덩이 아래를 이용해 감각도 사용하기 때문이다(Juette and Berger 2008). 호켄베리도 보고하듯이, "하반신이나 전신이 마비된 사람들 각각의 감각적 경계 영역은 지문만큼이나 개별적이다. 개인들은 '마비란 어떤 것인가?'라는 질문에 모두 다른 대답을 내놓는다."(1995: 98)[9]

---

9) 척수손상은 일상적인 통증과 체온 통제의 어려움도 수반할 수 있다(Donahue and Spiro 2007).

추가탐구

Box 6.3 외상성 뇌손상을 입고 살아가기

외상성 뇌손상(traumatic brain injury, TBI)은 머리에 충격이나 타격을 입어 생긴 뇌손상으로서, "인지적 · 심리적 · 감정적 기능에 손상이 발생한 경우"(Lorenz 2010: 1)를 일컫는다. 현재 미국에는 약 53만명이 TBI를 가지고 살아가고 있는 것으로 추산된다. 이는 주로 추락사고(28%), 교통사고(20%), 운동 중 손상(20%), 범죄로 인한 피해(11%)로 발생한 것으로 나타났다(Davies, Connolly, and Horan 2001; Langlois, Rutland-Brown, and Thomas 2004; National Center for Injury Prevention and Control, 2005). TBI 위험이 가장 높은 두 집단은 15세에서 24세 사이 및 65세 이상이다(Kraus and Chu 2005). 최근에는, 이라크와 아프가니스탄 전쟁에 참가한 미군들 가운데 많은 수가 TBI에 처하면서 이러한 유형의 장애에 대한 관심이 높아지고 있다. 이들은 주로 이러한 전쟁의 "특유한 부상"(Jones, Fear, and Wessely 2007: 1641)이라고 여겨지는 사제폭탄에 의한 피해를 입었다.

영향을 받은 뇌의 부위에 따라, TBI를 입은 사람들은 기억력 손상, 주의나 집중력 문제, 정보 처리 및 활동의 개시와 완료에 어려움을 경험한다(Ownsworth and Oei 1998; Sherry 2006; Zhang et al. 2001). 로라 로렌츠(Laura Lorenz 2010)는 TBI에 대한 연구에서, 사람들이 특히 기억력 손상(금방 말한 내용이나 자신이 물건을 둔 곳을 잊어버리는 것 등)과 이전에 가지고 있던 여러 능력들을 잃어버린 데 대해 혼란, 좌절, 당혹스러움, 분노, 우울 같은 여러 감정을 표현하고 있음을 밝혀낸다. 연구에 참여한 페기(Peggi)라는 이름의 여성은 "자동차 계기판에 목적지를 적은 노트를 두어도, 어디로 운전하는지 잊어버린다. 그녀는 '지속적인 배경 소음'—텔레비전, 빠르게 걸어가는 사람, 이야기하는 사람들—에 주의를 빼앗겨 '내 앞

Box 6.3 외상성 뇌손상을 입고 살아가기 (계속)

에 무엇이 있는지' 집중하지 못한다."(p. 84) 그녀는 여러 단계를 거쳐야 하거나 주의 깊은 계획이 필요한 작업을 마치는 데 어려움을 겪는다. 일상의 일들이 마치 "토끼처럼 털이 수북하고 움직이는 목표물"로 기하급수적으로 증가해서, 그녀는 자신이 "그저 같은 자리에서 헤엄을 치거나 주변을 벗어나지 못한 채 미끄러지고" 있는 듯 느껴진다고 한다(p. 95). 그녀는 피로에도 시달리며, 균형을 잡지 못해 지팡이를 사용해야 하고 (고가의) 약물로 도움을 받지 않으면 버티지 못한다.

TBI로부터의 회복은 뇌에 새로운 경로를 구축하는 일을 수반한다. 그러나 그러한 상태로 살아가는 일은 이전과는 완전히 다른 상황을 받아들일 것을 요구한다. 이는 과거의 자신을 잊고 새로운 자아감을 발전시키는 일에 스스로를 조율하는 작업이기도 하다. 페기가 설명하듯, "'새로운 자아'라는 개념은 정말 잘 들어맞는다. …… 과거의 자기 모습이 되는 데 집착한다면 이는 좌절로 이어질 뿐이며, 새로운 자신을 수용하지 못하게 한다."(2010: 110) 데이비드(David)라는, 로렌츠 연구의 다른 참가자는 "수용은 진실과 대면하는 일이다. …… 나는 스스로에게 과거 내가 했던 일들을 하게 되리라고 거짓말하지 않을 것이다. …… 거짓을 말하면서 어떻게 앞으로 나갈 수 있겠는가?"(p. 118)라고 말한다. 그러나 가장 최근의 연구에서는, TBI를 입고 살아가는 사람들이 "비극적 희생자"가 아닌, 세상의 새로운 존재 방식을 추구하는 진취적인 한 개인으로서 "생존자"로 알려지기를 원한다고 한다(Sherry 2006: 209).

척수손상에 대한 연구에서 크리스티나 파파디미트리우(Christina Papadimitriou)는 척수손상에서의 회복에 대한 현상학을 검토한다. 그녀는 이를 '**재신체화**(re-embodiment)의 창조적 과정'으로 묘사한다. 자신의 새로운 신체 능력을 극대화하는 방법을 배우고 이에 적응하는 과정이라는 것이다(2008a: 691). 파파디미트리우는 한 연구에서, "의료체계에서 척수손상을 당한 성인들과 그들의 물리치료사들이 해내는 '과업'의 '공동성취'에 주목한다."(2008c: 365) 그녀는 재활의 가장 중요한 과제가 "위태롭고, 제한되었으며, 손상 입은 몸"이라고 여겨지는 것을 "새로운 능력을 가진"(newly abled) 몸(p. 365)으로 전환시키는 일이라는 점을 강조한다. 현상학적으로 이야기한다면, 이는 "할 수 없어."에서 "할 수 있어."로의 전환으로서, 갓 장애를 가진(newly disabled) 인간에 의해 경험된다.

파파디미트리우에 의하면, 의료 시스템에서 이루어지는 재활은 장애를 가진지 얼마되지 않은 사람을 **환자**로서 치료하는 과정을 수반한다. 이와 같은 재활은 "개인의 고유한 일상, 리듬, 선호, 자기결정과정을 의료기관의 정책, 구조, 규율에 복종시킬 것을 요구한다. 아침에 눈을 뜨고, 침대에서 나오고, 씻고, 먹고, 낮잠을 자고, 손님을 만나고, 약을 먹고, 잠을 자는 것과 같은 매일매일의 실천들이" 외재하는 의료적 권위에 의해 통제된다(2008c: 368).[10] 의료인 및 병원의 임상적 관점에서 본다면, 타인이 "개인의 일상과 과업들을 결정하도록 두는 것은 자족적인 생활이 가능한 많은 성인들에게는 중대한 제한이자 억압일 수 있겠으나, 막 손상을 입은 사람에게는 그렇지 않다. 미리 구성된 활동들로 사전에 짜인 일과표는 환자들이 치료에 집중하고, 매일의 일상을 관리하는 일에 대해 걱정을 덜 수 있게 한다."(p. 368) 이런 식으로 재활 환경 세팅은 "안전하고, 다가가기 쉬우며, 지지적인 환경을 환자에게" 제공하는 것으로 여겨진다(p. 368).

---

10) 탈콧 파슨스(Talcott Parsons 1951)는 환자들에 대한 이러한 관점을 묘사하기 위해 "병자 역할"(sick role)이라는 개념을 고안했다.

파파디미트리우는 또한 물리치료사들(physical therapists, PTs)을 포함하여 의료인들이 환자들을 더 "바람직하거나 좋도록" 만드는 것에 대한 도덕적 가정을 세운다고 지적한다. 그녀는 다음과 같이 주장한다.

> 척수손상을 입은 환자들은 물리치료를 받을 "준비"를 하기 전에 몇 가지 심리적인 조정 단계를 거칠 필요가 있다고 여겨진다. …… 어느 물리치료사의 말처럼 "동기부여가 된 환자들은 우울해하거나 지루해 하는 환자들에 비해 함께 작업을 진행하기가 더 쉽다." …… "동기부 여된 환자"란…… 평정심을 잃지 않으며, 아마도 우울감에 빠지지 않 는 태도를 유지할 수 있는 이들로서, 치료 시간에 늦지 않고, 치료사 의 제안, 교정, 변화 요청에 열려 있고 협동적이다. 이들은 치료사에게 무례하지 않고, 치료의 특정 부분에 동의하지 않거나 혐오할 때에도 폭력적인 태도를 보이지 않는다. 이들은 친절하고 예의 바르며, 품위 있고 금욕적인 태도로 고통, 불편함, 역경을 받아들인다(2008c: 368; Bishop and Scudder 1990 참조).

한편, 파파디미트리우는 재활과정을 주로 억압적이고 제재적인 실천으로서 규정하는 것은, 환자와 물리치료사의 관계가 가진 "돌봄, 헌신, 지도, 공동의 작업으로서의 측면"을 오해하는 것이라고 주장한다(p. 369).

척수손상 이후 이어지는 재활 과정에는 신체의 근력을 강화하고, 유연성과 협응 능력을 늘기 위해 설계된 특수한 훈련이 수반된다. 여기에는 새로운 제약하에서의 일상생활 기술, 노폐물 처리를 위한 카테터(역자주: 감각손실로 소변을 보기 어려운 척수장애인을 위해, 요도관 등에 삽입하여 소변 배출을 돕는 기구)와 멸균 봉투의 사용법, 휠체어에서 내리거나 타는 이동 기술, 휠체어 조작 방법을 가르치는 일도 포함된다.

효과적인 치료사라면 재활 과정을 촉진하기 위해서 장애인의 감정을 잘 감당할 수 있어야 한다. 그들은 신체적 변화만이 아니라 심리적 변화 과정도 겪고 있는 중이기 때문이다. 그러나 어떤 치료사들은 이러한 훈련을 아예 받지 못했거나, 장애인의 감정을 관리하고 감당하려는 시도 자체를 꺼린다. 한 치료사는 이렇게 말한다. "저에게는 환자들이 휠체어에서 옮겨 앉는 법(transfer)이라든가, 스스로 또는 타인에 의해 움직일 수 있는 관절의 이동 범위에 대해 물어보세요. …… 저는 심리학자도 아니고 사회복지사도 아닙니다."(Papadimitriou 2008c: 369) 이와 같이, 파파디미트리우는 치료사들이 물리치료라는 "역할"과 심리적이고 사회복지적 측면의 "대화"를 구분한다는 점을 발견했다. 동시에, 환자와 치료사 사이의 신뢰를 구축하는 일이 재활 과정의 핵심적인 부분이기 때문에 물리치료사는 환자와의 관계에서 심리적 측면을 무시할 수도 없다. 수잔(Susan)이라는 이름의 물리치료사는 말한다. "환자들이 우리를 믿지 않으면, 제가 그들에게 '당신은 이걸 해낼 수 있어요. 더 시도해 봐요.'라고 말한들 믿을 리가 없어요. …… 그래서 맞아요, 우리는 물리치료를 하는 동안 대화를 나눕니다. 그렇지만요 그냥 가볍고 간단한 수준이에요. 물리치료는 아주 힘겹고 집중을 요하는 작업이기 때문이에요. 우리 두 사람 모두에게 정말 힘든 일이죠."(p. 370)

파파디미트리우는 수잔과 로이(Roy)라는 이름을 가진 28세의 척수 손상 환자 사이의 예시가 될 한 장면을 보여 주며, 재활 세팅에서 일어나는 공동작업(collaborative work)을 묘사해 보인다. 로이가 휠체어를 밀고 치료실로 들어오면서 세션이 시작된다. 로이는 상체를 보조기로 지탱하고, 무릎을 똑바로 편 자세로 금속으로 된 무릎 고정기구를 착용하고 있다. 수잔과 환자 보조인이 바닥에서 2피트 높이에 매트가 깔린 운동용 침대로 옮기는 것을 돕는다.[11] 이번 세션에서 수잔의 목표는 로이가 "무릎이나 허리를 굽히지 않은 채 슬라이딩 보드(이동 시 보조적으로 사용되는 기구)도 사용하지 않고" 매트에서 휠체어로 혼자 힘으로 옮겨 앉도록 하는 데 있다. 주로 어깨와 팔, 양손에만 의지해야 한다(2008c: 370).

수잔은 로이가 자기 다리를 휠체어 가까이 옮기도록 도와준다. 그러는 동안 보조인은 로이가 쓰러질 때를 대비해 곁에 지키고 있다. 로이가 상체를 일으켜 세우려 하다 균형을 잃고는 뒤로 자빠진다. 보조인이 그를 붙잡는다. 로이가 두려워하는 게 느껴지자 수잔은 곧바로 그에게 사과하면서, "다시는 이런 일 없을 거예요."라고 말한다. 이제는 로이가 "더는 못하겠어요."라고 한다. 그러나 수잔은 "아니, 할 수 있어요. 지금도 잘하고 있어요."라며 반박한다(2008c: 370). 이번에는 로이의 몸통 보조기를 수잔이 붙잡은 채로, 로이는 자신의 몸을 들어 올려 위치를 잡는다. "휠체어와 휠체어 바퀴에 부분적으로 걸터앉는다."(pp. 370-371) 이제 수잔이 로이의 다리를 옮겨 주고, 로이가 몸을 미끄러뜨려 휠체어 안에 완전히 들어간다. "어떻게 한 거예요?" 수잔이 묻자 로이는 "힘들게요."라고 중얼거리듯 말한다. 수잔은 "힘들죠. 그래도 당신이 해낸 거고요."라고 답하며 덧붙인다. "당신 혼자 대부분을 했기 때문에 힘든 거예요. 나는 별로 돕지 않았죠. 그런데 이건 당신이 점점 잘 하고 있다는 뜻이에요. 내가 별로 하는 것이 없고 당신이 모든 일을 할 때, 나한테는 힘들게 없죠. 당신이 더 힘들 뿐이지. 그런데 이게 바로 당신이 점점 나아지고 있다는 증거예요. 내가 할 일이 적을수록, 당신은 더 좋아지는 겁니다."(p. 371)

이 장면을 분석하면서 파파디미트리우는, 수잔이 어떻게 능숙한 방식으로 실패에 대한 로이의 우려를 덜어 주는지 주목한다. 수잔은 로이가 균형을 잃고 자빠지자 이에 대해서 사과하면서도, 로이에게 "지금의 한계 이상에 도달하려면 더 열심히, 자신의 재활에 대한 책임감을 가질 동기를 갖도록"(2008c: 371) 격려하면서 즉시 그날 해야 할 일로 돌아간

---

11) 파파디미트리우가 바로 이 보조인이었다.

다. 이렇게 하면서 그녀는 로이가 "못하겠어요."라는 실존적 위치에서 "할 수 있어요."라는 위치로 옮겨 가도록 돕는다. 더 일반적으로, 파파디미트리우는 재활과정이 그저 새로운 신체적 기술을 획득하는 일이 아님을 지적한다. 이는 태도의 변화를 이끌어 내는 문제다. 확실히 어떤 환자들에게는 자신감이 더 필요하고, 이들을 달랠 필요가 있다. 그러나 이런 경우, 환자를 언제, 어떻게 더 최선을 다하도록 "밀어붙일 것인가"를 파악해 내는, 치료사의 해석적·의사소통적 능력이 중요하게 작용한다.

척수손상을 갖게 된 지 얼마 되지 않아 도전에 직면한 사람들 가운데는, 적극적이고 전향적인 태도가 다른 사람들에 비해 좀 더 쉬운 경우가 있다. 총상으로 인한 하반신 마비의 직접적인 여파로, 멜빈 주에트는 "아이가 되었다. …… 방광조차 통제할 수 없고, 소변을 보기 위해 카테터 사용법을 배워야 했다. 목욕하는 것도, 옷을 갈아입는 것도, 휠체어에서 타고 내리는 것도 도움이 필요했다. …… 나는 당연하게 생각했던 이 모든 사소한 일들을 전부 다시 배워야 함을 깨달았다."(Juette and Berger 2008: 70)[12] 주에트는 그의 재활에 대한 경험을 "치료를 위한 신병 훈련소였고…… 작업은 힘들고, 때로는 엄격했다. 그렇지만 나는 많은 부분 나아가고 있음을 깨달을 수 있었다."(p. 71)라고 묘사한다. 그래도 주에트는 역경에 맞서 놀라운 회복력을 보이는 사람들 중 한 명이었다. 그는 이렇게 말한다.

---

12) 파파디미트리우의 연구 참여자 중 한 사람도 비슷한 이야기를 한다. "나는 종종 이 모든 경험들이 다시 태어나는 일과 같다고 생각했다. 이렇게 되면…… 모든 것들은 혼란 속에 남아 있고, 이 사태가 벌어지기 전에 알고 있던 모든 것들은 이제는 알지 못한 채 덩그러니 남겨진다. 앉는 법, 발가락을 만지는 법, 균형을 잡는 법, 일어서는 법, 즉 성인이라면 당연히 어떻게 할지 알고 있는 그 모든 것들이, 이제는 전부 다시 배워야 하는 채로 남겨진 것이다."(Papadimitiriou and Stone 2001: 2128)

당시에는 포기하는 편이 훨씬 쉬웠을지도 모른다. 오늘날 내 이야기를 들으면, 사람들은 흔히들 내가 깊은 우울감에 빠졌으리라고 생각한다. 그러나 나는 진작 스스로를 동정하거나 절망에 빠지지 말자고 결심했기에 그런 일은 일어나지 않았다. 나는 친구들과 내가 이웃에 살던 제임스(James)라는 이름의 근육병을 가진 아이를 어떻게 대했는지 기억했다. 그는 내가 알게 된 최초의 장애인이었다. 제임스는 전동 휠체어를 사용했지만 우리들은 모든 일을 그와 함께 하기 위해 노력했다. 터치풋볼(역자주: 미식축구를 위험이 적도록 변경한 경기. 태클 대신 선수를 터치해서 수비한다)을 할 때는 그에게 맞춰 규정을 바꾸기도 했는데, 예를 들면 패스를 하는 사람이 공을 제임스의 몸에 맞추면 제임스가 잡아낸(catch) 것으로 인정하는 식이었다. 그러나 제임스는 때때로 자신의 존재를 미안하게 생각했고, 아이들 중 일부는 제임스의 부정적인 태도에 질려 갔다. 결국 우리는 어떻게든 대책이 필요해졌고, 한 녀석이 할 수 없이 물었다. "제임스를 어쩌지?" 그러자 다른 아이가 답했다. "아, 몰라. 걔는 그냥 잊어버리자." 나는 제임스처럼 끝나지 않겠다고 다짐했다(Juette and Berger 2008: 70).

주에트는 병원에서 회복되어 갈 무렵, 어떤 종류의 직관을 얻는다. 그가 로비를 돌아다닐 때였다. 한 젊은 환자가 휠체어를 밀고 있었는데, 휠라이(wheelie, 역자주: 앞바퀴를 들어 올린 채 뒷바퀴 두 개만으로 중심을 잡는 기술)를 한 채로 휠체어를 이동시키다가 다시 원위치로 돌아오는 것이었다. 주에트는 자신도 저렇게 해 본다면 "엄청 멋지겠다."고 생각했다. "누구라도 내가 휠체어 앞바퀴를 들어 올려 휠체어로 기술을 선보이면 인상적으로 느낄 것이다. 나는 앞으로 휠체어를 타고 생활해야 한다면, 이것을 아주 잘 다루고 싶다고 생각했다."(Juette and Berger 2008: 73) 주에트의 직관은 파파디미트리우가 척수손상에 대한 그녀의 연구에서 언급한, 재신체화의 창조적 과정이 수반하는 **휠체어-되기**(en-wheeled) 현상과 관련이 있다. 즉, "새로이 건강해지기(newly abled) 위해 휠체어(의 사용)를 통해 사는 법을 배우기"(2008a: 695)인 것이다.[13] 현상학적인 용어로 표현한다면, "휠체어는 세계 내 존재의 존재 방식의 일부, '나는 할 수 있다' 또는 '나는 다시 할 수 있다'는 회복적 경험 차원의 일부분이 되었다."(p. 696) 휠체어-되기로 나아가는 과정은 하반신 마비를 입은 사람들이 더 이상 휠체어에 "앉은" 사람이 아니라, 휠체어를 "쓰는" 사람이 되는 일이다. 그리고 이들에게 "휠체어는 살아 있는 신체의 확장이자 통합된 일부로서 경험된다."(p. 699) 한 남성은 "저는 휠체어를 옷에 맞춰 입습니다. …… 그것은 내 일부죠."라고 설명한다. 다른 한 남성은 휠체어를 "나의 일부분입니다. 정신이 나의 반쪽이라면 그것은 다른 쪽 절반이지요. 휠체어는 내 몸입니다."라고 한다. 따라서 파파디미트리우는 가장 긍정적이고 진취적인 태도를 가진 환자들이 그들의 휠체어를 장애의 상징으로 낙인화하지 않고, 독립의 수단으로 삼는 관점을 가지게 됨을 발견했다(Sapey, Stewart, and Donaldson 2005 참조). 21세 때 겪은 자동차 사고로 척수손상을 입은 마이크 프로글리(Mike Frogley)는 그의 회복에 대해 다음과 같이 설명한다.

> "휠체어를 타고 사는 것이 걸을 때처럼 좋을 수는 없을 거야." 나는 스스로를 바라보고 얼마든지 이렇게 말할 수도 있었다. 어떤 경우 확실히 좋을 수야 없다. 사실이다. 계단으로 가득한 사회에서 휠체어는 가장 좋은 선택지가 될 수 없다. 그럼에도 쇼핑몰에 간다면, 그곳

---

13) 물리치료사들과 의료진들에 따르면, 휠체어의 앞바퀴를 들어 올리는 휠라이(wheelie) 능력은 수동 휠체어의 이용이 가능한 이들을 위한 치료가 효과가 있다는 일종의 상징이다. 휠라이는 이 사람들이 도로 턱을 점프해서 내려가는 등의 기술을 구사할 수 있음을 보여 준다.

은 100퍼센트 접근이 가능하다. 주변을 돌아다니기에 최고의 장소다. …… 분명한 것은, 휠체어를 탄다는 사실은 더 나쁘고, 더 나은 문제가 아니라는 점이다. 이는 그저 다른 것일 뿐이다(Berger 2009b: 59).[14]

장애인 스포츠와 스포츠 정신

5장에서 우리는 시카고의 재활센터(Institute of Chicago, RIC)에서 회복 중인 동안 휠체어 농구를 만난 멜빈 주에트를 통해 휠체어 농구라는 게임에 대해 살펴보았다. 그리고 이 게임이, 장애인이 되었다고 신체적으로 역동적인 삶에서 스스로를 배제할 필요가 없음을 보여 주는 동료들과 주에트가 만날 수 있도록 어떻게 격려했는지도 언급하였다(Jutte and Berger 2008).[15] 마찬가지로, 파파디미트리우의 연구에 참가한 한 응답자는 장애인 스포츠 센터에서 암벽등반에 대해 배우는 것을, 머릿속에 "크고 [밝은] 전구가 켜졌다."라고 보고한다(Papadimitriou and Stone 2011: 2127). 그녀는 척수손상을 당하기 전에도 늘 암벽등반을 원

---

14) 주에트처럼, 프로글리는 절망으로 빠져들지 않았다. 그에 따르면, 자신이 다시는 걸을 수 없다는 사실을 처음으로 알게 되었을 때 "심호흡을 한 후, 말 그대로 1분간 그대로 있었다." 그리고 냉정을 되찾았다(Berger 2009b: 59). "스스로를 불쌍하다고 여기고 있기에 삶은 너무 짧아요."라고 그가 말한다. 그는 병원의 재활 스태프들에게 더 좋아지기 위해서 무엇을 해야할지 말해 달라고 요청했다. 그의 치료사가 하루에 팔굽혀펴기 500회가 필요하다고 말하면 그는 300이나 400 또는 490회를 하지 않았다. 그는 500회를 했고, 더 해도 괜찮은지를 물었다.

15) 파파디미트리우도, 장애를 지닌 채 성공적으로 살 수 있도록 해 주는 "서비스, 자원, 장비에 대해 정보를 공유하는" 동료 멘토들의 역할에 대해 언급한 바 있다(Papadimitriou and Stone 2011: 2127). 유사하게, 신시아 샤이러(Cynthia Schairer 2011)는 의지(義肢) 이용자들이 보철전문가들이나 물리치료사들이 제공해 주는 것 이상의 의지 사용에 관한 정보들을 공유하고 있음을 발견하였다.

했었기에, 여전히 그것을 배울 수 있다는 사실에 흥분했다. 그녀는 이렇게 묘사한다. "암벽등반이 여전히 가능함을 깨달았을 때 그것은 여러 가지 중 하나에 불과했다. 그렇다! 나는 아직도 많은 일을 해낼 수 있는 것이다. 춤을 추는 일처럼 내가 정말 할 수 없거나 놓칠 수밖에 없는 것들이 있다. 전에 나는 오토바이를 타고 다녔고, 다른 사람들은 자전거를 타고 다녔는데, 이 둘은 같을 수가 없다. 이를 깨닫게 되면, 어떤 일들을 해내는 것이 훨씬 쉬워진다."(2011: 2127)

주에트는 시카고 재활센터 청년팀과 함께 휠체어 농구를 처음 했을 때의 그 선명했던 흥분을 다음과 같이 묘사한다.

> 나는 보통 병원에서 쓰는 휠체어를 탔지만 [다른 선수들은] 모두 가벼운 스포츠용 휠체어를 밀었다. [코치가] 나를 게임에 투입했지만 경기 내내 다른 사람들 뒤만 좇았다. 내 휠체어는 더 무거웠고 내 컨디션도 좋지 않았다. 내가 코트의 한쪽 끝에 닿는 동안 이미 골은 들어가고 다른 선수들은 반대편 코트로 달려갔다. 내게 패스하는 사람은 없었다. 그러다 [누군가가] 마침내 나에게 패스했을 때 나는 휠체어에서 뒤로 나자빠지면서 슛을 던졌고, 기적적으로 골이 들어갔다! 그날 밤, 나는 뜬 눈으로 밤을 새워야 했다. 다시 그 치열한 게임을 할 생각으로 머릿속이 가득찼다(Juette and Berger 2008: 74-75).[16]

몇 주 뒤에 주에트는 풍부한 경험과 재능을 겸비한 선수들을 시카고 재활센터가 후원하는 남자부 휠체어 농구 대회에서 직접 볼 기회가 생겼다.

---

16) 주에트는 야구, 풋볼, 농구 같은 스포츠를 평생 동안 즐겼다. 운동은 그가 어린 시절부터 늘 해 오던 것이었다. 그는 사고를 당하기 전이던 고등학교 시절에는 풋볼 대표팀에서 활동했다.

당시 미국 최고의 팀 중 하나였던 시카고 사이드윈더스(Chicago Sidewinders)를 보았을 때 나는 그저 놀라울 따름이었다. 어찌나 빠르게 휠체어를 밀어 코트 위아래를 누비는지, 그 상황을 믿지 못한 채로 그들의 움직임을 따라 고개만 왔다 갔다 할 뿐이었다. 잠깐의 휴식시간에는 한 선수가 비하인드 백 패스를 했고, 이를 받은 선수가 언더핸드로 레이업슛을 하거나 머리 위로 슛을 던졌다. 그들은 휠체어를 매우 능숙하게 조작해서, 순식간에 휠체어를 정지하고 빠르게 회전한 뒤 슛을 하거나 수비를 따돌린 다른 팀원에게 패스했다. 그 순간 내가 무엇을 원하는지 깨달았다. 바로 저 사람들처럼 저렇게 능숙해지고 싶은 것, 세계 최고의 선수 중 한 명인 마이크(Mike)처럼 되고자 하는 것. 그 뒤에 나는 『스포츠앤 스폭스』(Sports'N Spokes)라는 장애인 스포츠 분야의 가장 유명한 매거진에서 이 전설적인 선수들에 대해 읽게 되었다. 이들을 직접 보고, 이들에 대해 읽으면서, 나는 완전히 새로운 세계에 눈을 떴다(Juette and Berger 2008: 80).

다수의 연구들이 스포츠에 참여하는 것이 장애인들에게 여러 이점을 제공한다는 주장을 뒷받침하고 있다. 많은 사람들에게 가장 주된 효용은 내적인 만족감으로, 이는 경기를 하면서 받게 되는 보상, 즉 과업의 성취 그 자체가 주는 느낌이다. 팀과 동료들에게 얻는 동료애와 인정도 또 다른 효용이다. 스포츠에 참여하는 사람들은 더 건강한 신체적 상태, 자기 신체를 통제한다는 감각, "스포츠 선수로서의 느낌"이 주는 즐거움도 얻는다(Cooper and Cooper 2012: 59). 또한 "장애로 인한 도전들을 방해물이 아니라 가능성으로" 바라보는 법을 배움으로써, 증대된 자아존중감과 개인적 역량강화(personal empowerment) 의식도 가질 수 있다. 이런 의식들은 다른 사회적 목적을 추구하는 데에도 영향을 미쳐, 패배를 실패가 아닌 성공을 위한 계기로 다룰 수 있게 된다(Blinde, Taub, and Lingling 2001: 163). 이와 같은 향상(enhancement)은 비장애인들이 스포츠에 참여함으로써 얻게 되는 효용과 동일한 것으로서, 단지 치료나 재활의 일부가 아니다(Ashton-Shaeffer et al. 2001; Greenwood, Dzewaltowski, and French 1990; Guthrie and Castelnuovo 2001).[17]

장애인 스포츠 분야에서 최고 수준의 경쟁이 이루어지는 제일 주목할 만한 무대는 **패럴림픽**(역자주: 장애인올림픽)이다. 첫 번째 하계 패럴림픽은 1960년에 개최되었고, 동계대회는 1976년에 처음 개최되었다. 여성이 처음 참가한 대회는 1968년이다. "패럴림픽"(Paralympics)이라는 용어는 초기에 "paraplegic"(마비된)이라는 단어를 나타내는 것이었으나, 후에는 (1988년 이후) 올림픽이 폐막한 후 같은 장소에서 이어서 개최됨으로써, "parallel"(병행하는, 유사한)이라는 의미를 띠게 되었다.[18] 비록 패럴림픽이 비장애인들의 올림픽과 구별되기는 하나, 미국에서 지적장애인들을 위해 개최된 **스페셜 올림픽**과는 전혀 다른 것이다. 패럴림픽에 참가하는 선수들은 스페셜 올림픽이 더 많은 대중의 관심을 받으며, 대중이 두 대회를 구별하지 못할 때가 있다며 속상해 하기도 한다. 유니스 케네디 실버(Eunice Kennedy Shriver)에 의해 1968년 시작된 스페셜 올림픽은 자선단체를 통해 신체장애인들의 스포츠 대회보다 더 많은 기금을 지원받는다. 특히 케네디 2세 재단(Joseph P. Kennedy Jr. Foundation)을 통해 많은 기금을 지원받는다(DePauw and Gavron 2005). 전 세계에서 200만 명 이상이 참여하는 스페셜 올림픽은 세계에

---

17) 추가적인 참고문헌 목록을 원할 경우, Juette and Berger(2008: 166-167, note 41)를 보시오.

18) 패럴림픽과 함께, 개별 스포츠 종목의 세계적인 대회들은 패럴림픽이 열리지 않는 해에 개최되며, 매 4년마다 열린다. 패럴림픽 이전의 국제 장애인 스포츠의 역사적 배경에 대하여는, Berger(2009b), Depauw and Gavron(2005), Labanowich(1987), Nixon(2002), Smith et al.(2005)을 보시오.

추가탐구

Box 6.4 스포츠용 휠체어

에버레스트 & 제닝스(Everest & Jennings, E & J) 사는, 1937년에서 1977년까지 40여 년간 휠체어 산업에서 사실상의 독점을 가능하게 만든 한 종류의 휠체어 특허를 보유했다. 이는 E & J 성인용 모델로서, 크롬(chrome)으로 도금된 강철로 만들어졌으며 무게는 45에서 55파운드였다. 이 모델은 단단한 고무 타이어나 스포츠 활동에는 적합하지 않은 고정된 팔걸이 등의 몇 가지 특징을 가지고 있었다. 그러나 1977년, 미국 법무부의 독점 방지 소송과 새롭게 떠오르는 휠체어 산업이 E & J의 독점 체제를 와해시켰으며, 이는 휠체어 테크놀로지에 있어 혁신의 시대를 열었다 (Fleischer and Zames 2001).

1950년대 초반, 휠체어 농구 선수들은 시합에서의 경쟁력을 확보하는 데 더 적합한 휠체어 디자인에 대한 실험을 일정 기간 실시했다. 첫 번째 혁신은 그 시기에 일반적으로 사용되던 딱딱한 고무 타이어를 공기압 타이어로 대체한 일이었다. 선수들은 딱딱한 타이어의 경우 휠체어를 회전할 때 자주 바퀴에서 벗겨진다는 점, 승차감이 형편없을 뿐 아니라 3개월 정도 경기를 하면 마모되곤 한다는 점을 발견했다. 일리노이 대학교 어바나 샴페인 캠퍼스(University of Illinois at Urbana-Champaign, U of I)의 재활서비스 총책임자이자 미국 내에서 경쟁적 휠체어 농구를 발전시킨 핵심적인 인물(Box 6.5 참조) 티모시 누겐트(Timothy Nugent)는 『시카고 선타임즈』(Chicago Sun-Times) 참전용사 협회로부터 1800달러의 보조금을 확보했다. 이를 통해 U of I 의 디자이너들은 내구성이 좋고 편안한 승차감을 주는 공기압 타이어를 개발했다. 나아가 선수들은 팔걸이와 등받이 뒤쪽의 손잡이(push handles)를 없애고 등받이의 높이는 낮춰 불필요한 외형과 무게를 제거하기 시작했다. 휠체어 뒤쪽 프레임 아래쪽에는, 바닥에

Box 6.4 스포츠용 휠체어 (계속)

서 몇 센티 정도 높이에 뒤집어짐 방지용 보조바퀴도 설치했다. 휠체어의 앞부분이 바닥에서 들려 올라갔을 때 이 보조바퀴는 휠체어가 뒤집어지는 것을 막아 주었다. 또한 선수들은 휠체어 바퀴의 아래쪽 각이 위쪽보다 넓어지도록 하여, 안정성과 회전 시의 용이성을 부여했다. 1960년대 후반에 이르기까지, 스테인레스 강관(鋼管)이 생산되면서 휠체어의 표준 무게는 약 30에서 45파운드까지 내려갔다(Lemere and Labanowich 1984).

다음 단계의 혁신은 현대적인 가벼운 스포츠 휠체어로서, 1970년대 후반 등장했다. 여기에는 1978년 행글라이더 추락 사고로 척수손상을 입어 하반신이 마비되었던 매릴린 해밀턴(Marilyn Hamilton)의 역할이 컸다. 해밀턴은 사고를 당하기 전 열정적인 테니스 선수였으며, 통상적인 병원용 휠체어는 설령 스테인레스 강철 모델이라고 하더라도 테니스용으로는 지나치게 무겁고 거추장스럽다고 생각했다. 그녀는 글라이더 디자이너인 행글라이더 친구들에게 더 가벼운 휠체어를 만들어 달라고 부탁했다. 이들은 26파운드 가량(11.8킬로그램)의 알루미늄 휠체어를 제작했으며 이것은 가볍고 견고했다. 바닥으로 낮게 설계된 후면부, 다중속도를 자랑하는 레이싱 자전거를 닮은 조밀한 프레임으로, 이 휠체어는 매끈하고 스포티한 디자인을 선보였다. 해밀턴과 그녀의 친구들은 자신들의 사업을 시작했고, 할 수 있는 한 빨리 퀵키(Quickie)라는 이름의 브랜드를 가진 휠체어를 생산·판매했다. 이 휠체어는 다양한 색으로 출시되었고, 매력 없던 의료기구를 흥미, 스포츠 그리고 장애 자부심의 상징으로 변화시켰다. 오늘날 여러 업체들이 다양한 스포츠와 여가활동에서 사용되는 가벼운 스포츠 휠체어를 제작하고 있다(Berger 2009b; Shapiro 1993).

서 가장 큰 장애인 스포츠 대회다(Roswal and Damentko 2006). 스페셜

올림픽에서도 매 경기 경쟁이 치열하고, 참가자들은 승자가 되면 엄청
난 자부심을 느끼며 자신들이 딴 메달을 자랑한다. 그러나 장애인 스포
츠에 대한 "자선"지향적 요소들이 드러나기도 하는데, 육상 경기의 결승
점에서 선수들을 껴안아 줄 사람들을 위치시키는 관행이 한 예다(Baker
2011; Leiter 2011). 반면, 올림픽에 대응되는 대회로서 패럴림픽은, 올
림픽에 참가하는 비장애인 선수들과 다르지 않은 수준으로 전력을 다해
훈련받고 겨루고자 하는 엘리트 선수들을 위한 대회를 지향한다(Berger
2009; Medland and Ellis-Hill 2008; Nixon 2002).

그러나 장애인 스포츠 선수들이 서로의 실력을 경쟁할 기회가 늘면
서, 장애인들이 실제로 "비장애 중심적인 성취 가치"로부터 무엇을 얻을
수 있는지, 경쟁을 중시하는 스포츠 모델을 장애인 스포츠에서도 추구하
는 것이 적절한지에 의문이 제기되기 시작했다(Nixon 2002: 429; Hahn
1984 참조). 선도적인 스포츠 사회학자 제이 코클리(Jay Coakley 2004)
는, 경쟁적인 스포츠의 **실력 윤리**(performance ethic)에는 "스포츠 선
수"가 된다는 것이 무엇을 의미하는지에 관한 몇 가지 요소들이 수반되
어 있음을 지적한다. 이러한 요소들로는 "게임"을 위해 다른 관심사를
희생하기, 평범함을 넘어서는 실력을 추구하기, 패배의 위험을 감수하
기, 고통을 감내하며 경기에 임하기, 탁월함을 추구하는 데 한계가 있다
는 생각을 거부하기가 있다. 이러한 윤리에 과도하게 몰입하면 실력 강
화를 위한 약물 복용으로 이어지기도 하고, 다른 사람들에 대한 오만한
태도, 게임 중에 상대편을 모욕하거나 신체적으로 해를 입히고자 하는
욕구까지 생겨날 수 있지만, 코클리는 적정한 수준 아래에서는 이러한
경쟁 윤리가 긍정적인 효과를 가져다준다고 믿는다. 여기에는 "자아존
중, 책임감, 성취지향, 직업적 성공을 위해 요구되는 팀워크 능력"이 포
함된다(2004: 485). 따라서 소위 슈퍼장애인 운동선수들에 대해 부정적
인 관점을 가진 사람들이 경쟁적인 장애인 스포츠에 대한 비판의 목소리

를 드높일 때가 자주 있기는 하지만, 균형을 잃지만 않는다면 경쟁적인 스포츠가 장애인들에게 긍정적 경험을 제공한다고 믿는 사람들도 있다(Berger 2009b; Cooper and Cooper 2012; Hardin and Hardin 2004; Medland and Ellis-Hill 2008).

하워드 닉슨(Howard Nixon)은 "장애인 스포츠 선수들은 경쟁할 기회를 원한다."면서, 이들은 각 분야의 최고 엘리트 수준에서 경기하기를 원하므로, 그가 볼 때 이러한 이해관계를 조율할 수 있는 최선책은 여러 선택지로 차별화된 스포츠 구조를 발전시키는 것이다. 이 선택지들은 "'참가자 모두가 승자'가 되는 상대적으로 덜 경쟁적인 여가용 스포츠부터 가장 우수한 소수만이 선택되고 경기에 참여할 기회를 갖게 되는 고도로 경쟁적인 엘리트 스포츠까지 아우른다."(2002: 429) 이러한 접근은 비장애인 스포츠계에서 채택하는 방식이다. 엘리트 경쟁의 스트레스에도 불구하고(Campbell and Jones 2002), 장애인 스포츠 선수들이 상대를 꺾을 수 있는 실력 비교의 기회들을 포기하리라고 기대하거나 바랄 만한 근거는 거의 없다(Berger 2009b; Cooper and Cooper 2012).

더 일반적으로는, 장애인 스포츠는 무엇이 "진정한" 스포츠인가라는 문제를 제기한다. 대중은 통상 장애가 있는 스포츠 선수들을 "진정한" 선수로 여기지 않기 때문이다. 이러한 의문은 또한 스포츠 정신의 현상학에 대한 새로운 사유가 필요함을 드러내는데, 스포츠 활동이라는 것이 실제로 구축하는 감탄할 만한 신체성이란 도대체 무엇인지에 관한 새로운 사유가 요청되는 것이다(DePauw 1997). 코클리(2004)에 따르면, 전통적인 스포츠의 정의는 다음과 같은 기준을 포함한다. 신체적 활동성, 경쟁 그리고 제도화된 구조다. 그러한 제도 속에는 변화를 허용하는 유연한 한도하에서, 일정 시간 동안 표준화되고 정립된 규칙들이 존재한다. 또한 제도에 포함되는 요소들로는, 스포츠의 규율을 감독하는 주체와 핵심 전문가 집단의 출현이 있다. 전문가 집단은 스포츠에 참가하는 사람들의 기술을 강화하는 특수한 훈련 방식을 발전시키고, 전파하고, 가르치는 역할을 주도한다(Box 6.5 참조). 장애인 스포츠는 이러한 모든 기준에 부합되지만, 가장 중요한 특성은 장애를 가진 사람들이 수행하기 위해 의도되고 설계된 것이라는 점이다. 휠체어 농구나 휠체어 테니스와 같은 경우에는, 선수들이 경기에 참가하기 위해 적응용 장비가 필요하고, 수영이나 레슬링 등에서는 별도의 장비가 요구되지 않는다. 그러나 장애인 스포츠는 비장애인 스포츠와 구별되며 2류의 지위로 격하된다. 마치 "자연적인"(natural) 신체는 본질적인(natural) 스포츠를 즐기며, "부자연스러운"(unnatural) 신체들은 비본질적인(unnatural) 스포츠를 해야만 하는 것처럼 말이다(Berger 2009c; Brittain 2004; Shogan 1999).

　　장애인 스포츠는, 특히 엘리트 수준에서 수행되는 경우, 우리를 스포츠 정신의 전통적인 현상학 너머로 이끈다. 휠체어 농구에서 휠체어를 별 힘을 들이지 않고도 정교하게 조작하는 능력(예를 들면, 멜빈 주에트가 시카고 사이드윈더스에 대해 말했던 것과 같은), 그리고 3미터 높이에 있는 골대로 3점 슛 라인, 프리드로우 라인, 또는 더 가까운 곳이라 해도, 휠체어에 앉은 상태로 슛을 성공시키는 능력은 오랜 기간 동안 훈련하고 또 훈련하여 습득되는 기술이다. 국가대표로 선발되기에 부족함이 없는 수준에 이르려면, 그저 최고수준에 이른 선수가 되고 싶다는 생각만으로는 충분하지 않다. 이런 목적을 달성하기 위해 선수들은 헌신적으로 노력한다. 기꺼이 새로운 기술을 익히고, 40분이나 48분간의 게임 동안 최고도의 노력을 유지시킬 수 있도록 신체 조건을 높은 수준으로 끌어올리기 위한 시간을 투여할 수 있어야 한다(Berger 2009b; Juette and Berger 2008; Womble 2012).

　　우리가 앞서 소개한 바 있는 마이크 프로글리는, 전(前) 캐나다 국가대표 휠체어 농구팀 소속의 엘리트 선수다. 또한 그는 휠체어 농구에서

추가탐구

Box 6.5 미국의 휠체어 농구

미국에서 휠체어 농구는 전쟁터에서의 대피 방법과 의료 테크놀로지의 발전이 부상당한 군인들의 생존율을 극적으로 높였던, 제2차 세계대전의 여파로서 등장했다. 척수손상을 비롯해 이처럼 부상당한 군인들은 이전의 전쟁이었다면 모두 사망했겠지만, 제2차 세계대전에서는 살아남았다. 이들 중 다수는 많은 경우 전국 각지에 흩어진 참전군인관리국(Veterans Administrations) 소속 병원에 수용되어 있었다. 그러나 이들은 다치기 이전 경쟁적인 스포츠에 참여하기를 즐겼기에 이처럼 활동적이지 못한 생활을 견디지 못했다. 이런 가운데 이들은 당구나 탁구, 캐치볼을 하거나 이후에는 수영, 볼링, 수구(水球), 소프트볼, 터치풋볼, 농구를 즐기는 데까지 이어졌다. 이와 같이 여러 스포츠들 가운데 휠체어 농구는 가장 인기 있는 종목으로 두드러졌다(Berger 2009b; DePauw and Gavron 2005; Fleischer and Zames 2001).

1948년 몇몇 참전군인관리국 소속 팀들이 미국신체장애참전군인회의 후원으로 조직화되었으며, 캘리포니아 출신 버밍햄 플라잉 휠즈(Birmingham Flying Wheels)는 여러 차례 전국적인 경기 투어를 벌인 첫 번째 팀이었다. 이들은 전국적으로 여러 팀들과 경기를 진행했고, 그러는 동안 장애를 가진 참전군인은 물론 비참전 군인들 사이에서도 마찬가지로 이 스포츠를 확산시켰다. 그 결과 캔자스시티 소속의 휠체어 불도저스(Wheelchair Bulldozers)가 창단되었다. 이들은 후에 롤링 파이어니어스(Rolling Pioneers)로 불리게 되며, 참전군인관리국 소속이 아닌 팀으로는 처음으로 창단된 휠체어 농구팀이었다(Berger 2009b; DePauw and Gavron 2005; Labanowich 1987).

티모시 누겐트의 주도하에, 참전군인이 아닌 사람들로 구성된 첫 번째

Box 6.5 미국의 휠체어 농구 (계속)

대학생 휠체어 농구팀이 1948년 일리노이 대학교(University of Illinois, U of I) 게일즈버그(Galesburg) 캠퍼스에서 창단되었다. 누겐트는 이 대학의 학생재활서비스 총책임자였다. 일리노이 주는 게일즈버그 캠퍼스를 곧 폐쇄하였는데, 그러자 누겐트는 농구팀을 U of I의 주력 캠퍼스인 어바나-샴페인으로 옮겼을 뿐만 아니라, 그곳에서 이후에 전국적으로 받아들여지게 되는 장애학생 서비스의 전형도 발전시켰다.

　　1949년 누겐트는 첫 전국 휠체어 농구 대회를 조직했고 게일즈버그에서 개최했다. 대회 중 참가선수들은 휠체어 농구의 첫 전국 조직인 전국휠체어농구협회(National Wheelchair Basketball Association, NWBA)를 설립하기로 결의하였다. NWBA의 목표는 휠체어 농구의 규정을 표준화하고 참가하는 개인과 팀의 자격을 정하며, 대회를 개최하고 "한 명의 스포츠 선수로서의 권리를 가지고 참여한다는 개념을 발전시키며 이를 통해 장애를 가진 사람들의 운동성을 표현하는 정당한 장으로서의 스포츠의 유용성을 구축하는 것이다."(Berger 2009b: 25에서 인용)

　　대체로 휠체어 농구의 규정은 일반적인 농구에서 사용하는 것과 유사하다. 다만 휠체어 스포츠의 경우 선수들은 슛이나 다른 팀 멤버에게 패스를 하기 전에 두 번까지 휠체어 바퀴를 밀 수 있고, 그렇지 않을 경우 최소 1회는 드리블을 해야 한다. 규정들이 정리되기 전 한때는 휠체어로 상대편을 들이박는 행위도 경기의 일부였다. 오늘날에는, 일정한 물리적 접촉은 허용되나 휠체어는 선수의 일부로 여겨지며 일반적인 농구 규칙처럼 밀거나 가로막는 행위가 금지된다(Crase 1982; Smith et al. 2005).

　　현재 NWBA는 남성부, 여성부, 청소년, 대학생부와 스폰서들로 200개이상의 팀으로 구성된다. NWBA는 아마추어 조직이지만, 팀들의 상당수는 미국프로농구(National Basketball Association) 팀들로부터 재정 지원을 받으며, 그 팀들의 이름을 갖는다. NWBA는 또한 선수선발, 훈련, 패

Box 6.5 미국의 휠체어 농구 (계속)

럴림픽과 휠체어 농구 챔피온십, 골드 컵 같은 국제 대회에서 경기할 미국 팀을 출전시키는 일을 관할하는 공식 기구다. 골드 컵은 패럴림픽이 열리지 않는 해에 4년마다 개최된다. 1993년부터 NWBA는 휠체어 스포츠 USA(wheelchair sport USA)와 제휴하고 있다. 휠체어 스포츠 USA의 전신은 미국선수들의 국제 대회 출전을 촉진하는 광범위한 조직인 미국 휠체어선수협회(National Wheelchair Athletic Association)다(Berger 2009b; NWBA 2012; Smith et al. 2005).

가장 존경받는 감독 중 한 명이기도 하다. 그는 경쟁적인 장애인 스포츠의 지위를 향상시키기 위해서, 대중의 인식이 총체적으로 전환될 필요가 있다고 본다. 그는 휠체어 농구에 대해 다음과 같이 말한다.

> 이것은 스페셜 올림픽 [또는]…… 인간적인 배려용 행사가 아니다. …… 경쟁적인 스포츠이며, 승리를 위한 것이다. 가장 핵심적인 일은 …… 사람들이 이들을 스포츠 선수로 보도록 하는 것이며, 휠체어 선수들이 보이는 이미지를 구축하는 일이다. 사람들이 이들을 비장애인들의 스포츠에서 그러하듯이, 그저 다른 능력을 가진 선수들로 인식하도록 만들어야 한다. 이를 통해 사람들은 이렇게 말할 수도 있어야 한다. 와우, 저 선수는 대단하군. 그는 굉장해. 또는 저 선수는 뭐 좀 잘 하는 편이네. 더 뛰어난 선수들과 함께 할 정도는 되지만, 그 정도 수준은 아닌 것 같아. 다른 선수들 같은 스포츠 정신이 없군(Berger 2009b: 140).

또 다른 뛰어난 감독인 브래드 헤드릭(Brad Hedrick 2000)은, 미국 올림픽 위원회나 국제 올림픽 위원회(IOC) 같은 주류 아마추어 스포츠 조직들이 휠체어 스포츠의 정당성을 깎아내리는 전통적인 사고방식을 변화시키도록 도울 수 있으리라 생각한다. 그러나 현재까지 이러한 스포츠 조직들은 변화에 어려움을 겪고 있다. 이들은 물론 패럴림픽(Paralympics)을 "대등한"(para) 또 하나의 올림픽으로 인정해 왔다. 그럼에도 일반적인 올림픽 대회에 최소한의 휠체어 관련 종목을 통합시키기는 거부하고 있다. 이에 헤드릭은 의문을 제기한다. 왜 그럼 비치 발리볼이나 산악 자전거 경주와 같은 여가용 스포츠들은 1996년 올림픽 스포츠로서 그 지위가 향상될 수 있었는가? 헤드릭을 포함해 여러 사람들의 지속적인 노력에도 불구하고 휠체어 농구는 올림픽에 포함될 정도의 가치가 없다고 여겨지는데도 말이다. 왜 올림픽 스포츠 조직들은 휠체어 농구를, 말하자면 배드민턴이나 탁구, 컬링보다 더 자격이 없다고 생각하는가? 왜 그들은 장애가 없는 사람들의 스포츠로부터 장애인들의 스포츠를 "완전하게 계획적인 분리" 상태로 계속 유지하고 있는가?(p. 74) 이는 휠체어 스포츠 선수들은 결국 진정한 스포츠인이라고 생각하지 않기 때문은 아닌가? 그들은 휠체어 스포츠를 통합시키면 올림픽 게임의 지위가 얼마간 하락한다고 여기는 것일까? 얼마나 더 올림픽/패럴림픽이라는 "분리된 그러나 (불)평등한"[seperate but (un)equal] 모델을 유지하게 될까?[19]

---

19) 이는 남아프리카공화국의 패럴림픽 육상선수 오스카 피스토리우스(Oscar Pistorius)가 일반 올림픽에서 뛰기를 원했던 경우와 같은, 가령 그런 사례와는 완전히 다른 문제다. "블레이드 러너" 또는 "다리가 없이 가장 빠른 사람"으로 잘 알려진 피스토리우스는 양쪽 발 아래를 절단하여 고성능 인공 다리를 착용하고 레이스에 참가했다. 피스토리우스가 2008년 올림픽과 패럴림픽에 모두 참가하고 싶다고 요청하자 국제육상경기연맹은 "그의 의족은 비장애인 선수에 비해

이러한 의문들에 대한 답은 장애인 권리운동이 아직 개척하지 않은 영역에 놓여 있다. 휠체어 스포츠 공동체의 바깥에서는 이러한 의문들이 제기되지조차 않고 있다. 그러나 이 쟁점에는 다른 측면도 존재하며, 이 또한 전통적인 스포츠 현상학에 도전한다. 이는 바로 비장애인들의 휠체어 스포츠 참가라는 문제다. 언뜻 보면, 왜 비장애인들이 굳이 휠체어 스포츠에 관심을 가지는지 의아해하는 사람들이 있을 수 있다. 그러나 사실, 조앤 메들랜드(Joan Medland)와 캐롤라인 엘리스-힐(Caroline Ellis-Hill)(2008)의 연구에 따르면 이런 현상은 자주 발견된다(Berger 2009b; Kirkby 1995 참조). 이에 메들랜드와 엘리스-힐은 비장애인들이 휠체어 스포츠를 즐기는 데 관심을 갖는지 여부가 아니라, 그들이 왜 그렇게 하는지를 묻는다. 많은 경우에, 비장애인들은 우선 장애인 친구나 가족을 돕고 그와 활동을 공유하기 위해 휠체어 스포츠를 접하게 된다. 그러나 이들이 점점 깊이 관여될수록, 그들도 그 경기가 본래 재밌고 흥미로운 것임을 알게 된다. 참가한 장애인과 비장애인 모두 특별히 강렬함을 깨닫게 되는 신체적 경험 중 하나는, 바로 휠체어라는 장비를 능숙하게 다루는 일이다. 한 참가자의 말처럼, 휠체어 조작에 능숙해지기 위한 도전은 장애인 스포츠를 "다르게 이해하는 계기다."(Medland and

---

서 그에게 불공정하게 혜택을 주기 때문에 결과적으로 위법하다."라고 결정했고, 논쟁이 촉발되었다(Dyer et al. 2010: 595). 결론적으로, 피스토리우스는 올림픽 경기에 출전할 수 없게 되었다. 그러나 이 결정은 후에 파기되어 그는 2012년 올림픽에 출전할 수 있게 된다. 또한 본문의 경우는 골프선수 케이시 마틴(Casey Martin)의 사례와도 다르다. 그는 다리에 퇴행성 질환을 앓고 있었고, 카트 없이 골프 코스를 누빌 수 없었다. 마틴은 2001년, 프로 골프 협회(Professional Golf Association, PGA)가 주최하는 경기에서 골프 카트를 사용하기를 요청하여 논란이 일었다. 미국 연방대법원은 「미국장애인법」(ADA)에 따라 마틴이 카트 사용을 요청할 수 있다고 판단했지만, PGA와 다른 골프 기관들은 마틴의 요구가 사회적으로는 정당하다고 인정하기를 거부했다(Berger 2009; Burkett, McNamee, and Potthast 2011).

Ellis-Hill 2008: 111) 이런 식으로 로널드 버거(Ronald Berger 2009b)는 현대 스포츠 휠체어(가볍고 매끈한 디자인의)를 누구나 사용법을 배울 수 있는 장비로 간주한다. 마치 자전거, 봅슬레이, 하키 스틱이나 야구 글로브, 야구 배트와 같이 다른 스포츠에서도 사용되는 장비들처럼 말이다.[20]

물론 이 모든 것들은 공정한 경쟁이라는 문제, 즉 비장애인 선수들이 장애인 선수들과의 시합에서 불공정하게 유리한 점을 갖는 것은 아닌가라는 의문을 불러일으킨다. 넓은 의미에서 이러한 논란은 비장애인 선수들과 장애인 선수 간의 경기에만 한정되지 않는다. 장애를 가진 선수들 사이에서도 각각의 손상의 정도가 다르기 때문이다. 덜 손상을 입은 사람은 손상이 더 심한 사람에 비해 이점을 가질 것이다. 예를 들면, 휠체어 농구에서는 자격을 갖춘 선수가 발가락이나 한쪽 발, 또는 다리 일부가 없는 경우에도 여전히 상체 부위를 완전히 활용할 수 있다면 그는 상체 움직임이 제한된 척수손상(SPI) 선수에 비해 이점을 가질 것이다. 어떤 선수들은 휠체어 밖으로 몸을 빼내어 슛이나 패스, 리바운드를 하거나 패스를 받고 바닥에 떨어진 공을 주워 올리는 법을 익힐 수 있다. 다른 선수들은 다리를 고정하거나 휠체어 등받이에 몸을 지탱하지 않고는 균형을 거의 또는 전혀 잡지 못하거나, 적어도 휠체어 한쪽 팔걸이에 의지해야만 몸통을 앞뒤로 움직일 수 있다(Berger 2009b; Labanowich 1998; Smith et al. 2005).

이런 불균형을 규제하는 어떤 규정도 없다면 각 팀들이 손상이 덜

---

[20] 2005년 다큐멘터리 <머더볼>(Murderball)을 통해 널리 알려지게 된 휠체어 럭비 경기에서는, 휠체어가 더 거칠게 디자인되어 있다. 철갑처럼 생긴 앞면 하단의 테두리로 선수들은 서로를 들이받으며, 이는 경기 규칙으로 허용된다(Boebinger 2012). 장애인들이 휠체어 럭비를 통해 남성성을 표출한다는 분석으로는, Barounis(2008)를 참조하시오.

한 선수들로만 선수 명단을 채우는 일을 막을 방법은 없다. 이러한 문제에 대응하기 위해 휠체어 스포츠 협회들은 경쟁의 균형을 확보하기 위한 선수 구별 체계를 개발했다. 구별 체계 규정하에서, 각 선수는 특정한 점수를 부여받는다. 덜 심한 손상을 입은 선수는 더 심한 손상을 입은 선수에 비해 높은 점수를 부여받는다. 그런 후 규정에 의해 하나의 팀이 코트와 플로어에서 정해진 시간 동안 투입할 수 있는 점수의 최댓값이 상세히 정해진다. 이런 규정을 통해 손상을 더 많이 입은 선수는 참여 기회가 늘어날 뿐 아니라, 일정 시간 동안 어떤 선수를 활용할 것인지에 대한 감독의 결정은 경기 전략의 일부가 된다(Berger 2009b). 이를 염두에 두고, 일부 장애인 스포츠에 비장애인을 통합하자는 견해, 즉 **역통합**(reverse intergration)(Nixon 2002)을 옹호하는 사람들은 비장애인 스포츠 선수들도 가장 손상이 적은 장애인 선수들과 동일한 범주로 분류할 수 있고, 이를 통해 경쟁의 균형을 유지할 수 있다고 제안한다. 잘 알려진 또 한 명의 휠체어 농구 코치인 트레이시 체노웨스(Tracy Chenoweth)의 설명은 다음과 같다.

> 경기의 많은 부분은 휠체어를 움직이는 것이고, 여기에는 장애 등급 III(가장 높은 등급)에 해당하는 선수들과 나처럼 전혀 장애가 없는 사람 사이에, 휠체어 위에서의 기능이라는 측면에서 정말로 차이가 없다. 이런 선수들은 몸을 구부려 모든 공을 집어올릴 수 있고 나도 그렇다. 이런 선수들은…… 안정성, 속도, 균형을 위해 복근, 몸통, 엉덩이 굴근(flexors)을 사용할 수 있다. 사실 나는 장애가 없는 몸이 휠체어 사용법을 알지 못해 불이익을 받는다고 생각한다. 그렇다면 비장애인들이 배우기를 원한다면, 게임에 참여하지 못하게 할 이유가 뭐가 있겠는가? 더 열심히 연습하지 않는다면 어떤 사람의 기회도 내 차지가 될 수 없다. 등급 III에 속하는 더 많은 선수들이 경기에 참여하기를

원한다면 그 팀에는 등급 I의 선수들도 더 많이 필요하기 때문에(역자 주: 한 팀이 경기에 내보낼 수 있는 선수들의 점수 총점은 정해져 있기 때문에, 높은 점수를 받은 등급 III에 속하는 경증 장애 선수들이 많을 수록 점수가 낮은 선수들도 그만큼 많아야 한다.) 이는 실제로 낮은 등급의 선수들의 기회도 증가시킬 것이다. 또한 이를 통해 더 많은 팀들이 창단될 수 있고, 이는 휠체어 농구라는 스포츠에 바람직한 일이다 (Berger 2009b: 141; Medland and Ellis-Hill 2008 참조).

경기를 위한 이런 식의 분류 체계를 통해, 휠체어 스포츠는 역통합의 개념으로부터 **실질적인 통합**까지 나아갈 수 있었다. 닉슨에 따르면, 실질적인 통합은 장애인과 비장애인 선수들 간의 통합을 다음과 같은 점에서 수반한다. 즉, "이는 질병 유무, 낙인, 편견, 또는 차별에 의한 것이 아니며" 여기서 "장애인 선수들은 장애인이라는 이유로 일탈적이고, 열등하고 또는 특혜를 준다는 느낌을 받지 않는다." 그리고 여기서는 "장애인 선수들의 손상이…… 인정받고 받아들여지며, 그러면서도…… 장애가 없는 상대와의 경기에 있어서…… [그들에게 불이익을] 주지는 않는다."(2002: 428)

요 약

현상학적 관점을 취하면서 시작된 이 장에서는, 신체적 손상을 가지고 살아가는 사람들의 관점을 통해 장애의 신체적 경험을 탐구했다. 우리는 우선 헬렌 켈러와 법적 맹을 가진 사람들의 삶을 조망해 봄으로써 시각과 소리 없이 사람들이 세계를 경험하는 방식을 살펴보았다. 다음으로는 수화의 현상학과 그것이 농인 청소년들의 교육에 있어서 갖는 역할을 생각해 보았다. 그러고는 운동기능에 손상을 입은 사람들의 경험 및 비장애인 중심으로 기획된 물리적 환경을 헤쳐 나가며 마주해야 하는 장벽들에 관심을 돌렸다. 우리는 또한 척수손상에서 회복되는 과정, 재활 훈련 현장에서 환자와 물리치료사 사이에 일어나는 협동적 작업도 탐구했다. 마지막으로, 우리는 장애인들이 참여하는 장애인 스포츠와 운동경기들을 살펴보았으며, 이와 같은 장애인들의 참여가 장애를 입은 몸이 할 수 있는 일은 무엇인가에 대한 전통적인 가정과, 경탄할 만한 신체성을 구성하는 스포츠 활동의 유형을 뒤흔들어 놓는 방식을 검토했다.

7
문학과 영화에 표현되는 장애

:

『그림형제 동화』의 교훈

고전문학의 장애인물

공포 영화 장르의 등장

전후 회복 영화

장애 영화 제작의 불안정한 진보

장애와 유머

요 약

7

문학과 영화에 표현되는 장애

이 책의 1장에서 사회적으로 논란이 된 미국 영화 <밀리언 달러 베이비>(Million Dollar Baby 2004)를 언급한 바 있다(역자주: 영화명과 도서명은 각각 < >와 『 』로 표기). 논란의 핵심은 영화의 결말 부분에서 다루어진 장애인 안락사에 있다. 결말에서 여주인공 권투선수 매기 피츠제럴드(Maggie Fitzgerald)는 시합 도중 불의의 사고로 사지마비 장애인이 되고 결국 안락사를 선택한다. 이와 같이 장애에 대한 부정적인 시각과 태도는 비단 이 영화에만 국한되지 않는다. 장애인이 스스로 죽음을 선택하는 것은 대중문화에서 나타나는 수많은 부정적인 장애 이미지 중 단지 한 예에 불과할 뿐이다.[1] 이 장에서는 문학과 영화 속에서 나타난 다양한 장애인 이미지와 표현 방식을 역사적 맥락을 고려하여 살펴보고자 한다. 이를 위해 고전문학 작품들과 할리우드 영화 속의 장애

---

[1] 장애인 자살을 주제로 하는 영화로는 <누구의 것도 아닌 내 인생>(Whose Life Is It Anyway? 1981)과 <시 인사이드>(The Sea Inside 2004)를 들 수 있다. 전자는 허구적 사실을 토대로 하고 후자는 실화를 바탕으로 한다.

와 장애인을 알아볼 것이다. 이 장은 비단 장애 등장인물들을 소개하는 것에 그치지 않고, 장애 표현 방식에서 나타나는 공통 주제들을 도출하고 논의하고자 한다. 이 장에서 소개되는 작품들은 대부분 허구적 사실에 근거한 것이다. 그러나 실화에 "바탕을 두거나" 또는 실화에서 "영감을 받은" 몇몇 유명 영화들도 포함될 것이다. 작품 분석의 취지는 장애인을 부정적으로 묘사한 문학과 영화들을 추적하고 비판하는 것에 있지 않다. 그보다는 문학과 영화 속의 장애인을 묘사하는 방식에 심도 있게 접근함으로써, 사회가 장애인을 어떻게 바라보고 그 바라봄이 실제 장애인의 삶에 어떠한 영향을 주는지를 고찰해 보자는 것이다.

이 장은 먼저 『그림형제 동화』, 고전문학 작품과 이 작품들을 각색한 고전 영화의 장애 표현 방식을 알아볼 것이다. 다음으로 영화 속 장애인의 이미지와 표현을 영화가 제작된 시대적 배경을 고려하며 분석할 것이다. 1930년대의 공포 영화, 1940년대의 장애 회복/극복 영화, 1950년대에서 2000년대 이전에 제작·개봉된 다수의 장애 영화 등이 분석 대상이 될 것이다. 마지막으로 무성시대로부터 현재에 이르기까지 장애인을 묘사하는 코미디 영화들이 논의될 것이다.

『그림형제 동화』의 교훈

존 머니(John Money)는 민담 속의 지혜가 우리의 의식과 삶 속에 깊숙이 자리 잡고 있다고 한다. "우리는 지혜의 의미를 받아들이고 그 의미를 우리 것으로 만들고…… 우리가 하는 것을 인지하지 못한 채 우리의 것으로 사용한다."(1989: 15) 베스 프랭크스(Beth Franks)는 『그림형제 동화』 속의 장애인 등장인물의 이미지가 장애인에 대한 "우리의 경험을 확장하고 설명할 수 있는 원형(archetypes)"을 제공한다고 보았다.

그녀는 이러한 전제하에 그림형제의 200여 편의 동화 중 100여 개의 서사에서 나타난 장애 이미지를 분석하였다(2001: 244).

프랭크스는 그녀의 연구에서 놀라운 사실들을 발견했다. 첫째, 『그림형제 동화』에서 장애인이 주인공으로 등장하는 작품이 전체의 거의 반 정도를 차지한다는 것이다. 구체적으로 지체장애가 약 50% 정도이고, 인지·발달 장애가 20%였으며, 나머지는 의사소통, 감각, 정서 또는 중복 장애였다.[2] 프랭크스가 두 번째로 발견한 것은 그림형제 동화의 스토리 전개에서 장애인 등장인물의 역할이었다. 그녀의 예상과 달리 그림형제의 동화 중 약 40%에서 장애인은 영웅 등의 역할을 하며 긍정적으로 그려져 있었다. 반대로 악역으로 설정된 장애인 등장인물은 약 15%에 지나지 않았다. 나머지 장애인 등장인물들은 한 경우를 제외하고 긍정적·부정적 또는 선·악으로 구분할 수 없는 역할들로 분류되었다. 예외의 경우로 신데렐라의 의붓언니를 들 수 있다. 비둘기 떼의 습격으로 인해 실명한 신데렐라의 의붓언니의 장애는 그녀의 나쁜 행실에 대한 처벌로서 사용되었다.

프랭크스의 후속 연구에서는 "도서에 표출된 특수한 사람들"(Portrayal of Special Populations in Texts)이란 제목의 대학 교과목에서 대학생들이 어떤 방식으로 『그림형제 동화』의 장애 이미지를 해석하는지 알아보기 위한 한 활동을 개발하였다. 수년에 걸쳐 이 활동을 하면서 그녀는 한 일관된 관찰을 하였다. "학생들은 『그림형제 동화』에서 장애와 장애인의 빈번한 등장과 이러한 등장이 『그림형제 동화』의 주요한 특징이라는 사실에 놀라움을 금치 못했다. 또한 그들은 친숙한 동화에서 이러한 사실을 인지하지 못했다는 점에 대해 당혹감을 감추지 못했다."(2001: 254) 프랭크스는 『그림형제 동화』의 내용을 분석하고 그 연구결과를 그녀의

---

2) 『그림형제 동화』에 등장하는 장애인 등장인물들 중 약 75%는 남성이다.

강의를 수강하는 학생들에게 알려 주었다. 학생들은 몇 주 후 『그림형제 동화』의 장애 이미지에 관한 시험을 보았다. "학생들은 강의를 통해 프랭크스의 연구결과와 구체적인 예들을 매우 상세하게 배웠기 때문에 『그림형제 동화』의 빈번한 장애인 등장과 장애인에 대한 긍정적인 묘사에 대해 누구보다 잘 인지하고 있었다. 그러나 뜻밖의 결과가 도출되었다. 시험에서 약 75%의 학생들은 부정적으로 묘사된 장애인 등장인물만을 기억했으며, 약 25%의 학생들은 긍정적인 인물과 부정적인 인물을 균형 있게 기억해 냈다. 놀랍게도 오직 한 명의 학생만이 긍정적인 장애인 등장인물들을 답안에 적었다(p. 254). 프랭크스는 이러한 학생들의 장애 관련 인식과 수용 방식에 대해 놀라워했다. 왜냐하면 그녀는 강의의 상당 부분을 긍정적 장애인 묘사에 대한 설명으로 할애했기 때문이다. 학생들은 프랭크스가 강조한 부분을 머리로는 알고 있었으나 그들의 마음으로는 받아들이지 않았다. 프랭크스는 그녀의 연구에서 이러한 간극에 대한 정확한 원인과 이유를 밝히지는 않았다. 그러나 그녀가 확실히 알게 된 것은 아무리 학생들이 장애에 대한 긍정적인 이미지에 노출될지라도 그들이 주로 기억하는 것은 장애에 대한 부정적인 이미지라는 사실이었다.

우리는 주로 우리의 예상과 기대에 부응하는 메시지만을 선별하여 기억하는 경향이 있다. 반면에 우리는 그와 반대되는 것은 확실한 증거와 타당한 근거가 제시되더라도 간과하거나 무시하기 쉽다. 비록 다수의 『그림형제 동화』에서 영웅으로 대표되는 장애인의 긍정적 이미지가 빈번하게 도출되었지만 대부분의 학생들은 장애인을 악역으로 연상하고 있었다. 그들은 장애를 부정적인 대상으로 인식하고 있었다. 실례로 그들은 악행으로 장애를 갖게 된 신데렐라 의붓언니를 자주 언급했다(p. 254).

　　프랭크스는 그림형제의 긍정적인 장애인 묘사를 "보이지 않는 유산"(invisible legacy)에 비유하며 다음과 같은 결론을 내렸다. 우리는 긍정적으로 묘사된 장애 등장인물을 기억하지 않는다. 우리가 긍정적으로 묘사된 장애인을 인지할지라도 우리는 장애가 무조건 나쁘다는 선입견에 사로잡혀 그들을 곧 잊게 될 것이다.

고전문학의 장애인물

　　프랭크스의 연구는 장애 표현의 상징적 의미를 알고자 하는 사람들에게 좋은 지침서가 될 수 있다. 독자 또는 관객 대부분은 저자 또는 감독이 의도하고 기대하는 메시지를 받아들이기 쉽다. 그러나 독자 또는 관객이 가장 잘 기억하는 장애 등장인물은 대개 악역이다. 이 절에서는 대표적인 다섯 명의 장애인물들을 상세하게 소개하겠다. 리처드 3세(Richard III), 콰시모도(Quasimodo), 아합 선장(Captain Ahab), 후크 선장(Captain Hook), 꼬마 팀(Tiny Tim)은 앞서 논의된 문학과 영화에서의 장애인 등장인물에 대한 편향적 묘사라는 진부한 진리를 심층적으로 이해하는 데 도움이 될 것이다.

　　먼저 17세기 윌리엄 셰익스피어(William Shakespeare)의 희곡 『리처드 3세』에 대한 이야기로 시작해 보겠다. 레너드 크리겔(Leonard Kriegel 1987)은 리처드 3세를 자기혐오적인 절름발이 꼽추의 특성을 가진 **악마적 본성의 불구자**(demonic cripple)로서 논하고 있다(Davis 2002: 53에서 인용). 리처드 3세는 시기와 질투와 야망에 불타는 인물로서 자신의 이익을 위해서라면 살인도 서슴지 않는 이른바 "악의 화신"이었다.

　　허리가 굽은 꼽추, 콰시모도는 빅토르 위고(Victor Hugo 1802-1885)의 『파리의 노트르담』(Notre Dame of Paris) 또는 『노트르담의 꼽추』(Hunchback of Notre Dame 1831)로 더 잘 알려진 프랑스 소설의 중심인물이기도 하다. 소설의 주인공 콰시모도는 신체적으로 그로테스크할 뿐만 아니라 시·청각장애인이었다. 레너드 데이비스(Lennard Davis)는 중복장애인으로 묘사된 콰시모도는 한 소설 작품의 **평범한** 장애인이라고 보기보다는 장애의 아이콘으로 봐야 할 필요가 있다고 주장한다(1995: 116).[3] 이 상징적인 인물은 할리우드 영화를 통해 대중의 의식 속에 스며들어 갔다. 1923년에 제작·개봉된 첫 번째 <노트르담의 꼽추> 영화 버전은 당대의 유명 배우였던 론 체이니(Lon Chaney)가 출연한 무성 영화였다. 체이니는 이 작품 이전에도 장애인을 연기한 적이 있다. 그 중 하나는 1883년 출판된 스코틀랜드의 작가 로버트 루이스 스티븐슨(Robert Louis Stevenson)이 저술한 『보물섬』(Treasure Island)의 영화 버전의 악역 애꾸눈 선장 퓨(Pew)였다.

마틴 노던(Martin Norden)은 영화 <노트르담의 꼽추>를 "장애인 본인의 관점이 등장하는 최초의 영화들 중 한 편이다. 촬영과 편집, 모두 장애인 주인공 콰시모도의 시각을 반영하도록 설계되어 있다."(1994: 91)고 보았다. 그러나 노던은 이 영화의 감독이 "콰시모도의 주체적 관점을 보여 주는 미덕과 더불어 그의 기형적인 몸을 관객의 응시대상으로 전락시키는 우도 범하고 있다."(p. 91)라고 꼬집는다. 영화의 여러 장면들에서 콰시모도의 관점은 그가 종지기로 일하는 대성당 꼭대기의 종으로부터 시작되고 있다.[4] 노던은 이러한 영화 기법은 비장애 중심적 사고를 반영한 것으로서 장애인의 사회로부터의 소외와 고립을 암묵적으로

---

3) 꼽추를 유발한다고 알려진 슈어만 병(Scheuermann's disease)은 척수 관련 유전질환으로 주로 성장기 남자 아동에게 나타나며 척추 **뼈**가 쐐기 형태로 발달하여 어깨와 목 부분의 **뼈**가 휘어지는 증상을 보인다.

4) 영화에 대한 이 장의 논의는 수백 개의 영화 사례에 대한 마틴 노던(Martin Norden 1994)의 독창적인 고찰을 주요 기반으로 하였다.

추가 탐구

Box 7.1 콰시모도 이야기

　　위대한 소설을 각색한 영화는 대개 원작의 명성에 못 미치게 마련이다. 빅토르 위고(Victor Hugo)의 『노트르담의 꼽추』(Hunchback of Notre Dame)는 서양문학의 가장 위대한 작품들 중 하나다. 주인공 콰시모도(Quasimodo)에 대한 전체 스토리는 다음과 같다. 15세기 초 프랑스 파리, 누군가 기형아로 보이는 아기를 노트르담 대성당의 문 앞에 버린다. 아기의 생모는 다른 아름답고 건강한 아기를 납치하여 방금 전 버렸던 자신의 아기와 바꾼다. 기이한 얼굴과 굽은 등을 소유한 아기는 대성당 신부에 의해 길러지고 아기는 성장하여 노트르담 대성당의 종지기가 된다. 그는 종지기 임무와 기이한 외모 때문에 사회적으로 소외되고 종소리의 굉음은 그의 청력까지 앗아 간다. 청각장애와 안면기형 그리고 흉측한 외모까지 가진 콰시모도는 스토리 전개를 이끄는 중심인물이다.

　　이 소설의 다른 등장인물들은 그의 기이한 외모 이외에는 콰시모도에게 관심이 없다. 아무도 그의 외모 뒤에 감춰진 지적 능력과 다른 사람을 아끼고 사랑할 수 있는 마음을 보지 못한다. 콰시모도는 어렸을 때부터, 그를 거두어 준 신부에 대해 혼자만의 강한 애착을 가지고 있다. 신부는 무감각하고 계산적이며 매사에 불만이 많은 인물이다. 심지어 그는 콰시모도가 흠모하는 어린 집시 여인 에스메랄다(Esmeralda)를 성적으로 욕망한다. 작은 행사에서 콰시모도는 별다른 이유 없이 모든 사람들의 조롱거리가 된다. 그는 사소한 실수로 인해 많은 사람들 앞에서 채찍으로 맞는 태형을 당한다. 에스메랄다는 그가 갈증과 고통으로 신음하고 있을 때 몰래 찾아와 물을 건넨다.

　　에스메랄다는 콰시모도를 배려하지 않고 오직 자신에게만 관심 있는 십 대 소녀다. 그녀는 지방민병대 장교에게 반했으나 그는 그녀의 낮은 사

Box 7.1 콰시모도 이야기 (계속)

회적 신분이 마음에 걸린다. 얼마 후 그 장교에게 안 좋은 일이 일어났다는 소문이 퍼지고 민병대 고관들은 에스메랄다가 그에게 악영향을 끼치고 있다고 믿는다. 그들은 에스메랄다에게 폭도에게 린치를 가하는 형태로 사형을 구형한다. 콰시모도는 그들의 의도를 파악하고 그녀를 극적으로 구해 내는 데 성공한다. 콰시모도는 그녀를 대성당으로 데려와 피신시킨다. 그러나 신부는 에스메랄다에게 강한 욕정을 느끼기 시작한다.

그러는 동안, 폭도들과 지방 경찰지구대가 몰려와 그녀에게 폭력을 행사하려고 한다. 콰시모도는 그녀를 보호하기 위해 종이 있는 대성당의 꼭대기에서 무거운 것들을 아래로 던져 필사적으로 그들을 막는다. 에스메랄다를 경찰에 인계하라는 정치적 압력이 신부에게 가해지고, 이를 알아챈 에스메랄다가 자신을 유혹한 신부를 비난하자 신부는 그녀를 폭도들에게 인계한다. 결국 그녀는 처참하게 사형을 당한다. 콰시모도는 친부처럼 따랐던 신부의 배신에 분노하고 그를 대성당 꼭대기에서 떨어뜨려 죽게 한다. 수년의 세월이 지난 후, 교수형을 집행하거나 궁핍한 파리의 시민들의 시신이 버려지는 한 건물 안에서 목이 부러진 젊은 여인의 시체를 부둥켜 안고 있는 등이 굽은 남자의 유해가 발견된다. 콰시모도는 그가 사랑했던 여인과 영원히 함께한 것이다.

비록 위고는 생계를 위해 『노트르담의 곱추』를 저술했지만, 이 작품에서 그는 사회 부조리에 대한 날카로운 비판을 한다. 그는 부패한 가톨릭교회, 성직자들의 성적 욕망, 군주제의 폐단 그리고 몸의 정치학과 불평등한 사회체계 등의 사회부조리가 최저층 계급, 편협함, 폭도적 군중심리 그리고 무정한 사람들을 양산하는 데 크게 일조한다는 것을 적나라하게 보여 준다. 꾸밈없고 순수한 콰시모도는 타인을 사랑하고 돌볼 줄 아는 소설의 유일한 인물이었다. 그러나 그의 진실한 마음은 기괴한 외모에 가려져 보이지 않았다. Source: Adapted from William E. Powell, "Becoming

---

Box 7.1 콰시모도 이야기 (계속)

Quasimodo: The Shaping of Life," in Storytelling Sociology: Narrative as Social Inquiry, eds. Ronald J. Berger and Richard Quinney (Boulder, CO: Lynne Rienner, 2005)

보여 준다고 주장한다(p. 92).

1939년 『노트르담의 꼽추』의 첫 번째 유성 영화 버전이 개봉되었다. 주인공 콰시모도 역을 맡았던 찰스 래프턴(Charles Laughton)에 따르면 콰시모도의 사실적인 묘사를 위해 래프턴의 몸은 최대한으로 기이하게 보이게끔 분장되었다고 한다. 이를 위해 당대 최고의 분장사가 고용되었으며 그는 래프턴의 얼굴이 인간처럼 보이지 않도록 분장하였다. "래프턴의 입은 반쯤 벌려져 있었고, 그의 입 안에는 이가 빠진 틈이 보였으며, 혀가 튀어나와 있었고, 눈은 거칠게 희번덕거리고 있었다."(Norden 1994: 139)[5]

미국 문학의 대표적인 첫 번째 장애인물은 바로 미국문학의 최고봉으로 손꼽히는 허먼 멜빌(Herman Melville)의 『모비딕』(Moby Dick 1851)에 등장하는 아합 선장(Captain Ahab)이다. 소설 『모비딕』은 자신의 다리를 불구로 만든 고래를 상대로 한 아합 선장의 집착에 가까운 복수의 추적을 그리고 있다. 아합 선장은 "영구적인 신체손상" 때문에 고

---

5) 소설 『노트르담의 꼽추』는 여러 영화로 각색되었다. 대표적인 영화 버전으로는 1957년 프랑스 영화, 1982년 영국 TV 영화, 1996년 디즈니사의 장편 애니메이션과 1997년 미국 TV 영화를 들 수 있다.

래 뼈로 제작된 의족에 의지해 살아가는, 정신적으로나 신체적으로 고통받는 남성상을 대표한다(Kriegel 1987: 34). 아합은 악마적 본성의 불구자와 노던이 설명한 **복수 집착자**(obssesive avenger)의 역할을 충실히 수행하며 선원들과 함께 죽음으로 치닫는 무모한 추적을 감행한다.

　　1930년 제작 · 개봉된 소설 『모비딕』의 영화 버전은 "장애를 주제로 한 첫 장편 유성 영화들 중 하나이며"(Norden 1994), 『노트르담의 꼽추』의 영화 버전과 마찬가지로 장애 이미지를 대중에게 각인시키는 중요한 역할을 담당했다.[6] 1956년 그레고리 펙(Gregory Peck)이 주연하고 존 휴스턴(John Huston)이 연출한 『모비딕』의 영화 버전은 대중문화에서 아합 선장의 이미지를 더욱 공고하게 만들어 주었다. 휴스턴 감독은 아합의 악마적 본성뿐만 아니라 사회로부터의 단절과 소외도 강조하였다. 영화 도입부 한 장면에서 한때 시끄러웠던 선술집 취객들은 아합 선장이 선술집 밖을 지나갈 때 아합의 의족에서 나오는 괴음과 창밖으로 보이는 고래 뼈 다리를 보는 순간 쥐 죽은 듯이 조용해진다(p. 217). 아합의 의족이 만드는 기이한 괴음은 그의 불길한 존재감을 외적으로 드러나게 하는 중요한 상징적 수단이다.[7]

　　1911년 스코틀랜드 작가 J. M. 배리(J. M. Barrie)는 자신이 저술한 아동 희곡을 바탕으로 『피터팬』(Peter Pan)을 출간하고 전 세계에 후크 선장(Captain Hook)이라는 인물을 소개하였다. 후크 선장은 아합과 마찬가지로 팔이 없는 절단장애인이다. 그는 팔을 악어에게 물려 잃었으며 그 결과 갈고리를 착용하게 되었다. 복수에 집착하는 후크 선장의 성격은 아합과 같은 선상에 있다고 할 수 있다. 『보물섬』은 여러 버전의 영

---

6)　소설 『모비딕』의 완화된 영화 버전에서 아합(Ahab) 선장은 고래를 죽이고 안전하게 돌아온다.

7)　패트릭 스튜어트(Patrick Stewart)와 그레고리 펙(Gregory Peck)이 각각 주 · 조연한 『모비딕』의 TV 영화 버전은 1998년에 방영되었다.

화로도 제작되었는데 월트 디즈니(Walt Disney) 사의 1953년작 만화 장편 영화와 스티븐 스필버그(Steven Spielberg)의 1991년작 <후크>(The Hook)가 대중에게 가장 알려져 있다. 그러나 후크의 갈고리 의수를 부각한 첫 영화는 허버트 브레넌(Herbert Brenon)의 1924년작 무성 영화였다(Norden 1994).

이 절의 마지막을 장식할 고전 문학 속의 장애인물은 찰스 디킨스(Charles Dickens)의 『크리스마스 캐럴』(A Christmas Carol 1843)의 꼬마 팀(Tiny Tim)이다. 팀은 악마적 본성의 불구자 또는 복수 집착자는 결코 아니다. 팀은 크리겔(1987)의 **자선 대상 불구자**(charity cripple) 또는 노던(1994)의 순진무구한 **천사표 장애인**(sweet innocent)으로 지칭된 동정과 연민을 유발하는 인물이다. 자선 대상 불구자·천사표 장애인은 악마적 본성의 불구자와 정반대 선상에 있는 또 하나의 고정관념화된(stereotype) 장애인물 유형이다. 이 유형은 다른 사람들의 선행과 자비에 그들의 운명을 맡기는 의존형 등장인물이기도 하다. 꼬마 팀은 가난한 집안에서 태어났지만 "천사와 같은 순수한 마음을 지닌 목발을 사용하는 장애인"이다. 이러한 장애 유형 인물은 문학과 영화 장르의 공통적인 패턴으로 자리 잡았다(Norden 1994: 11). 레너드 크리겔은 이러한 유형의 등장인물을 다음과 같이 설명한다.

> 자선 대상 장애인은 자신에 대한 사회의 친절과 노력을 높이 평가한다. 자선 대상 장애인은 화내는 것을 싫어하고 다른 사람들이 장애를 분노를 일으키는 원인으로 생각하는 것도 거부한다. 그의 목적은 "정상인들"을 불편하게 만들거나 또는 죄책감을 느끼게 하는 것이 아니다. 다시 말하면 그는 정상인들의 불안과 공포를 유발하기보다는 동정과 연민을 자아내게 한다. 그는 비장애인의 심금을 울린다. 꼬마 팀의 최신 버전으로는 자선모금 조성을 목적으로 하는 텔레톤(telethon, 역

자주: 장애인을 위한 자선기금 마련 장시간 방송), 광고 게시판, 편지 등에 등장하는 장애인들을 들 수 있다. 꼬마 팀은 장애에 대한 동정과 연민을 최대한으로 활용하여 비장애 독자와 관객의 마음을 움직여 자선을 베풀게 하고 그들이 장애인의 불행한 운명을 막을 수 있도록 최선을 다한다. 물론 디킨스의 원래 취지는 크리스마스의 메시지를 전달하는 것이었고, 자선은 빈곤층과 장애인들에게 도움을 주는 기독교의 전통이기도 하지만⋯⋯ 가난한 사람과 장애인은 비장애인의 미덕을 정당화하고 입증하는 살아 있는 수단에 불과하다(1987: 37).

소설 『크리스마스 캐럴』은 영국과 미국에서 다수의 영화로 재탄생되었으며 그중 일부는 <구두쇠 영감 스크루지>(Scrooge)라는 제목으로 영화화되었다. 자선이라는 주제는 1935년 『구두쇠 영감 스크루지』의 영화 버전의 한 대사에서 잘 나타나 있다. 영화에서 팀(Tim)의 아버지는 자신의 아들을 가리키며 부인에게 다음과 같이 이야기한다. "팀은 교인들이 자신을 돌봐 주기를 바라요. 왜냐하면 그는 불구자이기 때문이죠. 교인들이 이번 크리스마스에도 그들을(장애인) 기억한다면 절름발이 거지는 걸을 수 있고 장님은 눈을 뜰 수 있을 겁니다."(1994: 133에서 인용)

공포 영화 장르의 등장

무성 영화에서 빈번하게 등장하는 주제는 1923년 <노트르담의 꼽추> 영화 버전을 위시로 한 아무렇지도 않게 범죄를 저지르는 무언의 포악한 장애인물이었으며, 이러한 유형의 영화들은 1930년에 대에 등장한 공포 영화의 시초가 되었다(Norden 1994). 이 시기의 가장 중요한 영화로는 1931년 개봉되었던 <프랑켄슈타인>(Frankenstein) 시리즈의 첫 편을 들 수 있다. 1818년 발간된 메리 셸리(Mary Shelley)의 소설을 각색한 영화 <프랑켄슈타인>에는 배우 보리스 칼로프(Boris Karloff)가 잘못된 실험으로 미쳐 버린 피해자인 속칭 "괴물" 역으로 분했다. 괴물을 창조한 헨리 프랑켄슈타인(Henry Frankenstein) 박사의 조수인 악마적 본성의 불구장애인 프리츠(Fritz)는 원작에는 등장하지 않는 가공인물이었다. 초라한 행색에 몸까지 비틀어진 프리츠는 프랑켄슈타인 박사를 돕기 위해 그의 실험에서 사용될 무덤 속이나 사형대에 매달려 있는 시체를 훔친다(Norden 1994: 113). 프랑켄슈타인 박사는 프리츠를 항상 노예처럼 대하고 그를 바보라고 조롱하고 명령조로 대한다. 그러나 프리츠 역시 그의 주인이 없을 때 괴물의 발을 채찍으로 때리는 학대와 폭력으로 자신의 좌절감을 표출한다. 프리츠는 괴물이 불을 무서워한다는 사실을 알아채고 햇불로 그를 위협한다.[8] 그러던 어느 날 괴물은 포승줄이 느슨해진 틈을 타 프리츠를 교수대 위에 올려 살해한다.

영화 <프랑켄슈타인>의 후속편인 <프랑켄슈타인의 아들>(Son of Frankenstein 1939)과 <프랑켄슈타인의 유령>(Ghost of Frankenstein 1942)에서 프리츠 캐릭터는 장애를 가진 악역 이고르(Igor)로 대체된다. 사형대에서 탈출한 악역 조수 이고르는 "심각한 목 부상으로 몸이 뒤틀려져" 있다(Norden 1994: 141). <프랑켄슈타인의 아들>에서 이고르는 복수에 집착하는 캐릭터이며 괴물과 합세하여 그에게 사형을 선고했던 배심원들에게 복수를 감행한다. 또한 <프랑켄슈타인의 유령>에서 이고르는 프랑켄슈타인 박사의 아들을 납치하여 자신과 아들의 뇌를 서로 뒤바꾸려고 한다.

---

8) 프리츠 역시 괴물의 사악한 행위에 대해 책임을 져야 할 인물로 묘사된다. 프리츠는 프랑켄슈타인 박사의 명령에 따라 "정상인"의 뇌를 훔치기 위해 의대에 불법 침입하였다. 그러나 그는 "정상인"의 뇌를 포기하고 그 대신 "비정상"인의 뇌를 가지고 나온다.

그럼에도 불구하고 <프랑켄슈타인> 시리즈에서 선한 장애인이 등장한다는 사실은 매우 흥미롭다. <프랑켄슈타인의 신부>(1935)에서는 노던(1994)이 기술한 **성인 군자**(Saint Sage) 장애인 캐릭터가 등장한다. 세상을 등지고 홀로 지내는 시각장애 성인 군자 캐릭터는 괴물과 친구가 되고 그를 집으로 데려온다.

성인 군자의 눈은 신비롭게 반짝이고 턱수염은 천국으로 향해 뻗어있으며 그의 은둔자적 삶은 그가 성경에서 막 뛰쳐나온 것처럼 보이게 만들었다. …… 그는 괴물과 의식주를 함께했으며 괴물을 사회화하려는 노력도 마다하지 않았다. 성인군자 장애인 캐릭터의 괴물에 대한 인간적인 처우는 영화의 한 장면에서 역설을 만들었다. 한 사냥꾼이 괴물과 눈먼 성인 군자가 함께 기거하는 것을 보고 성인 군자에게 "눈을 어디다 두고 다니냐?"라는 역설적인 질문을 한다. 성인 군자는 육안으로는 볼 수는 없지만 마음을 볼 수 있는 통찰력을 가지고 있다. 성인 군자는 괴물을 이해하고 괴물이 인간처럼 대우를 받았을 때 인간적으로 행동한다는 사실을 아는 영화 속의 유일한 인물이었다(p. 132).

워너 브라더스(Warner Brothers) 사가 제작한 <프랑켄슈타인> 시리즈 첫 편의 성공은 동종업계 MGM 사와의 경쟁을 야기했다. MGM 사장인 어빙 탈버그(Irving Thalberg)는 "<프랑켄슈타인>을 능가할 만한" 새로운 영화의 제작을 열망했다(Norden 1994: 113에서 직접인용). 이를 위해 그는 토드 브라우닝(Tod Browning)을 연출자로 선임했으며 브라우닝은 <프릭스>(Freaks 1932)를 만들었다. <프릭스>는 실제 장애인들이 주·조연으로 출연했다는 점에서 기존 장애 관련 영화들과 확실하게 구별된다. 브라우닝은 프릭쇼(3장 참조, 역자주: 19세기 중엽부터 20세기 중엽까지 미국에서 인기를 끌었던 장애인, 유색인, 거인 및 난쟁이, 수염 기른 여성, 샴쌍둥이 등 기형적인 인간들이 등장하여 관객들에게 이색적인 볼거리와 선정적인 즐거움을 제공한 공연쇼)를 하는 서커스단을 배경으로 하여 장애인 캐릭터들을 소개했다. 제작사 MGM 측은 "심연 속의 피조물" "그림자 속의 기이한 아이들"과 "암흑 속의 기괴한 인간" 등으로 장애인 캐릭터를 기술하며 영화 홍보에 열을 올렸다(Norden 1994: 1515-116에서 인용).

<프릭스>의 스토리 전개 구조는 다양한 복수 집착자 주제 유형을 충실히 따르며 그 중심에는 실제 저신장 장애인 한스(Hans)가 있다. 한스는 비장애 곡예사 클레오파트라(Cleopatra)와 사랑에 빠져 있으나 사실 이들의 사랑은 쌍방향이 아니었다. 클레오파트라는 한스가 막대한 재산의 상속자라는 사실을 알고 접근했으며 그녀의 비장애인 정부(情夫) 헤라클레스(Hercules)와 공모하여 한스와 결혼해 그를 독살하고 재산을 가로챌 계략을 꾸민다. 그러나 한스의 동료 "프릭스들"(freaks, 역자주: 장애인 단원)은 이들의 계략을 미리 알고 "냉혹한 복수를 준비한다. 천둥과 번개가 몰아치는 악몽같이 잔인한 어느 밤 프릭스들은 헤라클레스를 칼로 살해하고 클레오파트라를 난자하여 그들과 같은 처지의 '프릭스'로 전락시킨다."(Norden 1994: 116)

그러나 <프릭스>는 흥행에 실패했고 당시의 영화평론가들도 결말 부분의 복수 장면을 영화의 주요 문제로 지목했다. 브라우닝은 자신의 영화 속의 복수 장면 이전까지 비장애 악역보다 "프릭스들"을 훨씬 더 "정상적"으로 그렸다. 그럼에도 불구하고 브라우닝은 기존의 프릭스에 대한 기이하고 악한 이미지에 의존함으로써 마지막 장면 이전의 프릭스에 대한 긍정적인 이미지를 훼손했으며 결국 프릭스의 이미지를 착취했다는 비난을 피하기 어려웠다(Brosnan 1976: 66).

브라우닝은 자신의 영화에 대한 혹평에도 불구하고 MGM 사에서 또 다른 공포 영화들을 만들었다. 그의 공포 영화 <악령이 깃든 인형>

(Devil-Doll 1936)은 여배우 라파엘라 오티아노(Rafaela Ottiano)를 악마적 본성을 소유한 불구자 주인공으로 등장시켰다는 점에서 주목할 만하다. 오티아노는 과학자 마르셀(Marcel)의 목발을 사용하는 장애인 부인 말리타(Malita) 역을 연기했다. 마르셀은 인간을 인형 사이즈로 축소하여 악행을 저지르도록 조종하는 미치광이 과학자다(Norden 1994: 120). 말리타 역시 비정상적인 캐릭터였으며 복수에 사로잡혀 전 세계를 축소하려는 계획을 세운다. 브라우닝은 영화 <프릭스>에 이어 이 영화에서도 다수의 실제 장애인을 등장시킴으로써 불구자 유형 캐릭터에 대한 강한 애착을 보였다. 이 영화에는 성인 군자 시각장애인, 순진무구한 발달장애인 캐릭터와 젊은 "지적장애 농부"(p. 121) 여성이 등장한다. 다른 장애인 캐릭터로는 인형이 휘두른 독 칼에 찔려 척수 장애인이 된 은행원이 있다. 영화의 한 장면에서 의사는 다음과 같이 말한다. "은행원은 평생 일어설 수 없을 겁니다. 그의 명석한 두뇌가 쓸모없는 몸 안에 갇혀버린 셈이죠."(p. 121) [9]

전후 회복 영화

제2차 세계대전 참전 상이군인들의 존재는 역경 극복이라는 새로운 장르를 만드는 데 일조하며 장애 관련 주제 영화의 새로운 지평을 열었다. 이러한 장르의 영화 중 가장 유명한 작품은 <우리 생애 최고의 해>(The Best Years of Our Lives 1946)였다. 이 영화는 세 명의 귀향 군

---

[9] 사악한 장애인 주제의 후발주자는 프레디 크루거(Freddy Krueger)다. 프레디는 영화 <나이트메어>(Nightmare on Elm Street) 시리즈물의 악역 주인공이며 그는 화재로 인해 전신기형이 된 후 증오에 찬 사디스트적(sadistic) 살인마로 변신하게 된다.

인을 다루고 있으며 "그중 한 명은 승선 중 폭탄에 맞아 양팔을 잃은 해
군사병이었다."(Norden 1994: 165)[10] 양팔이 없는 장애인 호머 패리시
(Homer Parrish) 역은 실제 양팔 절단장애 참전 군인인 해럴드 러셀
(Harold Russell)이 맡았다. 호머는 후천적으로 생긴 장애에 대한 적응,
의수 사용과 다른 사람들의 시선과 편견을 마주함에 있어 어려움을 겪은
바 있다. 호머에게는 전쟁 전 약혼했던 윌마 카메론(Wilma Cameron)이
라는 여자친구가 있다. 그녀는 그들의 관계가 지속되길 원하며 지극 정
성으로 호머를 보살핀다. 그러나 윌마의 부모는 둘 사이를 갈라놓기 위
해 그녀를 다른 곳으로 보내고, 이에 호머는 윌마와의 관계를 청산하려
고 하지만 그녀는 사랑을 지키려고 노력한다. 비록 이 영화는 개인적 측
면에서 장애를 다뤘다는 점에서 현재 많은 비판을 받고 있지만 노던은
"<우리 생애 최고의 해>는 영화 역사상 가장 직설적이고 섬세하게 장애
를 묘사한 영화다."라고 높이 평가했다(pp. 166-167).

　　<조니 벨린다>(Johnny Belinda 1948)는 참전한 장애 상이군인에 관
한 영화는 아니지만 <우리 생애 최고의 해>와 더불어 한때 가장 널리 알
려진 장애 영화였다. <조니 벨린다>는 당시 떠오르는 신성 여배우 제인
와이먼(Jane Wyman)이 주인공 역을 맡았다. 이 영화는 외딴 어촌에 살
고 있는 청각장애 여성 벨린다 맥도날드(Belinda McDonald)의 삶에 초
점을 맞춘다.[11] 마을 사람들은 그녀를 지적 능력이 부족하다고 생각한
다. 그러나 그녀는 마을로 새로 이주한 의사와 친분을 쌓게 된다. 그는
곧 벨린다의 명석함에 대해 알게 되고 그녀에게 수화를 가르친다. 벨린

---

10) 참전 상이군인의 사회 부적응과 고난을 다룬 첫 번째 고전 영화는 제1차 세계대
　　전에 참전한 퇴역 상이군인의 이야기를 담은 <모두가 서부전선에 대해 침묵한다>
　　(All Quiet on the Western Front 1930)이다.
11) 영화 <조니 벨린다>(1948)에서 여주인공 벨린다(Belinda)는 성폭행으로 남아를
　　임신 · 출산하고 그의 이름을 조니(Johnny)라고 지었다.

다는 영화 속에서 고정관념화된 순진무구한 천사표 장애 캐릭터(sweet innocent)로 묘사된다. 그러나 어느 누구도 부정할 수 없는 명확한 사실은 와이먼의 명연기다. 그녀는 청각장애인 역할을 소화하기 위해 수개월 동안 청각장애인들과 함께 지내며 그들의 관점을 배웠다. 그녀의 노력 덕택에 "수화에 익숙하지 않은 관객들이 수화의 표현력 넘치는 아름다움을 느꼈을 뿐만 아니라 다른 등장인물들의 대화에도 집중할 수 있는 시너지 효과를 낳았다."(Norden 1994: 176)

전후 회복 영화(postwar recovery film) 중 또 한 편의 중요한 작품으로 <스트래턴 이야기>(The Stratton Story 1949)를 들 수 있다. 이 영화는 1930년대 메이저리그 시카고 화이트 삭스 프로야구 구단의 대표적인 투수 몬티 스트래턴(Monty Stratton)의 일대기를 다루고 있다. 스트래턴은 사냥 여행 도중 한쪽 다리를 잃었지만 1946-1947년 시즌 마이너리그로 컴백하여 재기에 성공했다. 사고 후 스트래턴은 실의에 빠져 의족 착용을 거부하고 집안도 돌보지 않지만 아내와 친구들의 도움과 격려로 재기에 성공한다. 영화 속에서 아내는 "저는 당신보다 훨씬 어려운 상황에 처해 있습니다. 당신은 한쪽 다리를 잃었을 뿐이지만 저는 당신을 잃었어요."라고 말하며 스트래턴을 돕는다.

평론가들은 이 영화를 "스포츠 세계를 뛰어넘은 인간승리 드라마"(Norden 1994: 189)로 긍정적으로 평가했다. 제작자 샘 우드(Sam Wood)는 야구는 "단지 단순한 배경에 지나지 않으며 이 영화의 핵심은 스트래턴과 그의 아내의 신뢰와 사랑과 친구들과의 우정이다."(Norden 1994: 190에서 직접인용)라고 말했다. 전후 시대의 장애 극복을 주제로 한 가장 알려진 "영감을 주는" 장애 영화 중 하나인 <스트래턴 이야기>는 소위 슈퍼장애인(2장 참조, 역자주: 초인간적인 신체적 능력과 정신적 의지를 발휘하여 고난과 역경을 극복하고 존경의 대상이 되는 장애인)에 대한 비판과 같이, 가족과 친한 친구들 외에는 도움을 요청하는 것을 거부하는 보수적 메시지를 담고 있어서 비판받았다. 이 영화는 장애인은 스스로 해낼 수 있고 변화가 필요한 것은 사회가 아니고 장애인 자신이라는 관점을 강화시켰다. 어빙 졸라(Irving Zola)는 장애 관련 성공 스토리를 다음과 같이 지적한다.

> 대부분의 장애 관련 성공 이야기는 이중적인 메시지를 담고 있다. 첫 번째 메시지는 우리(장애인)가 소아마비, 암 또는 다발성 경화증, 제한적 시각, 청각, 입, 사지를 가졌다고 해서 우리의 삶이 끝난 것은 아니라는 것이다. 우리는 배울 수 있고, 행복할 수 있고, 연인과 배우자와 부모도 될 수 있고 위대한 일도 할 수 있다. 문제는 두 번째 메시지다. 이러한 유형의 영화들은 만일 루스벨트 대통령과 윌마 루돌프(Wilma Rudolph)[12]가 그들의 핸디캡을 극복할 수 있다면 다른 장애인도 그렇게 할 수 있어야 한다는 암묵적인 메시지를 던지고 있다. 만일 우리가 실패할 경우 그것은 우리의 문제이고, 우리의 성격 탓, 우리의 약함…… 이러한 모든 것들은 만성질환과 장애에 관한 복합적인 쟁점들을 한순간에 덮어 버린다. 우리의 삶과 그에 대한 적응은 단일 활동 또는 단일 신체적 성취가 아니라 개인적이고 복합적인 복수의 것들로 이루어져 있다. 우리의 일상생활은 극적인 업적으로 채워져 있지 않고 평범한 것들로 구성되어 있다. 무엇보다 중요한 것은 우리가 겪는 신체적 어려움은 한 번에 그리고 모두 극복될 수 있는 일시적인 것이 아니고 우리가 남은 생을 살아가며 끊임없이 직면해야만 하는 것이

---

12) 윌마 루돌프(1940-1994)는 1956년과 1960년 올림픽에 출전했던, 한때 세계에서 가장 빠른 여성이었다. 그녀는 2킬로그램 정도의 미숙아로 태어났으며 유아기 시절 소아마비에 감염되었다. 그녀는 생명에 이상은 없었지만 3년 동안 휘어져 버린 왼쪽 다리와 발을 교정하기 위해 다리 교정기를 착용해야 했다. 그녀는 열병과 폐렴을 비롯한 심각한 질병을 이겨 낸 생존자였다.

다(1984: 142-143).

졸라의 비판에도 불구하고, 아직까지 상당수의 사람들은 장애 극복 주제가 사악한 장애인 또는 동정과 연민을 자아내는 장애인 주제보다 훨씬 낫다고 생각한다. <스트래턴 이야기>는 현재까지도 활발하게 제작되는 장애극복 주제 영화들의 본보기가 되고 있다.

장애 영화 제작의 불안정한 진보

할리우드 영화 속에서 장애 표현은 역사적으로 진일보해 왔다고 보기 어렵다. 비록 각 시대에는 장애 표현에 새로운 지평을 연 영화들도 있었지만 기존의 고정관념에 의존한 영화들이 다수를 차지했다. 특히 1950년대에는 장애 표현의 측면에서 획기적인 영화가 거의 부재했다. 기껏해야 <피터팬>(Peter Pan 1953)과 <모비딕>(Moby Dick 1956) 정도가 대중의 시선을 끌었지만 이 영화들은 장애와 관련하여 특별한 쟁점을 양산해 내지 못했다(Norden 1994 참조). 그러나 1960년대 제작 · 개봉된 "슈퍼장애인" 유명인사에 관한 영화들은 논의될 가치가 있다. <캠포벨로의 일출>(Sunrise at Campobello 1960)은 미국 프랭클린 델러노 루스벨트 대통령의 일대기에 관한 영화다. <미라클 워커>(The Miracle Worker 1962)는 헬렌 켈러와 앤 설리번의 사제 관계에 초점을 맞추고 있다. 실화에 바탕을 둔 이 두 영화는 영화화되기 전 연극으로 제작 · 공연되어 관객들의 큰 호응을 얻기도 했다(3장 참조). 동 시대에서 또 다른 중요한 장애 관련 영화로는 시각장애 여성 캐릭터가 등장하는 <청색 안대>(A Patch of Blue 1965)와 <어두워질 때까지>(Wait Until Dark 1967)를 들 수 있다.

<청색 안대>는 1960년대 격동의 민권운동 시대를 배경으로 시각장

애 백인 여성과 비장애 흑인 남성의 애정 관계를 그리고 있다. 주인공 셀니아 달시(Selnia D'Arcey)는 가난하고 교육을 받지 못한 시각장애 여성이며 고든 랄프(Gordon Ralfe)는 고등교육을 받은 흑인 남성 언론인이다. 당대 최고 흑인 배우였던 시드니 포이티어(Sidney Poitier)가 고든 역을 맡았다. 이 영화에서는 현실 속의 백인과 흑인 간 권력 불균형이 뒤집어진다. 예를 들면, 고든은 동정과 연민의 감정으로 셀니아를 대하고 있으며 그녀가 빈곤에서 벗어나도록 돕는다. 인종에 대한 사회적 쟁점화가 시작된 시대에서 셀니아는 전형적인 순진무구한 천사표 장애인 유형 캐릭터다. 그녀는 인종에 대한 차별적 "시각"을 넘어 흑인 남성과 감성적인 관계를 만들어 간다. 또한 이 영화는 "셀니아를 억압하고 사회적으로 고립시키는 주요 요소"는 그녀의 장애가 아니라 부정적인 사회의 태도라는 것을 보여 주었다(Norden 1994: 227).

<어두워질 때까지>는 당대의 최고 여배우였던 오드리 헵번(Audrey Hepburn)이 동정과 연민을 자아내는 시각장애 여성 수지 핸드릭스(Susy Hendrix)를 연기했다. 그러나 노던(Norden)은 헵번의 시각장애인에 대한 단순하고 순진한 태도를 지적했다. 헵번은 "세계 최고의 시각장애 여성이 되고 싶다."(1994: 228)라는 의견을 피력한 바 있다. 비록 수지는 순진하고 착한 고정관념화된 장애인 캐릭터였지만 그녀는 극중에서 자신의 아파트에 무단 침입한 악당들을 상대하며 의연함과 강인함을 충분히 보여 주었다(p. 228).

격동의 1960년대 장애 관련 영화는 존 웨인(John Wayne)이 청색 안대를 착용한 시각장애인 루스터 코그번(Rooster Cogburn)으로 분한 <트루 그릿>(True Grit 1969)[13]과 더스틴 호프만(Dustin Hoffman)이 소

---

13) 제프 브리지스(Jeff Bridges)는 2010년에 개봉한 <트루 그릿>에서 루스터 역을 연기했다.

아마비 장애인 라초 리조(Ratso Rizzo)를 연기한 <미드나이트 카우보이>
(Midnight Cowboy 1969)로 대단원의 막을 내렸다. 웨인의 심술궂은 캐
릭터는 흔히 볼 수 있는 실질적인 장애인물임에 반해 호프만 캐릭터는
사기꾼이었다. 1970년대는 다양한 악역 장애인 캐릭터가 등장하며 이들
을 계승했다. 그러나 <나비처럼 자유롭게>(Butterflies Are Free 1972)
와 같이 예외적인 경우도 있다. 이 영화는 하버드 법대를 수석 졸업한 시
각장애인의 일대기를 바탕으로 만들어졌다. 영화 속 주인공인 돈 베이커
(Don Baker)는 과잉보호와 잘못된 교육을 주입하는 그의 어머니 때문에
심적으로 어려움을 겪고 있다. 이 영화의 스토리 전개는 "자기연민, 재활
의 고통, [혹은] 이전에 누렸던 영광으로의 힘겨운 복귀"라는 기존 방식을
따르지 않고, 베이커의 신랄한 유머와 다른 등장인물들의 장애에 대한 편
견과 차별을 드러내는 것에 초점을 맞추고 있다(Norden 1994: 248).

1970년대 말 무렵에서야 베트남 전쟁에 관한 영화들이 제작 · 개봉
되었다. 이러한 유형의 영화들 중 가장 중요한 작품은 <귀향>(Coming
Home 1978)이다. 이 작품은 반전 메시지를 담고 있으며, 존 보이트(Jon
Voight)가 연기한 루크 마틴(Luke Martin)과 제인 폰다(Jane Fonda)가
연기한 샐리 하이드(Sally Hyde)의 관계를 다루고 있다. 루크는 보훈병원
에서 치료와 회복 중인 하반신 마비 장애를 가진 군인이다. 그는 병원에
서 자원봉사 중이던 군인의 아내 샐리를 만난다. 영화는 루크의 신체적
생리 현상을 포함한 장애의 경험을 상세하게 묘사하고 있다. 예를 들면,
루크가 샐리의 몸에 소변을 흘리는 장면과 루크와 동료 상이군인들이 휠
체어 농구, 미식축구와 부메랑을 던지는 모습들을 보여 준다.

비록 <귀향>이 기존의 다른 회복 영화의 스토리 전개 방식과 많이
다르다고 할 수 없지만 이 영화가 장애인의 성을 과감하게 다뤘다는 점
에서 다른 영화와 확실하게 구분된다. 영화 속에서 샐리는 군인 남편과
소원해지고 루크와 사적으로 긴밀한 관계가 된다. 사라 스미스 레이니

(Sarah Smith Rainey 2011)는 <귀향>이 루크와 샐리의 애정 관계를 평등과 상호 존중에서 묘사하고 있고 장애인의 성에 대해 비교적 솔직하게 접근한다고 말했다. 영화의 한 장면에서 샐리는 반전운동에 가담하다가 구금된 루크를 보석으로 나오게 하고 그의 집에서 사랑을 나눈다. 루크는 화장실에서 탈의를 하고 하반신에 수건을 두른 채 침실로 돌아온다. 그는 샐리에게 침대 중앙에 양가죽 양탄자를 펼쳐 놓아 달라고 요청하고 그녀는 그를 침대로 옮긴다. 샐리는 그에게 "이제 무엇을 해야 하나요?"라고 묻는다. 루크는 "모두 다……."라고 대답한다. 레이니는 이 영화의 섹스 장면에 대해 "할리우드의 전형적인 영화들과 유사하다."고 말한다. 그러나 그녀는 "루크와 샐리의 대화는 관객들에게 척수장애인도 성적 욕구와 능력이 있다는 것을 알려 주고 있다. 장애인의 마비된 신체 부위는 상대방의 손길, 시각적 효과, 몸의 기억 등을 통해 성적으로 자극될 수 있다. …… 할리우드 영화 중 장애인의 성을 이처럼 진솔하게 다룬 작품은 없었다."라고 덧붙였다(2011: 43-44).

비장애인과 장애인의 애정 관계는 <작은 신의 아이들>(Children of a Lesser God 1986)에서도 중요한 주제로 다루어지고 있다. 이 영화의 여주인공 사라 노먼(Sarah Norman)은 실제 청각장애인 말리 매틀린(Marlee Matlin)이 연기하고 있으며, 매틀린은 이 역으로 1987년 아카데미 여우주연상을 수상했다. 한때 우등생이었던 사라는 졸업 후에도 그녀가 다녔던 농학교에 남게 된다. 그녀는 매우 강하고 독립적인 캐릭터이며 독화나 말하기를 거부하고 오직 수화(sign language)만을 대화 수단으로 사용한다. 윌리엄 허트(William Hurt)가 연기한 비장애 남자 주인공 제임스 리즈(James Leeds)는 농학교에 부임한 구화 사용을 옹호하는 언어 교사다. 그는 사라를 "매우 신비하고 아름답지만 분노에 찬 여성"이라고 생각한다. 사라와 제임스 사이에 애정이 싹트고 제임스는 사라에게 말하기를 배울 것을 종용하는데, 그것은 둘 사이에 대립과 갈등을 초래한다. <작은 신의 아이들>은 장애에 대한 심도 있는 접근보다는 사랑 이야기에 초점이 맞춰져 있다. 장애에 대한 상이한 관점으로 촉발된 두 주인공의 대립과 갈등은 이 영화 속에서 연인들을 갈라놓는 일련의 문제들을 상징하는 메타포 정도로 단순하게 처리되었다. 비록 다수의 청각장애인들과 장애권리 옹호자들은 이 영화가 장애인 차별을 심도 있게 다루지 않았다는 점을 비판했지만, 대부분의 사람들은 이 영화가 장애인에 대한 인식에 긍정적인 효과를 가져다주었다고 평가한다. 매사추세츠 주에 위치한 농학교의 상담사 케빈 놀란(Kevin Nolan)은 "이 영화는 …… 건청인(hearing people)을 교육했다는 점에서 상당한 가치가 있다." "건청인들은 청각장애에 대해 수많은 편견과 오해―예를 들면, 청각장애인은 읽거나 춤추거나 울거나 웃을 수 없다―를 가지고 있다."고 지적했다 (Norden 1994: 290에서 직접인용).

1980년대 또 다른 유명한 장애 영화는 미국 대공황시대를 배경으로 한 <마음의 고향>(Places in the Heart 1984)이다. 영화 스토리의 한 축은 존 말코비치(John Malkovich)가 연기한 제1차 세계대전 시각장애 상이군인 미스터 윌(Mr. Will)이 맡고 있다. 미스터 윌은 그의 친척인, 샐리 필드(Sally Field)가 연기한 에드나 스폴딩(Edna Spaulding)의 집에 온다. 에드나와 어린 자녀들은 경제적으로 많은 어려움을 겪고 있다. 초반에 윌은 여러 허드렛일을 하며 가족을 돕지만 얼마 지나지 않아 다른 사람들에게 불친절하게 대하고 결국 소외되고 만다. 그는 오디오 북만 들으며 시간을 보내고 있다. 그러나 그는 정신을 차리고 에드나를 존중하게 되고 그녀와 힘을 합쳐 농장을 일궈 내면서 경제적 빈궁에서 벗어난다. 비평가들은 말코비치의 연기를 다음과 같이 칭찬했다. "말코비치의 명석하지만 냉담하고 불친절한 장애인 연기와 장애 인물의 인간화 과정은 신파조로 보이지 않는다. …… 풍부하고 지적이며 무엇보다 다층적이다."(Norden 1994: 286에서 인용)

　　1980년대는 실화 영화에 대한 관심이 높아졌다. 주요 영화들로는 <엘레펀트맨>(Elephant Man 1980), <마스크>(Mask 1985), <7월 4일생>(Born on the Fourth of July 1989) 그리고 <나의 왼발>(My Left Foot 1989)을 들 수 있다.[14] <엘레펀트맨>은 피부 밑에 종양을 야기하는 신경체계와 피부질병인 신경섬유종증으로 안면기형 장애를 가진 존 머릭(John Merrick 1860-1890)[15]의 일대기를 그린 영화다. <마스크>도 두개골이 커지는 CDD(Craniodiaphyseal dysplasia)로 안면기형 장애를 가진 로이 "록키" 데니스(Roy Rocky Dennis 1961–1978)라는 소년의 일생에 대한 영화다. 두 영화 모두 규준(norm)과는 다른 외모를 가진 사람들이 겪는 편견과 차별 그리고 그들의 가시적 기형(visible deformity) 외모 뒤에 숨겨져 있는 인간성을 보지 못하는 사람들의 무능력을 꼬집는다.

　　올리버 스톤(Oliver Stone)이 연출하고 톰 크루즈(Tom Cruise)가 주연한 <7월 4일생>은 또 다른 반전 영화다. <7월 4일생>은 반전운동가로 활동하는 척수장애 상이군인 론 코빅(Ron Kovic)의 일대기를 담고 있다. 스톤은 이 영화에서 코빅이 경험하는 장애와 미국의 "잘못된 베트남전 유산"(terrible legacy of Vietnam)을 병렬시키고 있으며, 코빅의 탁월한 능력은 영화의 성공으로 이어졌다(Norden 1994: 302). 영화의 실제 주인공 론 코빅은 다음과 같이 말했다.

　　스톤 감독이 내게 전화를 걸어 이 영화를 제작한다고 했을 때……

---

14) 실화에 바탕을 둔 또 다른 장애 영화로는 <가비: 실제 이야기>(Gaby: A True Story 1987)가 있다. 이 영화는 뇌성마비 장애를 가진 멕시코 작가 가브리엘라 브리머(Gabriela Brimmer)의 생애를 다룬 작품이다.

15) <엘레펀트맨>은 데이비드 린치(David Lynch)가 연출하였다. 린치는 장애를 소재로 하여 여러 편의 작품들을 만들었다. 린치의 장애 소재 작품에 대한 논의는 O'Connor(2002)를 참조하시오.

내게 두 번째 삶이 주어지는 것 같았다. 나는 베트남 전쟁 이후로 내가 휠체어에 앉아 있어야 한다는 사실을 결코 받아들이지 못했다. 나는 나의 희생이 의미가 있는지조차도 인식하지 못했다. 나는 감독과 함께 각색 작업을 하면서 나의 희생, 마비, 어려움, 좌절, 매일 반복되는 불가능이 가치가 있다는 사실을 처음으로 느꼈다. 또한 나는 미국의 젊은이들이 다시는 내가 경험한 일들을 겪지 않도록 보호하고 있다는 점도 깨달았다(Norden 1994: 302에서 직접인용).

안타깝게도 미국은 코빅과 스톤이 전하는 교훈에 귀기울이지 않았다.[16] <나의 왼발>은 아일랜드 더블린 출신의 크리스티 브라운(Christy Brown 1932-1981)의 일생에 관한 영화다. 뇌성마비 장애인 브라운은 걸을 수도 없고 양손을 사용할 수도 없었다. 그럼에도 불구하고 그는 왼발을 사용하여 슈퍼장애인과 유사한 성공적인 작가와 화가가 되었다. <나의 왼발>의 강렬함은 브라운을 연기하여 아카데미 남우주연상을 거머쥔 영국 출신 배우 다니엘 데이-루이스(Daniel Day Lewis)의 명연기에 힘입은 바 크다.[17] 데이-루이스는 새아버지가 실제로 마비 장애를 갖고 있었기 때문에 휠체어에 대한 이해의 폭이 상당할 수밖에 없었다. 그는 장

---

16) 장편 다큐멘타리 영화 <전쟁터가 된 몸>(Body of War 2007)은 반전운동가로 활동 중인 이라크 전쟁 척수장애 상이군인 토마스 영(Thomas Young)의 이야기를 담은 작품이다.

17) 장애인 역으로 아카데미 남우주연상을 수상한 다른 네 명의 배우들은 영화 <레인맨>(Rain Man 1988)에서 자폐 천재를 연기한 더스틴 호프만(Dustin Hoffman), <여인의 향기>(Scent of A Woman 1992)에서 시각장애 상이군인을 연기한 알 파치노(Al Pacino), 영화 <레이>(Ray 2004)에서 시각장애 가수 레이 찰스(Ray Charles)를 연기한 제이미 폭스(Jamie Foxx)와 <킹스 스피치>(The King's Speech 2010)에서 언어장애를 가지고 있는 조지 6세를 연기한 콜린 퍼스(Colin Firth)가 있다.

애인 역할을 소화하기 위해 뇌성마비 장애아동을 관찰하고, 직접 왼발로 글쓰기와 그림 그리기 등 역할 연구에 수개월을 투자했다. 영화평론가 리차드 콜리스(Richard Corliss)는 다음과 같이 논평했다. "데이-루이스의 장애인 연기는 실제 주인공 크리스티의 업적에 비견될 정도로 대단하다. 영화 속에서 데이-루이스는 피끓는 분노와 뒤틀린 제스처, 아일랜드식의 블랙 유머(black-Irish humor)를 모두 보여 주었다. 데이-루이스는, 크리스티의 몸에서, 마음뿐만 아니라 [더 나아가] 한 남자의 모습까지 보여 주었다."(Norden 1994: 306에서 인용.)[18]

마지막으로, 1980년대와 1990년대의 영화 중 주목해야 될 다른 작품으로는 <레인맨>(Rain Man 1988)과 <슬링 블레이드>(Sling Blade 1996)가 있다. 이 두 영화는 정신적 장애인의 자립에 대한 부정적인 사회적 태도를 드러내고 장애인들이 시설에서 벗어나 자립생활을 할 경우 그들 자신들은 물론 다른 사람들에게도 불이익이 된다는 것을 시사한다는 점에서 예의 주시할 필요가 있다(Whittington-Walsh 2002).

<레인맨>에서 더스틴 호프만(Dustin Hoffman)은 자폐성 서번트(autistic savant)(자폐성 천재) 역할을 레이먼드 배빗(Raymond Babbitt) 이름으로 연기한다.[19] 레이먼드는 어렸을 때를 제외하고 한 번도 만난 적이 없는 남동생 찰리(Charlie)가 찾아왔을 때 정신장애인 수용시설에서 수십 년 동안 살고 있었다. 톰 크루즈(Tom Cruise)가 연기한 찰리의 방문 목적은 다름 아닌 형에게 상속되어 있는 죽은 아버지의 막대한 재산을 빼앗기 위해서다. 그러나 영화가 전개됨에 따라 찰리는 레이먼드에게 진실한 형제애를 느끼고 레이먼드가 스스로 살 수 있도록 돕고 싶어

---

18) 영화 <나의 왼발>(My Left Foot 1989)에 대한 비평적 논의는 Whittington-Walsh(2002)의 연구를 참조하시오.

19) 호프만은 실제 자폐 천재 장애인 킴 픽(Kim Peek)과 여러 번의 만남을 가지며 자폐 연기를 준비했다.

한다. 그러나 레이먼드는 바깥 세상에 적응하는 데 어려움을 겪고 결국 찰리는 레이먼드가 시설에서 사는 것이 친형에게 더 유익하다는 사실을 깨닫는다.

<슬링 블레이드>는 날카로운 도구로 어머니와 그녀의 남자친구를 살해하여 수십 년간 정신장애인 수용시설에 감금되었다가 출원한 칼 차일더스(Karl Childers)에 관한 이야기다. 빌리 밥 손튼(Billy Bob Thornton)이 연기한 칼은 프랭크(Frank)라는 소년과 친구가 되고 프랭크는 그에게 어린 시절 부모에게 학대받았다는 사실을 털어놓는다. 프랭크의 엄마 린다(Linda)는 연고가 없는 칼을 집으로 받아들이고 주차장에 기거하게 한다. 그러나 칼은 린다의 남자친구 도일(Doyle)이 린다와 프랭크를 학대하는 사실에 분노한다. 칼은 도일이 린다와 프랭크 곁을 떠나기를 거부하자 잔디 깎는 칼로 그를 살해한다. 7분 30초에 달하는 살인 장면은 영화 <프릭스>의 엔딩 장면을 능가할 정도로 잔인무도하다. 영화 속의 칼은 기존의 악마적 본성 장애인 캐릭터 유형과 상당히 유사하다. 한 가지 다른 점이 있다면 이 영화에서는 신체적 장애가 아닌 정신적 장애가 폭력의 원인으로 묘사되고 있다는 점이다(Whittington-Walsh 2002).

장애와 유머

이 절은 유머의 본질에 대해 복합적으로 접근하며 장애 관련 코미디 영화를 살펴보고자 한다. 보다 심도 있는 접근을 위해 장애 관련 유머를 폄하적 장애 유머와 계몽적 장애 유머로 구분하겠다. D. 킴 레이드(D. Kim Reid), 에디 해먼드 스타우턴(Edy Hammond Stoughton)과 로빈 스미스(Robin Smith)(2006)는 전자의 유머를 **장애화 유머**(disabling humor)로, 후자를 **장애 유머**(disability humor)로 특성화했다. 쉽게 말하자면 전자는 장애인을 비웃고 조롱하는 유머이고, 후자는 장애인과 함께 웃는 유머다. 후자는 장애인과 비장애인이 상호 교류하는 상황 속에서 비장애인 또는 비장애중심의 태도가 유머를 일으키는 원인이 되도록 구성되어 있다(LeBesco 2004; Shannon 2005).

장애 코미디의 역사는 무성 영화 시대의 슬랩스틱(slapstick) 코미디 시절로 거슬러 올라간다. 슬랩스틱 코미디에서 가장 빈번하게 등장했던 주제는 극 중 비장애인 주인공이 장애인을 흉내 내는 것이었다. 예를 들면, <장님 대소동>(Blind Man's Bluff 1903)에서는 지나가던 행인이 가짜 시각장애인이자 한쪽 다리가 없는 걸인에게 가짜 동전을 던져 주자 걸인이 나무 의족으로 행인을 후려치는 장면이 나온다. 비록 당시에는 대부분의 사람들이 장애인 캐릭터가 실제 장애인이 아니라면, 이처럼 장애인을 조롱하는 행위도 눈감아 줄 수 있다고 믿었지만 이러한 주제는 실제 장애를 가진 걸인들에게 심각한 악영향을 주었다. 1896년 미국 뉴욕 시에서 경찰총장 피터 콜린(Peter Conlin)이 장애를 가진 걸인을 과잉 진압하는 사건이 있었다. 그는 장애 걸인에 대한 탄압을 거리에서 사기꾼을 몰아내기 위함이라고 정당화했다. 그러나 그는 걸인 장애인과 걸인 비장애인을 구분할 수 있는 확실한 근거를 가지고 있지 않았다. 콜린은 다음과 같이 공표했다. "법은 어떠한 방식이건 장애인 행세를 하는 걸인들에게 명백하게 죄를 물을 것이다. 장애인 행세를 하는 걸인들은 감옥에 감금되어야 하며 실제로 장애나 기형이 있는 걸인들도 대중의 시야ㅡ특히 여성에게 혐오감을 줄 수 있다ㅡ에 나타나지 말아야 한다. 그들은 뻔뻔스럽게도 각처에 퍼져 있다. 우리는 그들을 격리시킬 것이다."(Norden 1994: 16에서 직접인용)

무성 영화에 등장했던 또 하나의 주제는 **코믹한 트러블 메이커**(comic misadventurer)다. 트러블 메이커는 장애인 캐릭터가 신체적 손

추가 탐구

Box 7.2 <아바타>

공상 과학 영화는 장애인이 자주 등장하는 또 다른 장르다(Anders 2009). 제임스 카메론(James Cameron)의 <아바타>(Avatar 2009)는 세계 역사상 상업적으로 가장 성공한 영화다. <아바타>의 남자 주인공 제이크 설리(Jake Sully)는 퇴역한 상이군인으로서 지체장애를 가지고 있다. 그는 회사로부터 비장애인이 되는 임무를 받는다. 미국의 한 광산 회사는 2154년 알파 켄타우리 태양계 판도라 행성에서 희소가치가 높은 광물을 채굴하려고 한다. 그러나 나비족이라고 불리는 청색 피부를 가진 장신의 인조인간 주민들은 이 계획에 대해 격렬하게 저항한다. 회사는 제이크를 나비족에 침입시켜 저항을 진압하려고 한다. 회사는 그 대가로 제이크의 비정상적인 다리를 정상으로 복원하는 막대한 비용의 치료를 제안한다.

앨리슨 와일드(Alison Wilde 2010)는 "영화 속에서 제이크의 장애는 도덕적 딜레마로 묘사될 뿐 왜 그가 장애인이 되었는지에 관해 설명을 하지 않는다. 그녀는 제이크는 장애인으로 남아 있을 것이다……. 그는 그 '새로운' 다리로 보상받는 것을 거부할 것이다."라고 기술했다. 그러나 영화 결말에서 제이크는 나비족에 동조하고 아바타로 전환되는 보상을 받는다. 결국 그의 다리, 남성성, 권력 및 섹슈얼리티 모두 완전하게 회복된다.

마이클 피터슨(Michael Peterson), 로리 베스 클라크(Laurie Beth Clark)와 리사 나카무라(Lisa Nakamura 2010)는 영화를 본 관객들이 눈여겨보지 않은 <아바타>의 암묵적 메시지에 주목한다. 그들은 관객들이 영화를 통해 제이크의 척수손상이 치유 가능하지만 단지 경제적 이유로 치료받지 못한다는 잘못된 정보를 얻을 수 있다고 지적한다. "비록 진일보한 테크놀로지가 판도라 행성의 많은 것들을 고칠 수 있겠지만

Box 7.2 <아바타> (계속)

테크놀로지는 절대로 인간을 고칠 수 없다. 또한 테크놀로지는 인간을 고 치는 선택을 해서도 안 된다." 이 영화는 "현재의 장애인에 대한 편견이 미 래에도 큰 변함없이 지속될 것임을 보여 준다. 예를 들면, 군인 한 사람이 제이크를 '휠체어 위에 놓여 있는 고깃덩어리'라고 지칭하고 또 다른 군인 은 장애인이 이곳(판도라 행성)에 존재한다는 것 '자체가 문제다.'라고 말 하는 장면은 시사하는 바가 크다." 제이크가 판도라 행성에 온 이유는 그 가 아바타에 적합한 유전적 구조를 가지고 있기 때문이다. 결국 그의 "장 애는 쓸모없는 '폐기물'에 지나지 않았던 것이다."

상 때문에 곤경에 빠지는 상황을 우스꽝스럽게 그린 주제 유형이다.[20] 예를 들면, <비정상인들의 모험>(The Invalid's Adventure 1907)에서 한 휠체어 이용자가 그의 보호자를 따돌리고 광폭한 경주를 시작한다. 그 경주는 꼬리의 꼬리를 물며 황당한 사건들을 양산하지만 휠체어 이용자 는 혼란 속에서도 균형을 잃지 않는 기지를 발휘한다. 이와 비슷하게, W. C. 필즈(W. C. Fields)의 <천부적 재능>(It's A Gift 1934)에서도 나이가 지긋한 시·청각장애 여성이 식료품점에서 소동을 벌이는 장면이 등장 한다.

　무성 영화 시대의 위대한 코미디언 찰리 채플린(Charlie Chaplin) 은 그의 영화에서 종종 장애를 소재로 사용하였다. 그는 장애인 캐릭터 를 자신이 고안한 떠돌이 캐릭터의 상대역으로 설정했다. 채플린의 가장

---

20) 실수 연발 만화 캐릭터의 대표격인 저시력 장애인 미스터 마구(Mr. Magoo)는 코 믹장애 캐릭터의 전형적인 예다.

인상적인 영화인 <시티 라이트>(City Lights 1931)에서 떠돌이 캐릭터 채플린은 꽃 파는 맹인처녀(순진무구한 장애인 캐릭터 유형)의 환심을 사기 위하여 계획을 세운다. 꽃 파는 맹인처녀는 채플린을 부자라고 생각한다. 그는 그녀가 개안수술을 받으면 시력을 되찾을 수 있지만 수술받을 경제적 여력이 없다는 사실을 알게 된다. 그는 수술 비용을 마련하기 위해 동분서주한다. 여주인공 맹인처녀는 영화 내내 이름을 밝히지 않는다. 심지어 엔딩 크레딧에서도 "맹인처녀"라고밖에 나오지 않는다. 맹인처녀 역은 버지니아 셰릴(Virginia Cherrill)이 연기했다. 채플린이 여주인공을 캐스팅할 때 중점을 둔 것은 "외적인 아름다움을 간직하면서도 맹인처럼 보일 수 있는 여성"을 찾는 것이었다(Norden 1994: 126에서 직접인용). 그러나 중요한 것은 오직 그녀의 시력이 회복되었을 때-두 남녀 주인공이 시선을 교환했을 때-그들의 사랑이 완전해졌다는 점이다.

채플린이 코미디와 순진무구 천사표 장애 유형 주제를 결합한 것처럼 영화 연출가 스탠리 큐브릭(Stanley Kubrick)은 코미디와 악마적 불구자 장애 유형 주제를 혼합한 등장인물을 그의 여러 작품들에서 소개했다. 예를 들면, <닥터 스트레인지러브>(Dr. Strangelove 1964)는 핵전쟁의 위험에 대해 신랄하게 비판한 풍자 코미디극이다. 비록 <닥터 스트레인지러브>가 비평과 예술적인 측면에서 뛰어났음에도 불구하고 다수의 장애권리 옹호자들은 이 영화가 장애인을 우스꽝스럽지만 사악한 불구자로 묘사한다고 비판했다(Longmore 2003). 영화 속에서 피터 셀러스(Peter Sellers)가 연기한 스트레인지러브 박사는 미국 대통령의 군사정책 자문위원이다. 그러나 그는 전직 나치 당원이었으며 전체주의에 대한 맹목적인 신념을 여전히 가지고 있다. 또한 그는 휠체어를 이용하고 가죽장갑으로 덮인 인공 손을 가지고 있다. 그러나 그의 인공 손은 종종 오작동한다. 특히 그가 나치 식 경례를 할 때 작동이 되지 않거나 심지어 인공 손은 그 자신의 목을 조르기도 한다.[21]

<뻐꾸기 둥지로 날아간 새>(One Flew Over the Cuckoo's Nest 1975)는 기존의 장애 영화와 다른 방식으로 정신질환자(people with mental illnesses)들을 바라본다. 이 영화는 켄 케시(Ken Kesey)의 동명 소설을 각색한 작품이고 잭 니콜슨(Jack Nicholson)이 주인공 랜들 맥머피(Randle McMurphy) 역을 맡았다. 맥머피는 반항기가 다분한 범죄자이며 미성년자 강간 혐의로 단기 복역을 했다. 맥머피는 정신질환에 대한 진단과 평가를 받기 위해 정신병원으로 이송되었고 그는 감옥으로 다시 돌아가지 않기 위해 계속 병원에 머물고자 한다. <뻐꾸기 둥지로 날아간 새>는 병원시설의 무감각한 일상과 불합리한 의학치료를 사실적으로 묘사하고 있다. 무엇보다 이 영화는 이러한 문제점들을 시설 거주자들이 겪는 고충의 원인으로 지목하고 있다. 또한 이 영화는 수간호사 밀드레드 레치드(Mildred Ratched)로 대표되는 고압적이고 심지어 가학적인 시설 의료진들을 시설 거주자(정신질환자)보다 더 "미친" 자들로 그리고 있다.[22]

정신적 장애(mental disability)는 <그가 거기에 있다>(Being There 1979)의 소재로 사용되었다. 이 영화에서는 피터 셀러스(Peter Sellers)가 정신적 장애를 가진 정원사 찬스(Chance)를 연기한다. 찬스는 아동 수준의 지적 능력을 가지고 있으며 완전하게 의존적이고 세상과 단절된 고립된 삶을 살고 있다. 그가 세상에 대해 알고 있는 유일한 지식은 모두 TV에서 체득한 것이다. 찬스는 평생 동안 부유한 보호자와 함께 지내 왔

---

21) 첫 번째 제임스 본드(James Bond) 영화인 <닥터 노>(Dr. No 1962)에서 생체공학 팔을 가진 닥터 노는 주인공 비밀 첩보요원 제임스 본드를 괴롭히는 악역 캐릭터다. 닥터 노 캐릭터는 악당 장애인 캐릭터의 시초가 되었다(Norden 1994).

22) 이 영화는 D. L. 로즌핸(D. L. Rosenhan)의 "정신병동의 정상인들"(Being Sane in Insane Places 1973)이라는 제목의 연구를 연상시킨다. 이 연구에서 8명의 가짜 환자들은 정신병동 입원을 위해 정신이상자로 위장했으며 그곳에서 그들은 지극히 정상적인 행동만 했다. 그럼에도 불구하고 의료진들은 여전히 그들을 정신이상자로 취급했다.

고 보호자가 사망했을 때 생애 처음으로 집을 떠나게 된다. 그가 도시를 정처 없이 헤매고 있을 때 그는 또 다른 부자 사업가가 운전한 차에 치이게 된다. 이 사건을 계기로 찬스의 운명은 완전히 변한다. 그는 부자 사업가의 소개로 대부호와 권력층들을 만나게 된다. 찬스는 미국 대통령을 만나고 대통령은 찬스의 현명한 지혜에 감복한다. 예를 들면, 대통령은 찬스의 정원 가꾸기에 대한 지식과 경험을 미국의 정치와 경제에 대한 예리한 조언의 메타포라고 받아들인다. 이 영화의 스토리는 성인 군자 장애인 유형 주제의 변형의 하나로 약간의 순진한 천사표 장애 주제와 함께 **현명한 얼간이**(wise simpleton) 주제로 바뀐다. 15년이 지난 후, 현명한 얼간이로서 지적장애인의 모습은 <포레스트 검프>(Forrest Gump 1994)에서 볼 수 있다. 이 영화에서 톰 행크스(Tom Hanks)는 20세기 후반 미국의 중요한 역사적 사건들을 목격하고 사건들에 영향을 주는 현명하고 순진무구한 지적장애인 포레스트 검프 역을 연기하고 있다.

장애인에 대한 사회적 편견과 차별을 비판할 수 있는 유머의 잠재력은 다음에 소개될 두 영화에서는 찾아보기 어려울 것이다. 리처드 프라이어(Richard Pryor)는 두 영화에서 주인공 역을 맡았다. 그는 주 특기인 스텐드 업(stand-up) 코미디 스타일의 연기를 통하여 미국의 인종 관계에 대한 신랄한 비판을 하고 있다. 프라이어와 진 와일더(Gene Wilder)가 공동 주연한 <뉴욕살인사건>(See No Evil, Hear No Evil 1989)은 기존의 코믹한 트러블 메이커 장애 유형의 스토리 전개를 반복한다. 프라이어는 <버스틴 루즈>(Bustin' Loose 1981)에서 "장애 청소년들을 태운 버스를 인도하는 전과범"을 연기한다. 이 영화는 시각장애인을 운전석에 앉히는 등 기존의 트러블 메이커 장애 유형의 방식을 십분 활용하고 있다(Norden 1994: 284). <뉴욕살인사건>에서 두 배우는 각각 시각장애인과 청각장애인을 연기하며 "고정관념화된 장애 이미지를 철저히 이용하여 슬랩스틱(slapstick) 개그의 정수를 보여 준다."(p. 292)

1990년대와 2000년대에 피터 패럴리(Peter Farrelly)와 바비 패럴리(Peter and Bobby Farrelly) 형제만큼 장애 주제에 관심을 보인 연출자는 찾아보기 힘들 것이다. 캐슬린 르베스코(Kathleen LeBesco 2004)는 패럴리 형제 감독이 1994-2003년에 제작·연출한 작품들을 분석하며 장애 장르에 대한 그들의 기여를 혼합의 집합체로 평가했다. 다시 말하면, 패럴리 형제의 어떤 작품들은 기존의 고정관념화된 장애 이미지를 고수하고 있는 반면, 패럴리 형제의 다른 작품들은 장애에 대한 비장애 중심적인 사고와 추측에 정면으로 도전하고 있다는 것이다.

르베스코는 <덤 앤 더머>(Dumb and Dumber 1994)를 비판한다. 왜냐하면 이 영화의 중심이 되는 "두 친구의 어두운 위트"가 장애인의 비하와 폄하를 통해 이루어지고 있으며 영화 속 두 주인공이 패럴리 형제의 후속 작품들에서 등장하는 캐릭터의 인간성(humanity)을 보여 주고 있지 않기 때문이다. 예를 들면, <붙어야 산다>(Stuck on You 2003)의 주인공 샴 쌍둥이(two conjoined twins) 형제의 문제는 캐릭터의 손상이 아니라 사회적 낙인(social stigma)과 차별의 문제로 다뤄지고 있다. 르베스코는 다음과 같이 지적한다. "샴 쌍둥이 형제는 정상인보다 여러 분야(스포츠, 요리 준비, 대접)에서 더 효과적으로 일을 수행할 수 있으며…… 그들이 겪는 어려움은 폐쇄적이고 잔인한 사람들로부터 기인한다."(p. 2) 또한 르베스코는 <붙어야 산다>에서 상대적으로 많은 숫자의 실제 장애인들이 등장한다는 점을 높게 평가한다. "이 영화에는 휠체어 이용자, 발달장애 그리고 선천적 변이를 가지고 있는 각종 장애인들이 엑스트라, 단역 또는 조연으로 참여한다."(p. 2) 르베스코는 이 영화가 장애인은 숨어 살아야 한다는 사회적 편견에 정면으로 도전한다고 말한다.[23]

---

23) 베스 홀러(Beth Haller 2010)와 제프 섀넌(Jeff Shannon 2005)은 비슷한 맥락에서 <사우스 파크>(South Park)의 티미 벌머(Timmy Vulmer) 캐릭터를 논의한

르베스코가 칭찬하는 또 다른 작품으로 <미, 마이셀프, 아이린>(Me, Myself and Irene 2000)과 <내겐 너무 가벼운 그녀>(Shallow Hal 2001)를 들 수 있다. 두 영화는 각각 조현병(정신분열)과 비만을 다루고 있다. 르베스코는 이 두 영화가 비장애인이 장애인을 도덕적으로 판단하는 기준이 매우 차별적이고 비장애 중심적이라는 것을 효과적으로 드러낸다고 지적한다(2004: 3).[24] 그러나 르베스코는 패럴리 형제의 최고 흥행작인 <덤 앤 더머>와 <메리에게 무언가 특별한 것이 있다>(There's Something About Mary 1998)가 장애인에 대한 고정관념화된 이미지에 크게 의존하고 있다는 사실에는 우려를 표시한다. 예를 들면, 극 중 메리의 정서장애 오빠 워렌(Warren)은 누군가가 살짝이라도 그의 귀를 건드리면 난폭하게 반응한다. 메리의 구애자 중 한 사람인 테드(Ted)는 심술궂고 배은망덕한 어떤 장애인을 위해 무거운 가구를 힘들게 옮기고 있다. 그러나 이 장애인의 휠체어 뒤에 붙어 있는 번호판에는 다음과 같은 글귀가 적혀 있다. "내 운전 솜씨 어때? 엿이나 먹어." 메리의 또다른 구애자 힐리(Healy)는 그녀의 환심을 사기 위해 그가 장애 분야에서 일한다고 거짓말을 한다. 그는 메리에게 "저는 **정신지체아들**(retards)과 함께 일하고 있답니다. 제 직업에 대해 열정과 즐거움과 자부심을 갖고 있어요."라고 말한다. 이 영화가 "부적절한 언어표현"(political incorrectness)에 대해 자각하고 있다는 점은 흥미롭지만 이 문제를 피상적으로 다뤘다는 것은 부정하기 어렵다. 영화 속에서 메리가 힐리의

다. <사우스 파크>의 제작자 매트 스톤(Matt Stone)과 트레이 파커(Trey Parker)는 MTV에서 조기 종영된 장편 다큐멘터리 <새로운 소식은 없니?>(How's Your News 2004)를 제작하기도 했다. <새로운 소식은 없니?>에서 다섯 명의 외향적인 장애인들은 미국 전역을 돌며 즉석 길거리 인터뷰를 한다. 그들은 삶의 의미에 대한 간단명료한 지혜를 준다.

24) 장애 쟁점으로서의 비만에 대한 논의는 Chan and Gillick(2009)를 참조하시오.

부적절한 용어 사용－"정신지체아"를 암묵적으로 지칭－에 대해 지적하자 그는 오해하고 이렇게 답한다. "어느 누구도 제가 정신지체아들과 **'함께 일한다'**고 표현한 것이 잘못되었다고 말할 수 없어요."[25]

　패럴리 형제가 제작한 <링거>(Ringer 2005)는 상반되는 평가를 받았다. 이 영화에서 조니 녹스빌(Johnny Knoxville)이 연기한 비장애 주인공 스티브 바커(Steve Barker)는 스페셜 올림픽(Special Olympics)에 참가하기 위해 지적장애인으로 위장한다. 그의 올림픽 참가는 도박내기에서 승리하기 위하여 짜인 계획이었다. 영화 속에서 바커는 "정신지체인"의 고정관념화된 특징(장애인과 함께 웃는 것이 아닌 장애인에 대해 비웃는)을 흉내 내며 관객들을 즐겁게 한다. 그는 올림픽 경기에서 다른 장애인 참가자들을 만난다. "실제 장애인들이 영화 속에 나오는 대부분의 올림픽 참가자들을 연기하고 있다."(Cherney 2006: 2) 이 영화에서 지적장애 등장인물들은 현명한 얼간이 주제의 또 다른 예로 "요령 있고, 두뇌 회전이 빠르고…… 통찰력 있는 지혜"(Snider 2005: 2)를 보여준다. 스티브는 결국 자신이 선택했던 "장애인 조롱과 위장이 잘못되었다."(Snider 2005: 2)라는 것을 깨닫는다. 제임스 처니(James Cherney 2006)는 <링거>가 비장애중심의 사고와 추측에 대해 의문을 제기하는 점을 높이 평가했다. 그러나 이 영화가 특정 장애 고정관념에 의존한 패럴리 형제의 다른 작품들에 비해 흥행 성적이 저조했다는 것은 진지하게 고민해 볼 필요가 있다.

---

25) 이 영화에는 장애인으로 위장하는 캐릭터가 등장한다. 장애권리운동가들은 장애인을 비하하고 폄하했다는 이유로 벤 스틸러(Ben Stiller)의 <트로픽 썬더>(Tropic Thunder 2008)를 맹비난했다. 영화 속에서 "정신지체"라는 장애인 비하 용어가 반복적으로 사용되었다.

추가 탐구

Box 7.3 장애인 코미디언

D. 킴 리드(D. Kim Reid)와 동료들(2006)은 장애화 유머와 장애 유머로 구분할 때, 장애인 본인이 이러한 유머 구분과 사용을 가장 적절하게 할 수 있는 최상의 위치에 있다고 말한다. 게리 쥬엘(Geri Jewell)은 장애 유머 연기 분야를 개척한 뇌성마비 장애인이다. 그녀는 인기 시트콤 <인생에 관한 사실들>(Facts of Life)의 1980-1984년 12편의 에피소드에 출연하기도 했다. 수십 년 후 시트콤 <엘렌>(Ellen)과 <윌과 그레이스>(Will and Grace)가 대중매체의 동성애 관련 인식과 수용에 있어 교두보를 세운 것처럼 쥬엘의 호감가는 캐릭터는 시청자들의 장애인에 대한 인식과 수용을 한층 향상시켰다(Long 2012: 2).

1994년 쥬엘은 "스텐드 업" 장애인 코미디언에 대한 다큐멘터리에 등장하였다. <누가 웃는지 봐>(Look Who's Laughing)라는 이 다큐멘터리는 공영방송을 통해 방영되었다. 이 다큐멘터리는 다른 장애인 코미디언들도 소개한다. 청각장애인 캐시 버클리(Kathy Buckley), 뇌성마비 장애인 크리스 폰세카(Chris Fonseca), 시각장애인 알렉스 발데즈(Alex Valdez), 척수장애인 J. D. 잉글랜드(J. D. England) 그리고 근이영양증 장애인 브렛 리크(Bret Leake)가 등장한다.

이들 연기의 공통점은 "기존의 장애인에 대한 고정관념과 선입견을 없애기 위해 자기비하적 유머를 사용한다는 것이다."(Long 2012: 2) 그들은 "사회에 만연해 있는 **정치적 정당성**(political correctness)을 풍자하며 장애인이 비장애인의 지속적인 생색내기가 필요할 만큼 취약하지 않다는 것"을 강조한다(O'Connor 2002: 3). 버클리는 자신이 연애를 해 보지 못한 이유를 그녀가 "전화 벨소리를 듣지 못해서"라고 말했다. 매우 천천히 교과서 읽듯이 일정한 속도로 억양 없이 말하는 폰세카는 비장애인의 고정

Box 7.3 장애인 코미디언 (계속)

관념화된 태도를 연기한다. "나는 장애인이자 멕시코인이다. 이것이 무엇을 뜻하는지 알지? 나를 화나게 하면 나는 칼을 꺼내 들 거고 그러면 우리 둘 다 다쳐." 폰세카는 다른 조크에서 그의 부자연스러운 팔 움직임을 빗대었다. "나는 작년에 박람회에 있는 사격장에 갔는데 사격장 주인이 공짜로 테디 곰 인형을 주었습니다. 내가 목표물을 명중시키지 못했는데도 말입니다. 그들은 내가 총을 내려놓기만을 바란 거죠……. 제 계획은 언제나 성공합니다."(Reid, Stoughton, and Smith 2006: 633, 637)

공연 무대에 오르기 위해 장애인 코미디언과 경쟁하는 일부 비장애인 코미디언들은 장애인들이 유리한 위치에 있다고 말한다. 장애인들은 그들만이 가질 수 있는 "고유한 술책"이 있기 때문이다. 그러나 최종 선택은 관객이 한다. 관객은 장애의 유무로 코미디언의 능력을 판단하지 않는다. 관객의 선택은 코미디언이 얼마나 자신들을 웃겼는가에 따라 결정된다. 한 코미디 클럽 소유주는 이렇게 말했다. "[장애인] 코미디언이 장애에 대해 장난을 함으로써 관객의 마음을 살 수 있는 시간은 단지 2분뿐이다. 그다음은 그의 개인기에 달려 있다. 그의 코미디는 반드시 좋은 내용과 퀄리티를 가지고 있어야 한다."(Reid, Stoughton, and Smith 2006: 633)

요 약

이 장은 대중문화에서의 장애 표현을 알아보기 위해 여러 고전문학 작품과 할리우드 영화를 분석했다. 먼저, 『그림형제 동화』를 필두로 하여 장애인을 대표하는 문학 작품 속의 다섯 개 유형의 등장인물들을 조사했다. 다섯 개의 인물유형은 리처드 3세, 콰시모도, 아합 선장, 후크 선장 그리고 꼬마 팀이다. 둘째, 장애인을 부정적으로 묘사하는 공포 영화 장르를 살펴보았다. 셋째, "영감"과 "감동"을 주 목적으로 하는 제2차 세계 대전 이후 회복 영화들을 논의하였다. 이 영화들은 장애 표현 측면에서 이전 시대 영화들에 비해 다소 개선된 양상을 보였다. 그러나 이 영화 장르는 장애인 스스로가 사회의 지원과 개혁 없이 그들의 장애를 "극복해야 한다"는 사회적 기대에서 크게 벗어나지 못하고 오히려 이러한 기대를 강화한다는 제한점도 보여 주었다.

마지막으로, 20세기 중·후반에 제작된 영화들은 장애 표현의 견지에서 볼 때, 불안정적으로 진보하는 양상을 보였다. 일부 영화는 여전히 장애인을 부정적으로 묘사한 반면, 다른 영화들은 장애인을 긍정적인 관점으로 그렸다. 또한 무성 영화에서부터 현재 영화까지 장애 코미디 장르에 대해서도 살펴보았다. 장애화 유머와 장애 유머의 구분도 해 보았다. 전자의 유머는 관객으로 하여금 장애인 등장인물을 비웃고 **조롱**하게끔 만드는 장애 표현 방식과 밀접하게 관련이 있다. 반면, 장애 유머는 관객을 장애인 등장인물과 **함께** 웃도록 유도하는 표현 방식과 관계가 있다.

8
장애에 대한 미래 전망

:

컴퓨터 테크놀로지의 역설
유전자 선별의 문제
의사조력자살의 문제
장애학에서 의료적 모델의 재고찰과 입지
장애와 인권
요 약

8
장애에 대한 미래 전망

　이 장에서 우리는 장애에 대한 앞으로의 전망을 예측해 보고 이와 관련한 다양한 쟁점들을 검토할 것이다. 첫째, 가능성과 한계점을 동시에 가지고 있는 컴퓨터 테크놀로지(technology)에 대해 살펴볼 것이다. 둘째, 논란이 되고 있는 유전자 선별과 의사조력자살에 대해 알아볼 것이다. 유전자 선별과 의사조력자살은 장애인의 삶이 무가치하다는 사회적 입장과 전제를 반영한다. 셋째, 장애학의 의료적 모델에 대한 비판과 이러한 비판이 장애학의 미래에 시사하는 바를 재검토할 것이다. 이러한 쟁점들을 논의함에 있어 구별되는 장애정책의 네 가지 의제: 치유(cure), 적극적 수용(celebrate), 보살핌(care) 및 시민권(civil rights)이 토의될 것이다(Baker 2011). 마지막으로, 장애와 국제인권에 대해 살펴볼 것이다.

컴퓨터 테크놀로지의 역설

　테크놀로지가 장애인을 비롯한 모든 사람에게 여러모로 유익하다는 것은 부정하기 어렵다. 이러한 사실은 안경과 콘택트렌즈의 유용성에서도 잘 알 수 있다. 1장에서 언급되었던 것처럼, 요즘 안경과 콘택트렌즈를 착용한 사람들은 자신에게 신체적 손상이 있다는 것을 인지하지 못할 것이다. 휠체어 이용자들은 이동성 측면에서 수십 년 전에 비해 제약을 상당히 덜 받을 것이다. 물론 컴퓨터 시대는 청각장애인을 위한 자막방송과 텔레커뮤니케이션 장치, 시각장애인을 위한 비디오 확대기와 음성독해, 언어장애인을 위한 음성인식과 합성 장치 등 수많은 보조장치들의 사용을 가능하게 했다(Jaeger 2012; Lupton and Seymour 2000). 인터넷 역시 새로운 온라인 커뮤니티를 조성하며 장애인이 다른 장애인을 비롯한 외부인들과 소통 · 연계할 수 있도록 돕고 있다(Seymour and Lupton 2004; Box 2.1 참조). 온라인 교육과 온라인 쇼핑 및 재택근무를 통해 창출된 새로운 고용 기회들은 장애인들이 다양한 사회적 삶에 보다 용이하게 참여할 수 있도록 도움을 주었다. 2001년 실시된 해리스(Harris) 여론조사에 따르면, 성인 장애인들은 인터넷을 일반인들보다 긍정적으로 평가했다. 예를 들면, 장애인들은 인터넷이 그들의 삶의 질을 개선한다(장애인 48% 대 일반인 27%), 세상에 대한 지식과 정보를 넓혀 준다(52% 대 39%), 유사한 흥미와 경험을 가진 사람들을 만나게 한다(42% 대 30%) 등으로 인터넷을 긍정적으로 평가했다(Jaeger 2012).

반면, 장애인계에서 환영받지 못하는 테크놀로지도 있다. 예를 들면, 앞서 2장에서 인공와우 수술과 관련하여 농문화(Deaf culture) 옹호자들의 거부와 저항이 있다고 밝힌 바 있다. 이 논란에서 인공와우술로 대표되는 테크놀로지는 장애인에게 유익한 것이 아니라 "장애인 본인의 신체를 침범하는 '인위적인' 행위로 간주되었다(Lupton and Seymour 2000: 1852). 그러나 대부분의 장애권리운동가들은 문제의 본질을 테크놀로지의 적합성에서 찾기보다는 테크놀로지의 접근 가능성과 비용에서 찾고 있다(Jaeger 2012).

　　폴 재거(Paul Jaeger 2012)는 그의 장애와 인터넷 연구에서 장애인과 비장애인 간의 **정보 격차**(digital divide)가 존재한다고 주장한다. 정보 격차라는 용어는 1995년에서 2000년까지 「틈새에 빠지다」(Falling Through the Cracks)라는 연차보고서에서 처음 사용된 이후 대중에게 널리 알려졌다. 2008-2009년에는 미국의 약 40%의 가구에 인터넷이 보급되지 않았으며, 62%의 지방 비도시 지역 가구에는 최근 기준에 한참 못 미치는 저속 인터넷망이 설치되어 있었다. 더구나 장애인의 인터넷 접근율은 일반인의 반 정도밖에 되지 않았다(Dobransky and Hargittai 2006).

　　또한 다수의 장애인 인터넷 사용자들은 그들이 사용하는 보조장치와 컴퓨터 소프트웨어 및 웹사이트가 제대로 호환되지 않는다고 보고했다. 이러한 문제는 시각장애인에게 불편을 주는 스마트폰과 다른 소형 화면의 모바일 장치에서 심화되고 있다. 청각장애인도 "음성-텍스트 변환 상호 운용과 통화 보조 호환"이 잘 되지 않아 상당한 불편을 겪고 있다(Jaeger 2012: 40; Baker and Moon 2008; Husson 2011 참조). 새로운 웹 테크놀로지와 접근성을 갖춘 장치의 개발이 늦어지고 있다. 또한 "소프트웨어의 경미한 업데이트도 장애인들이 사용하는 다양한 접근 프로그램과 기능에 부정적인 영향을 줄 수 있다는 점"도 예의 주시할 필요가 있다(Jaeger 2012: 35). 이와 동시에 보조공학이 상용화되고 적절하게 작동되었을지라도 장애인에게 비장애인에게 없는 추가 비용이 부과될 수도 있다(Stienstra, Watzke, and Birch 2007).

　　재거는 정보 테크놀로지와 개발업체들이 "장애인의 접근성을 고려한 상품을 개발하지 않기 위해 법에 명시되어 있는 과부담 면제 조항을 악용하고 있다."고 지적한다(2012: 64; 3장 참조). 연방지방법원은 **전미 시각장애인총연합회 대 타깃 그룹**(National Federation of the Blind v. Target Corporation 2006) 소송에서 소매 아울렛 점포들과 밀접하게 연계되어 있는 상업용도의 웹사이트는 「미국장애인법」(Americans with Disabilities Act, ADA)에 적용된다는 법적 해석을 내렸다. 타깃(역자주: 미국의 대형 할인점)의 판례에서, 법원은 회사의 "온라인 실재"(online presence)가 물리적 실재와 밀접하게 통합되어 있고, 그래서 타깃의 웹사이트는 장애인이 접근 가능하여야만 한다고 판결 내렸다(2012: 65). 동시에 법원은 아마존 닷컴(Amazon.com)이나 프라이스라인 닷컴(Priceline.com)과 같은 "온라인 판매에 국한된" 회사들은 접근가능성 명령으로부터 면제된다는 판결을 내렸다.[1]

접근성과 관련한 장벽들은 교육과 고용 분야에서도 장애인들에게 부정적인 영향을 미치고 있다. 비록 장애인들이 온라인 교육을 유용하게 사용하고 있지만, 2008년에 실시된 설문조사에 따르면 대학 이상의 고등교육기관 중 20% 정도만이 접근성 정책 기준에 충족하는 웹사이트를 운영하고 있다(Connell 2008). 또한 "전체적으로 낮은 단계의 네트워크 서비스 접근성은 교육용 소셜 미디어와 인터랙티브(interactive) 온라인 실행을 상당 부분 제한하고 있다."(Jaeger 2012: 90) 미국 교육부의 한 관계자는 "고등교육기관의 온라인 교재들 중 장애인들에게 접근 가능한 것은 단지 10%뿐이다."라고 밝혔다(Jaeger 2012: 90; Parry 2010).

고용 분야에서도 이전에 장애인들이 하기 어렵고 때로는 불가능했던 업무들이 컴퓨터 테크놀로지의 도움으로 처리되고 있다. 취업 장애인의 약 90%는 직장에서 여러 유형의 보조공학을 사용하고 있다(Dispenza 2002; Schartz, Schartz, and Blanck 2002). 그러나 재택근무(telecommuting)는 많은 사람들의 희망과 달리 장애인을 위한 만병통치약이 아닐 수도 있다. 첫째, 재택근무는 적절한 테크놀로지를 가진 근

---

1) 타깃은 장애권리단체와 합의하기로 결정했다. 앞서 장애권리단체는 법정 판결에 대해 항소가 아닌 (피해자 공동) 집단소송 제기를 하였다(Jaeger 2012).

로자들에게만 가능한 선택이고, 법원은 장애인 근로자가 "재택근무를 할 권리를 합당한 조정(resonable accommodation)의 하나로 판결하지 않았다."(Jaeger 2012: 86; Ludgate 1997; Tennant 2009) 둘째, 재택근무는 고용주와 동료 직원들과의 상호작용에서 장애인을 고립시킬 수 있을 뿐만 아니라 장애인의 직업 선택과 경력 발전을 위한 기회들을 제한할 수도 있다(Baker, Moon, and Ward 2006; Bricout 2004; Light 2001).[2]

　재거는 "다수의 사업체와 정부기관들이 접근성에 대한 거부감과 반감을 가지고 있기 때문에 그들은 관리자와 직원들에게 접근성에 대해 제대로 교육하지 않고 있다."고 밝혔다(2012: 73). 사업체와 정부기관들은 접근성이 필요하다는 사실을 인지하지만 접근 가능한 상품들을 개발할 만한 전문성을 갖추지 못하고 있다. 재거는 2009년 웹 개발업체들과 정부 관리자들을 대상으로 한 설문조사(Loiacono, Romano, and McCoy 2009) 결과를 인용하며, "86%의 웹 개발업체들은 접근성에 대해 제대로 교육받고 있지 못하고 64%의 관리자들은 접근성의 필요성에 대해 인식하지 못하고 있고, 48%는 접근성을 추가하기에는 웹 개발 주기가 너무 짧다고 불평한다."고 밝혔다(2012: 73).[3]

　마틴 하이데거(Martin Heidegger 1954)에서 자크 엘룰(Jacques Ellul 1964)에 이르기까지 다수의 철학자들은 윤리적·도덕적 차원에서 테크놀로지를 인식·수용할 필요가 있음을 강조했다. 테크놀로지 산업을 뒷받침하는 지배적 윤리관이─다양한 사람들의 능력과 배경을 고려한

---

2)　전자 정부는 장애인의 접근성을 향상시켜야 할 또 하나의 장소다. 정부 혜택, 세금 감면, 공무원 지원, 아동의 학교 등록, 각종 허가 등은 현재 온라인으로 지원과 등록이 가능하다. 그러나 장애인의 온라인 접근성을 위한 대책은 아직 미비한 실정이다(Jager 2012).

3)　마이크로소프트사는 상품의 접근성 측면에서 가장 높은 점수를 받는 기업이다(Jager 2012; Vandenbark 2010).

추가 탐구

Box 8.1 보편적 설계와 건축 교육

「미국장애인법」(ADA 1990)이 시행된 이후 건축 직업군은 장애인의 건축물에 대한 접근을 가능케 하도록 그들의 설계 철학을 개정하도록 요구받았다. 그러나 칼라 코로토(Carla Corroto 2012)는 「미국장애인법」(ADA) 이후 시대의 건축학교 실태 조사 연구에서 보편적 설계에 대한 교육 지도가 제대로 실시되지 않고 있을 뿐만 아니라 보편적 설계는 건축가의 인정과 지위를 향상시킬 수 있는 창의적·미학적 설계의 요소로서도 여겨지지 않는다고 지적한다. 한 건축학과 교수는 보편적 설계 원리에 대한 교육에 대해 "보편적 설계는 없다. [보편적 설계]는 끔직하다. 그래픽 표준들보다 더 처방적인 교육을 절대로 강의하고 싶지 않다."라고 진술했다. 또 다른 교수는 "건축학교에서 「미국장애인법」이나 접근성에 관한 쟁점들이 논의될 필요가 전혀 없다. 이곳은 자원봉사를 하는 곳이 아니라 건축디자인 교육기관이다."라고 불평했다.

건축학교들에서 보편적 설계가 교육된다 하더라도 그것은 건축 교육에 중요하지 않다고 여겨지는 선택 과목으로 분류되기 쉽다. 한 학생은 다음과 같이 기억했다. "있잖아요, 수업 들었는데…… 그 교수 이름이 뭐였더라? …… 그 수업에서 그녀는 「미국장애인법」만 이야기했죠. 그 교수는 좋은 건축 디자이너라고 하기엔 부족함이 많아요." 보편적 설계를 강의하는 한 교수는 "저는 보편적 설계 강의를 위해 지정된 교수입니다. 장애에 대한 모든 것…… 학교는 내가 「미국장애인법」에 대해서만 가르치길 원합니다. 나는 건축에 대해 그것보다 더 많은 것을 가르칠 수 있는데 말이죠. 그러나 저는 학교가 원하는 대로 하진 않습니다."라고 밝혔다. 반면, 또 다른 교수는 "오, 예, 나는 가르칠 게 없을 때 [웃음] 그리고 절름발이 학생이 한 명 있을 때, 「미국장애인법」 따위에 대해 학생들에게 이야기합니다."라고 말했다.

보편적 설계(universal design)(Burgstahler and Cory 2008)보다 소비 지향적인 소비자(Morozov 2012)를 위한 일련의 신상품 대량 생산을 위한−혁신에 초점이 맞춰져 있을 경우, 장애인은 정보 격차의 장벽을 극복하기 어려울 것이다.[4) "우리의 문명사회는, 목적은 대충 검토하고 이를 성취하기 위한 수단을 개발하는 데는 부단히 전념하고 있다."는 로버트 머튼(Robert Merton)의 관찰은 확실히 옳다(1967: vi). 테크놀로지는 장애 유무와 관계없이 양날의 검이며 사회통합뿐만 아니라 사회분리를 조장하는 역할을 할 수 있다.[5)

유전자 선별의 문제

이 책의 2장에서 태아 장애 유무 감별과 장애태아 낙태를 위해 사용될 수 있는 생식 관련 테크놀로지에 관한 논란을 소개한 바 있다. 논란의 중심에는 페미니스트들이 주장하는 생식권·선택 운동과 장애인이 주도하는 장애권리운동 사이의 대립과 갈등이 있다. 페미니스트는 여성의 생식 관련 선택의 권리 보호를 강조한다. 장애권리운동가는 장애를 가지고 있다는 이유만으로 태아를 낙태하는 것에 대해 의문을 제기한다.

가장 주목할 만한 쟁점은 유전자 선별(genetic selection)이다. 유전자 선별은 **유전자 검사**(genetic screening)와 **유전공학**(genetic engineering)으로 구성된다. 유전자 검사는 의료적 실제(Practice)에서

---

4) 보편적 설계의 개념은 소아마비 장애인 로널드 L. 메이스(Ronald L. Mace)에 의해 1970년대에 소개되었다(Woodward 2008). 그러나 재거(Jaeger 2012)는 보편적 설계, 보편적 접근성과 보편적 유용성을 구분하였다.
5) 하이데거(1954)는 테크놀로지는 "구원의 힘"과 "극도의 위험"이라는 양가적 특성을 가지고 있다고 말한다.

이미 관례화된 산전 검사(Prenatal testing)를 포함한다. 산전 검사는 선택적 낙태 결정에 중요한 역할을 하는 태아의 유전적 장애를 추적하고 발견하기 위해 실시된다. 반면 유전공학은 테크놀로지를 포함한다. 아직까지 널리 상용화되지 않았지만 유전공학은 예비 부모들이 "디자인된 신생아"로 알려진 "완벽한 아기"를 설계하는 것을 가능하게 할 수 있다(Glover 2006; Landsman 2009).

루스 허버드(Ruth Hubbard 1990)는 유전자 선택과 유전공학의 대두가 오랜 기간 동안 장애인 제거와 말살의 기반이 되었던 우생학(eugenics)의 풍조를 답습하지 않는가에 대해 우려를 표시했다. 그러나 이 책의 3장에서 논의되었던 나치 독일과 달리 현대 우생학은 정부에 의해 주도·시행되기보다는 태아의 진단된 장애에 대해 부모의 낙태 선택을 직간접적으로 유도하는 의료계의 실제를 통해 그 위력을 행사하고 있다(Hampton 2005; Landsman 2009). D. A. 케이튼(D. A. Caeton)은 "예전에는 영아가 정상 또는 비정상으로 분류되기 전 임신과 출산을 통해 세상에 태어났지만, 현재의 예방의학 시대에서는 영아가 사전 분류를 통해 검열될 수 있다."고 지적한다(2011: 10). 마샤 색스턴(Marsha Saxton)은 "장애인들의 업적과 기여가 인정되는 오늘날에도 새로운 생식 관련 및 유전자 테크놀로지는 여전히 장애아동의 생존권을 위협한다."는 우려를 표시했다(1998: 375).

현 낙태법에서 태아의 위치가 엄마의 자궁 안과 바깥 중 어디에 놓여 있는가는 매우 중요하다. 태아의 권리는 여성의 생식권에 반하여 시작된다. **로 대 웨이드**(Roe v. Wade 1973) 소송에 대한 연방대법원의 역사적인 판결은 산모의 임신 기간의 첫 번째, 두 번째, 세 번째 분기에 초점을 맞춘다. 대법원은 첫 3개월 임신 기간 중의 여성의 낙태는 법에 저촉되지 않는다고 판결했다. 대법원은 두 번째 3개월 임신 기간까지 주정부가 낙태 절차를 규제할 의무가 있다고 결정했다. 세 번째 3개월 임신 기간까지는 태아가 산모의 몸 밖에서 생존 가능하기 때문에 낙태는 금지된다. 그러나 임신 기간의 지속으로 인해 산모의 건강과 삶이 위태로워질경우는 예외로 한다. 산전 검사 테크놀로지가 미숙아의 생존율을 높이기도하지만 이러한 테크놀로지의 혁신 덕분에 낙태 허용 기간이 줄어들기 때문에 로 대 웨이드 소송의 경우처럼, 충돌되는 결과가 도출될 수도 있다.[6]

한편, 케이튼은 태아의 생존 능력을 철학적인 측면에서 설명한다. 페미니스트가 주도하는 낙태에 관한 여성의 선택과 권리를 주장하는 측에 따르면,

> 복중에 태아를 가진 여성의 권리는 태아의 권리에 우선한다. 태아는 생존하는 독립적인 인격체로 간주되지 않기 때문이다. 태아는 보호 없이 생존할 수 없으며 그렇기 때문에 확실히 내세울 만한 주체성을 갖추지 못한다. 태아에 대한 담론적인 처치는 장애와 함께 고려될 때 새로운 차원의 성격을 띠게 되었다. 기계에 의지해 생명을 유지하는 성인들은 생존 가능한 독립적 인격체로 간주되어야 할까? 임신 3-6개월에 해당되는 태아와 기계에 의지하는 사람들의 차이점은 과연 무엇일까? (2011: 9)

폴 롱모어(Paul Longmore 2003)는 의사조력자살(physician-assisted suicide)에 대해 유사한 주장을 펼친다. 롱모어는 장애인에 대한 경멸과 공포를 조장하는 데 가장 크게 기여하는 "의존"(dependency)

---

6) 로 대 웨이드 소송 판결 이후 여러 낙태 관련 연방대법원 소송이 제기되었다. 1989년 웹스터 대 생식관련건강서비스(Webster v. Reproductive Health Services 1989)와 1992년 가족계획협회 대 케이시(Planned Parenthood v. Casey 1992)로 대표되는 일련의 판례들은 태아 생존력 검사, 낙태 전 부모에게 통지 및 낙태 결정 조정 기간들을 준수하는 것을 요구하는 것을 골자로 하였다.

에 대한 혐오를 의사조력자살의 원인으로 꼽았다. 비슷한 맥락에서 케이튼(2011)은 자립(independence)에 대해 의문을 표시한다. "생존 능력의 기반이 되는 자립이 진정 인간성(humanity)에 가장 중요한 측정 기준인가? 생존 능력이라는 수사(修辭)는 장애가 무시되는 한에서 단지 문제가 되지 않는다."(2011: 9)

케이튼(2011)은 페미니스트를 비롯해 세상에서 인간의 고통을 근절시키리라는 원대한 목표를 가진 사람들이 종종 장애를 없애면 고통도 줄어들 거라고 믿는 것 같다고 지적한다. 그들은 데이나 리 베이커(Dana Lee Baker 2011)가 논의한 **치유 의제**(cure agenda)를 추구한다고 볼 수 있다. 치유 의제는 장애라는 사회적 차이를 제거하는 데에만 초점을 맞추고 있다. 장애권리운동가들은 치유 의제 옹호자들이 장애를 고통 및 질병과 동일시하고 장애라는 사회적 차이를 제거하는 것을 도덕적 우선 사항으로 전제한다는 점에서 불쾌감을 감추지 못하고 있다. 이러한 장애에 대한 부정적인 견해는 예일 대학교 철학과 교수인 피터 싱어(Peter Singer)의 장애영아 살해 옹호에서 최고조에 이른다. 싱어는 극단적인 공리주의적 철학의 관점에서 장애영아 살해를 옹호하는 입장을 취하고 있다. 그는 장애영아 살해가 장애영아의 고통을 경감하고 최대 다수의 최대 행복을 증진시킨다고 주장했다(Longmore 2003).

반면, 케이튼은 낙태와 관련하여 장애를 긍정적으로 바라보는 관점의 필요성을 역설한다. 친장애(pro-disability) 관점의 핵심은 장애를 "존재의 한 대안적 방식으로, 장애를 존재의 타(他) 범주의 다름과 동등하게 수용하는 것이다."(2011: 12)라고 말한다. 장애는 가치 있는 형태의 다름으로 인정되어야 하고 인류 혁신, 번영과 다양성에 긍정적으로 기여하는 중요한 인간의 특징으로 인식되고 적극적으로 수용되어야 한다(Box 1.3 참조). 베이커는 장애에 대한 긍정적인 관점을 **적극적 수용 의제**(celebration agenda)라고 지칭한다. 적극적 수용 의제는 두 가지 목적이 있다. 첫째, 장애인을 주류 사회에 통합한다. 둘째, "특정한 기능적 다름을 가진 개인들로 구성되는 역동적인 하위문화(subculture)를 발전·육성한다(2011: 39). 케이튼은 "장애아 낙태와 관련하여 선택의 자유를 침해하거나 산전 테크놀로지 사용을 금지하는 방법만으로 신체적으로, 인지적으로 타자(alterity)의 특성을 가지는 모든 태아를 보호하지는 못할 것"이라고 말한다. …… "만일 우리가 낙태와 관련된 선택의 순간에서 올바른 결정을 내리고자 한다면, 장애를 타당한 존재 방식으로 인정하고 받아들이는 과정이 반드시 선행되어야 한다."(2011: 12)

의사조력자살의 문제

의사조력자살은 유전자 선별의 문제와 유사한 쟁점들을 야기한다. 라몬 샘페드로(Ramón Sampedro 1943-1998)는 스페인에서 있었던 유명한 법정 소송을 통해 **존엄사 권리운동**(right-to-die movement)의 대표적 인물이 되었다. 존엄사 권리운동은 안락사의 합법화를 목적으로 한다.[7] 장애인으로 거의 평생을 살아왔던 샘페드로는 25세 때 일어난 다이빙 사고로 인해 사지마비 장애인이 되었다. 스스로 목숨을 끊기 불가능했던 샘페드로는 조력자살을 합법적으로 인정받기 위해 스페인 법정과 유럽연합 인권위원회에서 약 30여 년간을 투쟁했다. 결국 그는 죽음을 위해 여러 명의 다른 사람들이 그에게 일정량의 포타슘(potassium)을 섭취하게 하는 방안을 선택했다. 어떠한 단일 복용도 그의 죽음을 결정적

---

7)　샘페드로 소송은 예술성과 상업성을 인정받은 2004년 영화 <시 인사이드> (Sea Inside)의 주요 소재로 사용되었으며, 배우 하비에르 바르뎀(Javier Bardem)이 사지마비 주인공 샘페드로를 연기했다.

추가 탐구

Box 8.2 제리 루이스 대 장애권리운동

1장에서 장애권리운동가들이 제리 루이스(Jerry Lewis)의 근이영양증 자선 캠페인을 맹비난한다고 언급한 바 있다. 제리 루이스의 자선 캠페인은 동정과 연민을 유발하는 "포스터 아동"을 등장시켜 장애의 예방적 치유 자선 기금을 모으기 위해 애쓰고 있지만 장애를 이미 가진 사람들의 삶의 개선을 위한 노력은 거의 하지 않는다. 이런 이유로 제리 루이스와 이전 포스터 아동들을 포함한 장애권리운동가들 사이의 대립은 계속되고 있다.

루이스가 주도하는 근이영양증협회(Muscular Dystrophy Association)와 자선기금 캠페인은 1960년대부터 2000년대까지 50여 년의 역사를 가지고 있다(Haller 2010). 근이영양증협회는 「미국장애인법」과 상반되는 기본 이념을 고수하고 있다. 비록 루이스는 근이영양증 장애 예방에 힘썼지만, 그 자신은 장애인 비하·폄하 발언으로 유명세를 탔다. 예를 들면, 1973년 자선 캠페인에서 루이스는 "신이 실수를 저질렀고, 그 실수를 바로잡는 것이 우리의 사명이다."(Haller 2010: 141에서 직접인용)라고 말했다.

루이스가 한 잡지(Parade) 기사에서 장애인을 "절반의 사람"이라고 지칭한 후 1990년대 초에 루이스에 대한 항의가 활발해졌다(Haller 2010: 150).

2000년대 초에, 루이스는 미국 <CBS 선데이 모닝>(CBS Sunday Morning)에서 그 항의에 대해 질문을 받자, "동정이라고요? 휠체어에 묶여 있는 불구자라고 해서 동정을 받고 싶지는 않을 걸요? 집에서 한 발자국도 나오지 말라고 하세요."라고 했다. 루이스는 다른 자선 캠페인 방송에서 반(反)동성애적인 발언으로 소수자 집단들의 공분을 샀다. 자선 캠페인을 방영하는 TV 방송국이 점차 감소해 갔고 자선 캠페인이 방송될지라

Box 8.2 제리 루이스 대 장애권리운동 (계속)

도 주로 심야시간대에 편성되었다. 루이스의 불만은 고조되었고, 급기야 그는 "장애권리운동가들이 항의할수록, 장애인에 대한 비방의 수위는 높아질 것이다."라고 경고했다(p. 151).

으로 초래할 만큼 충분하지 않았기 때문에 어느 누구도 그의 죽음에 대한 형법적인 책임이 없었다.

　유럽에서 샘페드로 논란이 심화되는 가운데, 미국에서는 의사 잭 케보키언(Dr. Jack Kevorkian 1928-2011)이 언론과 대중으로부터 "죽음의 의사"(Dr. Death)라고 불리며 이상한 영웅이 되었다. 케보키언은 고통을 완화한다는 명목으로 자신의 삶을 종결하려는 이들에게 도움을 주었다. 케보키언은 자신이 정신적으로 역량을 갖추고 있지만 신체적으로 자살이 불가능한 사람들의 의료적 결정을 도울 뿐이라고 해명했다. 비록 케보키언은 이전에 두 여성의 여성의 자살을 조력했다는 혐의에 대해 무죄판결을 받았지만, 1999년 토마스 유크(Thomas Youk)에 대한 2급 살인죄로 유죄를 선고받았다. 유크는 당시 루게릭 말기 환자였으며, 케보키언은 주사를 통해 유크의 몸에 독극물을 투여했다. 케보키언은 유죄판결 이후 감옥에서 8년간 복역했다(Katch and Rose 2002; Longmore 2003).

　미국의 의사조력자살에 대한 대표적인 대법원 판결로는 **크루잔 대 미주리 주 보건부장관**(Cruzan v. Director, Missouri Department of Health 1990) 판례를 들 수 있다. 베스 크루잔(Beth Cruzan)은 자동차 사고로 심각한 뇌손상을 입었다. 법정 소송에서 크루잔은 "분별할 수 없는 인지기능과 인공적 수분 공급과 영양 공급 장치에 의존해 생명을 유지하는 식물인간 상태로 규정되었다."(Katsh and Rose 2002: 38) 교통사고 4년 후 크루잔의 부모는 생명 유지 인공 장치를 제거하는 법적 절차를 밟기 시작했다.

크루잔 소송은 **소극적 안락사**와 **적극적 안락사**의 구분을 확실하게 보여 준다. 전자는 생명 존속의 위기에 처한 환자의 심폐를 소생시키지 않는 결정 등의 의료 행위 불이행이나 생명유지 장치 제거에서 유발된 죽음을 포함한다. 후자는 치사량의 약물 투여 등 적극적인 행위를 포함한다. 소극적 안락사의 대표격인 크루잔 소송에서 법정은 크루잔과 같은 환자가 죽음을 희망하는 "명백하고 납득할 만한" 증거가 있는지에 집중했고, 이러한 증거가 제시될 경우에 한하여 소극적 안락사가 승인된다고 판결했다. 법정 판결 후, 크루잔의 부모는 크루잔의 의사를 대신하여 법정청문회에 추가 증거를 제시하였다. 판사는 크루잔의 영양 공급 장치 튜브 제거를 명했다(Katsh and Rose 2002).

그러나 크루잔 소송과 논란은 의사조력자살을 비롯한 적극적 안락사에 대해 의문을 제기하기에는 다소 어려움이 있다. 장애권리운동가들은 의사조력자살에 대해 확고한 반대 입장을 표명하고 있고 이런 이유로 존엄사권리운동가들과 대립하고 있다. 장애권리운동가들이 가장 비판적으로 바라보는 것은 결정 과정의 맥락이다. 즉, 장애인이 죽음을 우선적으로 선택·결정하는 데 결정적인 영향을 주는 것이 주변 상황이라는 것이다. 먼저, 이 책의 2장에서 밝혔듯이, 다수의 의료 전문가들은 종종 장애인의 삶이 무가치하다고 추측하고 전제해 왔다. 한 연구에서 80% 이상의 응급실 의료진들은 사지마비 지체장애인들이 양질의 삶을 누리지 못할 것이라고 예상했다(Gerhart et al. 1994). 반면, 동일 연구에서 90%의 사지마비 지체장애인들은 그들의 삶의 질이 평균 이상이라고 밝혔다. 다른 여러 연구들에서도 장애인 본인들은 자신들의 삶에 대한 긍정적 평가를 하는 것에 장애인의 삶에 대한 의료진의 평가는 상당히 부정적이라고 보고했다(Gill 2000; Longmore 2003). 무엇보다 장애인이 그들의 후천적 장애에 대처하는 방안을 결정하는 중요한 순간에 "의료진들의 부정확하고 회의적인 장애관은 환자와 가족들에게 은연 중에 전달되고 있다."(Gill 2000: 530)

존엄사권리운동 옹호자들은 그들의 목표가 말기 질환자들에게 죽을 권리를 제공하는 것이라고 주장한다. 이것은 1994년 오리건 주의 **「존엄사 법」**(Death with Dignity Act)의 목적과 상응한다. 「존엄사 법」은 미국 대법원의 **곤잘레스 대 오리건 주**(Gonzales v. Oregon 2006)의 판결에 의해 지지되었다. 롱모어(2006)는 비록 오리건 주가 존엄사의 범위를 "6개월 이하 시한부 진단을 받은 자"로 제한을 했지만 이것이 지켜질지는 아직 미지수라고 말한다(2003: 189). 롱모어는 오리건 주 의료보조 프로그램(Oregon Medical Assistance Program)이 의사조력자살을 적합한 "처치" 방법 중 하나로 승인했음에도 불구하고, 해당 주 정부는 동시에 시한부 환자, 장애인, 노인들의 건강-돌봄 서비스의 비용을 삭감했다는 것에 주목한다. 롱모어는 의료적 "선택"이 외부와 단절된 상태에서 이루어지지 않으며 실질적인 옵션들의 부재 속에서 "의사조력자살은 개인의 자주성에 근거한 행위가 아닌 자포자기의 심정에서 초래되는 행위라고 주장한다."(p. 195)

롱모어는 자신의 주장을 뒷받침하기 위해 1989년에 있었던 두 개의 법적 소송(David Rivlin and Larry McAfee)을 인용했다. 데이비드 리블린(David Rivlin)과 래리 매카피(Larry McAfee)는 둘 다 척추가 손상된 사지마비자이며 인공호흡기에 의지하고 있었다. 리블린은 자신의 소송에서 자립생활을 위해 지출되는 비용이 엄두를 내지 못할 정도로 과다하다고 주장했다. 비록 미시간 주정부가 자립생활에 지출하는 비용이 그를 시설에 수용하는 것보다 적음에도 불구하고, 주정부는 그를 시설에 입소하도록 강요했다. 리블린은 다음과 같은 결론에 도달했다. "그는 시설에 수용되기보다는 죽음을 원했고, 결국 한 법원의 승인에 따라 의사는 리블린에게 안정제를 투여하고 인공호흡기를 제거했다."(p. 182)

매카피의 판례에서도 조지아 주정부는 "매카피의 자립생활을 위한 재정적 지원을 하지 않았고 조지아 주 보호시설에 인공호흡기 사용자들을 수용하지도 않았다."(Longmore 2003: 182) 매카피는 중환자 치료가 필요하지 않음에도 불구하고 결국 중환자실에 배치되었다. 그는 중환자실이 살기 불가능한 환경이라는 것을 금세 알게 되었다. 롱모어는 매카피가 배치된 중환자실을 다음과 같이 묘사했다. "형광등이 항상 켜져 있고 의료진들이 쉴 새 없이 움직인다. 환자들은 계속되는 의료 기계의 소음에 괴로워하고 있다. 기계 소음과 의료진들의 대화는 밤낮으로 이어진다. …… 환자들은 정신적 스트레스…… 위기와 과다한 감정을 유발하는 혼란스러운 환경 속에 갇혀 있다."(p. 182) 매카피는 "중환자실 입원 8개월 후 법원에 의사조력자살"을 요청했다(p. 182). 법정청문회에서 에모리대학교의 재활의학과 의료윤리학의 한 교수는 "자주, 자기결정과 자유에 대한 개인의 권리를 이 나라의 윤리적 지향의 일부분으로 인식한다."라고 말했다(p. 182). 판사는 매카피의 요청을 승인했고, 그의 용기에 대한 존경의 의사까지 표현했다.

반면, 조지아 주 장애권리운동가들은 언론매체를 비롯한 매카피 소송의 모든 관련자들을 공개적으로 맹비난했다. 네 곳의 장애인 권리 단체들은 공동 기자회견에서 "수십 년 동안 자립을 위한 실질적 지원 없이 매카피를 방치했던 조지아 주 정부가 이제는 그의 문제에 개입하여 아무런 제재 없이 그의 자살을 도우려고 한다.…… 조지아 주는 장애인이 살 수 없는 가혹한 환경을 조장했음에도 불구하고 이제는 앞장서서 장애인의 삶의 질은 형편없기 때문에 그들이 죽도록 도와줘야 한다고 말한다."(Longmore 2003: 184에서 직접인용)

앨라배마 주립대학교 부상예방센터(Injury Prevention Center) 루스 파인(Russ Fine) 소장은 매카피의 소송에 관심을 보였고, 그녀는 매카피에게 버밍햄 뇌성마비연합회(United Cerebral Palsy of Greater Birmingham) 대표들을 소개했다. 연합회 대표들은 매카피가 컴퓨터 기술자라는 직업을 갖도록 도움을 주었고, 그의 삶을 스스로 이끌어 갈 수 있는 환경을 조성해 주었다. 매카피는 후에 자립을 위한 재정적 지원이 있었더라면 절대로 자살을 심각하게 고려할 정도로 절망적 상태에 빠지지는 않았을 것이라고 고백했다. 매카피는 이후 자립적인 삶을 살았고, 1998년 뇌졸중으로 자연사했다(Applebome 1990; Longmore 2003).

롱모어는 "장애인의 자립을 위한 재정 지원을 하고 있는 주들에서는 리블린과 매카피 같은 장애인들이 그들 자신의 집에서 가족들과 함께 지내며 학교도 다니고 직업도 있다."라고 말했다(2003: 181). 이러한 우호적인 환경에서 장애인들은 자포자기한 상태로 심리평가나 상담을 받지 않는다. 대부분의 비장애인들은 일부 중도장애인들이 죽음을 희망한다고 말할 때 그들이 이성적으로 사고하고 행동한다고 추측한다. 그러나 롱모어는 많은 일반 대중들은 이러한 장애인들이 처한 불안정한 상황들에 대해 인지하지 못한 채 중도장애인들이 정신적·신체적 손상을 가지고 있다는 이유 하나만으로 죽음을 선택한다는 잘못된 추측을 한다고 지적한다.

롱모어는 장애권리운동가들이 법 체계와 법조인들을 불신하는 이유를 다음과 같이 설명한다. 비록 다수의 법적 판결들이 치료 종료와 의사조력자살을 옹호하는 근거로 "개인의 자유 이익"을 제시하지만 미국의 어느 법원도 "미국시민권자가 의료건강관리에 대해 일반적 권리를 소유한다고 판결한 적이 없다."(2003: 194) 1996년 존엄사 권리 소송에서 미국 9지역 항소법원은 "아무리 장기성 의료건강관리 비용 지출이 과다한 사회일지라도 이성적 판단 능력을 갖추고 있지만 손상의 정도가 심한 성인 질환자들이 그들의 가족들과 동거인들의 경제적 복지에 대해 우려하는 것을 부적절하다고 볼 수 없다."라고 공표했다(Longmore 2003: 194 에서 인용). 그러나 동일 항소법원은 법원이 의료건강관리에 대한 접근성에 대해 문제를 제기할 권한은 없다고 지속적으로 밝히고 있다. 즉, 의료건강관리에 대한 법적 해석은 입법기관에 달려 있다는 것이다.

의사조력자살에 대한 친장애(pro-disability) 비판은 베이커(2011)의 **보살핌 의제**(care agenda)에서 효과적으로 설명될 수 있다. 일반적으로 보살핌 의제는 장애인에 대한 서비스 제공을 포함한다. 즉, 보조 없이 기능적인 활동을 하기 어려운 장애인들이 자립생활을 할 수 있도록 필요한 서비스를 제공하는 것이다. 만일 이러한 보살핌이 부재하다면 장애인들은 절망에 빠져 자살이 그들의 삶을 지속하는 것보다 현명한 선택이라고 판단하기 쉬울 것이다.

장애학에서 의료적 모델의 재고찰과 입지

이 책의 2장에서 의료적 모델에 대한 비판을 소개한 바 있다. 의료적 모델은 "장애"를 개인 문제로 전제하고 접근한다. 반면, 사회적 모델은 장애를 사회 문제로 전제하고 접근한다. 의료적 모델은 정신적·신체적 손상의 원인, 진단, 예방과 치료와 밀접한 관계를 맺고 있으며, 일련의 전문 분야의 실제(disciplinary practices)로 구성되어 있다. 이 실제들은 환자들 혹은 클라이언트들의 재활적 치료를 목적으로 한다. 의료인들은 교정적·지시적 권한을 그들의 서비스와 전문성을 원하는 사람들에게 실행한다. 이러한 권한이 장애인에게 실행되었을 때 다수의 논란이 야기되었다. 논란의 핵심은 의료적 치료 과정에 있어 장애인이 능동적 참여자가 아닌 수동적 대상자로 취급받고 있으며, 이에 장애인 본인은 반감과 저항감을 갖는다는 것이다(Barnes, Mercer, and Shakespeare

1999: 42; French and Swain 2001).[8)]

　의료인들이 갖는 권한은 의료인들과 환자들 사이에 존재하는 근본적인 지식의 불균형과 부분적으로 관련이 있다(Lupton 1997). 장애권리운동은 **소비자 건강운동**에서 이러한 지식의 불균형을 시정할 수 있는 실현 가능한 해법을 찾고 있다. 소비자 건강운동은 환자들이 의사들의 조언에 대해 질문과 추가적인 견해를 구하여 환자 스스로 결정을 할 수 있도록 유도함으로써 그들의 건강과 건강관리에 대한 권한 부여(empowerment)에 힘쓰고 있다.[9)] 인터넷의 대두는 장애 문제를 비롯한 유사한 관심사를 공유하는 사람들을 연결시켰다(Brown et al. 2004; Conrad and Stults 2010; Gabe and Calnan 2000; Henderson and Petersen 2002).

　비록 소비자주의가 장애인의 권한부여를 향상시키는 측면이 있긴 하지만, 미국에서는 의료건강관리 서비스가 정부보다는 기업에 의해 주도·운영되는 경향이 있기 때문에 소비자주의는 분명 한계가 있다. 이와 같이 의료건강관리의 기업화는 건강관리가 시장에서 매매되는 상품으로

---

8)　특수교육과 사회복지 종사자들에 대하여 유사한 비판이 제기되고 있다 (Hayashi 2005; 4장 참조).

9)　의학 문헌에서 "공유된 결정과정"(shared decisionmaking)은 의사가 의료적 지식을 공유할 수 있도록 격려하고 환자에게 적절한 치료와 검사 방법을 결정함에 있어 환자의 의사를 반영하는 모형을 지칭한다(Kaplan, Ganiats, and Frosch 2004: 30). 이 모형은 환자를 질환자로 간주하는 것을 넘어 "완전한 한 인격체"로 받아들이고 접근하는 "환자 중심의 보살핌"과 유사하다. 이 모형은 여러 측면에서 환자와 의료인들의 관계를 발전·육성한다. "1) 환자와 의료인이 동등한 상호관계에서 정보를 공유하도록 돕는다. 2) 환자의 가치와 선호를 탐색하고 환자와 가족이 최선의 의료적 결정을 할 수 있도록 배려한다. 3) 환자가 적절한 보살핌에 접근할 수 있도록 보조한다. 4) 환자가 어려운 행동적 변화에 적응하고 건강을 향상할 수 있게 한다."(Epstein et al. 2010: 2)

추가 탐구

Box 8.3 현대 미국의 전쟁 상이군인들의 곤경

장애 상이군인들은 미국의 장애 역사에서 매번 중요한 역할을 수행해 왔으며(3장 참조), 아프가니스탄 전쟁과 이라크 전쟁 장애 상이군인들도 같은 역할을 할 것으로 예상된다. 미국 국무성 통계에 따르면, 2001년과 2003년에 각각 시작된 아프가니스탄 전쟁과 이라크 전쟁 군인 사망자 수는 2012년 6월을 기준으로 하여 9 · 11 테러 사망자 수를 초과하는 6,500명에 달한다. 약 48,800여 명의 군인들이 전쟁 중 광범위한 부상, 즉 마비, 사지절단; 내장, 허리 및 관절 상해; 안면 결함; 청력과 시력손실; 뇌손상; 외상후 스트레스로 고통받고 있다(Iraq and Afghanistan Veterans of America 2012).

그러나 일부 전문가들은 국무성의 통계가 상당히 축소되어 있다고 지적한다. 즉, 국무성의 통계 수치가 적군의 공격으로 인해 심각하게 부상당한 군인들의 숫자만 반영할 뿐 각종 사고와 오인 사격과 부분 청력, 시력손실, 경도 뇌손상, 무수한 외상후 스트레스 장애 등 상대적으로 덜 심각하다고 판단되는 부상을 당한 군인들의 숫자를 제대로 반영하지 않고 있다는 것이다(Sandels 2010). 만일 제외된 숫자를 더한다면 총 부상 인원은 48,800명을 쉽게 넘어설 것이다. 45%의 참전군인들이 미국 보훈처를 상대로 장애 관련 소송을 제기했고, 약 83만 건의 소송이 대기 중이라는 점도 국무부의 공식 통계에 대한 의혹을 증폭시키고 있다(La Ganga 2012; Marchione 2012).

또한 부상당한 상이군인들을 위한 군사 의료시설에서의 치료 부족에 대한 문제점도 제기되고 있다. 2007년 『워싱턴 포스트』(Washington Post)지는 월터 리드 육군 의료센터(Walter Reed Army Medical Center)에 대한 폭로성 기사를 게재하여 대중의 관심을 샀다(Priest and Hull 2007). 육군

Box 8.3 현대 미국의 전쟁 상이군인들의 곤경 (계속)

계열의 의료시설인 월터 리드 병원은 기준에 한참 미달하는 보살핌을 제공하였다. 곰팡이, 부식물 및 쥐가 일부 병실에 들끓었고, 난방과 수도도 자주 공급되지 않았다. 병원 의료진과 직원들은 조직적으로 업무를 수행하지 못하거나 또는 반대로 과다 업무에 시달렸다. 그들은 환자들을 제대로 돌보지 못했고 서류를 분실하거나 환자들의 간단한 요구에도 제대로 응대하지 못했다(Box 6.3 참조). 월터 리드에서 퇴원한 상이군인들은 9·11 이전 전쟁 상이군인들보다 훨씬 더 형편없는 재활 서비스를 제공받았다고 증언했다(Donahue and Spiro 2007; Ephron and Childress 2007; Priest and Hull 2007).

미국 국무부는 이러한 문제들에 대해 시정 약속을 하는 등 발 빠르게 대처했지만 열악한 의료시설 문제는 월터 리드 병원에만 국한된 것이 아니었다. 『뉴스위크』(Newsweek) 매거진은 의료시설뿐만 아니라 보훈처에서 제공되는 모든 서비스도 자체 조사했다(Ephron and Childress 2007). 『뉴스위크』는 보훈처가 제공하는 모든 서비스에 과도한 관료주의, 수주 또는 수개월이나 소요되는 정신 보건서비스 등 다양한 문제가 있다고 지적했다(p. 31). 또한 『워싱턴 포스트』지는 월터 리드와 비견될 만큼 열악한 환경을 가진 다른 의료시설들을 찾아냈다(Hull and Priest 2007). 캘리포니아 주 해군 의료센터의 외래환자였던 한 상이군인은 그의 진료소가 파리와 쓰레기로 가득 차 있었다고 폭로했다. 또한 켄터키 주의 육군산하 의료 시설도 벗겨진 페인트와 곰팡이와 열리지 않는 창문 등의 열악한 환경을 가지고 있었다. 또 다른 캘리포니아 주 육군산하 의료 시설에서 외래진료를 받았던 한 상이군인은 외래환자 수용 시설이 정부 기준에 미달한다는 것에 불만사항을 제기하지 않겠다는 각서에 서명하도록 강요받았다고 고백했다.

인식되고 취급된다는 것을 의미할 수 있다. 이러한 체계에서 의료인들은 자주 "이중 행위자"(double agents)의 위치에 놓이게 된다. 그들은 환자들과 고용주/의료비 상환자의 이익에 주의를 기울일 수밖에 없다(Gray 1991; Waitzkin 2000).

이 책의 2장과 5장에서 의료건강관리 서비스가 필요한 장애인을 위한 적절한 재정 지원이 제대로 되고 있지 않다고 밝힌 바 있다(2장과 5장 참조). 재정 지원은 **보살핌** 의제를 반영하는 사회정책들의 수혜자들에게도 중요한 사항이다. 또한 **치유** 의제도 주의 깊게 살펴볼 필요가 있다. 치유 의제는 고통 완화를 바탕으로 하여 도덕적 영향력을 행사하고 있으나 장애인의 실존적 및 사회적 위상과 관련해서는 문제를 야기하고 있다. 다수의 장애인들은 다른 사람들이 "장애인들도 정상인이 되고 싶지 않을까?"라는 잘못된 추측과 전제를 하지 않기를 바란다(2장 참조). W. E. B. 뒤 부아(W. E. B. Du Bois 1903)가 미국에서 흑인으로 살아가는 것을 빗대어 말한 잘 알려진 "당신의 존재가 문제로 인식된다면 당신의 기분은 어떠할까요?" 어구처럼 장애인들도 항상 본인들조차 궁금해 본 적이 없는 질문을 끊임없이 인식하며 살아간다. 이러한 문제에 대한 진지한 탐구는 장애학의 비장애중심주의에 대한 비판을 형성하는 데 결정적인 역할을 했다. 비장애중심주의는 우수한 인간으로 판단되는 기준과 살아갈 만한 가치가 있는 인간의 기준에 대한 정의를 협소하게 제한한다(1장). 토빈 시버스(Tobin Siebers 2008)가 강조하듯이 장애인이 장애를 개인과 집단의 정체성을 구성하는 중요한 요소로서 긍정적으로 인식하고 받아들인다면, 그들이 만족할 만한 삶을 누릴 수 있는 가능성은 상당히 높아진다. 장애는 장애인에게 세상을 살아감에 있어 독특하고 때로는 비평적인 삶의 철학과 방식을 제공한다. 장애에 대한 인식과 수용은 **적극적 수용** 의제로서 자연스럽게 받아들여져야만 한다. 장애는 인종, 민족, 젠더와 성적 지향에 근거한 다른 사회적 다름과 함께 가치 있는 형태의 사회

추가 탐구

Box 8.4. 휠체어를 못 굴리게 될 수도

6장에서 휠체어를 굴릴 수 있는 방법을 배우는 학습 과정에 대해 다룬 바 있다. 휠체어 학습 과정은 척수손상을 입은 장애인이 휠체어 활용 능력을 갖추고 새롭게 살아가는 법을 배우는 것을 의미한다(Papadimitriou 2008a: 695). 그러나 최근 의료보험의 범위와 혜택의 변화는 장애인이 휠체어를 굴릴 수 있는 기회를 제한할 뿐만 아니라 심지어 휠체어를 굴릴 수 없는 상황까지 만들고 있다. 먼저 로리 쿠퍼(Rory Cooper)와 로즈마리 쿠퍼(Rosemarie Cooper)(2012)가 지적하듯이, 하반신마비 장애인은 과거에 비해 의료재활에 시간을 덜 소비한다. 예를 들면, 1980년대 하반신마비 장애인이 의료재활 시설에서 약 6개월을 보냈다면 현 시대의 동일인은 4주 안에 모든 과정을 끝마칠 수 있다. 이것은 후천적으로 장애인이 된 사람들이 자립생활을 위해 예전에 비해 줄어든 일상생활 테크놀로지 학습 과정을 배운다는 것뿐만 아니라 휠체어를 작동관리하고 휠체어 전용도로에서 운전할 수 있는 테크놀로지를 습득하고, 자동차에 휠체어를 집어넣는 등의 훈련 과정이 줄어들었다는 것도 의미한다. 심지어 그 동일인은 예전과 달리 퇴원 시 자신의 휠체어를 소유하기조차 어려울지도 모른다.

더구나 의료보험의 범위와 혜택의 변화는 척수장애인이 최신 저용량 티타늄 소재 휠체어를 소유하는 것을 어렵게 하고 있다. 척수장애인이 운 좋게 휠체어 테크놀로지에 정통한 의사나 치료사를 만났을지라도 최신 휠체어를 소유하기 위해 필요한 재정 지원을 받는 것은 상당히 어려울 것이다. 휠체어 제조업자들은 공장에서 다양한 유형의 휠체어 제작과 생산을 제한하고 있으며, 이로 인해 장애인 소비자들의 양질의 삶을 강화시키는 다양한 선택의 폭은 점차 줄어들고 있는 실정이다(Cooper and Cooper 2012).

적 다름으로 높이 평가되어야 한다. 이것은 장애의 문화적 모델의 본질이며, 문화적 모델에서 장애는 사회적으로 구성된 정상성의 개념에 대항하는 하나의 장(site)이 된다(2장 참조). 적극적 수용 의제는 광의적 의미의 **다문화주의**(multiculturalism)와 같은 지향점을 추구하며, 인간성의 본질적 특성으로서 인간의 다름에 대한 존중과 감사를 기본으로 삼는다(Alexander 2006; Berger 2012; Gilson and DePoy 2000).[10]

적극적 수용 의제는 베이커(2011)가 지적한 것처럼, 상대적으로 고기능 장애인 중심으로 이루어지는 경향이 있다. 반면, 보살핌 의제는 일상생활을 함에 있어 보조가 다소 필요한 장애인에게 초점이 맞춰져 있다.[11] 각 의제들이 중시하는 우선 사항은, 의제들의 관계를 상보적이거나 또는 경쟁적으로 보는 것과 상관없이, 각기 다른 쟁점들을 양산한다. 이 쟁점들은 장애 관련 분야에 영향을 미치고 있다. 의료적 모델 성향의 교수자와 학습자는 사회적 모델 성향의 교수자와 학습자와 갈등을 빚을 수 있다. 의료적 접근을 주장하는 사람들은 "결손된 몸의 재활"이 장애 관련 분야의 중심이 되어야 한다고 말한다. 반면, 사회적 접근을 주장하는 사람들은 "장애는 제거되어야 할 대상으로 존재하는 다름이다."라는 사고를 거부한다(Snyder and Mitchell 2006; 190, 192). 사회적 모델은

---

10) 제프리 알렉산더(Jeffrey Alexander 2006)는 동화주의(assimilation)와 다문화주의를 통합 방식(modes of incorporation)의 상반되는 예들로서 대조했다. 동화 모델에서 소수자 집단은 다수자 · 권력자 집단을 모방하고 다수자 · 권력자 집단의 본질적인 특성을 변화하는 등의 위협적인 행위를 하지 않는다는 조건하에 그 존재를 인정받는다. 다문화주의에서 소수자 집단은 존재 자체를 인정받을 뿐만 아니라 다수자 · 권력자 집단을 확장하고 전환하는 역량이 있다는 점에서 높이 평가받는다.

11) 톰 셰익스피어(Tom Shakespeare)는 선천적 장애인과 후천적 · 진행성 장애인을 구분하였다. 전자의 손상은 상대적으로 안정적인 편이기 때문에 손상에 잘 적응되어 있을 가능성이 높다. 반면, 후천적이나 진행성의 손상을 가지고 있는 후자는 상대적으로 어려움을 겪을 수 있다(2006: 107).

의료적 모델에 바탕을 둔 의료 재활적 중재와 개입을 완전히 부정하거나 또는 장애인에게 무가치한 것으로 판단하지 않는다. 의료적 모델의 가장 큰 문제점은 장애인과 장애학과 관련된 주제들을 매우 제한적이고 협소하게 바라보고 접근하는 데 있다. 장애 관련 주제는 시버스(2008)가 논의한 복합적 체화 이론처럼 장애 관련 주제들은 체화된 다름과 환경 간 상호작용을 고려하여 보다 폭넓게 조명되어야 한다(2장 참조).

장애와 인권

베이커(2011)는 그녀의 장애정책 의제 분석연구에서 개별적이면서도 중첩되는 네 가지 의제들을 논의했다. 네 가지 의제는 치유(Cure), 적극적 수용(Celebration), 보살핌(Care)과 시민권(Civil Rights)이다. 이 중 **시민권 의제**는 미국 장애 역사에서 중대한 분기점으로 기록되고 있는 1990년 「미국장애인법」에서 절정을 이루었다.[12] 그러나 미국 대법원은 장애인법을 다양한 방식으로 해석하고 있어서 앞으로의 장애인 권리에 대한 전망을 불투명하게 만들고 있다(3장 참조). 비록 장애인법이 장애인들이 법적으로 보호받을 권리를 소유하고 차별에서 보호받아야 한다는 데는 일반적으로 동의하지만, 이러한 권리를 구현하는 데 실제로 요구되는 것이 무엇인가에 대해서나 장애인 보호에 대한 동의를 규정하고 집행하는 구체적인 방법에 대해서는 아직 모호한 실정이다.

베이커는 시민권과 **인권**(human rights)을 다음과 같이 구분한다. 시민권은 "특정 국가에서 법적 지위와 연관된 책임과 특권"을 다루며 인

---

12) 미국 장애운동의 리더십 전망에 대한 논의는, Foster−Fishman et al.(2007)을 참조하시오.

권은 "특정 국가를 초월한 인간 조건에 기본적인 자원, 기회와 존엄에 대한 접근을 포함하는 권리"와 관련된다(2011: 28-29). 이러한 의미에서 인권은 1948년 UN에서 채택된 **세계인권선언**(Universal Declaration of Human Rights, UDHR)에서 명시된 것처럼 초국가적인 개념이며 "모든 구성원의 고유한 존엄성과 평등하고 양도할 수 없는 권리를 인정하는 것이 세계의 자유, 정의, 평화의 기초가 됨을 인정한다."(Berger 2012: 215에서 인용) 제2차 세계 대전에서의 나치 만행[13] 이후에 인권은 노예, 고문과 잔인하고 비인간적인 또는 모멸적인 처벌에서 벗어날 수 있는 권리들을 포함시켰다. 인권은 법 앞에 동등한 보호, 종교와 신념의 자유, 우호적인 조건과 공평한 대우로서의 고용, 건강과 행복에 적합한 생활 수준, 무상 교육의 권리를 포함했다. 비록 세계인권선언과 후속 인권 문서들이 법적 구속력 결여라는 한계점은 있지만, 세계 도처에 "인권에 대한 규범적인 통제를 할 수 있는 첫 번째 통합적 수단"은 분명한 사실이다(Savić 1999: 4; Bickenbach 2001 참조).[14]

장애인의 인권에 대한 UN의 첫 번째 성명은 1975년 **장애인 권리선언**(Declaration on the Rights of Disabled Persons)이었다(Priestley 2001).[15] 가장 최근인 2006년에는 **장애인 권리협약**(Convention on the Rights of Persons with Disabilities, CRPD)이 채택되었다. 이 협약은 "장애는 점진적으로 변화하는 개념이고, 장애는 손상을 가진 사람들과 다른 사람들이 동등한 기반에서 사회에 완전하고 효과적으로 참여하는 것을 막는 태도적 및 환경적 장벽 간의 상호작용에서 비롯됨을 인정한

---

13) 1945년에 설립된 UN은 1948년에 대학살 방지와 대학살자 처벌 협약을 통과시켰다(Berger 2012).

14) 장애 쟁점 맥락에서 권리의 개념에 대한 심층적 철학적 논의는 Carey(2009), Nussbaum(2006), Silvers, Wasserman, and Mahowald(1998)를 참조하시오.

15) 1985년 <세계인권선언>은 장애와 장애인을 인권의 주요 문제로 포함했다.

다."라는 사회적 모델의 담론을 채택했다(Harpur 2012: 3에서 인용). 이 협약은 건물, 학교, 대중교통에 대한 접근권; 지역사회에서 자립적으로 살고 통합될 권리; 개인적 이동성, 정보 접근 및 정치적 참여 권리; 여가, 레저 및 문화생활을 할 수 있는 권리를 구체적으로 명시한다.

　　폴 하퍼(Paul Harpur)는 국제법의 도덕적 문서로서 장애인 권리협약이 장애인들이 그들의 사회에서 완전 통합되어 살아갈 권리가 있다는 점을 재천명한다고 강조했다(2012: 11).[16] 장애학은 한 학문 분야로서 이러한 도덕적 열망과 연계되어 있고, 우리는 각 개인의 다름에도 불구하고, 또는 아마도 각 개인이 다르기 때문에, 동등한 가치를 지닌 인간이라는 제의에 헌정된 분야임을 분명히 해야 한다. 마이클 이그나티프(Michael Ignatieff)가 통찰력 있게 관찰한 것처럼 우리의 다름은 "운명적이고 동시에 만들어진" 것이고, 그것은 우리의 "개인성의 의식의 기초를 구성하고, 이 의식은, 차이에 기초해서, 인간이란 무엇을 의미하는지의 구성적 요소가 된다."(2001: 28) 이그나티프는 "우리가 우리의 다름에 주는 존엄과 명예를 정교화하는 정도만큼 우리의 인간성(humanity)은 가치 있다." "우리가 모두 다르다는 현실은 우리의 공동 유산이고 공유된 외적 특징이다. 우리들 중 누구라도 우리의 다름에 대해 무시를 당하거나 해를 입을 경우, 우리는 우리의 다름을 옹호하기 위해 싸울 수 있어야 한다."라고 말했다.

---

16) 게리 L. 알브레히트(Gary L. Albrecht 2010)는 장애 이주자(disabled immigrants) 관련 쟁점들이 미래 장애 연구의 중요한 과제가 될 것으로 제안한다.

요약

이 책의 결론인 8장에서는 장애의 미래에 영향을 주는 다양한 쟁점들을 검토했고, 네 가지 장애정책 의제들(치유, 적극적 수용, 보살핌과 시민권)을 살펴보았다. 첫째, 컴퓨터 테크놀로지의 역설적인 기능에 대해 알아보았다. 컴퓨터 테크놀로지가 장애인의 삶의 질을 향상시키는 데 기여했다는 점은 부인할 수 없다. 그러나 컴퓨터 테크놀로지는 장애인과 비장애인의 정보 격차를 확대하는 등 접근성에 관한 문제를 비롯한 역기능을 초래하고 있다.

둘째, 장애인의 미래에 부정적인 영향을 줄 수 있는 유전자 선별과 의사조력자살에 대해 논의해 보았다. 유전자 선별은 산전 테크놀로지의 힘을 빌려 비정상적인 특징을 가지고 있다고 판단되는 태아의 감별과 낙태를 가능하게 했다. 또한 산전 테크놀로지는 장애를 가지고 있지 않은 "디자인된 아기"의 탄생을 허용한다. 친장애 옹호자들은 이러한 의료적 실제들이 장애인이 존재하지 않는 세상을 추구하는 우생학의 기본이념을 반영할 뿐만 아니라 인간의 유전자 풀을 협소하게 함으로써 장애라는 혁신과 다양성의 중요한 원천을 빼앗아 간다고 주장한다. 의사조력자살도 장애인은 살 만한 가치가 없다는 사회적 분위기를 반영한다. 그러나 친장애 옹호자들은 자살을 고려하는 대부분의 장애인들이 삶의 질을 개선할 수 있는 자립생활에 대한 지원이 강화된다면 다른 선택을 할 것이라고 예측한다.

셋째, 장애학에서 의료적 모델의 입지와 의료적 모델에 대한 비판을 재고찰했다. 장애인을 결함 있는 존재로 인식·수용하는 의료적 모델의 관점에 대한 장애학적 비판을 검토했고, 장애인을 위한 의료건강관리와 다른 보살핌 서비스에 대한 재정 지원이 부족하다는 점도 언급했다. 장애학은 보다 폭넓은 측면에서 장애 관련 연구 주제에 접근할 필요가 있다. 즉, 장애학 연구자들은 장애를 체화된 다름과 사회적 환경 사이의 상호작용에서 발생할 수밖에 없는 복합적 현상으로 바라보고 연구를 발전시켜 나아가야 한다.

　마지막으로, 시민권 차원의 장애와 인권 차원의 장애를 구분해 보았다. 시민권은 특정 국가 안에 존재하는 권리와 관계되어 있고, 인권은 특정 국가를 초월하는 권리를 다룬다. UN의 국제 규범과 모든 사회의 완전 통합에 대한 염원을 확고하게 지지하는 UN의 인권문서들에서 장애의 위상을 살펴보았다. 우리의 비전은 다름이 포용될 뿐만 아니라 인류를 확대하고 풍요롭게 할 다름의 능력을 존중하고 감사하는 일종의 다문화 세계다.

참고문헌

Abbott, David, Jenny Morris, and Linda Ward. 2001. "The Best Place to Be? Policy, Practice and the Experiences of Residential School Placements for Disabled Children." Joseph Rowntree Foundation, Oct. 10, available at http://www.jr.org.

Adelson, Betty M. 2005. *Dwarfism: Medical and Psychosocial Aspects of Profound Short Stature.* Baltimore: John Hopkins University Press.

Adler, Shawn. 2008. "Tropic Thunder' Director/Star Ben Stiller Says Disability Advocates' Planned Boycott Is Unwarranted." *MTV*.com, available at http://www.mtv.com.

Albrecht, Gary L. 1992. *The Disability Business: Rehabilitation in America.* Thousand Oaks, CA: Sage.

_____. 2010. "The Sociology of Disability: Historical Foudnations and Future Directions.: In *Handbook of Medical Sociology,* 6th ed., eds. Chloe E. Bird, Peter Conrad, Allen M. Fremont, and Stefan Timmermans. Nashville, TN: Vanderbilt University Press.

Albrecht, Gary L., and Michael Bury. 2001. "The Political Economy of the Disability Marketplace." In *Handbook of Disability Studies,* eds. Gary L. Albrecht, Katherine D. Seelman, and Michael Bury. Thousand Oaks, CA: Sage.

Albrecht, Gary L., Katherine D. Seelman, and Michael Bury (eds.). 2001. *Handbook of Disability Studies.* Thousand Oaks, CA: Sage.

Alcoff, Linda Martín, and Satya P. Mohanty. 2006. "Reconsidering Identity Politics: An Introduction." *In Identity Politics Reconsidered,* eds. Linda Martín Alcoff, Michael Hames-Garcia, Satya P. Mohanty, and Paula M. L.

Moya. New York: Palgrave.

Alexander, Franz G., and Sheldon T. Selesnick. 1964. *The History of Psychiatry: An Evaluation of Psychiatric Thought and Practice from Prehistoric Times to the Present.* New York: Harper & Row.

Alexander, Jeffrey C. 2006. *The Civil Sphere.* New York: Oxford University Press.

Altman, Barbara M. 2001. "Disability Definition, Models, Classification Schemes, and Applications." In *Handbook of Disability Studies,* eds. Gary L. Albrecht, Katherine D. Seelman, and Michael Bury. Thousand Oaks, CA: Sage.

Anders, Charlie Jane. 2009. "20 Science Fiction Characters Who Got Their Legs Back." io9.com (Dec. 23), available at http://io9.com/Anderson, Kristen G. 1997. "Gender Bias and Special Education Referrals." *Annals of Dyslexia* 47: 151–162.

Antonetta, Susanne. 2005. *A Mind Apart: Travels in a Neurodiverse World.* London: Penguin.

Applebome, Peter. 1990. "An Angry Man Fights to Die, Then Tests Life." *New York Times* (Feb. 7), available at http://www.nytimes.com.

Arons, Bernard S. 2000. "Mental Health and Criminal Justice." Washington, DC: US Department of Health and Human Services, available at http://www.hhs.gov.

Aronson, Josh (director). 2001. *Sound and Fury.* PBS documentary.

Artiles, Alfredo, Robert Rueda, Jesús José Salazar, and Ignacio Higareda. 2005. "Within-Group Diversity in Minority Disproportionate Representation: English Language Learners in Urban School Districts." *Exceptional Children* 71: 283–300.

Asch, Adrienne. 2001. "Disability, Bioethics, and Human Rights." In *Handbook of Disability Studies,* eds. Gary L. Albrecht, Katherine D. Seelman, and Michael Bury. Thousand Oaks, CA: Sage.

Asch, Adrienne, and Gail Geller. 1996. "Feminism, Bioethics and Genetics." In

Feminism, Bioethics: Beyond Reproduction, ed. Susan M. Wolf. Oxford, UK: Oxford University Press.

Ashton-Shaeffer, Candace, Heather J. Gibson, Cari E. Autry, and Carolyn S. Hanson. 2002. "Meaning of Sport to Adults with Physical Disabilities: A Disability Sport Camp Experience." *Sociology of Sport Journal* 18: 95-114.

Bagatell, Nancy. 2010. "From Cure to Community: Transforming Notions of Autism." Ethos 38: 33-55.

Bagenstos, Samuel R. 2009. *Law and the Contradictions of the Disability Rights Movement.* New Haven, CT: Yale University Press.

Baker, Dana Lee. 2011. *The Politics of Neurodiversity: Why Public Policy Matters.* Boulder, CO: Lynne Rienner.

Baker, Paul M. A., and Nathan W. Moon. 2008. "Wireless Technologies and Accessibility for People with Disabilities: Findings from a Policy Research Instrument." *Assistive Technology* 20: 149-156.

Baker, Paul M. A., Nathan W. Moon, and Opportunities of Technocentric Exclusion and Telework: Barriers and Opportunities of Technocentric Workplace Accommodation Policy." *Work* 27: 4212-4230.

Barbaresi, William, Slavica Katusic, Robert Colligan, Amy Weaver, and Steven Jacobsen. 2005. "The Incidence of Autism in Olmstead County, Minnesota, 1967-1997: Results from a Population Based Study." *Archives of Pediatric and Adolescent Medicine* 159: 37-44.

Barnes, Colin, and Geof Mercer. 2001. "Disability Culture: Assimilation or Inclusion?" In *Handbook of Disability Studies,* eds. Gary L. Albrecht, Katherine D. Seelman, and Michael Bury. Thousand Oaks, CA: Sage.

Barnes, Colin, Geof Mercer, and Tom Shakespeare. 1999. *Exploring Disability: A Sociological Introduction.* Cambridge, UK: Polity Press.

Barnes, Colin, and Alison Sheldon. 2010. "Disability, Politics and Poverty in a Majority World Context." *Disability & Society* 25: 771-782.

Baron-Cohen, Simon. 2000. "Is Asperger's Syndrome/High Functioning Autism Necessarily a Disability?" *Developmental Pathology* 12: 480-500.

Barounis, Cynthia. 2008. "Cripping Heterosexuality, Queering Able-Bodiedness: *Murderball, Brokeback Mountain,* and the Contested Masculine Body." *Journal of Visual Culture* 8: 54-75.

Barr, Martin. [1904] 1913. *Mental Defectives: Their History, Treatment, and Training.* Philadelphia: Blakiston.

Barton, Len, and Felicity Armstrong. 2001. "Disability, Education, and Inclusion: Cross-Cutlural Issues and Dilemmas." In *Handbook of Disability Studies,* eds. Gary L. Albrecht, Katherine D. Seelman, and Michael Bury. Thousand Oaks, CA: Sage.

Baynton, Douglas. [1992] 2010. "'A Silent Exile on This Earth': The Metaphorical Construction of Deafness in the Nineteenth Century." In The *Disability Studies Reader,* 3rd ed., ed. Lennard Davis. New York: Routledge.

Becker, Howard S. 1963. Outsiders: Studies in the Sociology of Deviance. New York: Free Press.

Benderly, Beryl Lieff. 1990. *Dancing Without Music: Deafness in America.* Washington, DC: Gallaudet University Press.

Berger, Ronald J. 2009a. "Adolescent Subcultures, Social Type Metaphors, and Group Delinquency: Continuity and Change." In *Juvenile Delinquency and Justice: Sociological Perspectives,* eds. Ronald J. Berger and Paul D. Gregory. Boulder, CO: Lynne Rienner.

_____. 2009b. *Hoop Dreams on Wheels: Disability and the Competitive Wheelchair Athlete.* New York: Routledge.

_____. 2009c. "Hoops and Wheels." *Context: Understanding People in Their Social Worlds* 8 (3): 40-45.

_____. 2012. *The Holocaust, Religion, and the Politics of Collective Memory: Beyond Sociology.* New Brunswick, NJ: Transaction.

Berger, Ronald J., and Jon Feucht. 2011. "'Thank You for Your Words': Observations from a Disability Summer Camp." *Qualitative Inquiry* 18: 76-85.

Bérubé, Michael. 1996. *Life as We Know It: A Father, a Family, and an Exceptional Child.* New York: Vintage.

Bickenbach, Jerome E. 2001. "Disability Human Rights, Law, and Policy." In *Handbook of Disability Studies,* eds. Gary L. Albrecht, Katherine D. Seelman, and Michael Bury. Thousand Oaks, CA: Sage.

Bishop, Anne H., and John R. Scudder Jr. 1990. *The Practical, Moral, and Personal Sense of Nursing.* Albany, NY: State University of New York Press.

Bishop, Dorothy, Andrew Whitehouse, Helen Watt, and Elizabeth Line. 2008. "Autism and Diagnostic Substitution: Evidence from a Study of Adults with a History of Developmental Language Disorder." *Developmental Medicine and Child Neurology* 50: 341-345.

Blinde, Elaine M., Diane Taub, and Han Lingling. [1993] 2001. "Sport Participation and Women's Personal Empowerment: Experiences of the College Athlete." In *Contemporary Issues in Sociology of Sport,* eds. Andrew Yiannakis and Merril J. Melnick. Champaign, IL: Human Kinetics.

Blume, Harvey. 1997. "Connections: Autistics Are Communicating." *New York Times* (June 30), available at http://www.nytines.com.

_____. 1998. "Neurodiversity." *The Atlantic* (Sept. 30), available at http://www.theatlantic.com

Boebinger, Carolyn. 2012. "Modern Evolution." *Sports 'N Spokes* (Mar.): 30-33.

Bogdan, Robert. 1988. *Freak Show: Presenting Human Oddities for Amusement and Profit.* Chicago: University of Chicago Press.

Bogdan, Robert, and Steven J. Taylor. 1989. "The Social Construction of Humanness: Relationships with Severely Disabled People." *Social Problems* 36: 135-158.

Bogle, Jane Elder, and Susan L. Shaul. 1981. "Body Image and the Woman with a Disability." In *Sexuality and Physical Disability: Personal Perspectives,* eds. David Bullard and Susan Knight. St. Louis: C. V. Mosby.

Braddock, David L., and Susan L. Parish. 2001. "An Institutional History of Disability." In *Handbook of Disability Studies,* eds. Gary L. Albrecht, Katherine D. Seelman, and Michael Bury. Thousand Oaks, CA: Sage.

Branfield, Fran. 1998. "What Are You Doing Here? 'Non-disabled' People and the Disability Movement." *Disability & Society* 13: 143-144.

Bricout, John C. 2004. "Using Telework to Enhance Return to Work Outcomes for Individuals with Spinal Cord Injuries." *Neuro-Rehabilitation* 19: 147-159.

Brittain, Ian. 2004. "Perceptions of Disability and Their Impact upon Involvement in Sport for People with Disabilities at All Levels." *Journal of Sport & Social Issues* 28: 429-452.

Bromberg, Walter. 1975. *From Shaman to Psychotherapist: A History of the Treatment of Mental Illness.* Chicago: Henry Regnery.

Brosnan, John. 1976. *The Horror People.* New York: St. Martin's Press.

Brown, Phil. 1995. "Naming and Framing: The Social Construction of Diagnosis and Illness." *Journal of Health and Social Behavior* 33: 267-281.

Brown, Phil, Stephen Zavestoski, Sabrina McCormick, Brian Mayer, Rachel Morello-Frosch, and Rebecca Gasior. 2004. "Embodied Health Movements: New Approaches to Social Movements in Health." *Sociology of Health & Illness* 26: 50-80.

Browner, Carole H., and Nancy Press. 1995. "The Normalization of Prenatal Diagnosis Screening." In *Conceiving the New World Order: The Global Politics of Reproduction,* eds. Faye D. Ginsburg and Rayna Rapp. Berkeley: University of California Press.

Burgstahler, Sheryl A., and Rebecca C. Cory (eds.). 2008. *Universal Design in Higher Education: From Principles to Practice.* Cambridge, MA: Harvard Education Press.

Burkett, Brendan, Mike McNamee, and Wolfgang Potthast. 2011. "Shifting Boundaries in Sports Technology and Disability: Equal Rights or Unfair

Advantage in the Case of Oscar Pistorious?" *Disability & Society* 26: 643–654.

Bury, Michale. 2000. "On Chronic Illness and Disability." In *Handbook of Medical Sociology,* 5th ed., eds. Chloe E. Bird, Peter Conard, and Allen M. Fremont. Upper Saddle River, NJ: Prentice-Hall.

Butler, Judith. 1999. *Gender Trouble: Feminism and the Subversion of Identity.* New York: Routledge.

Butterworth, John, and William E. Kiernan. 1996. "Access to Employment for All Individuals: Legislative Systems and Service Delivery Issues." In *People with Disabilities Who Challenge the System,* eds. Donna H. Lehr and Fredda Brown. Baltimore: Paul H. Brookes.

Byrom, Brad. 2001. "A Pupil and a Patient: Hospital-Schools in Progressive America." In *The New Disability History: American Perspectives,* eds. Paul K. Longmore and Lauri Umansky. New York: New York University Press.

Cabin, William. 2010. *Phantoms of Home Care: Alzheimer's Disease Patients as Victims of Medicare's Designed Neglect.* Saarbrücken, Germany: LAP LAMPERT Academic.

Caeton, D. A. 2011. "Choice of a Lifetime: Disability, Feminism, and Reproductive Rights." *Disability Studies Quarterly* 31 (1), available at http://dsq-sds.org.

Cahill, Spencer E., and Robin Eggleston. 1994. "Managing Emotions in Public: The Case of Wheelchair Users." *Social Psychology Quarterly* 57: 300–312.

_____. 1995. "Reconsidering the Stigma of Physical Disability: Wheelchair Use and Public Kindness." *The Sociological Quarterly* 36: 681–698.

Calton, Cindee. 2010. "The Obscuring of Class in Memoirs of Parents and Children with Disabilities." *Disability & Society* 25: 849–860.

Camilleri, Joseph M. 1999. "Disability: A Personal Odyssey." *Disability & Socie-*

ty 14: 845-853.

Campbell, Elizabeth, and Graham Jones. 2002. "Sources of Stress Experienced by Elite Male Wheelchair Basketball Players." *Adapted Physical Activity Quarterly* 19: 82-99.

Carey, Allison. 2009. *On the Margins of Citizenship: Intellectual Disability and Civil Rights in Twentieth-Century America.* Philadelphia: Temple University Press.

Carrier, James. 1986. *Learning Disability: Social Class and the Construction of Inequality in American Education.* New York: Greenwood Press.

Caton, Sue, and Carolyn Kagan. 2007. "Comparing Transition Expectations of Young People with Moderate Learning Disabilities with Other Vulnerable Youth and with Their Non-disabled Counterparts." *Disability & Society* 22: 473-488.

Centers for Disease Control and Prevention (CDCP). 2011. "Number of U.S. Adults Reporting a Disability Increasing," available at http://www.cdc.gov.

Chan, Nathan Kai-Cheong, and Allison C. Gillick. 2009. "Fatness as a Disability Issue: Questions of Personal and Group Identity." *Disability & Society* 24: 231-243.

Chapkis, Wendy. 1986. *Beauty Secrets: Women and the Politics of Appearance.* London: Women's Press.

Charlton, James I. 1998. *Nothing About Us Without Us: Disability Oppression and Empowerment.* Berkeley: University of California Press.

Charlton, James L. 2006. Review of *The Ringer. Disability Studies Quarterly* 26 (3), available at http://dsq-sds.org.

Cleigh, W. C. 2005. "Why We Protest." *Inside Higher Ed* (Feb. 24), available at https://www.insidehighered.com.

Coakley, Jay. 2004. *Sports in Society: Issues and Controversies.* Boston: McGraw-Hill.

Cohen, Leah Hager. 1994a. "The 'Inclusion' Debate: Schools for All, or Separate but Equal?" *Baltimore Sun* (Feb. 23): 11A.

____. 1994b. *Train Go Sorry: Inside a Deaf World.* New York: Vintage.

Colker, Ruth. 2005. *The Disability Pendulum: The First Decade of the Americans with Disabilities Act.* New York: New York University Press.

Collins, Carol. 1999. "Reproductive Technologies for Women with Physical Disabilities." *Sexuality & Disability* 17: 299-307.

Connell, Ruth S. 2008. "Survey of Web Developers in Academic Libraries." *Journal of Academic Librarianship* 34: 121-129.

Connor, David J., and Beth A. Ferri. 2007. "The Conflict Within: Resistance to Inclusion and Other Paradoxes in Special Education." *Disability & Society* 22: 63-77.

Connors, Clare, and Kirsten Stalker. 2007. "Children's Experiences of Disability: Pointers to a Social Model of Childhood Disability." *Disability & Society* 22: 19-33.

Conrad, Peter, and Cheryl Stults. 2010. "The Internet and the Illness Experience." In *Handbook of Medical Sociology,* 6th ed., eds. Chloe E. Bird, Peter Conrad, Allen M. Fremont, and Stefan Timmermans. Nashville, TN: Vanderbilt University Press.

Coo, Helen, Helene Ouellette-Kuntz, Jennifer Lloyd, Liza Kasmara, Jeanette Holden, and Suzanne Lewis. 2008. "Trends in Autism Prevalence: Diagnostic Substitution Revisited." *Journal of Autism and Developmental Disorders* 38: 1036-1046.

Cooley, Charles H. [1902] 1964. *Human Nature and Social Order.* New York: Scribner.

Cooper, Rory A., and Rosemarie Cooper. 2012. "Emerging Developments." *Sports 'N Spokes* (Mar.): 58-61.

Corroto, Carla. 2012. "The Architecture of Compliance: ADA and the Profession of Architecture." Paper presented at the International Congress of Qualitative Inquiry (May), Urbana-Champaign, IL.

Coutinho, Martha J., and Donald P. Oswald. 2005. "Stated Variation in Gender Disproportionality in Special Education Findings and Recommendations." *Remedial and Special Education* 26: 7-15.

Cowley, Geoffrey. 2003. "Girls, Boys, and Autism." *Newsweek* (Sept. 8): 42-50.

Crase, Nancy. 1982. "Rules and Regs: How Wheelchair Basketball Is Played." *Sports 'N Spokes* magazine reprint (May-June): 1-2.

Crow, Liz. 2000. "Helen Keller: Rethinking the Problematic Icon." *Disability & Society* 15: 845-859.

Cunningham, Ian C., Philip James, and Pauline Dibben. 2004. "Bridging the Gap Between Rhetoric and Reality: Line Managers and the Protection of Job Security for Ill Workers in the Modern Workplace." *British Journal of Management* 15: 274-290.

Danforth, Scot. 2009. *The Incomplete Child: An Intellectual History of Learning Disabilities.* New York: Peter Lang.

Darling, Rosalyn Benjamin. 1979. *Families Against Society: A Study of Reactions to Children with Birth Defects.* Beverly Hills, CA: Sage.

_____. 1988. "Parental Entrepreneurship: A Consumerist Response to Professional Dominance." *Journal of Social Issues* 44: 141-158.

_____. 2000. "Only for Individuals with Disabilities?" *Footnotes* (May/June): 6.

Darling, Rosalyn B., and D. Alex Heckert. 2010. "Orientations Toward Disability: Differences over the Lifecourse." *International Journal of Disability, Development and Education* 57: 131-143.

Davies, Megan, Allison Connolly, and John Horan (eds.). 2010. *Sate Injury Indicators Report.* Atlanta: Centers for Disease Control and Prevention, National Center for Injury Prevention and Control.

Davis, Fred. 1961. "Deviance Disavowal: The Management of Strained Interaction by the Visibly Handicapped." *Social Problems* 9: 120-132.

Davis, Lennard J. 1995. *Enforcing Normalcy: Disability, Deafness, and the*

Body. New York: Verso.

_____. 2001. "Identity Politics, Disability, and Culture." In *Handbook of Disability Studies,* eds. Gary L. Albrecht, Katherine D. Seelman, and Michael Bury. Thousand Oaks, CA: Sage.

_____. 2002. *Bending Over Backwards: Disability, Dismodernism, and Other Difficult Positions.* New York: New York University Press.

_____. 2005. "Why Disability Studies Matters." *Inside Higher Ed* (Feb. 21), available at http://www.insidehighered.com.

Deaf Linx. 2012. "Deaf Education Options Guide," available at http://www.deaflinx.com

Deal, Mark. 2003. "Disabled People's Attitudes Toward Other Impairment Groups: A Hierarchy of Impairments." *Disability & Society* 18: 897-910.

DeJong, Gerben, and Ian Basnett. 2001. "Disability and Health Policy: The Role of Markets in the Delivery of Health Services." In *Handbook of Disability Studies,* eds. Gary L. Albrecht, Katherine D. Seelman, and Michael Bury. Thousand Oaks, CA: Sage.

de Mause, Lloyd. 1981. "The Fetal Origins of History." *Journal of the History of Ideas* 30: 413-422.

Denzin, Norman K. 1989. *Interpretive Biography.* Newbury Park, CA: Sage.

_____. 1998. "The New Ethnography." *Journal of Contemporary Ethnography* 27: 405-415.

DePauw, Karen P. 1997. "The (In)Visibility of Disability: Cultural Contexts and 'Sporting Bodies.'" *Quest* 49: 416-430.

DePauw, Karen P., and Susan G. Gavron. 2005. *Disability and Sport.* 2nd ed. Champaign, IL: Human Kinetics.

Devlieger, Patrick, and Gary L. Albrecht. 2000. "The Concept and Experience of Disability on Chicago's Near West Side." *Journal of Disability Policy Studies* 11: 51-60.

Devlieger, Patrick, Gary L. Albrecht, and Miram Hertz. 2007. "The Production of Disability Culture Among Young African-American Men." *Social Science & Medicine* 64: 1948-1959.

Diamond, Milton. 1984. "Sexuality and the Handicapped." In *The Psychological and Social Impact of Physical Disability,* eds. Robert P. Marinelli and Arthur E. Dell Orto. New York: Springer.

Dillon, Erin. 2007. "Labeled: The Students Behind NCLB's 'Disabilities' Designation." *Education Sector* (July 12), available at http://educationpolicy.air.org.

Dispenza, Mary L. 2002. "Overcoming the New Digital Divide: Technology Accommodations and the Undue Hardship Defense Under the Americans with Disabilities Act." *Syracuse Law Review* 52: 159-181.

Dobransky, Kerry, and Eszter Hargittai. 2006. "The Disability Divide in Internet Access and Use." *Information Communication and Society* 9: 313-334.

Donahue, Phil, and Ellen Spiro (producer/director). 2007. Body of War. Documentary film by docuramafilms.

Du Bois, W. E. B. [1903] 1996. *The Souls of Black Folk.* New York: Penguin.

Duckett, Paul S. 1998. "What Are You Doing Here? 'Non-Disabled' People and the Disability Movement: A Response to Fran Branfield." *Disability & Society* 13: 625-628.

Dyer, Bryce T. J., Siamak Noroozi, Sabi Redwood, and Philip Sewell. 2010. "The Design of Lower-Limb Prostheses: Fair Inclusion in Disability Sport." *Disability & Society* 25: 593-602.

Edwards, R. A. R. 2001. "'Speech Has an Extraordinary Humanizing Power': Horace Mann and the Problem of Nineteenth-Century American Deaf Education." In *The New Disability History: American Perspectives* eds. Paul K. Longmore and Lauri Umansky. New York: New York University Press.

Eisenstadt, Stuart N. 1956. *From Generation to Generation: Age Groups and Social Structures.* New York: Free Press.

Elder, Glen H., Jr., Kirkpatrick Johnson, and Robert Crosnoe. 2004. "The Emergence and Development of Life Course Theory." In *Handbook of the Life Course*, eds. Jeylan T. Mortimer and Michael J. Shanahan. New York: Springer.

Ellul, Jacques. [1964] 1967. *The Technological Society*, trans. John Wilkinson. New York: Vintage.

Engel, David M., and Frank W. Munger. 2003. *Rights of Inclusion: Law and Identity in the Life Stories of Americans with Disabilities.* Chicago: University of Chicago Press.

England, Ralph W. 1967. "A Theory of *Middle-Class Delinquency.*" In *Middle-Class Juvenile Delinquency,* ed. Edmund W. Vaz. New York: Harper & Row.

Ephron, Dan, and Sarah Childress. 2007. "Forgotten Heroes." *Newsweek* (Mar. 5): 29-37.

Epstein, Ronald M., Kevin Fiscella, Cara S. Lesser, and Kurt C. Stange. 2010. "Why the Nation Needs a Policy Push on Patient-Centered Health Care." *Health Affairs* 29: 1-7.

Fenton, Andrew, and Tim Krahn. 2007. "Autism, Neurodiversity, and Equality Beyond the 'Normal.'" *Journal of Ethics in Mental Health* 2: 1-6.

Fine, Michelle, and Adrienne Asch. 1988. "Disability Beyond Stigma: Social Interaction, Discrimination, and Activism." *Journal of Social Issues* 44: 3-21.

Fiske, Susan T., Amy J. C. Cuddy, Peter Glick, and Jun Xu. 2001. "A Model of (Often Mixed) Stereotype Content: Competence and Warmth Respectively Follow from Perceived Status and Competition." *Journal of Personality and Social Psychology* 82: 878-902.

Flad, Jennifer, Ronald J. Berger, and Jon Feucht. 2011. "Can You Hear Me Now? Augmentative Communication, Methodological Empowerment, and the Life Story of Jon Feucht." *Disability Studies Quarterly* 31 (4). available at http://dsq-sds.org

Fleischer, Doris Zames, and Frieda Zames. 2001. *The Disability Rights Movement: From Charity to Confrontation.* Philadelphia: Temple University Press.

Foster-Fishman, Pennie, Tiffeny Jimenez, Maria Valenti, and Tash Kelley. 2007. "Building the Next Generation of Leaders in the Disabilities Movement." *Disability & Society* 22: 341-356.

Foucault, Michel. 1979. *Discipline and Punish: The Birth of the Prison.* New York: Vintage.

Frank, Gelya. 1988. "Beyond Stigma: Visibility and Self-Empowerment of Persons with Congenital Limb Deficiencies." *Journal of Social Issues* 44: 95-115.

_____. 2000. *Venus on Wheels: Two Decades of Dialogue on Disability, Biography, and Being Female in America.* Berkeley: University of California Press.

Franks, Beth. 2001. "Gutting the Golden Goose: Disability in Grimms' Fairy Tales." In *Embodied Rhetorics: Disability in Language and Culture,* eds. James C. Wilson and Cynthia Lewiecki-Wilson. Carbondale: Southern Illinois University Press.

French, Sally, and John Swain. 2001. "The Relationship Between Disabled People and Health and Welfare Professionals." In *Handbook of Disability Studies,* eds. Gary L. Albrecht, Katherine D. Seelman, and Michael Bury. Thousand Oaks, CA: Sage.

Fries, Kenny (ed.). 1997. *Staring Back: The Disability Experience from the Inside Out.* New York: Plume.

Fujiura, Glenn T., Kiyoshi Yamaki, and Susan Czechowicz. 1998. "Disability Among Ethnic and Racial Minorities in the United States." *Journal of Disability Policy Studies* 9: 111-130.

Gabe, Jonathan, and Michael Calnan. 2000. "Health Care and Consumption." In

Health Medicine and Society: Key Theories, Future Agendas, eds. Simon J. Williams, Jonathan Gabe, and Michael Clanan. New York: Routledge.

Galvin, Ruth. 2003. "The Paradox of Disability Culture: The Need to Combine Versus the Imperative to Let Go." *Disability & Society* 18: 675-690.

Garland, Rosemarie. 1995. *The Eye of the Beholder: Deformity and Disability in the Graeco-Roman World.* Ithaca, NY: Cornell University Press.

Garth, Belinda, and Rosalie Aroni. 2003. "'I Value What You Have to Say': Seeking the Perspective of Children with a Disability, Not Just Their Parents." *Disability & Society* 18: 561-576.

Gerhart, Kenneth A., Jane Kozoil-McLain, Steven R. Lowenstein, and Gale G. Whiteneck. 1994. "Quality of Life Following Spinal Cord Injury: Knowledge and Attitudes of Emergency Care Providers." *Annals of Emergency Medicine* 23: 807-812.

Gerschick, Thomas J. 2000. "Toward a Theory of Disability and Gender." *Signs: Journal of Women in Culture and Society* 25: 1263-1268.

Gerschick, Thomas J., and Adam S. Miller. 1995. "Coming to Terms: Masculinity and Physical Disability." In *Men's Health and Illness: Gender, Power and the Body,* eds. Donald F. Sabo and David Frederick Gordon. Thousand Oaks, CA: Sage.

Gibson, Pamela Reed, and Amanda Lindberg. 2007. "Work Accommodation for People with Multiple Chemical Sensitivity." *Disability & Society* 22: 717-732.

Gill, Carol J. 1994. "Questioning Continuum." In *The Ragged Edge: The Disability Experience from the Pages of the First Fifteen Years of the Disability Rag,* ed. Barrett Shaw. Louisville, KY: Advocado Press.

_____. 2000. "Health Professionals, Disability, and Assisted Suicide: An Examination of Relevant Empirical Evidence and Reply to Batavia." *Psychology, Public Policy, and Law* 6: 526-545.

_____. 2001. "Divided Understanding: The Social Experience of Disability." In

Handbook of Disability Studies, eds. Gary L. Albrecht, Katherine D. Seelman, and Michael Bury. Thousand Oaks, CA: Sage.

Gilman, Sander L. 1985. *Difference and Pathology: Stereotypes of Sexuality, Race, and Madness.* Ithaca, NY: Cornell University Press.

Gilson, Stephen French, and Elizabeth DePoy. 2000. "Multiculturalism and Disability: A Critical Perspective." *Disability & Society* 15: 207-217.

Glenn, Evelyn N. 2010. *Forced to Care: Coercion and Caregiving.* Cambridge, MA: Harvard University Press.

Glidden, Laraine Masters. 2006. "Adoption and Foster Care." In *Encyclopedia of Disability,* vol. 1, ed. Gary L. Albrecht. Thousand Oaks, CA: Sage.

Glover, Jonathan. 2006. *Choosing Children: Genes, Disability, and Design.* Oxford: Clarendon Press.

Goffman, Erving. 1959. *The Presentation of Self in Everyday Life.* New York: Doubleday.

＿＿＿. 1963. *Stigma: Notes on the Management of Spoiled Identity.* Englewood Cliffs, NJ: Prentice-Hall.

Goodasll, Jane. 1971. *In the Shadow of Man.* New York: Dell.

Gordon, Beth Omansky, and Karen E. Rosenblum. 2001. "Bringing Disability into the Sociological Frame: A Comparison of Disability with Race, Sex, and Sexual Orientation Statuses." *Disability & Society* 16: 5-19.

Grabham, Emily, Davina Coop, Jane Krishnadas, and Didi Herman. 2009. *Intersectionality and Beyond: Law, Power and the Politics of Loacation.* New York: Routledge.

Grandin, Temple. 2006. *Thinking in Pictures: My Life with Autism,* expanded ed. New York: Vintage.

Graungaard, Anette Hauskov, John Sahl Andersen, and Lisolette Skov. 2011. "When Resources Get Sparse: A Longitudinal, Qualitative Study of Emotions, Coping and Resource-Creation When Parenting a Young Child with Severe Disabilities." *Health* 15: 115-136.

Gray, Bradford H. 1991. *The Profit Motive and Patient Care.* Cambridge, MA: Harvard University Press.

Grealy, Lucy. 1997. "Pony Party." In *Staring Back: The Disability Experience from the Inside Out,* ed. Kenny Fries. New York: Plume.

Green, Sara E., Julia Barnhill, Sherri Green, Diana Torres Hawken, Loretta Sue Humphrey, and Scott Sanderson. 2011. "Creating a Village to Raise a Child: Constructing Community in Families of Children with Disabilities." In *Disability and Community,* eds. Allison C. Carey and Richard K. Scotch. Bringley, UK: Emerald.

Greenwood, Michale C., David A. Dzewaltowski, and Ron French. 1990. "Self-Efficacy and Psychological Well-Being of Wheelchair Tennis Participants and Wheelchair Nontennis Participants." *Adapted Physical Activity Quarterly* 7: 12-21.

Groce, Nora E. 1985. *Everyone Here Speaks Sign Language: Hereditary Deafness in Martha's Vineyard.* Cambridge, MA: Harvard University Press.

Groch, Sharon. 2001. "Free Spaces: Creating Oppositional Consciousness in the Disability Rights Movement." In *Oppositional Consciousness: The Subjective Roots of Protest,* eds. Jane J. Mansbridge and Aldon Morris. Chicago: University of Chicago Press.

Grönvik, Lars. 2009. "Defining Disability: Effects of Disability Concepts on Research Outcomes." *International Journal of Social Research Methodology* 12: 1-18.

Grossman, Francis. 1972. *Brothers and Sisters of Retarded Children.* New York: Syracuse University Press.

Guthrie, Sharon R., and Shirley Castelnuovo. 2001. "Disability Management Among Women with Physical Impairments: The Contribution of Physical Activity." *Sociology of Sport Journal* 18: 5-20.

Hahn, Harland. 1984. "Sports and the Political Movement of Disabled Persons: Examining Nondisabled Social Values." *Arena Review* 8: 1-15.

_____. 1988. "The Politics of Physical Difference: Disability and Discrimination." *Journal of Social Issues* 44: 39-47.

Haller, Beth A. 2010. *Representing Disability in an Ableist World*. Louisville, KY: Advocado Press.

Hampton, Simon Jonathan. 2005. "Family Eugenics." *Disability & Society* 20: 553-561.

Hardin, Marie Meyers, and Brent Hardin. 2004. "The 'Supercrip' in Sport Media: Wheelchair Athletes Discuss Hegemony's Disabled Hero." *Sociology of Sport Online* 7 (1), available at http://physed.otago.ac.nz/sosol

Harpur, Paul. 2012. "Embracing the New Disability Rights Paradigm: The Importance of the Convention on the Rights of Persons with Disabilities." *Disability & Society* 27: 1-14.

Hayashi, Reiko. 2005. "The Environment of Disability Today: A Nursing Home Is Not a Home." In *Ending Disability Discrimination: Strategies for Social Workers,* eds. Gary E. May and Martha B. Raske. Boston: Pearson Education.

Hearn, Kirsten. 1991. "Disabled Lesbians and Gays Are Here to Stay." In *High Risk Lives: Gay and Lesbian Politics After the Clause,* eds. Tara Kaufman and Paul Lincoln. London: Prism Press.

Hedderly, Tammy, Gillian Baird, and Helen McConachie. 2003. "Parental Reaction to Disability." *Current Pediatrics* 13: 30-35.

Hedrick, Brad. 2000. "Olympic Inequities." *Sports 'N Spokes* (Nov.): 74.

Hehir, Thomas. 2002. "Eliminating Ableism in Education." *Harvard Educational Review* 72: 1-32.

Heidegger, Martin. [1954] 1994. "The Question Concerning Technology." In *Basic Writings,* ed. David Krell. New York: HarperCollins.

Heller, Tamar, and Beth Marks. 2006. "Aging." In *Encyclopedia of Disability,* vol. 1, ed. Gary L. Albrecht. Thousand Oaks, CA: Sage.

Henderson, Sara, and Alan R. Petersen. 2002. *Consuming Health: Commodifi-*

cation of Health Care. New York: Routledge.

Herman, Nancy J. 1993. "Return to Sender: Reintegrative Stigma-Management Strategies of Ex-Psychiatric Patients." *Journal of Contemporary Ethnography* 22: 295-330.

Hermann, Dorothy. 1998. *Helen Keller: A Life.* Chicago: University of Chicago Press.

Hernandez, Brigida. 2005. "A Voice in the Chorus: Perspectives of Young Men of Color on Their Disabilities, Identities, and Peer-Mentors." *Disability & Society* 20: 117-133.

Heward, William L. 2008. *Exceptional Child: An Introduction to Special Education.* Upper Saddle River, NJ: Prentice-Hall.

Hickel, K. Walter. 2001. "Medicine, Bureaucracy, and Social Welfare: The Politics of Disability Compensation for American Veterans of World War I." In *The New Disability History: American Perspectives,* eds. Paul K. Longmore and Lauri Umansky. New York: New York University Press.

Hockenberry, John. 1995. *Moving Violations: War Zones, Wheelchairs, and Declarations of Independence.* New York: Hyperion.

Hogan, Dennis. 2012. *Family Consequences of Children's Disabilities.* New York: Russell Sage Foundation.

Holland, Daniel. 2006. "Franklin D. Roosevelt's Shangri-La: Foreshadowing the Independent Living Movement in Warm Springs, Georgia, 1926-1945." *Disability & Society* 21: 513-535.

Holstein, Martha M. 1997. "Alzheimer's Disease and Senile Dementia, 1885-1920: An Interpretive History of Disease Negotiation." *Journal of Aging Studies* 11: 1-13.

Hubbard, Ruth. 1990. *The Politics of Women's Biology.* New Brunswick, NJ: Rutgers University Press.

Hughes, Bill, and Kevin Paterson. 1997. "The Social Model of Disability and the Disappearing Body: Towards a Sociology of Impairment." *Disability &*

Society 12: 325-340.

Hughes, Everett Cherrington. 1945. "Dilemmas and Contradictions of Status." *American Journal of Sociology* 50: 353-359.

Hull, Anne, and Dana Priest. 2007. "Its' Just Not Walter Reed." *Washington Post* (Mar. 5), available at http://www.washingtonpost.com.

Husson, Thomas. 2011. "Why the 'Web versus Application' Debate Is Irrelevant." *Forrester Blogs* (May 3), available at http://blogs.forrester.com

Ignatieff, Michael. 2001. "Lemkin's Words." *The New Republic* (Feb. 26): 25-28.

Ingstad, Benedicte, and Susan Reynolds Whyte (eds.). 1995. *Disability and Culture.* Berkeley: University of California Press.

Iraq and Afghanistan Veterans of America. 2012. "Honor the Fallen" (July 2), available at http://iava.org.

Jacobs, James B., and Kiberly Potter. 1998. *Hate Crimes: Criminal Law and Identity Politics.* New York: Oxford University Press.

Jaeger, Paul T. 2012. *Disability and the Internet: Confronting a Digital Divide.* Boulder, CO: Lynne Rienner.

Jaggar, Alison M. 1983. *Feminist Politics and Human Nature.* Totowa, NJ: Rowman and Allanheld.

Johnson, Greg. 2011. "Rehabilitatiing Soldiers After the War." *Penn Current* (Dec. 15), available at http://www.upenn.edu.

Jones, Edgar, Nicola T. Fear, and Simon Wessely. 2007. "Shell Shock and Mild Traumatic Brain Injury in People with Moderate or Severe Traumatic Brain Injury." *Journal of Neuroscience Nursing* 37: 42-50.

Jones, Gwen A. 1997. "Advancement Opportunity Issues for Persons with Disabilities." *Human Resource Management Review* 7: 55-76.

Jönson, Hakan, and Annika Taghizadeh Larsson. 2009. "The Exclusion of Older People in Disability Activism and Policies—A Case of Inadvertent Ageism?" *Journal of Aging Studies* 23: 69-77.

Jost, B. C., and G. T. Grossberg. 1995. "The Natural History of Alzheimer's Disease: A Brain Bank Study." *Journal of the American Geriatric Society* 43: 1248-1255.

Juette, Melvin, and Ronald J. Berger. 2008. *Wheelchair Warrior: Gangs, Disability, and Basketball.* Philadelphia: Temple University Press.

Kahuna, Jefrey S., Eva Kahuna, and Loren D. Lovegreen. 2011. "The Graying of Disability: People and Policies in the 21st Century." Unpublished manuscript.

Kalb, Claudia. 2005. "When Does Autism Start?" *Newsweek* (Feb. 28): 45-53.

Kanner, Leo. 1943. "Autistic Disturbances of Affective Contact." *The Nervous Child* 2: 217-250.

_____. 1964. *A History of the Care and Study of the Mentally Retarded.* Springfield, IL: Charles C. Thomas.

Kaplan, Robert M., Theodore G. Ganiats, and Dominick L. Frosch. 2004. "Diagnostic and Treatment Decisions in US Healthcare." *Journal of Health Psychology* 9: 29-40.

Karner, Tracy Xavia. 1998. "Professional Caring: Homecare Workers as Fictive Kin." *Journal of Aging Studies* 12: 69-82.

Katsh, M. Ethan, and William Rose (eds.). 2002. *Taking Sides: Clashing Views on Controversial Legal Issues,* 10th ed. Guilford, CT: McGraw-Hill/Dushkin.

Kaufman, Miriam, Cory Silverberg, and Fran Odette. 2003. *The Ultimate Guide to Sex and Disability.* San Francisco: Cleis Press.

Kemp, Gina, Melinda Smith, and Jeanne Segal. 2012. "Leaving Disabilities in Children: Types of Learning Disorders and Their Signs," available at http://helpguide.org.

King, Marissa D., and Peter S. Bearman. 2009. "Diagnostic Change and the Increased Prevalence of Autism." *International Journal of Epidemiology* 38: 1124-1134.

_____. 2011. "Socioeconomic Status and the Increased Prevalence of Autism in

California." *American Sociological Review* 76: 320-346.

Kirk, Mike (director/producer). 2002. *Misunderstood Minds*. PBS documentary.

Kirkby, Robert J. 1995. "Wheelchair Netball: Motives and Attitudes of Competitors with and Without Disabilities." *Australian Psychologist* 30: 109-112.

Kirtley, Donald. 1975. *The Psychology of Blindness*. Chicago: Nelson-Hall.

Kitchin, Rob. 2000. "The Researched Opinions on Research: Disabled People and Disability Research." *Disability & Society* 15: 25-47.

Kittay, Eva Feder, and Ellen K. Feder (eds.). 2002. *The Subject of Care: Feminist Perspectives on Dependency*. Lanham, MD: Rowman & Littlefield.

Kleege, Georgina. 1999. *Sight Unseen*. New Haven, CT: Yale University Press.

Kohrman, Arthur F., and Claire H. Kohrman. 2006. "Health Care Systems." In *Encyclopedia of Disability*, vol. 2, ed. Gary L. Albrecht. Thousand Oaks, CA: Sage.

Kondracke, Morton, 2001. *Saving Milly: Love, Politics, and Parkinson's Disease*. New York: Ballantine Books.

Kraus, Jess F., and Lawrence D. Chu. 2005. "Epidemiology." In *Textbook of Traumatic Brain Injury*, eds. Jonathan M. Silver, Thomas W. McAllister, and Stuart D. Yudofsky. Washington, DC: American Psychiatric Publishing.

Kriegel, Leonard. 1987. "The Cripple in Literature." In *Images of the Disabled, Disabling Images*, eds. Alan Gartner and Tom Joe. New York: Praeger.

Krupa, Terry. 2006. "Sheltered Employment." In *Encyclopedia of Disability*, vol. 4, ed. Gary L. Albrecht. Thousand Oaks, CA: Sage.

Kübler-Ross, Elisabeth. 1967. *On Death and Dying*. New York: Scribner.

Kuttai, Heather. 2010. *Maternity Rolls: Pregnancy, Childbirth and Disability*. Halifax, Nova Scotia: Fernwood.

Kuusisto, Stephen. 1998. *Planet of the Blind: A Memoir*. New York: Delta.

Labanowich, Stan. 1987. "The Physically Disabled in Sports." *Sports 'N Spokes* magazine reprint (Mar.-Apr.): 1-6.

_____. 1988. "Wheelchair Basketball Classification: National and International Perspectives." *Palaestra: The Forum of Sport, Physical Education and Recreation for the Disabled* (Spring): 14-15, 38-40, 54.

La Ganga, Maria L. 2012. "Angry Vets Demand End to Backlog of Disability Claims." *Los Angeles Tiems,* May 22, available at http://articles.latimes.com.

Lamb, H. Richard, and Leona L. Bachrach. 2001. "Some Perspectives on Deinstitutionalization." *Psychiatric Services* 52: 1039-1045.

Lamb, Michael E., and Donald J. Meyer. 1991. "Fathers of Children with Special Needs." In *The Family with a Handicapped Child,* ed. Milton Seligman. Boston: Allyn & Bacon.

LaMere, Thomas John, and Stan Labanowich. 1984. "The History of Sport Wheelchairs—Part I: The Development of the Basketball Wheelchair." *Sports 'N Spokes* magazine reprint (Mar.-Apr.): 1-4.

Landsman, Gail Heidi. 2009. *Reconstructing Motherhood and Disability in the Age of "Perfect" Babies.* New York: Routledge.

Lane, Harlan. 1995. "Construction of Deafness." *Disability & Society* 10: 171-189.

Langan, Mary. 2011. "Parental Voices and Controversies in Autism." *Disability & Society* 26: 192-205.

Langlois, Jean A., Wesley Rutland-Brown, and Karen E. Thomas. 2004. *Traumatic Brain Injury in the United States: Emergency Department Visits, Hospitalizations, and Deaths.* Atlanta: Centers for Disease Control and Prevention, National Center for Injury Prevention and Control.

Lareau, Annette, and Erin McNamara Horvat. 1999. "Moments of Social Inclusion and Exclusion: Race, Class, and Cultural Capital in Family-School Relationships." *Sociology of Education* 72: 37-53.

Leamer, Laurence. 1994. *The Kennedy Women: The Saga of an American Family.* New York: Villard.

LeBesco, Kathleen. 2004. "There's Something About Disabled People: The Contradictions of Freakery in the Films of the Farrelly Brothers." *Disability Studies Quarterly* 24 (4), available at http://dsq-sds.org.

Leiter, Valerie. 2004. "Parental Activism, Professional Dominance, and Early Childhood Disability." *Disability Studies Quarterly* 24 (2), available at http://dsq-sds.org.

_____. 2007. "'Nobody's Just Normal, You Know': The Social Creation of Developmental Disability." *Social Science & Medicine* 65: 1630-1641.

_____. 2011. "Bowling Together: Foundations of Community Among Youth with Disabilities." In *Disability and Community,* eds. Allison C. Carey and Richard K. Scotch. Bingley, UK: Emerald.

_____. 2012. *Their Time Has Come: Youth with Disabilities Entering Adulthood.* New Brunswick, NJ: Rutgers University Press.

Lenney, Michael, and Howard Sercombe. 2002. "'Did You See That Guy in the Wheelchair Down in the Pub?' Interactions Across Difference in a Public Place." *Disability & Society* 17: 5-18.

Lerner, Gerda. 1997. *Why History Matters: Life and Thought.* New York: Oxford University Press.

Light, Jennifer S. 2001. "Separate but Equal? Reasonable Accommodation in the Information Age." *Journal of the American Planning Association* 67: 263-278.

Linker, Beth. 2011. *War's Waste: Rehabilitation in World War I America.* Chicago: University of Chicago Press.

Linton, Simi. 1998. *Claiming Disability: Knowledge and Identity.* New York: New York University Press.

Lipsky, Dorothy Kezner, and Alan Gartner. 1997. *Inclusion and School Reform: Transforming America's Classroom.* Baltimore: Paul H. Brookes.

Lipson, Juliene G., and Judith G. Rogers. 2000. "Pregnancy, Birth, and Disability: Women's Health Care Experiences." *Health Care for Women Interna-*

tional 21: 11-26.

Litvak, Simi, and Alexandra Enders. 2001. "Support Systems: The Interface Between Individuals and Environments." In *Handbook of Disability Studies,* eds. Gary L. Albrecht, Katherine D. Seelman, and Michael Bury. Thousand Oaks, CA: Sage.

Llewellyn, A., and K. Hogan. 2000. "The Use and Abuse of Models of Disability." *Disability & Society* 15: 157-165.

Loiacono, Eleanor T, Nicholas C. Romano Jr., and Scot McCoy. 2009. "The State of Corporate Website Accessibility." *Communications of the Association for Information Systems* 52: 128-132.

Long, Lawrence Carter. 2012. "Disability on Screen: Mr. Magoo to Josh Blue, Who's Laughing Now." *Disaboom,* available at http://www.disaboom.com.

Longmore, Paul K. 2003. *Why I Burned My Books and Other Essays on Disability.* Philadelphia: Temple University Press.

Lorenz, J. M., D. E. Wooliever, J. R. Jetton, and N. Paneth. 1998. "A Quantitative Review of Mortality and Developmental Disability in Extremely Premature Newborns." *Archives of Pediatric and Adolescent Medicine* 152: 425-435.

Lorenz, Laura S. 2010. *Brain Injury Survivors: Narratives of Rehabilitation and Healing.* Boulder, CO: Lynne Rienner.

Ludgate, Kristen M. 1997. "Telecommuting and the Americans with Disabilities Act: Is Working from Home a Reasonable Accommodation?" *Minnesota Law Review* 81: 1309.

Lupton, Deborah. 1997. "Consumerism, Reflexivity and the Medical Encounter." *Social Science & Medicine* 45: 373-381.

Lupton, Deborah, and Wendy Seymour. 2000. "Technology, Selfhood and Physical Disability." *Social Science & Medicine* 50: 1851-1862.

Mairs, Nancy. 1996. *Waist-High in the World: A Life Among the Nondisabled.*

Boston: Beacon Press.

Makas, Elaine. 1988. "Positive Attitudes Toward Disabled People: Disabled and Nondisabled Persons' Perspectives." *Journal of Social Issues* 44: 49-62.

Mallett, Christopher A. 2013. *Linking Disorders of Delinquency: Treating High-Risk Youth in the Juvenile Justice System.* Boulder, CO: FirstForum Press.

Mandell, David S., and Raymond F., Palmer. 2005. "Differences Among States in the Identification of Autism Spectrum Disorder." *Archives of Pediatric and Adolescent Medicine* 159: 266-269.

Mansbridge, Jane J., and Aldon Morris (eds.). 2001. *Oppositional Consciousness: The Subjective Roots of Protest.* Chicago: University of Chicago Press.

Marchione, Marilyn. 2012. "AP IMPACT: Almost Half of New Vets Seek Disability." *Salon.com* (May 27), available at http://www.salon.com.

Marshak, Laura E., Milton Seligman, and Fran Prezant. 1999. *Disability and the Family Life Cycle.* New York: Basic Books.

McCarthy, Jenny. 2007. *Louder Than Words: A Mother's Journey into Healing Autism.* New York: Dutton.

McDermott, Jeanne. 2000. *Babyface: A Story of Heart and Bones.* New York: Penguin.

McDonald, Katherine. 2006. "Community Living and Group Homes." In *Encyclopedia of Disability,* vol. 1, ed. Gary L. Albrecht. Thousand Oaks, CA: Sage.

McRuer, Robert. 2006. *Crip Theory: Cultural Signs of Queerness and Disability.* New York: New York University Press.

_____. [2002] 2010. "Compulsory Able-Bodiedness and Queer/Disabled Existence." In *The Disability Studies Reader,* 3rd ed., ed. Lennard Davis. New York: Routledge.

Mead, George Herbert. [1934] 1962. *Mind, Self and Society: From the Standpoint of a Social Behaviorist.* Chicago: University of Chicago Press.

Medland, Joan, and Caroline Ellis-Hill. 2008. "Why Do Able-Bodied People Take Part in Wheelchair Sports?" *Disability & Society* 23: 107-116.

Meekosha, Helen. 2004. "Drifting Down the Gulf Stream: Navigating the Cultures of Disability Studies." *Disability & Society* 19: 721-733.

Merleau-Ponty, Maurice. 1962. *Phenomenology of Perception.* London: Routledge & Kegan Paul.

Merton, Robert K. 1967. "Foreword" to Jacques Ellul, *The Technological Society.* New York: Vintage.

Meyer, Donald J. (ed.). 1995. *Uncommon Fathers: Reflections on Raising a Child with a Disability.* Bethesda, MD: Woodbine House.

Meyer, Maonna Harrington (ed.). 2000. *Care Work: Gender, Class, and the Welfare State.* New York: Routledge.

Meyer, Michelle, Michelle Donelly, and Patricia Weerakoon. 2007. "'They're Taking the Place of My Hands': Perspectives of People Using Personal Care." *Disability & Society* 22: 595-608.

Mezey, Susan Gluck. 2005. *Disabling Interpretations: The Americans with Disabilities Act in Federal Court.* Pittsburgh: University of Pittsburgh Press.

Michalko, Rob. 1998. *Mystery of the Eye and the Shadow of Blindness.* Toronto: University of Toronto Press.

Miller, Nancy B., and Catherine C. Sammons. 1999. *Everybody's Different: Understanding and Changing Our Reactions to Disabilities.* Baltimore: Paul H. Brookes.

Mills, C. Wright. 1959. *The Sociological Imagination.* New York: Oxford University Press.

Milner, Murray, Jr. 2004. *Freaks, Geeks, and Cool Kids: American Teenagers, Schools, and the Culture of Consumption.* New York: Routledge.

Money, John. 1989. "Paleodigms and Paleodigmatics: A New Theoretical Construct Applicable to Munchausen's Syndrome by Proxy, Child-Abuse Dwarfism, Paraphilias, Anorexia Nervosa and Other Syndromes." *Ameri-*

can Journal of Psychotherapy 43: 15-24.

Moore, Timothy. 2009. "How Many Disabled Americans Are There?" Ezine Articles (June), available at http://ezinearticles.com.

Moreno, Jonathan D. 1999. *Undue Risk: Secret State Experiment on Humans*. New York: Freeman.

Morozov, Evgeny. 2012. "Form and Fortune: Steve Jobs' Pursuit of Perfection—and the Consequences." *The New Republic* (Mar. 15): 18-27.

Morris, Jenny. 1991. *Pride Against Prejudice: Transforming Attitudes to Disability*. Philadelphia: New Society.

_____. 1993. *Independent Lives: Community Care and Disabled People*. London: Macmillan.

Morris, Kimberly A., and Richard J. Morris. 2006. "Disability and Juvenile Delinquency: Issues and Trends." *Disability & Society* 21: 613-627.

Murphy, Robert. 1987. *The Body Siletn*. New York: Henry Holt.

Murphy, Robert, Jessica Scheer, Yoland Murphy, and Robert Mack. 1988. "Physical Disability and Social Liminality: A Study in the Rituals of Adversity." *Social Science & Medicine* 26: 235-242.

Naraine, Mala D., and Peter H. Lindsay. 2011. "Social Inclusion of Employees Who Are Blind or Low Vision." *Disability & Society* 26: 389-403.

Nasar, Sylvia. 1998. *A Beautiful Mind: The Life of Mathematical Genius and Nobel Laureate John Nash*. New York: Touchstone.

Naseef, Robert A. 2001. *Special Children, Challenged Parents: The Struggles and Rewards of Raising a Child with a Disability*. Baltimore: Paul H. Brookes.

National Center for Education Statistics. 2009. "Digest of Education Statistics, 2008," available at http://nces.ed.gov.

_____. 2011. "Fast Facts: How Many Students with Disabilities Receive Services." available at http:nces.ed.gov.

National Center for Injury Prevention and Control. 2005. "Heads Up: Concussion in High School Sports." Centers for Disease Control and Prevention. Atlanta, GA.

National Institute of Aging. 2011. "Alzheimer's Disease Fact Sheet," available at http://www.nimh.nih.gov.

National Institute of Mental Health (NIHM). 1993. *Learning Disabilities.* Washington, DC: US Government Printing Office.

_____. 2012. "Schizophrenia," available at http://www.nimh.nih.gov.

National Organization on Disability/Harris Poll. 2004. "The NOD/Harris 2004 Survey of Americans with Disabilities." New York: Harris Interactive.

National Wheelchair Basketball Association (NWBA). 2012. "History of Wheelchair Basketball," available at http://www.nwba.org.

Neff, Patricia E. 2010. "Fathering an ADHD Child: An Examination of Paternal Well-Being and Social Support." *Sociological Inquiry* 80: 531-553.

Neuman, W. Lawrence. 2011. *Social Research Methods: Qualitative and Quantitative Approaches.* Boston: Allyn & Bacon.

New York Times. 1992. "Update: 'Baby Jane Doe' Turns 9 This Year" (May 17), available at http://www.nytimes.com.

Nicolaisen, Ida. 1995. "Persons and Nonpersons: Disability and Personhood Among the Punan Bun of Central Borneo." In *Disability and Culture,* eds. Benedicte Ingstad and Susan Reynolds Whyte. Berkeley: University of California Press.

Nielsen, Kim E. 2004. *The Radical Lives of Helen Keller.* New York: New York University Press.

Nixon II, Howard L. 2002. "Sport and Disability." In *Handbook of Sports Studies.,* eds. Jay Coakley and Eric Dunning. Thousand Oaks, CA: Sage.

Norden, Martin F. 1994. *The Cinema of Isolation: A History of Physical Disability in the Movies.* New Brunswick, NJ: Rutgers University Press.

Nowell, Nefertiti L. 2006. "Oppression." In *Encyclopedia of Disability,* vol. 3, ed. Gary L. Albrecht. Thousand Oaks, CA: Sage.

Nussbaum, Martha C. 2006. *Frontiers of Justice: Disability, Nationality, and Species Membership*. Cambridge, MA: Belknap Press.

Oakley, Ann. 1972. *Sex, Gender, and Society*. London: Temple Smith.

O'Connor, Tom. 2002. "Disability and David Lynch's 'Disabled' Body of Work." *Disability Studies Quarterly* 22 (1), available at . http://dsq-sds.org

Offit, Paul A. 2008. *Autism's False Prophets: Bad Science, Risky Medicine, and the Search for a Cure*. New York: Columbia University Press.

Oliver, Michael. 1990. *The Politics of Disablement*. New York: Macmillan.

_____. 1997. "Emancipatory Research: Realistic Goal or Impossible Dream?" In *Doing Disability Research*, eds. Colin Barnes and Geof Mercer. Leeds, UK: Disability Press.

_____. 2004. "The Social Model in Action: If I Had a Hammer." In *Implementing the Social Model of Disability: Theory and Research*, eds. Colin Barnes and Geof Mercer. Leeds, UK: Disability Press.

Omansky, Beth. 2011. *Borderlands of Blindness*. Boulder, CO: Lynne Rienner.

O'Neil, Sara. 2008. "The Meaning of Autism: Beyond Disorder." *Disability & Society* 23: 787-799.

Ong-Dean, Colin. 2006. "High Roads and Low Roads: Learning Disabilities in California, 1976-1998." *Sociological Perspectives* 49: 91-113.

_____. 2009. *Distinguishing Disability: Parents, Privilege, and Special Education*. Chicago: University of Chicago Press.

Ostrander, R. Noam. 2008. "When Identities Collide: Masculinity, Disability, and Race." *Disability & Society* 23: 585-597.

Ownsworth, T. L., and T. P. S. Oei. 1998. "Depression After Traumatic Brain Injury: Conceptualization and Treatment Considerations." *Brain Injury* 12: 735-752.

Palmer, Raymond F., Stephen Blanchard, Carlos R. Jean, and David S. Mandell. 2005. "School Distric Resources and Identification of Children with Autistic Disorder." *American Journal of Public Health* 95: 125-130.

Papadimitriou, Christina. 2001. "From Dis-ability to Difference: Conceptual and Methodological Issues in the Study of Physical Disability." In *Handbook of Phenomenology and Medicine,* ed. S. Kay Toombs. Dordrecht, Netherlands: Kluwer Academic.

_____. 2008a. "Becoming En-wheeled: The Situated Accomplishment of Re-embodiment as a Wheelchair User After Spinal Cord Injury." *Disability & Society* 23: 691–704.

_____. 2008b. "The 'I' of the Beholder: Phenomenological Seeing in Disability Research." *Sport, Ethics, and Philosophy* 2: 216–233.

_____. 2008c. "'It Was Hard but You Did It': The Co-Production of 'Work' in a Clinical Setting Among Spinal Cord Injured Adults and Their Physical Therapists." *Disability and Rehabilitation* 30: 365–374.

Papadimitriou, Christina, and David A. Stone. 2011. "Addressing Existential Disruption in Traumatic Spinal Cord Injury: A New Approach to Human Temporality in Inpatient Rehabilitation." *Disability and Rehabilitation* 33: 2121–2133.

Park, Jennifer M., Dennis P. Hogan, and Frances K. Goldscheider. 2003. "Child Disability and Mothers' Tubal Ligation." *Perspectives on Sexual and Reproductive Health* 35: 138–143.

Parrish, Tom. 2002. "Racial Disparities in the Identification, Funding, and Provision of Special Education." In *Racial Inequality in Special Education,* eds. Daniel J. Losen and Gary Orfield. Cambridge, MA: Harvard Education Press.

Parry, Marc. 2010. "Colleges Lock Out Blind Students." *Chronicle of Higher Education* (Dec. 12), available at http://chronicle.com.

Parsons, Talcott. 1951. *The Social System.* Glencoe, IL: Free Press.

Peters, Jeremy W. 2005. "In Wisconsin, Fallout Grows over Decision on Pageant." *New York Times* (Apr. 6), available at http://www.nytimes.com.

Petersen, Amy J. 2011. "Research with Individuals Labeled 'Other': Reflections on the Research Process." *Disability & Society* 26: 293-305.

Peterson, Michael, Laurie Beth Clark, and Lisa Nakamura. 2010. "'I See You?' Gender and Disability in *Avatar*." *Flow TV* (Feb. 5), available at http://www.flowtv.org.

Pincus, Fred. 2011. *Understanding Diversity: An Introduction to Class, Race, Gender, Sexual Orientation and Disability,* 2nd ed. Boulder, CO: Lynne Rienner.

Pope, Andrew M., and Alvin R. Tarlov (eds.). 1991. *Disability in America: Toward a National Agenda for Prevention*. Washington, DC: National Academy Press.

Potok, Andrew. 2002. *A Matter of Dignity: Changing the World of the Disabled*. New York: Bantam.

Powell, William E. 2005. "Becoming Quasimodo: The Shaping of a Life." In *Storytelling Sociology: Narrative as Social Inquiry*, eds. Ronald J. Berger and Richard Quinney. Boulder, CO: Lynne Rienner.

Priest, Dana, and Anne Hull. 2007. "Soldiers Face Neglect, Frustration at Army's Top Medical Facility." *Washington Post* (Feb. 18), available at https://www.washingtonpost.com.

Priestley, Mark (ed.). 2001. *Disability and the Life Course: A Global Perspective*. Cambridge, UK: Cambridge University Press.

Prilleltensky, Ora. 2003. "A Ramp to Motherhood: The Experiences of Mothers with Physical Disabilities." *Sexuality and Disability* 21: 21-47.

_____. 2004. "My Child Is Not My Carer: Mothers with Physical Disabilities and the Well-Being of Children." *Disability & Society* 19: 209-223.

Rainey, Sarah Smith. 2011. *Love, Sex, and Disability: The Pleasures of Care*. Boulder, CO: Lynne Rienner.

Randolph, Diane Smith, and Elena M. Andresen. 2004. "Disability, Gender, and Unemployment Relationships in the United States from the Behavioral Risk Factor Surveillance System." *Disability & Society* 19: 403-414.

Rapp, Emily. 2007. *Poster Child: A Memoir*. New York: Bloomsbury.

Reid, D. Kim, Edy Hammond Stoughton, and Robin M. Smith. 2006. "The Humorous Construction of Disability: 'Stand-Up' Comedians in the United States." *Disability Studies Quarterly* 21(6), available at http://dsq-sds.org

Reinharz, Shulamit. 1992. *Feminist Methods in Social Research*. New York: Oxford University Press.

Rich, Adrienne. 1983. "Compulsory Heterosexuality and Lesbian Existence." In *Powers of Desire: The Politics of Sexuality,* eds. Ann Snitow, Christine Stansell, and Sharon Thompson. New York: Monthly Review Press.

Ridolfo, Heather, and Brian W. Ward. 2013. *Mobility Impairment and the Construction of Identity*. Boulder, CO: FirstForum Press.

Rocque, Bill. 2010. "Mediating Self-hood: Exploring the Construction and Maintenance of Identity by Mothers of Children Labeled with Autism Spectrum Disorder." *Disability & Society* 25: 485-497.

Rosenhan, D. L. 1973. "Being Sane in Insane Places." *Science* 179: 250-258.

Rosenthal, Richard. 1978. *The Hearing Loss Handbook*. New York: Shocken.

Roswal, Glenn M., and Mariusz Damentko. 2006. "A Review of Completed Research in Sports for Individuals with Intellectual Disability." *Research Yearbook 2006* 12: 181-183.

Rothman, David J. 1990. *The Discovery of the Asylum: Social Order and Disorder in the New Republic,* rev. ed. Boston: Little, Brown.

Rothman, David J., and Sheila M. Rothman. 1984. *The Willowbrook Wars*. New York: Harper & Row.

Rubenstein, Richard L., and John K. Roth. 1987. *Approaches to Auschwitz: The Holocaust and Its Legacy*. Atlanta: John Konx Press.

Ryan, Sara, and Katherine Runswick-Cole. 2008. "Repositioning Mothers: Mothers, Disabled Children, and Disability Studies." *Disability & Society* 23: 199-210.

Samuel, Preethy S., Karen L. Hobden, and Barbara W. LeRoy. 2011. "Families of

Children with Autism and Developmental Disabilities: A Description of Their Community Interaction." In *Disability and Community*, eds. Allison C. Carey and Richard K. Scotch. Bingley, UK: Emerald.

Sandels, Alexandra. 2010. "Iraq, Afghanistan: American Casualties Total 500,000, Counting Injury and Disease, Writer Claims." *Los Angeles Times* (June 4), available at http://www.latimes.com.

Sanford, Matthew. 2006. *Waking: A Memoir of Trauma and Transcendence*. New York: Rodale.

Sapey, Bob, John Stewart, and Gelnis Donaldson. 2005. "Increases in Wheelchair Use and Perceptions of Disablement." *Disability & Society* 20: 489–505.

Savić, Obrad (ed.) 1999. *The Politics of Human Rights*. London: Verso.

Saxton, Marsha. 1998. "Disability Rights and Selective Abortion." In *Abortion Wars: A Half-Century of Struggle*, 1950–2000, ed. Ricki Solinger. Berkeley: University of California Press.

Schairer, Cynthia. 2011. "Communities of Prosthesis Users and Possibilities for Personal Information." In *Disability and Community*, eds. Allison C. Carey and Richard K. Scotch. Bingley, UK: Emerald.

Schartz, Kevin M., Helen A. Schartz, and Peter Blanck. 2002. "Employment for Persons with Disabilities in Information Technology Jobs: Literature Review for 'IT Works.'" *Behavioral Sciences and the Law* 20: 637–657.

Scheer, Jessica, and Nora Groce. 1988. "Impairment as a Human Constant: Cross-Cultural and Historical Perspectives on Variation." *Journal of Social Issues* 44: 23–37.

Schriner, Kay. 2001. "A Disability Studies Perspective on Employment Issues and Policies for Disabled People: An International View." In *Handbook of Disability Studies*, eds. Gary L. Albrecht, Katherine D. Seelman, and Michael Bury. Thousand Oaks, CA: Sage.

Schwalbe, Michael, and Douglas Mason-Schrock. 1996. "Identity Work as

Group Process." *Advances in Group Process* 13: 113-147.

Schwartz, Gary, and Don Merten. 1967. "The Language of Adolescence: An Anthropological Approach to the Youth Culture." *American Journal of Sociology* 72: 453-468.

Schweik, Susan M. 2009. *The Ugly Laws: Disability in Public.* New York: New York University Press.

Scotch, Richard K. 2001a. "American Disability Policy in the Twentieth Century." In *The New Disability History: American Perspectives,* eds. Paul K. Longmore and Lauri Umansky. New York: New York University Press.

_____. 2001b. *From Good Will to Civil Rights: Transforming Federal Disability Policy.* Philadelphia: Temple University Press.

Scotch, Richard K., and Kay Schriner. 1997. "Disability as Human Vairation: Implications for Policy." *The Annals of the American Academy of Political and Social Science* 549: 148-160.

Scott, Robert A. 1969. The Making of Blind Men. New York: Russell Sage.

Scull, Andrew. 1991. "Psychiatry and Social Control in the Nineteenth and Twentieth Centuries." *History of Psychiatry* 2: 149-169.

Sedgwick, Eve Kosofsky. 1990. *Epistemology of the Closet.* Berkeley: University of California Press.

Seymour, Wendy, and Deborah Lupton. 2004. "Holding the Line Online: Exploring Wired Relationships for People with Disabilities." *Disability & Social* 19: 291-305.

Shakespeare, Tom. 2006. *Disability Rights and Wrongs.* London: Routledge.

_____. 2010. "The Social Model of Disability." In *The Disability Studies Reader,* 3rd ed., ed. Lennard Davis. New York: Routledge.

Shakespeare, Tom, Kath Gillespie-Sells, and Dominic Davies. 1996. *The Sexual Politics of Disability: Untold Desires.* London: Cassell.

Shakespeare, Tom, and Nicholas Watson. 2001. "The Social Model: An Outdated Ideology?" In *Research in Social Science and Disability,* vol. 2, eds.

Barbara Altman and Sharon Barnartt. Bingley, UK: Emerald.

Shannon, Jeff. 2005. "Timmy of 'South Park' Challenges Viewers' Attitudes About People with Disabilities." *Seattle Times* (Nov. 28), available at http://www.seattletimes.com.

Shapiro, Joseph P. 1993. *No Pity: People with Disabilities Forging a New Civil Rights Movement.* New York: Times Books.

Shattuck, Paul. 2006. "Contribution of Diagnostic Substitution to the Growing Administrative Prevalence of Autism." *Pediatrics* 117: 1028-1037.

Sherry, Mark. 2004. "Overlaps and Contradictions Between Queer Theory and Disability Studies." *Disability & Society* 19: 769-783.

_____. 2006. *If I Only Had a Brain: Deconstructing Brain Injury.* New York: Routledge.

_____. 2010. *Disability Hate Crimes: Does Anyone Really Hate Disabled People?* Burlington, VT: Ashgate.

Shifrer, Dara, Chandra Muller, and Rebecca Callahan. 2010. "Disproportionality: A Sociological Perspective of the Identification by Schools of Students with Learning Disabilities." In *Disability as a Fluid State,* ed. Sharon N. Barnartt. Bingley, UK: Emerald.

Shilling, Chris. 2003. *The Body and Social Theory.* Thousand Oaks, CA: Sage.

Shogan, Debra A. 1999. *The Making of High-Performance Athletes: Discipline, Diversity, and Ethics.* Toronto: University of Toronto Press.

Shohat, Ella (ed.). 1998. *Talking Visions: Multicultural Feminism in a Transnational Age.* New York: New Museum of Contemporary Art.

Shonkoff, Jack P., and Deborah A. Phillips. 2000. *From Neurons to Neighborhoods: The Science of Early Childhood Development.* Washington, DC: National Research Council and Institute of Medicine, National Academics.

Siebers, Tobin. 2006. "Disability Studies and the Future of Identity Politics." In *Identity Politics Reconsidered,* eds. Linda Martín Alcoff, Michael

Hames-Garcia, Satya P. Mohanty, and Paula M. L. Moya. New York: Palgrave.

_____. 2008. *Disability Theory.* Ann Arbor: University of Michigan Press.

Siegal, Bryna. 1996. *The World of the Autistic Child.* New York: Oxford University press.

Silberman, Steve. 2001 "The Geek Syndrome." *Wired* (Dec.), available at http://www.wired.com.

Silvers, Anita, David Wasserman, and Mary B. Mahowald. 1998. *Disability, Difference, Discrimination: Perspectives on Justice in Bioethics and Public Policy.* Lanham, MD: Rowman & Littlefield.

Singer, Judy. 1999. "Why Can't You Be Normal for Once in Your Life?" In *Disability Discourse,* ed. Mairian Corker. Berkshire, UK: Open University Press.

Singer, Peter. 1999. *Practical Ethics,* 2nd ed. Cambridge, MA: Cambridge University Press.

Singh, Vanessa, and Anita Ghai. 2009. "Notions of Self: Lived Realities of Children with Disabilities." *Disability & Society* 24: 129-145.

Smedley, Brian D., Adrienne Y. Stith, and Alan R. Nelson. 2003. *Unequal Treatment: Confronting Racial and Ethnic Disparities in Health Care.* Washington, DC: National Academy Press.

Smith, Ralph W., David R. Austin, Dan W. Kennedy, Youngkhill Lee, and Peggy Hutchison. 2005. *Inclusive and Special Recreation: Opportunities for Persons with Disabilities,* 5th ed. New York: McGraw-Hill.

Snider, Eric D. 2005. Review of *The Ringer* (Dec. 23), available at http://www.ericsnider.com.

Snyder, Sharon L. 2006. "Disability Studies." In *Encyclopedia of Disability,* vol. 1, ed. Gary L. Albrecht. Thousand Oaks, CA: Sage.

Snyder, Sharon L., and David T. Mitchell. 2006. *Cultural Locations of Disability.* Chicago: University of Chicago Press.

Sobsey, Dick. 1994. *Violence and Abuse in the Lives of People with Disabilities: The End of Silent Acceptance?* Baltimore: Paul H. Brookes.

Sobsey, Dick, Wade Randall, and Rauno K. Parrila. 1997. "Gender Differences in Abuse of Children with and Without Disabilities." *Child Abuse and Neglect* 21: 707–720.

Special Education Elementary Longitudinal Study. 2005. "SEELS Info and Reports: Wave 1 Wave 2 Overview," available at http://www.seels.net.

Stainton, Tim. 2008. "Reason, Grace and Charity: Augustine and the Impact of Church Doctrine on the Construction of Intellectual Disability." *Disability & Society* 23: 485–496.

Stevens, Geoff Ruggeri. 2002. "Employers' Perceptions and Practices in the Employability of Disabled People: A Survey of Companies in Southeast UK." *Disability & Society* 17: 779–796.

Stienstra, Deborah S., James Watzke, and Gary E. Birch. 2007. "A Three-Way Dance: The Global Public Good and Accessibility in Information Technologies." *Information Society* 23: 149–158.

Stodden, R. A., and P. W. Dowrick. 2000. "Postsecondary Education and Employment of Adults with Disabilities." *American Rehabilitation* 25: 19–23.

Stone, Collins. 1848. "The Religious State and Instruction of the Deaf and Dumb." *American Annals of the Deaf* 1 (Apr.).

Straus, Joseph N. 2010. "Autism as Culture." In *The Disability Studies Reader*, 3rd ed., ed. Lennard Davis. New York: Routledge.

Sullivan, P. M., and J. F. Knutson. 2000. "Maltreatment and Disabilities: A Population-Based Epidemiological Study." *Child Abuse and Neglect* 24: 1257–1273.

Switzer, Jacqueline Vaughn. 2003. *Disabled Rights: American Disability Policy and the Fight for Equality*. Washington, DC: Georgetown University Press.

Switzky, H. N., M. Dudzinski, R. Van Acker, and J. Gambro. 1988. "Historical

Foundations of Out-of-Home Residential Alternative for Mentally Retarded Persons." In *Integration of Developmentally Disabled Individuals into the Community*, eds. Laird W. Heal, Janell I. Haney, and Angela R. Novak Amado. Baltimore: Brookes.

Talle, Aud. 1995. "A Child Is a Child: Disability and Equality Among the Kenya Maasai." In *Disability and Culture*, eds. Benedicte Ingstad and Susan Reynolds Whyte. Berkeley: University of California Press.

Taub, Diane E., Elaine M. Blinde, and Kimberly R. Greer. 1999. "Stigma Management Through Participation in Sport and Physical Activity: Experiences of Male College Students with Physical Disabilities." *Human Relations* 52: 1469-1484.

ten Have, Henk A. M. J., and Ruth B. Purtilo. 2004. "Introduction: Historical Overview of a Global Problem." In *Ethical Foundations of Palliative Care for Alzheimer's Disease*, eds. Ruth B. Purtilo and Henk A. M. J. ten Have. Baltimore: Johns Hopkins University Press.

Tennant, Jennifer. 2009. "The Reasonableness of Working from Home in the Digital Age." *Review of Disability Studies* 5: 10-20.

Thiara, Ravi K., Gill Hague, and Audrey Mullender. 2011. "Losing on Both Counts: Disabled Women and Domestic Violence." *Disability & Society* 26: 757-771.

Thomas, Carol. 2004. "How Is Disability Understood? An Examination of Sociological Approaches." *Disability & Society* 19: 569-583.

Thomson, Rosemarie Garland. 1997. *Extraordinary Bodies: Figuring Physical Disability in American Culture and Literature*. New York: Columbia University Press.

_____. [2002] 2010. "Integrating Disability, Transforming Feminist Theory." In *The Disability Studies Reader*, 3rd ed., ed. Lennard Davis. New York: Routledge.

Tollifson, Joan. 1997. "Imperfection Is a Beautiful Thing: On Disability and

Meditation." In *Staring Back: The Disability Experience from the Inside Out,* ed. Kenny Fries. New York: Plume.

Torrey, E. Fuller. 1997. *Out of the Shadows: Confronting America's Mental Health Crisis.* New York: John Wiley.

Tucker, Bonnie Poitras. 1998. "Deaf Culture, Cochlear Implants, and Elective Disability." *Hastings Center Report* 28: 6-14.

Turner, Bryan S. 2001. "Disability and the Sociology of the Body." In *Handbook of Disability Studies*, eds. Gary L. Albrecht, Katherine D. Seelman, and Michael Bury. Thousand Oaks, CA: Sage.

US Department of Health and Human Services (USDHHS). 2008. *Disability and Health in the United States, 2001-2005.* Washington, DC.

Vandenbark, R. Todd. 2010. "Tending a Wild Garden: Library Web Design for Persons with Disabilities." *Information Technology and Libraries* 29: 23-29.

Vernon, Ayesha. 1999. "The Dialectics of Multiple Identities and the Disabled People's Movement." *Disability & Society* 14: 385-398.

Virginia Department of Education. 2012. "Emotional Disability," available at http://www.doe.virginia.gov.

Waitzkin, Howard. 2000. "Changing Patient-Physician Relationships in the Changing Health-Policy Environment." In *Handbook of Medical Sociology,* 5th ed., eds. Chloe E. Bird, Peter Conrad, and Allen M. Fremont. Upper Saddle River, NJ: Prentice Hall.

Waldrop, Judith, and Sharon Stern. 2003. "Disability Status: 2000." Washington, DC: US Census Bureau.

Wang, Qi. 2005. "Disability and American Families: 2000." Washington, DC: US Census Bureau.

Warner, Michael. 1999. *The Trouble with Normal: Sex, Politics, and the Ethics of Queer Life.* New York: Free Press.

Watson, Nick. 2002. "Well, I Know This Is Going to Sound Very Strange to You, but I Don't See Myself as a Disabled Person: Identity and Disability."

Disability & Society 17: 509–527.

Wedgwood, Nikki. 2011. "A Person with Abilities: The Transition to Adulthood of a Young Woman with a Severe Physical Impairment." *Young* 19: 433–452. http://www.cdrnys.org.

Wendell, Susan. 1996. *The Rejected Body: Feminist Philosophical Reflections on Disability.* New York: Routledge.

Whittington-Walsh, Fiona. 2002. "From Freaks to Savants: Disability and Hegemony from *The Hunchback of Notre Dame* (1939) to *Sling Blade* (1997)." *Disability & Society* 17: 695–707.

Whyte, Susan Reynolds, and Benedicte Ingstad. 1995. "Disability and Culture: An Overview." In *Disability and Culture,* eds. Benedicte Ingstad and Susan Reynolds Whyte. Berkeley: University of California Press.

Wilde, Alison. 2010. "Alison Wilde Reviews *Avatar*—The Most Expensive Film Yet Made." *Disability Arts* (Jan. 14), available at http://www.disabilityarts.org.

Williams, Donna. 1992. *Nobody Nowhere: The Extraordinary Autobiography of an Autistic.* New York: Times Books.

Williams, Gareth. 2001. "Theorizing Disability." In *Handbook of Disability Studies,* eds. Gary L. Albrecht, Katherine D. Seelman, and Michael Bury. Thousand Oaks, CA: Sage.

Wilson-Lovacs, Dana, Michelle K. Ryan, S. Alexander Haslam, and Anna Rabinovich. 2008. "Just Because You Can Get a Wheelchair in the Building Doesn't Necessarily Mean That You Can Still Participate." *Disability & Society* 23: 705–717.

Wilton, Robert D. 2008. "Workers with Disabilities and the Challenges of Emotional Labour." *Disability & Society* 23: 361–373.

Winzer, Margret A. 1997. "Disability and Society Before the Eighteenth Century." In *The Disability Studies Reader,* ed. Lennard Davis. New York: Routledge.

_____. 2000. "The Inclusion Movement: Review and Reflections on Reform in Special Education." In *Special Education in the 21st Century: Issues of Inclusion and Reform,* eds. Margret A. Winzer and Kaz Mazurek. Washington, DC: Gallaudet University Press.

Winzer, Margret A., and Kaz Mazurek (eds.). 2000. Special Education in the 21st *Century: Issues of Inclusion and Reform.* Washington, DC: Gallaudet University Press.

Womble, Laura. 2012. "Contagious Classic." *Sports 'N Spokes* (Mar.): 14–19.

Woodward, Stephanie. 2008. "Ronald Mace and His Impact on Universal Design." *Center for Disability Rights, Inc.* (Dec. 17), available at .

World Health Organization. 2011. *World Report on Disability and Rehabilitation.* Geneva, Switzerland, and Washington, DC: World Health Organization and World Bank.

Wright, Beatrice. 1960. *Physical Disability: A Psychosocial Approach.* New York: Harper & Row.

Wright, David. 2004. "Mongols in Our Midst: John Landon Down and the Ethnic Classification of Idiocy, 1854–1924." In *Mental Retardation in America: A Historical Reader,* eds. Steven Noll and James W. Trent Jr. New York: New York University Press.

Ytterhus, Borgunn, Christian Wendelborg, and Hege Lundeby. 2008. "Managign Turning Points and Transitions in Childhood and Parenthood—Insight from Families with Disabled Children in Norway." *Disability & Society* 23: 625–636.

Zarb, Gerry. 1992. "On the Road to Damascus: First Steps Towards Changing the Relations of Research Production." *Disability, Handicap, and Society* 7: 125–138.

Zhang, L., B. Masel, R. S. Scheibel, C. H. Christiansen, N. Huddleston, and K. J. Ottenbacher. 2001. "Virtual Reality in the Assessment of Selective Cognitive Function After Brain Injury." *American Journal of Physical Medi-*

cine and Rehabilitation 80: 597-604.

Zitzelsberger, Hilde. 2005. "(In)visibility: Accounts of Embodiment of Women with Physical Disabilities and Differences." *Disability & Society* 20: 389-403.

Zola, Irving. 1982. *Missing Pieces: A Chronicle of Living with a Disability.* Philadelphia: Temple University Press.

_____. 1984. "Communication Barriers Between 'the Able-Bodied' and 'the Handicapped.'" In *The Psychological and Social Impact of Physical Disability,* eds. Robert P. Marinelli and Arthur E. Dell Orto. New York: Springer.

_____. 1991. "Bringing Our Bodies and Ourselves Back In: Reflections on the Past, Present and Future of Medical Sociology." *Journal of Health and Social Behavior* 32: 1-16.

Zucchino, David. 2012. "They Butchered Me Like a Hog." *Wisconsin State Journal* (Jan. 29): B1.

Zuckoff, Mitchell. 2002. *Choosing Naia: A Family's Journey.* Boston: Beacon Press.

찾아보기

인 명

C. 라이트 밀즈(C. Wright Mills) 55
D. A. 케이튼(D. A. Caeton) 345

게리 알브레히트(Gary Albrecht) 77
게일 하이디 랜즈만(Gail Heidi Lands-
　　man) 146, 149, 181,
꼬마 팀(Tiny Tim) 299, 305, 334

낸시 메어스(Nancy Mairs) 227, 230
낸시 허먼(Nancy Herman) 94
니키 웨지우드(Nikki Wedgwood) 213

다나 윌슨-코박스(Dana Wilson-Kovacs)
　　222
다니엘 데이-루이스(Daniel Day Lewis)
　　320
다이앤 드브리스(Diane DeVries) 168
데니스 호건(Dennis Hogan) 175
데이나 리 베이커(Dana Lee Baker) 354
데이비드 리블린(David Rivlin) 351, 353

데이비드 코너(David Connor) 186
도날드 메이어(Donald Meyer) 180

라몬 샘페드로(Ramn Sampedro) 347
래리 매카피(Larry McAfee) 351, 353
레너드 데이비스(Lennard Davis) 159,
　　300
레너드 크리겔(Leonard Kriegel) 299
레아 하거 코헨(Leah Hager Cohen) 188
레오 캐너(Leo Kanner) 40
로널드 버거(Ronald Berger) 216
로라 듀이 브리지먼(Laura Dewey Bridg-
　　man) 113
로라 마샥(Laura Marshak) 145, 175
로랑 클레르(Laurent Clerc) 110
로버트 나세프(Robert Naseef) 174
로버트 맥루어(Robert McRuer) 84
로버트 보그단(Robert Bogdan) 92
론 코빅(Ron Kovic) 319
루스 갤빈(Ruth Galvin) 75

루스 허버드(Ruth Hubbard) 344

루이 브라유(Louis Braille) 113

리처드 3세(Richard III) 299, 333

리처드 닉슨(Richard Nixon) 53

리처드 모리스(Richard Morris) 210

마그렛 윈저(Margret Winzer) 190

마샤 색스턴(Marsha Saxton) 344

마이크 올리버(Mike Oliver) 77, 88

마이클 이그나티프(Michael Ignatieff) 363

마이클 조던(Michael Jordan) 177

마크 셰리(Mark Sherry) 201

마틴 노던(Martin Norden) 300, 315

마틴 루더 킹 Jr.(Martin Luther King) 49

매릴린 해밀턴(Marilyn Hamilton) 280

매트 글로와키(Matt Glowacki) 169, 217

매트 샌포드(Matt Sanford) 207

멜빈 주에트(Melvin Juette) 203, 205, 265

미셸 푸코(Michel Foucault) 65

밀턴 셀리그먼(Milton Seligman) 145

바비 패럴리(Peter and Bobby Farrelly) 329

발레리 라이터(Valerie Leiter) 212

베스 오만스키(Beth Omansky) 189, 250, 253

베스 페리(Beth Ferri) 186

베스 프랭크스(Beth Franks) 296

베티 아델슨(Betty Adelson) 152

브라이언 워드(Brian Ward) 259

빅토르 위고(Victor Hugo) 301

빌 게이츠(Bill Gates) 58

사라 레인(Sara Lane) 218

사무엘 그리들리 하우(Samuel Gridley Howe) 113

수잔 웬들(Susan Wendell) 35

스캇 댄포스(Scot Danforth) 186

스티브 테일러(Steve Taylor) 92

시드 테글러(Sid Tegler) 219

시드니 포이티어(Sidney Poitier) 315

아만다 린드버그(Amanda Lindberg) 220

아합 선장(Captain Ahab) 299, 333

알로이스 알츠하이머(Alois Alzheimer) 235

애드리엔 애쉬(Adrienne Asch) 147

앤 설리번(Annie Sullivan) 115

어빙 고프먼(Erving Goffman) 38

어빙 졸라(Irving Zola) 313

에드 로버츠(Ed Roberts) 49, 52

에릭 바버(Eric Barber) 176

에밀리 라프(Emily Rapp) 155, 196

에이미 블레일(Amy Bleile) 171, 199, 214

엘리자베스 퀴블러-로스(Elisabeth Kbler-Ross) 65

오드리 헵번(Audrey Hepburn) 315

오라 프리렐텐스키(Ora Prilleltensky) 226

올리버 스톤(Oliver Stone) 319

유진 아페르(Eugene Apert) 153

잭 케보키언(Jack Kevorkian) 349

제니 맥카시(Jenny McCarthy) 162

제레미 레이드(Jeremy Lade) 172

제리 루이스(Jerry Lewis) 348

제임스 메레디스(James Meredith) 50

조앤 톨리프슨(Joan Tollifson) 54

조지 H. W. 부시(George H. W. Bush) 133

조지나 클리게(Georgina Kleege) 251

존 내시(John Nash) 254

존 랭던 다운(John Langdon Down) 150

존 웨인(John Wayne) 315

존 호켄베리(John Hockenberry) 65, 223, 264

주디 싱어(Judy Singer) 58

주디 휴먼(Judy Heumann) 52

짐 바거스(Jim Vargas) 219

찰리 채플린(Charlie Chaplin) 325

찰스 디킨스(Charles Dickens) 305

칼라 코로토(Carla Corroto) 342

콜린 옹-딘(Colin Ong-Dean) 153, 161

콰시모도(Quasimodo) 299, 302, 333

크리스티나 파파디미트리우(Christina Papadimitriou) 47, 67, 267

클린트 이스트우드(Clint Eastwood) 28

킴벌리 모리스(Kimberly Morris) 210

템플 그랜딘(Temple Grandin) 58, 245

토드 브라우닝(Tod Browning) 308

토마스 홉킨스 갈루뎃(Thomas Hopkins Gallaudet) 110

토빈 시버스(Tobin Siebers) 47, 243, 358

파멜라 리드 깁슨(Pamela Reed Gibson) 220

폴 롱모어(Paul Longmore) 345, 353

폴 재거(Paul Jaeger) 339, 341

폴 하퍼(Paul Harpur) 363

프란 프레잔트(Fran Prezant) 145

프랭크린 델러노 루스벨트(Franklin Delano Roosevelt) 27, 124, 314

피터 싱어(Peter Singer) 346

피터 패럴리(Peter Farrelly) 329

한스 아스퍼거(Hans Asperger) 41

헤더 리돌포(Heather Ridolfo) 259

헤더 쿠타이(Heather Kuttai) 226

헨리 프랑켄슈타인(Henry Frankenstein) 307

헬렌 켈러(Helen Keller) 115, 244, 314

후크 선장(Captain Hook) 299, 304, 333

내 용

7월 4일생 319

ASL 111

Baby Doe 148
Baby Jane Doe 148

DSM 42

IEP 184

WHO 46

가레트 대 앨라배마 137
가부장적인 사회 81
감시 활동 75
강요성 이성애 85
강요적 비장애성 85
개별화 교육계획 184
개인적인 편안한 지대 39
거시사회학적 90
건강관리 230
건청인 189
건청인 부모 72
경계성 시각장애 253
계몽주의 109
곤잘레스 대 오리건 주 351
구성주의 40

구화법 110
권리 78
권한 부여 355
귀향 316
규준 159
그림형제 동화 296
근이영양증 153
근이영양증 협회 28
기대되는 평균 38
기본 행동 46
기술적 보조기기 36

나의 왼발 320
낙인 38, 90
낙태 149
남성적 능력 감각 81
노인성 치매 236
노트르담의 꼽추 300, 301
농 문화 71
농인 189
뇌성마비 146, 199

다문화주의 360
다운증후군 83, 147
다운증후군 아기 86
단서언어 258
데이트 217, 224
도뇨관 224

돌봄 233
디자인된 신생아 344

레인맨 321
레인 판결 139
레즈비언 83, 225
로 대 웨이드 344

마서즈 비니어드 71
마음의 고향 318
마치 오브 다임즈 167
메디케어 231
메디케이드 231
모델 63
모비딕 303
몸의 현상학 67
무성적 존재 226
문화적 내러티브 69
문화적 모델 69
물리적 접근성 214
미국 보건복지부 45
미국 질병통제예방센터 45
미국 통계국 45
미국수화 111, 257
미국장애인법 30, 131, 219, 340, 342,
    361
미시사회학적 90
민감성 가설 211
민주주의 근본적 원칙들 56
밀리언 달러 베이비 28, 295

바람직한 몸 98
반-미국장애인법 30
발언권 88
버크 대 벨 118
범-장애 75
범-장애 운동 54
법적 맹 250
법적 맹의 상태 250
병원 특수학교 121
보살핌 361
보살핌 의제 354
보조공학 182, 340
보조기 170, 199
보편적 설계 342
보험의 정도 79
보호수용소 109, 116
복수 집착자 304, 305, 309
복합적 체화 64
복합적 체화 이론 68
복합적 활동 46
본질주의적 관점 40
본질주의 접근 64
부적절한 언어표현 330
분리되었으나 동등하다 53
불리 68
불충분한 장애인 74
브래그던 대 애보트 136
비장애인 배우자 223
비장애중심의 이데올로기 48
비장애중심주의 48, 85

비장애중심주의 관점 66
비장애 형제 176
비통의 단계 65
뻐꾸기 둥지로 날아간 새 327

사람이 먼저인 33
사용하는 언어 33
사회적 구성주의 40
사회적 다름 44, 88
사회적 모델 64, 66, 67, 354
사회적 이론 63
사회적 재활론자 120
사회학적 상상력 55
산전 검사 149
산전 테크놀로지 364
상반적 정체성 93
상이군인 357
상징적 상호작용 90
상호교차성 83, 84
상호주관적 이해 88
생식 관련 테크놀로지 343
생식권 343
생식권 운동 82
생존 78
서튼 대 유나이티드 에어라인 137
선천적 장애 172
선택 운동 343
선택적 낙태 82
성인 군자 308
성적 소수자 운동 84

성차별주의 48
성형 수술 82
세계보건기구 46
세계인권선언 362
섹슈얼리티 228
소극적 안락사 350
소비자 건강운동 355
속기사 220
손상 35, 56
수두증 147
수화 71
수화법 110
수화의 현상학 256
슈퍼장애인 69, 74
스트래턴 이야기 314
스페셜 올림픽 278
스포츠용 휠체어 279
슬렁 블레이드 321
시각장애인 92
시민권 337, 361
시카고의 재활센터 275
시티 라이트 326
식도 폐색 147
신경학적 다양성 57
신경학적 전형 57
신체장애 201
실력 윤리 281

아동학대법 148
아바타 324

아스퍼거 증후군 41
아페르 증후군 153
악마적 본성의 불구자 305
안락사 295
알츠하이머 235
양수 검사 149
어두워질 때까지 314
역할의 역전 226
연골무형성증 152
연석 처리 173
영상적 자아 91
영어 수화 257
오프라 윈프리 쇼 70
옴스테드 대 L. C. 및 E. W 136
옴스테드 판결 140
완곡어구 34
완벽한 아기 344
왜소증 152
외모의 정치학 82, 197
외상성 뇌손상 266
우리 생애 최고의 해 310
우생학 118
우생학 운동 118
웜스프링스 125
웜스프링스 수(水)치료센터 126
유급 보호고용 213
유급 활동 보조인 233
유명인사 69
유물론적 접근 77
유전공학 343

유전 상담 82
유전자 검사 343
유전자 선별 337, 343, 347
유전자 선별과 의사조력자살 364
의료적 모델 64, 66, 67, 337, 354
의료적 모델의 비판 67
의료적 재활론자 120
의무교육법 195
의사 쇼핑 160
의사조력자살 337, 347
의족 197
이분척추증 147
이성애중심주의 48
이스터 실즈 80
이중 행위자 358
인간됨 48
인공와우술 338
인상관리 91
인종차별주의 48
인터넷 73
일탈 38

자립생활 215
자립생활센터 51
자립생활운동 50, 232
자선 대상 불구자 305
자연적인 변형 47
자폐스펙트럼 장애 41
자폐 스펙트럼 57
자폐증 40, 153, 178

작은 신의 아이들 317

잔존 시력 220

장애 35

장애권리운동 49, 343

장애 문화 71

장애사업 78

장애산업 78

장애 상이군인 356

장애 유머 323

장애의 극복 70

장애의 회색지대 235

장애인교육법 161

장애인 권리선언 362

장애인 스포츠 93, 275, 278, 282

장애인 우호적 관점 89

장애인 자립생활운동 174

장애 정체성 75, 87

장애 프라이드 72

장애학 31

장애화 유머 322

재신체화 267

재활법 51, 131, 212

재활 서비스 78

저시력 189

적극적 수용 337, 361

적극적 수용 의제 346

적극적 안락사 350

전맹 189

전미 미즈 휠체어 74

전장애아교육법 161

전쟁위험법 122

점자 113

정보 격차 339

정상성 38, 85

정상화 잠재력 91

정신과 환자들 94

정신장애 201

정신지체 42

정신질환 83

정체성 71, 75

정체성의 정치학 75

정치경제학 78

제1차 세계대전 78

젠더 81

조기개입 161

조현병 254

존엄사 권리운동 347

죽음의 의사 349

중도장애 45

중도장애인 87

증오 범죄 201, 203

지배적 지위 76

지적장애 42

진단 대체 효과 162

진짜 장애인 74

질병 43

질적 학문적 연구 89

차별대우 가설 211

참전용사 78

척수손상　205, 264

천사표 장애　326

청색 안대　314

청소년 교정 체계　210

총체적 의사소통　258

최소제한　182

치료적 여가 코디네이터　204

치유　337, 361

치유 의제　358

캘리포니아 주의 재활과　50

컴퓨터 테크놀로지　337, 364

퀴어 이론　84, 87

크루잔 대 미주리 주 보건부장관　349

크립 이론　85

클라이언트　51

타자　38

탈시설수용화　128

테네시 대 레인　138

텔레톤　305

토요타 자동차 Mfg 대 윌리엄스　138

통합할 필요 대 그대로 분리되게 둘 필요
　　76

트러블 메이커　328

특수교육　34

패럴림픽　173, 204, 278

퍼킨스협회　113

페미니즘　81, 82

편의시설　219

표준 이미지　224

표찰　90, 163

표찰 이론　38

프릭쇼　119, 308

학교실패 가설　211

학습장애　43, 153, 166

한센인 수용소　108

합당한 조정　51

해방적 연구　88

핸디캡　33, 36

현명한 얼간이　331

현상학　67

혐오법　37

환상통　167

활동 보조　232

활동 보조인　214

회복력　176

후천적 장애　172

휠라이　273

휠체어　173

휠체어 농구　177, 204, 215, 276, 284

휠체어 스포츠　75

저자 소개

Ronald J. Berger Ph.D.

로널드 버거는 미국 Wisconsin 주립대학교(Whitewater 소재) 사회학과 교수로 재직 중이며, 장애와 인종과 민족 등 사회문제를 연구하는 학자다. 그는 UCLA에서 박사학위(Ph.D.)를 취득하였다. 『The Holocaust, Religion, and the Politics of Collective Memory』(2013)와 『Hoop Dreams on Wheels: Disability and the Competitive Wheelchair』(2008) 등 여러 저서를 통해 소수자 그룹의 다양한 삶을 장애학적 관점에서 조명하고 그들이 겪는 사회적 편견과 차별을 일관적으로 비판해 왔다. 저자의 학문적 성향과 장애학적 관점은 『Introducing Disability Studies』(2013)에 고스란히 담겨 있다. 이 책은 장애학의 간학문적·다학문적·실천주의적 특성을 잘 반영하고 있다. 저자는 법, 역사, 영화, 문학, 가족, 스포츠 등 다양한 주제와 함께 장애를 분석함으로써, 독자의 장애에 대한 비평적이고 종합적인 이해를 돕고 있다.

역자 소개

박승희 Ph.D.

박승희(朴承姬, Seung Hee Park)는 이화여자대학교 교육학과를 졸업하고, 미국
시러큐스(Syracuse) 대학교에서 특수교육학 전공으로 석사학위와 박사학위를 취득한 후
1992년부터 이화여자대학교 특수교육과 교수로 재직 중이다. 한국연구재단의 해외
교수파견 지원으로 2000년에 영국 케임브리지 대학교, 2008년에 일본 도쿄가쿠
게이(동경학예) 대학교에서 통합교육을 연구했다. 관심 있는 연구주제는 통합교육,
지적장애 및 발달장애인을 위한 교육과정과 교수법, 지원고용 및 장애학 쟁점들이다.
시러큐스 대학교에서 미국의 장애학 1세대 교수들을 멘토로 두면서 특수교육학과
더불어 장애의 사회학 및 장애학을 공부했다. 대표 저서로는 『한국 장애학생 통합교육:
특수교육과 일반교육의 관계 재정립』, 『통합교육, 나는 무엇을 해야 합니까?: 초등 통합
교육 실행 매뉴얼』(공저) 등이 있고, 번역서로는 『마서즈 비니어드 섬사람들은 수화로
말한다: 장애수용의 사회학』(한국연구재단 학술명저번역총서, 서양편10), 『장애란
무엇인가?: 장애학 입문』 등이 있으며 그 외 130여 편의 논문을 발표했다. 2001년에
발달장애성인을 위한 중등이후교육 및 평생교육 프로그램(E-ACOLA)을 이화여자대학교
평생교육원에서 최초로 시작해 20년간 지속하고 있으며 2009년부터 국내 대학 최초로
발달장애인 지원고용을 이화여자대학교에서 시작하게 하고 현재까지 지원하고 있다.
2013년 이후 국내대학 교양과목으로는 처음으로 '장애와 사회'란 과목을 개설해 장애학을
소개하고 있다. 현재 한국특수교육학회 회장으로 봉사하고 있다.
seunghee@ewha.ac.kr

우충완 Ph.D.

우충완(禹忠完, Chung Wan Woo)은 서강대학교 영문학과 문학사와 미국 미시간주
Western Michigan 대학교에서 시각재활교육 석사와 미국 뉴욕 주 Syracuse 대학교에서
장애학 박사학위를 받았다. 그는 시각장애를 가지고 있는 장애인이며, 장애학의 관점과
질적연구 방법을 사용하여 장애와 다문화 관련 연구와 강의를 하고 있다. 주요 연구 분야는
장애학, 특수교육, 다문화교육, 문화연구 등이고, 강의는 특수교육, 통합교육, 다문화교육,
미디어교육 등 다양한 분야에서 하고 있다. 그의 논문은 『특수교육저널: 이론과 실천』,
『다문화콘텐츠연구』, 『미디어 젠더 & 문화』를 포함한 다수의 학술지에 수록되어
있다. Syracuse 대학교에서 시간강사 및 외래교수를 역임하였고, 현재 경인교육대학교,
숭실대학교, 한양대학교에 출강하고 있다.

박지연 Ph.D.

박지연(朴芝妍, Ji Yeon Park)은 이화여자대학교 특수교육과를 졸업한 후 서울에서 특수교사로 일하다가 미국 Kansas 대학교(University of Kansas) 대학원에 진학하였다. 1998년부터는 장애 관련 정책과 장애인 가족을 연구하는 Beach Center on Families and Disability(beachcenter.org)에서 연구원으로 재직하였다. 2001년 Kansas 대학교에서 특수교육 전공으로 박사학위 취득 후 동 대학원에서 박사 후 연구원으로 일하다가 2002년 이화여자대학교 특수교육과 교수로 임용되어 현재까지 재직 중이다. 연구 관심 분야는 긍정적 행동지원(Positive Behavior Support)과 장애인 가족지원이다. 대표 논문으로 「Impacts of poverty on quality of life in families of children with disabilities」, 「Quality indicators of professionals who work with children with problem behavior」, 「The effects of the family-involved SDLMI on academic engagement and goal attainment of middle school students with disabilities who exhibit problem behavior」 등이 있다. 저서로는 『장애인 가족지원을 위한 증거기반의 실제』, 『정서 및 행동장애』 등이 있다.

김원영 J.D.

김원영(金源永, Won Young Kim)은 2009년 서울대학교 사회학과를 졸업한 후 동 대학 법학전문대학원(로스쿨)에서 법학전문 석사학위를 받고, 제2회 변호사시험에 합격하여 변호사 자격을 취득했다. 현재 서울대학교 법과대학 박사과정에서 법철학을 공부하고 있으며, 국가인권위원회 조사국에서 정신보건시설과 장애인거주시설에 대한 법, 정책을 연구하고, 인권침해 사건을 조사한다. 저서로는 『인문의학』, 『나는 차가운 희망보다 뜨거운 욕망이고 싶다』가 있다. 논문으로는 「장애이론의 확장: 장애학의 다원주의적 적용은 가능한가」, 「지체장애인의 선거권, 그 침해의 양상과 정교한 보장 방안」 등이 있다. 관심 있는 연구 분야는 장애학과 생명윤리의 관계, 인권론의 관점에서 정신보건법의 해석 및 적용 문제, 저작권법과 인권의 관계 등이다. 지체장애가 있어 휠체어를 탄다. 비마이너(beminor.com), 슬로우뉴스(slownews.kr) 등에 장애, 법, 인권에 관한 여러 글을 기고했다.

장애란 무엇인가: 장애학 입문

Introducing Disability Studies

2016년 3월 15일 1판 1쇄 발행
2022년 4월 20일 1판 5쇄 발행

지은이 • Ronald J. Berger
옮긴이 • 박승희 · 우충완 · 박지연 · 김원영
펴낸이 • 김 진 환
펴낸곳 • (주)**학지사**

　　　04031 서울특별시 마포구 양화로 15길 20 마인드월드빌딩 5층

대표전화 • 02) 330-5114　　팩스 • 02) 324-2345

등록번호 • 제313-2006-000265호

홈페이지 • http://www.hakjisa.co.kr
페이스북 • https://www.facebook.com/hakjisabook

ISBN 978-89-997-0839-8　93370

정가 **20,000**원

역자와의 협약으로 인지는 생략합니다.
파본은 구입처에서 교환하여 드립니다.

이 책을 무단으로 전재하거나 복제할 경우 저작권법에 따라 처벌을 받게 됩니다.

이 도서의 국립중앙도서관 출판시도서목록(CIP)은 서지정보유통지원시스템
홈페이지(http://seoji.nl.go.kr)와 국가자료공동목록시스템(http://www.nl.go.kr/kolisnet)
에서 이용하실 수 있습니다.
(CIP제어번호: CIP2016003196)

출판 · 교육 · 미디어기업 **학지사**

간호보건의학출판 **학지사메디컬** www.hakjisamd.co.kr
심리검사연구소 **인싸이트** www.inpsyt.co.kr
학술논문서비스 **뉴논문** www.newnonmun.com
원격교육연수원 **카운피아** www.counpia.com